JN271883

運動生理学20講
第3版

勝田　茂・征矢英昭

[編]

秋間　広・麻場一徳・稲木光晴・大石康晴
大道　泉・奥本　正・狩野　豊・神林　勲
金尾洋治・川中健太郎・木内敦詞・久野譜也
酒井俊郎・坂本　啓・佐久間邦弘・志手典之
七五三木聡・菅　洋子・図子浩二・諏訪雅貴
泉水宏臣・髙本恵美・髙橋英幸・田中　守
中野裕史・中村友浩・増田和実・滿園良一
宮﨑照雄・宮田浩文・村上晴香・山口明彦
和田正信

[著]

朝倉書店

■編集者

勝田　　茂	筑波大学 名誉教授・医学博士	
征矢英昭	筑波大学体育系 教授・医学博士	

■執筆者・執筆分担（五十音順）

秋間　　広	名古屋大学総合保健体育科学センター 教授・博士（体育科学）	[2講]
麻場　一徳	都留文科大学文学部 教授・体育学修士	[19講]
稲木　光晴	西南女学院大学保健福祉学部 教授・博士（体育科学）	[8講]
大石　康晴	熊本大学大学院教育学研究科 教授・博士（医学）	[1講]
大道　　泉	（有）ジェイ・ピー・フィットネス 取締役・体育学修士	[2講]
奥本　　正	名桜大学人間健康学部 教授・博士（体育科学）	[13講]
勝田　　茂	筑波大学 名誉教授・医学博士	[18講]
狩野　　豊	電気通信大学大学院情報理工学研究科 教授・博士（体育科学）	[9講]
神林　　勲	北海道教育大学札幌校 教授・博士（理学療法学）	[11講]
金尾　洋治	東海学園大学スポーツ健康科学部 教授・体育学修士	[19講]
川中健太郎	福岡大学スポーツ科学部 教授・博士（体育科学）	[16講]
木内　敦詞	筑波大学体育系 教授・博士（教育学）	[12講]
久野　譜也	筑波大学体育系 教授・博士（医学）	[15, 18講]
酒井　俊郎	浜松学院大学現代コミュニケーション学部 教授・博士（学術）	[17講]
坂本　　啓	ネスレ健康科学研究所 糖尿病部門長 スイス連邦工科大学ローザンヌ校 教授・博士（理学）	[4講]
佐久間邦弘	豊橋技術科学大学健康支援センター 准教授・博士（体育科学）	[1講]
志手　典之	北海道教育大学岩見沢校 教授・博士（歯学）	[17講]
七五三木聡	大阪大学大学院医学系研究科 准教授・博士（医学）	[10, 12講]
菅　　洋子	関東学院大学栄養学部 准教授・博士（スポーツ医学）	[14講]
図子　浩二	筑波大学体育系 教授・博士（体育科学）	[20講]
諏訪　雅貴	東北工業大学ライフデザイン学部 准教授・博士（体育科学）	[5, 6講]
泉水　宏臣	（公財）明治安田厚生事業団 体力医学研究所 客員研究員・博士（医学）	[16講]
征矢　英昭	筑波大学体育系 教授・医学博士	[5, 10講]
髙本　恵美	大阪体育大学体育学部 准教授・博士（体育科学）	[20講]
髙橋　英幸	国立スポーツ科学センター 副主任研究員・博士（医学）	[19講]
田中　　守	福岡大学スポーツ科学部 教授・体育学修士	[15講]
中野　裕史	中村学園大学教育学部 准教授・博士（体育科学）	[10講]
中村　友浩	大阪工業大学工学部 教授・博士（理学）	[7講]
増田　和実	金沢大学人間社会研究域人間科学系 教授・博士（体育科学）	[4, 11講]
滿園　良一	久留米大学健康・スポーツ科学センター 教授・博士（医学）	[8講]
宮﨑　照雄	東京医科大学茨城医療センター 講師・博士（医学）	[6講]
宮田　浩文	山口大学大学院医学系研究科 教授・博士（学術）	[3講]
村上　晴香	国立研究開発法人 医薬基盤・健康・栄養研究所 研究員・博士（スポーツ医学）	[14講]
山口　明彦	北海道医療大学リハビリテーション科学部 教授・博士（歯学）	[9講]
和田　正信	広島大学大学院総合科学研究科 教授・博士（体育科学）	[7講]

はじめに

　運動生理学の最近の進歩はめざましい．編者が学生であった1950年代の終わり頃，大学で受けた運動生理学の講義の内容と現在のそれとを比べる時，あまりの違いに驚く．もちろん，そのころの講義のレベルが低かったという意味では毛頭なく，当時は講義の題目が運動生理学でも，中身は大半が人体の基礎生理学で，いわゆる運動生理学プロパーの内容が少なく，しかも限られていたということである．もとより生理学は「人間の正常なからだの働きに関する学問」であり，運動生理学は生理学を親学問として「運動によってからだにどのような変化が生ずるのか，その現象としくみを研究する学問」である．したがって親学問としての人体生理学の基礎の上に運動生理学を学ぶのが常套である．

　運動生理学の発展は社会の変化と無縁ではない．近代化に伴う生活様式の省力化，便利な生活は，人間から身体活動の機会を奪い，その結果，運動不足の状態を作り出し，健康への影響が心配されるようになった．一方では，スポーツがエリート選手のためばかりでなく，多くの一般の人たちの健康や楽しみのために生活の中へ身体運動として取り入れられるようになってきた．必要は発明の母といわれるように，このような社会的背景が運動生理学の発展に寄与したことも見逃せない．

　1960年代に始まった筋力や持久力向上のためのトレーニング法の運動生理学的解明は，やがて一般の人たちを対象とした運動処方の研究へと大きく進展した．また，1970年代には筋バイオプシー法がスポーツ選手や健康な人たちにも適用されるようになり，これによって得られた成果ははかりしれないほど大きい．それは筋肉の研究分野のみにとどまらず，呼吸や循環も含んだ多くの研究を進展させることになったからである．

　さらに1980年代後半からは，磁気共鳴映像（NMR）法という新しい道具の開発・利用によって，非観血的に生体内部の情報を形態的のみならず，代謝的な面からも得ることができるようになった．たとえば，筋肉中のATPやリン酸が，運動によってどのように変わっていくのか，筋肉中の水素イオン濃度（pH）はどのように変わるのか，なども刻々と知ることができる．

　本書は，このような新しい内容も存分に盛り込んだ新しい運動生理学を20講にまとめてみたつもりである．

　本書の著者は，編者以外はいずれも30代の新進気鋭の研究者であり，編者が筑波大学へ赴任して以来，ここ十数年の間に大学院生として一緒に実験や討論をしてきた仲間である．柔らかい頭で考え，新しいものを吸収し，そして創造的な仕事を手がけている人たちの息吹を感じていただければ幸いである．

　また，本書は体育を専攻する学生諸君，スポーツのコーチングに携わっている方々，地域や社会体育施設の指導者などはもとより，研究者や学校の現場の先生方にもご利用いただけるこ

とを願っている．そして，これらの方々のスポーツや体育の指導に本書がいくらかでもお役に立つことができるならば望外の喜びである．

最後に，本書の出版に際し，快くお引き受け下さった朝倉書店に対して心から感謝の意を表したい．

1993 年 3 月

勝田　茂

第 2 版に寄せて

本書を刊行してから 6 年が過ぎ，この間に幸い多くの方々に読んでいただき 9 刷を数えた．運動生理学は日進月歩の学問である．この「運動生理学 20 講」は基本的なことをしっかりふまえたうえで，常に up-to-date な内容を盛り込み読者の興味，要望にこたえられるものをめざしている．今回の改訂にあたって全体は 20 講で変わらないが，各講とも全面的な見直しを行い，内容の面からも充実を図ったつもりである．

皆さまからの忌憚のないご叱声をお願いしたい．

1999 年 3 月

勝田　茂

第 3 版に寄せて

1993 年に本書の初版が刊行されてから 20 年以上が過ぎたが，この間に健康に対する運動の効用の社会的評価は大きく変化した．今や重要な国民的課題である認知症の予防・改善にさえ運動の効果が証明されてきている．そのような状況の中で，運動生理学分野の研究進展が社会に寄与できる意味は大きい．

今回の改訂版でも全体は 20 講で変えなかったが，章のタイトルを一部変更したり順序を入れ替えたりしたうえで，そのほかは前版を踏襲した．とりわけ，第 10 講には最近話題の「運動と認知機能」を新しく設定した．しかし，執筆分担者は大幅に変更し，内容もすべての章で一新されている．

また，第 3 版から編者として新しく筑波大学教授・征矢英昭氏にも加わっていただいたので，新しい視点で編集作業を進めることができた．

皆さまの要望に応えられる内容になっていることを願い，また，率直なご意見が寄せられることを期待している．

2015 年 3 月

勝田　茂

目　　次

1. 骨格筋の構造と機能 ··· 1
   1.1 骨格筋の構造 ··· 1
   1.2 運動神経と興奮収縮連関 ··· 2
   1.3 筋線維タイプとミオシン重鎖成分 ··· 2
   1.4 筋線維タイプとスポーツの関連 ··· 4
   1.5 筋線維組成の推定 ··· 5
   1.6 筋線維の再生と筋衛星細胞 ··· 6

2. 筋力と筋パワー ··· 8
   2.1 筋収縮の様式 ··· 8
   2.2 筋力に影響する因子 ··· 9
   2.3 筋 パ ワ ー ··· 11
   2.4 筋力トレーニングに伴う筋力増加の機序 ·· 12

3. 神経系による運動の調節 ··· 16
   3.1 神経系の構造 ·· 16
   3.2 ニューロンの構造と活動電位 ·· 17
   3.3 運動単位と神経筋接合部 ·· 18
   3.4 反射，感覚器の神経調節 ·· 20
   3.5 神経系のトレーニング効果 ·· 21

4. 運動と筋 ATP 代謝 ·· 24
   4.1 Ａ Ｔ Ｐ ··· 24
   4.2 エネルギー供給（ATP 再合成）システム ·· 25
   4.3 持久的トレーニングと筋エネルギー代謝 ·· 28
   4.4 スプリントトレーニングと筋エネルギー代謝 ···································· 30
   4.5 運動と代謝，ミトコンドリア・バイオジェネシス ································ 33

5. 運動時のホルモン分泌 ··· 35
   5.1 内分泌とホルモン ·· 35
   5.2 運動ストレスとホルモン ·· 38
   5.3 内分泌性サイトカインと運動 ·· 41

6. 運動時の糖質・脂質・蛋白質代謝 ··· 44
   6.1 糖 質 代 謝 ··· 44
   6.2 脂 質 代 謝 ··· 46
   6.3 蛋白質代謝 ·· 47

目　次

 6.4　運動の強度や時間とエネルギー基質利用の関係 ············· 49

7. 筋の肥大と萎縮 ············· 51
 7.1　筋肥大のメカニズム ············· 51
 7.2　筋萎縮のメカニズム ············· 54

8. 運動と呼吸・心循環 ············· 58
 8.1　運動と呼吸 ············· 58
 8.2　運動と心循環 ············· 62

9. 運動と末梢循環 ············· 67
 9.1　運動と血流配分 ············· 67
 9.2　血流調節 ············· 68
 9.3　運動時の筋血流量が増加する機序 ············· 68
 9.4　末梢循環の構造 ············· 69
 9.5　毛細血管とトレーニング ············· 70
 9.6　毛細血管の新生 ············· 70
 9.7　末梢でのガス交換 ············· 72

10. 運動と認知機能 ············· 74
 10.1　認知機能 ············· 74
 10.2　認知機能の評価法 ············· 75
 10.3　運動と実行機能 ············· 77
 10.4　運動と学習・記憶 ············· 78
 10.5　運動と精神・神経疾患 ············· 81

11. 運動と酸化ストレス ············· 84
 11.1　酸素と酸化ストレス：活性酸素種，フリーラジカルとは何か？ ············· 84
 11.2　生体での活性酸素種生成 ············· 85
 11.3　活性酸素種の消去 ············· 88
 11.4　運動と活性酸素種 ············· 90
 11.5　活性酸素種生成量と消去系に対する運動トレーニングの影響 ············· 91
 11.6　活性酸素種に対する抗酸化化合物とその影響 ············· 92

12. 運動と骨代謝 ············· 96
 12.1　骨代謝の概要 ············· 96
 12.2　骨に及ぼす運動の効果に影響を及ぼす要因 ············· 97
 12.3　力学的ストレスに対する骨の適応メカニズム ············· 98
 12.4　骨粗鬆症の予防・治療としての運動の役割 ············· 100

13. 運動と環境 ············· 103
 13.1　高地環境 ············· 103
 13.2　暑熱環境 ············· 108

14. 運動時の栄養摂取・水分補給 ············· 114
 14.1　栄養素の種類 ············· 114

14.2　栄養素の消化・吸収 …………………………………………………………… 116
　　14.3　運動におけるエネルギー源と栄養摂取 ……………………………………… 117
　　14.4　運動と骨格筋蛋白質の合成 …………………………………………………… 119
　　14.5　運動時の水分補給 ……………………………………………………………… 119

15. 運 動 処 方 …………………………………………………………………………… 122
　　15.1　健康と運動との関係 …………………………………………………………… 122
　　15.2　運 動 処 方 ……………………………………………………………………… 124

16. 運動と生活習慣病 …………………………………………………………………… 134
　　16.1　肥　　満 ………………………………………………………………………… 134
　　16.2　糖 尿 病 ………………………………………………………………………… 136
　　16.3　脂質異常症 ……………………………………………………………………… 138
　　16.4　高 血 圧 ………………………………………………………………………… 139
　　16.5　が　　ん ………………………………………………………………………… 140

17. 運動と発育発達 ……………………………………………………………………… 143
　　17.1　発育に伴う骨格筋の変化 ……………………………………………………… 143
　　17.2　成長期における身体組成の変化 ……………………………………………… 144
　　17.3　呼吸循環系の発達特性 ………………………………………………………… 145
　　17.4　成長期における呼吸循環系能力の特徴 ……………………………………… 145
　　17.5　成長期の身体活動水準と有酸素性能力の関係 ……………………………… 146
　　17.6　筋力・筋パワー発揮能力の発達 ……………………………………………… 147
　　17.7　成熟度と無酸素パワー発揮能力の関係 ……………………………………… 147
　　17.8　成長期におけるトレーナビリティの変化 …………………………………… 148

18. 運動とサクセスフルエイジング …………………………………………………… 151
　　18.1　加齢に伴う呼吸循環系機能の変化 …………………………………………… 151
　　18.2　有酸素性能力の低下に対するトレーニングの効果 ………………………… 152
　　18.3　加齢による筋の量的・質的変化 ……………………………………………… 152
　　18.4　筋の変化に対するトレーニングの効果 ……………………………………… 156
　　18.5　加齢による骨の変化と運動の効果 …………………………………………… 157
　　18.6　高齢者とスポーツ ……………………………………………………………… 157

19. トップアスリートの特性 …………………………………………………………… 161
　　19.1　競技種目の特性 ………………………………………………………………… 161
　　19.2　遺伝の影響 ……………………………………………………………………… 165
　　19.3　特定種目の特性例 ……………………………………………………………… 166

20. トレーニングとコンディショニング ……………………………………………… 170
　　20.1　トレーニング …………………………………………………………………… 170
　　20.2　コンディショニング …………………………………………………………… 175
　　20.3　コンディショニングとパフォーマンスとの関係 …………………………… 176

索　　引 ………………………………………………………………………………… 181

1 骨格筋の構造と機能

　一流スポーツ競技選手のプレーやパフォーマンスは，力みや無駄な動きがなく，同時に力強くスムースなものである．このような一流選手の高い身体能力は長年の厳しいトレーニングにより得られたものであり，また彼らの身体がトレーニングに適応した結果であるともいえる．われわれが身体を動かす際や力（筋力）を発揮する場合，必ず筋肉の収縮を伴っている．ここでいう筋肉とは骨格筋をさしており，本講では身体活動のもととなる骨格筋の構造や機能について概説する．

1.1　骨格筋の構造

　われわれの身体は，大小さまざまな約400個の骨格筋から構成されている．骨格筋は自分の意志で動かすことのできる随意筋であり，この点が不随意筋である心筋あるいは内臓や血管を構成する平滑筋とは大きく異なっている．図1.1に示したように，骨格筋は直径10～100 μm の細長い筋線維（muscle fiber）が多数集合したものであり，運動神経の支配を受けている．運動神経からの刺激に対し，この筋線維が収縮することによって筋全体が力を発揮したり，あるいは関節に作用することによってさまざまな動き（動作）が可能になる．

　筋線維の内部は，アクチン（actin）とミオシン（myosin）とよばれる筋フィラメントからなる筋原線維（myofibril）や，エネルギー産生の場であるミトコンドリア（mitochondria），カルシウムイオンを内部に貯蔵する袋状の筋小胞体（sarcoplasmic reticulum：SR），グリコーゲン顆粒，筋核（myonuclear）などにより構成されている（図1.1b）．筋原線維はZ膜を介して細いアクチンフィラメントと太いミオシンフィラメントが整然と並んだ構造であり，両者の重なり具合によって部分的に明るく見えるI帯と暗く見えるA帯が交互に繰り返した縞模様の横紋構造がみられる．このことから骨格筋は横紋筋ともよばれる．Z膜から隣接する次のZ膜までを筋節（sarcomere）とよび，これが収縮の基本単位であり，アクチンフィラメントと

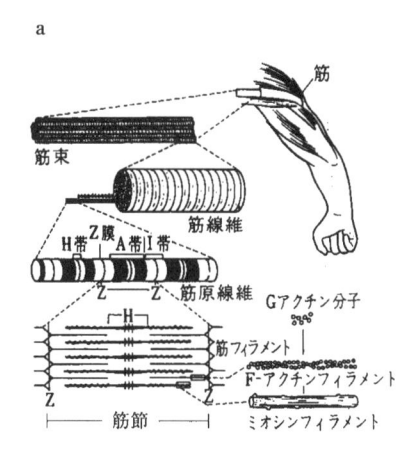

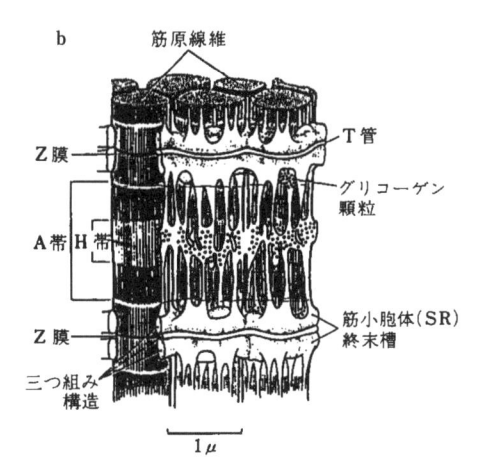

図1.1　骨格筋の構造
(Fowcett, 1968)

ミオシンフィラメントが相互作用（滑走）することにより張力が発生する．

1.2　運動神経と興奮収縮連関

脳からの指令が運動神経の電気的な興奮（活動電位またはインパルス）を介して骨格筋線維に伝えられ，筋全体が収縮するまでの一連の作用を興奮収縮連関（excitation-contraction coupling）とよぶ（図1.2）．

まず，脳からの興奮が脊髄前角にある神経細胞体を介して軸索を下降し，神経筋接合部（神経終板またはエンドプレート）へと伝わる（1）．次に，神経筋接合部のわずかな隙間に化学的伝達物質であるアセチルコリンが放出され，筋線維膜表面のアセチルコリンレセプターと結合することにより神経の興奮が筋線維に伝えられる（2）．さらに，筋線維表面の膜全体に伝播した活動電位（3）は，筋線維内部へと陥入した横行小管（T管）を経由して筋線維の内部まで伝えられ（4），横行小管に隣接したSRまで到達する（5）．次に，SRの中に蓄積されたカルシウムイオン（Ca^{2+}）が筋原線維へと放出され（6），これがアクチンフィラメントに結びついたトロポニンC（トロポニンT, I, Cの中の1つ）と結合し，このことがアクチンとミオシンの滑走を引き起こし筋線維が収縮する（7）．放出されたCa^{2+}は再びSRに取り込まれ，筋線維はもとの弛緩した状態にもどる（8）．

このように，脳からの刺激が運動神経のインパルスとして伝えられ，インパルスの発射頻度に応じて1回の収縮である単収縮から，連続した持続的な張力発揮である強縮まで，筋線維は収縮状態を変化させながら力を発揮している．

1.3　筋線維タイプとミオシン重鎖成分

骨格筋線維はその機能的・構造的特性から数種類のタイプに分類される．表1.1に示したように，収縮速度の違いをもとにした酵素（myosin ATPase）の活性度を表す組織化学的な分類から，ヒトの筋線維は収縮速度の遅い遅筋線維（slow-twitch fiber：ST線維またはType I線維）と，収縮速度の速い速筋線維（fast-twitch fiber：FT線維またはType II線維）に大別され，速筋線維はさらにType IIA，Type IIXなどのサブタイプに分類される場合もある．ラットなどの齧歯類の骨格筋線維にはさらに最も速筋型のType IIB線維が含まれる．また，Type IICと表記される線維タイプもみられるが，これはType IとType IIの中間型ととらえることができる．

さらに，酸化系や解糖系などの代謝能力を含めた分類も用いられ，遅筋タイプで酸化能力の高いSO（slow-twitch, oxidative），速筋タイプで解糖能力の

表1.1　筋線維タイプの分類

遅筋（ST）線維	速筋（FT）線維	
Type I 線維	Type II 線維	
Type I 線維	Type IIA 線維	Type IIX 線維
SO 線維	FOG 線維	FG 線維
遅筋（slow）線維	混在型（hybrid）線維	速筋（fast）線維

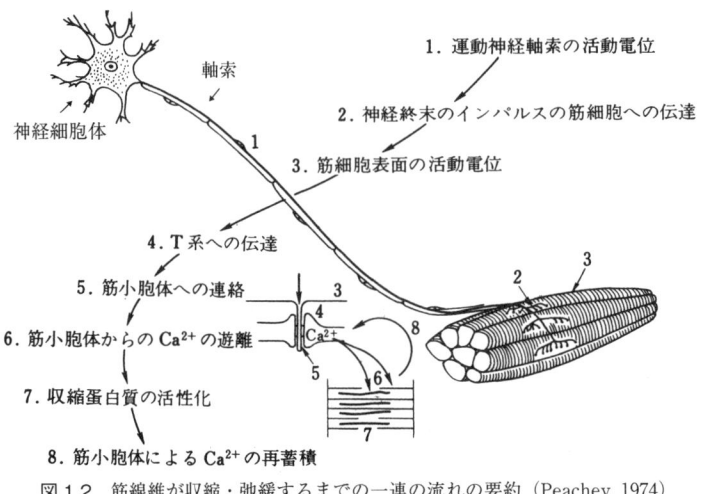

図1.2　筋線維が収縮・弛緩するまでの一連の流れの要約（Peachey, 1974）

高い FG（fast-twitch, glycolytic），さらには速筋タイプで酸化・解糖能力ともに高い FOG（fast-twitch, oxidative, glycolytic）タイプに分類される．

一方，速筋型と遅筋型のモノクローナル抗体を用いた免疫組織染色法によって，筋線維を遅筋タイプ（slow）と速筋タイプ（fast），そして両者が混在した混在型（slow + fast または hybrid）に分ける場合もある．

遅筋線維と速筋線維の機能的な特徴を表 1.2 に示した．速筋線維は収縮速度が速く，大きな力を発揮できるが，持続して収縮するような持久能力（疲労耐性）は低い．エネルギー供給機構では解糖系の酵素活性が高く，酸素を使わない無酸素の状態でエネルギー（アデノシン三リン酸：ATP）を産生する能力が高い．一方，遅筋線維は速筋線維と相反する特性を有しており，収縮速度は遅く，発揮する力は小さいものの，一定の張力を長時間発揮し続ける持久能力（疲労耐性）に優れている．これは毛細血管が発達し，酸素を利用してエネルギーをつくり出す酸化系の酵素活性が高く，有酸素的にエネルギーを産生するミトコンドリアの密度が高いことによるものである．

筋原線維を構成する 2 種類の筋フィラメントのうち，ミオシンフィラメントの成分が筋線維タイプやその収縮速度に大きく影響することが知られている．ミオシン分子は二葉のクローバーのような形をしており，これが双方向に集合してミオシンフィラメントを形成している．ミオシン分子は分子量が約 20 万のミオシン重鎖（myosin heavy chain：MHC）成分 2 個と，分子量 2 万前後のミオシン軽鎖（myosin light chain：MLC）成分 4 個から構成される．MHC 成分は slow type の MHC I と fast type の MHC II に分類され，さらに fast type は MHC IIA，MHC IIX，MHC IIB の 3 つのサブタイプに分けられる．ヒト骨格筋では，このうち MHC I，IIA，IIX の 3 タイプが確認されている．

SDS-ポリアクリルアミドゲル電気泳動法（SDS-PAGE）により単一筋線維あるいは筋全体の MHC 成分を分析することができる（図 1.3）．基本的に 1 本の

表 1.2 骨格筋線維の特性

	遅筋（Type I）線維	速筋（Type II）線維
収縮速度	遅い	速い
クレアチンリン酸貯備	低い	高い
発揮張力	小さい	大きい
ATPase 活性	低い	高い
解糖系酵素活性	低い	高い
酸化系酵素活性	高い	低い
毛細血管密度	高い	低い
ミオグロビン含有量	高い	低い
ミトコンドリア密度	高い	低い
グリコーゲン貯蔵	高い	高い
中性脂肪貯蔵	高い	低い
疲労耐性	高い	低い

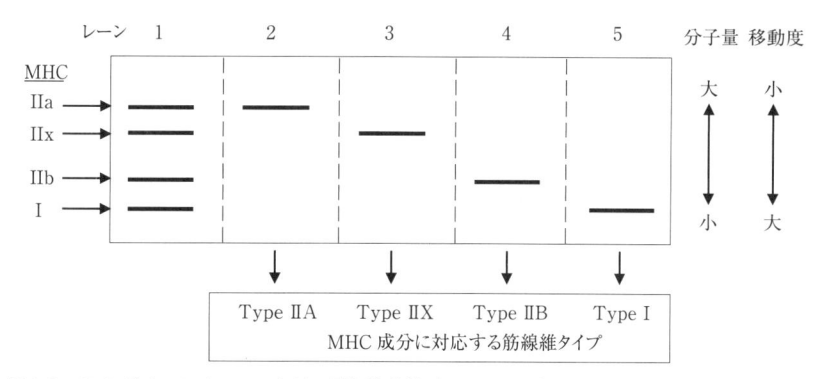

図 1.3 SDS-ポリアクリルアミドゲル電気泳動法（SDS-PAGE）によるミオシン重鎖成分の分離と対応する筋線維タイプ

分子量の小さいミオシン重鎖（myosin heavy chain：MHC）ほどゲル内の移動度は大きくなる．ここではラット骨格筋の分離パターンを示した．
レーン 1：たとえばラットの腓腹筋全体では，4 タイプの MHC 成分が分離され，移動度の大きい（分子量が小さい）方から MHC I，IIB，IIX，IIA の順となる．
レーン 2〜5：ラット腓腹筋から単一筋線維を 4 本取り出し SDS-PAGE にかけた結果，それぞれが異なるタイプの MHC 成分を含んでおり，各 MHC 成分に対応する筋線維タイプを示した．
ヒトの MHC 成分は，ラットとは若干異なっており，移動度の大きい（分子量が小さい）方から MHC I，IIA，IIX の 3 タイプに分離される．

1 骨格筋の構造と機能

筋線維は1種類のMHC成分から構成されているため,含まれるMHCのタイプに応じて筋線維タイプを決定することができる.

1.4 筋線維タイプとスポーツの関連

陸上競技のランニング種目をランニングスピードとタイムからみると,最もスピードが速くランニングタイムが10秒を切る瞬発的な100m走から,ある程度のペース配分で2時間を超える持久的なマラソン競技まで非常にバラエティーに富んでいる.

筋線維とそれを支配する運動神経（α運動ニューロン）は,1つの機能体として運動単位（motor unit）とよばれており,たとえば,ウォーキングやジョギングなどのように運動強度が低い場合には,遅筋線維を含むslow motor unitが先に動員・収縮し,運動強度が高くなるに従い速筋線維を支配するfast motor unitの動員される割合が徐々に高くなってくる.100m走のようなスプリント競技では,このfast motor unitの動員と速筋線維の収縮・張力発揮がパフォーマンスに大きく影響する.

表1.2で示した各筋線維タイプの機能特性と支配神経を含めた運動単位の動員様式から考え合わせると,運動時に機能する骨格筋内の遅筋線維と速筋線維の占める割合（これを筋線維組成という）が,競技パフォーマンスに大きく影響することは容易に推察される.

図1.4は,後述するニードルバイオプシー法によりさまざまな一流競技選手の下肢の外側広筋または腓腹筋から少量の筋切片を取り出し,筋線維組成を算出したものである.健常な日本人一般男子では遅筋線維と速筋線維はともに50％前後のほぼ等しい割合であるが,陸上短距離選手では速筋線維の割合が70％を超え,逆に長距離種目の選手では遅筋線維の割合が70％を超える結果が得られ,中距離選手ではその中間の割合であった.陸上競技ランニング種目では選手の身体のあらゆる生理的機能がパフォーマンスに大きく影響

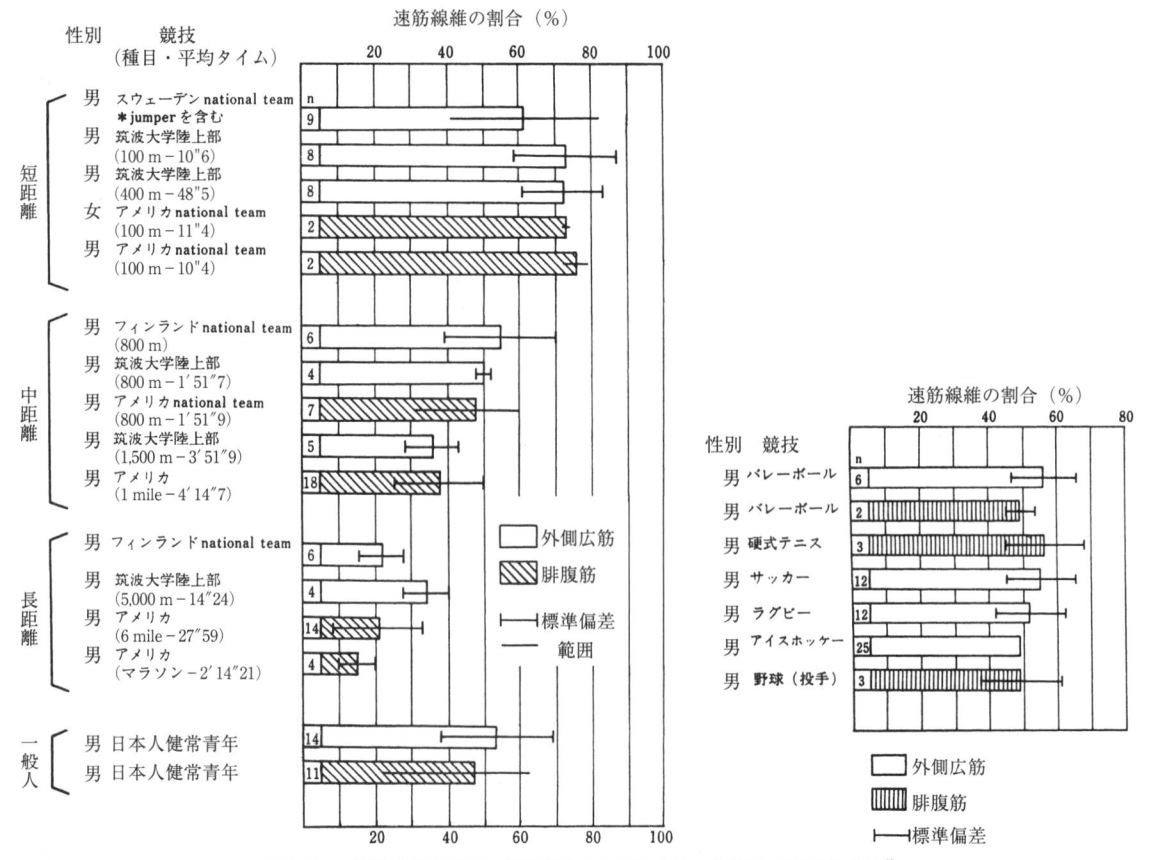

図1.4 一流陸上競技選手・球技選手および日本人一般男子の筋線維組成[3]

するが，骨格筋の場合，ランニング種目に応じた筋線維組成を有することが必要条件ではないかと推察される．

一方，バレーボールやサッカーなどのチームスポーツ・球技種目では，極端な筋線維組成の偏りはみられず遅筋線維と速筋線維はほぼ等しい割合であった．試合時間が長く技術的な要素が要求される球技種目では，瞬発力，持久力ともに必要であり，両タイプの筋線維が適度に含まれる方が有利なのかもしれない．

このような骨格筋の筋線維組成はどのようにして決定されているのか，トレーニングによって好ましい方向へ変化するのかといった問題については，ヒトや実験動物を用いてさまざまな研究がなされてきた．

まずヒトの場合，双子を対象とした研究では，二卵性に比べて一卵性双生児の筋線維タイプの類似性が高いことから，筋線維タイプの決定は遺伝的要素が強いことが示唆されている（図1.5a）．さらにTrappeら[6]は，20年間の持久トレーニング前後の腓腹筋を分析した縦断的研究から，腓腹筋の遅筋線維の割合はトレーニング前後で全く変化がみられなかったことを報告しており（図1.5b），筋線維組成は後天的には変化しにくいと考えられる．しかしながら，持久的トレーニングや筋力トレーニングなどにより，速筋線維のサブタイプ間においてその割合が変化することは多くの研究により報告されており，酸化能力に優れたType ⅡA（またはFOG）線維の割合が増加し，Type ⅡX（FG）あるいはType ⅡB線維の割合が減少する．

一方，ラットやラビットを用いた研究では，劇的な筋線維組成の変化が生じることが知られている．筋に対し低頻度の持続的な電気刺激を加えることにより，速筋線維または速筋タイプのMHCの割合が減少し，逆に遅筋線維または遅筋タイプのMHCの割合が増加する．この変化は速筋線維から遅筋線維へのタイプ移行によると考えられ，筋の活動水準が増加することにより筋線維は酸化能力が高く持久的なタイプへとシフトする可能性が示唆されている．一方，関節のギプス固定により筋の活動量が極端に低下した場合や，スペースフライトにより筋への負荷が取り除かれた場合には，逆に速筋線維（あるいは速筋タイプのMHC）の割合が増加するという報告もなされている．このように，ヒトと違って齧歯類などの骨格筋では，筋の活動量の著しい増減に伴って，筋線維タイプは顕著な変化を示す．

1.5 筋線維組成の推定

スポーツ種目の適性や向き・不向き，スポーツタレントの発掘などの意味合いにおいて，筋線維組成を知ることの意義は大きいと考えられる．筋線維組成を知る方法としては，直接筋切片を取り出して調べる直接法と，間接的に推察する間接法がある．

前者はニードルバイオプシー法（筋生検）として知られ，バイオプシー用のニードル（針）を筋内に直接挿入し，微量の筋切片を採取し，それを酵素または免

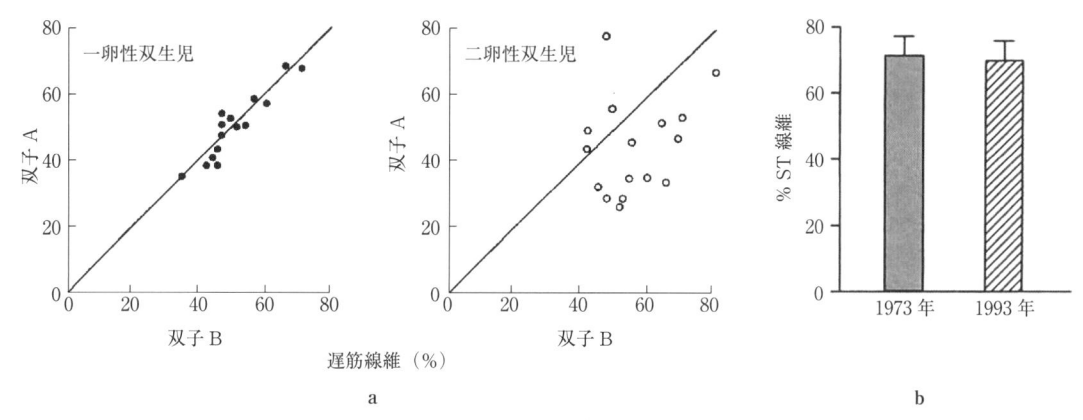

図1.5 筋線維組成に対する遺伝的要因とトレーニングの影響
a：双生児の外側広筋の遅筋線維の類似性を検討した結果．二卵性双生児に比べ一卵性双生児の類似性が非常に高いことから，筋線維組成は遺伝的な影響が強いと考えられる[4]．
b：20年間の持久トレーニング前後の腓腹筋の筋線維組成を分析した結果，差は全くみられなかったことから，筋線維組成はトレーニングにより変化しないことが示唆された[6]．

疫組織染色することにより筋線維タイプを同定・分類するものである．

直接法の難点を克服するため，間接的に筋線維組成を推定する方法がこれまでにもいくつか提唱されている．医療用機器である核磁気共鳴映像装置の一種である磁気共鳴分光法（magnetic resonance spectroscopy：MRS）を用いた報告では，筋内のクレアチンリン酸含有量の違いから速筋線維と遅筋線維を分類する方法[5]や，筋内のカルノシン含有量から速筋線維の割合を算出するといった方法[1]などが提唱されている．しかしながら，このような医療機器は非常に高価なものであり，また誰もが簡単に使用できるものでもない．

誰もがより簡単に筋線維組成を知る方法として，50 m走と12分間走の速度比からの推定法が提唱されている[2]．これは，被験者に50 m走と12分間走を実施してもらい，その速度比（おおよそ1.2〜2.2の範囲になる）から外側広筋の速筋線維の割合を算出するというものであり，実際にニードルバイオプシー法により得られたデータと比較しても，かなり高い精度で筋線維組成が推定できる（図1.6）．この方法は，誰でも簡単に実施でき，痛みや危険性もなく，費用もかからない利点がある．しかし，測定する際に全力で疾走しなければ精度が格段に落ちるという欠点がある．学校現場などでこの方法を学生や生徒に実施させる際には，この点をしっかり注意し，高い意識づけをもって実施できれば有効な手段と思われる．

図1.7は，この方法を用いてK大学の学生の筋線維組成を求めた結果である．図1.7aは定期的に運動を行っている学生（スポーツ競技者）と行っていない学生（非競技者）の両方を含み，速筋線維の割合が50％台の人数が最も多く，両端にいくに従い人数が少なくなり，綺麗な一層性の山型を示している．この結果は，実際に筋生検により得られたデータと類似しており，50 m走と12分間走による間接的方法でも精度の高い推定が可能であることを示している．

図1.7bは，同様な方法によるK大学陸上競技（短・中・長距離走）選手の推定結果である．速筋線維の割合が30％台と70％台にピークがみられる二層性の山型を示しており，長距離専門の学生のほとんどは20〜40％台，短距離専門では70〜90％台の割合であった．

1.6 筋線維の再生と筋衛星細胞

激しい運動や打撲などの衝撃により筋が損傷するこ

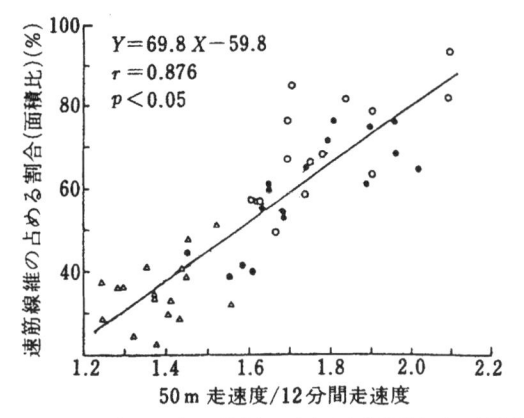

図1.6 50 m走および12分間走の速度比と筋線維組成の関連[2]
○：スプリンター，△：長距離ランナー，□：球技選手，●：非運動選手．

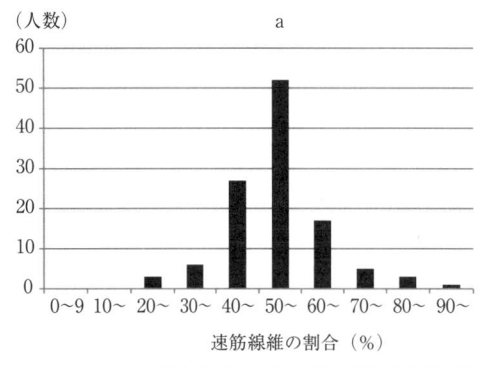

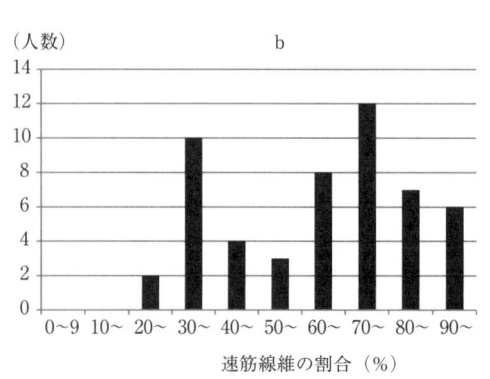

図1.7 50 m走と12分間走をもとにした外側広筋の速筋線維の割合の人数分布
横軸は速筋線維の割合を10％ごとに区切り，縦軸はその人数を示す．
a：スポーツ競技者と非競技者両方を含むK大学教育学部1〜3年生男女（114名）．
b：K大学陸上競技短・中・長距離走部員男女（52名）．

とはよく知られている．その際の筋線維の微細構造をみると，筋フィラメントの整然とした構造の乱れや部分的な膜系の構造破壊が認められる．しかしながら，損傷した筋線維は速やかに再生する能力をもっており，これは筋衛星細胞（satellite cell）とよばれる分化能力をもった細胞（核の一種と考えてよい）の作用によるといわれている（図1.8）．正常な筋線維では，筋核は形質膜直下に位置しているが，筋衛星細胞は形質膜と基底膜の間に存在する．

通常の筋衛星細胞は，損傷した筋線維の修復や筋線維の再生が必要な場合，また筋力トレーニングにより筋線維が肥大し，筋核数の増加が必要とされるような場合には，筋衛星細胞が再び活性化し，その後，増殖・分化・融合などのプロセスを経て筋線維の修復や再生，筋核数の増加に寄与する（図1.9）．なお，再生された筋線維では筋衛星細胞由来の筋核が筋細胞内部にみられる（中心核とよばれる）という特徴を有している．

◆ 問　題
1. 骨格筋はどのような構造をしているか述べなさい．
2. 興奮収縮連関の経路について述べなさい．
3. 筋線維タイプとその特徴について述べなさい．
4. 筋線維タイプとミオシン重鎖成分の対応について述べなさい．
5. 筋線維組成とスポーツの関連について述べなさい．
6. 筋線維組成の推定法についていくつかあげ，その長所・短所を述べなさい．
7. 筋衛星細胞について説明しなさい．

◆ 参考文献
1) Baguet, A., Everaert, I., Hespel, P., et al.：A new method for non-invasive estimation of human muscle fiber type composition. *Plos. One*, **6**：e21956, 2011.
2) 勝田　茂，高松　薫，田中　守ほか：50m走と12分間走の成績による外側広筋の筋線維組成の推定．体育学研究，**34**：141-149, 1989.
3) 勝田　茂，和田正信：筋線維組織と運動競技特性．デサントスポーツ科学，**7**：34-43, 1986.
4) Komi, P. V., Viitasalo, J. H., Havu, M. et al.：Skeletal muscle fibres and muscle enzyme activities in monozygous and dizygous twins of both sexes. *Acta. Physiol. Scand.*, **100**：385-392, 1977.
5) Takahashi, H., Kuno, S., Katsuta, S., et al.：Relationships between fiber composition and NMR measurements in human skeletal muscle. *NMR Biomed.*, **9**：8-12, 1996.
6) Trappe, S. W., Costill, D. L., Fink, W. J., et al.：Skeletal muscle characteristics among distance runners：a 20-yr follow-up study. *J. Appl. Physiol.*, **78**：823-829, 1995.

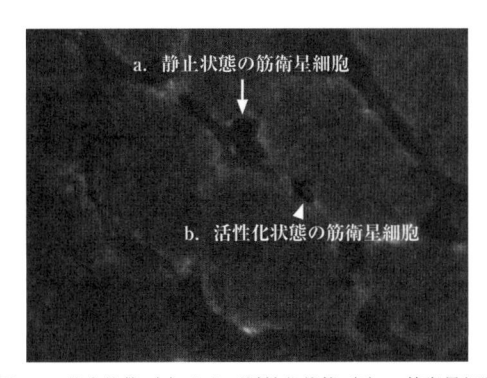

図1.8　静止状態（a）および活性化状態（b）の筋衛星細胞
安静時では筋衛星細胞は基底膜と形質膜の間に静止状態で位置しており（a），筋線維の修復や再生が必要な場合，筋衛星細胞は活性化する（b）．

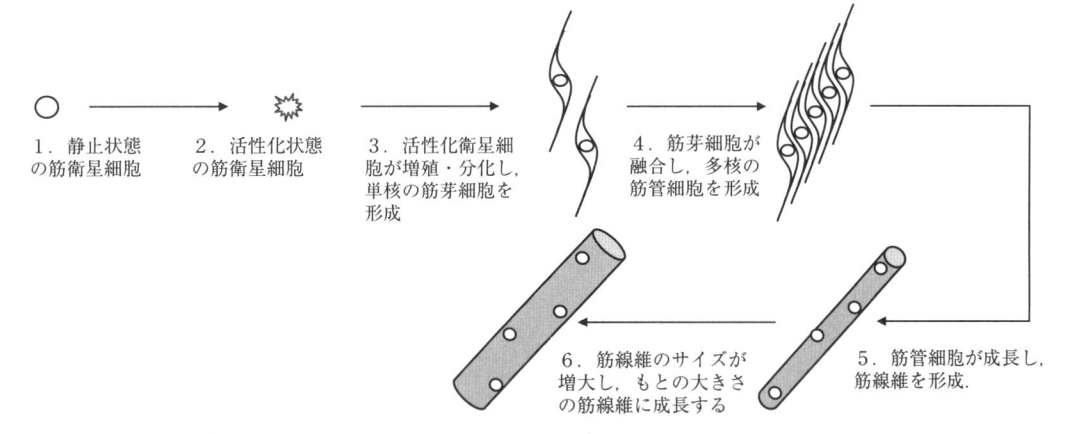

図1.9　筋衛星細胞による筋線維の再生プロセス
1. 静止状態の筋衛星細胞
2. 活性化状態の筋衛星細胞
3. 活性化衛星細胞が増殖・分化し，単核の筋芽細胞を形成
4. 筋芽細胞が融合し，多核の筋管細胞を形成
5. 筋管細胞が成長し，筋線維を形成．
6. 筋線維のサイズが増大し，もとの大きさの筋線維に成長する

2 筋力と筋パワー

　筋力・筋パワーがスポーツパフォーマンスに及ぼす影響はきわめて大きい．競技種目によっては，筋力や筋パワーの能力がパフォーマンスの多くを決めてしまう場合もある．したがって，このような筋力・筋パワーがどのような生理学的要因に影響を受け，トレーニングによってどのように変化するのかについて理解することは重要である．本講では筋力・筋パワーを決める生理学的背景について概説する．

2.1　筋収縮の様式

　筋収縮の様式は，関節運動の動きを伴うか否かで静的収縮（static contraction），および動的収縮（dynamic contraction）の2つに大別することができる（図2.1）．前者は関節がある一定角度で固定された状態で筋収縮を行うもので，後者は関節の可動域全体あるいはその一部で筋収縮を行うものである．静的収縮は筋の長さの変化が見かけ上はみられないことから，等尺性収縮（isometric contraction）と同義語で使われることも多い．超音波エコーを用いることにより，安静時と収縮中の筋束（筋線維が集合した束）の動態をリアルタイムに映し出すことができるようになってきたが，それらの研究によると等尺性収縮においても筋線維が収縮する様子が確認されている[9]．これは等尺性収縮が行われている際に，関節角度が見かけ上は変化がなくても，腱あるいは腱膜が伸張し，筋束が短縮していることを示している．したがって，筋組織は短縮するが腱組織が伸張するため，筋と腱からなる筋腱複合体の全体でみた場合はほぼ一定の長さを保っているように見えるということになる．

　動的収縮では発揮された張力が一定である場合を等張性収縮（isotonic contraction），また関節運動の運動速度が一定である場合を等速性収縮（isokinetic contraction）と，区別してよばれている．等張性収縮は一般的な筋力トレーニングで行われる運動がそれに該当する．たとえば，5kgのダンベルを持って肘関節の屈曲動作を行う運動では，5kgという一定の重さを持ち上げるための張力を肘関節屈曲筋が常に発揮して

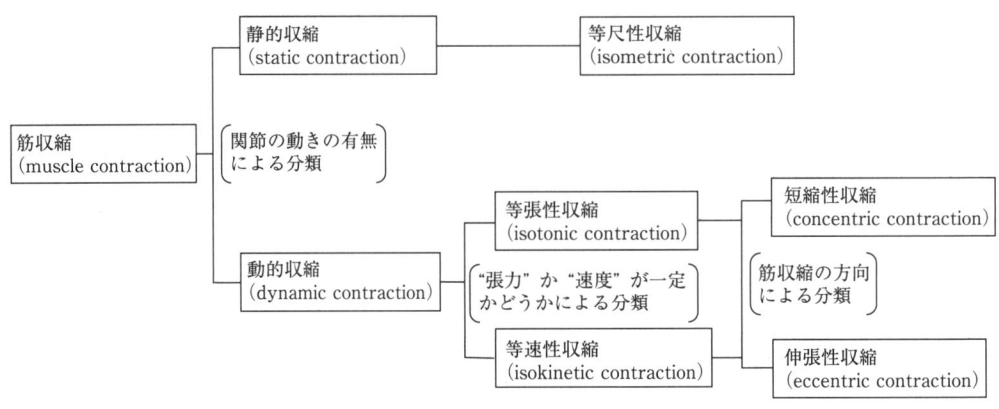

図2.1　筋収縮の種類

いるので，一定の張力が発揮されているという意味から"等張性"なのである．一方，等速性収縮は関節運動の回転速度が一定に規定された特殊なマシンを使って筋力発揮を行うもので，通常の動作にみられることは少ない．等速性収縮に非常に似ている日常的な動作としては，たとえば油圧式ドアの開閉や水中での水かき動作などが等速性収縮に比較的似ている．運動生理学やそれに関係する分野での等速性収縮の多くは，等速性筋力測定装置などが用いられる場合がほとんどである．等速性筋力測定装置を使用して，膝，肘，肩関節などをはじめ身体の多くの関節における等速性筋力の測定が行われてきている．

等張性収縮と等速性収縮は，筋収縮時の関節の回転方向から，短縮性収縮（concentric contraction）と伸張性収縮（eccentric contraction）に分類することができる．この2つは，筋力発揮が行われているという点では共通しているが，前者は筋が短縮しながら力を発揮する収縮様式で，後者は筋が伸ばされながら力を発揮する収縮様式である．腕相撲を例にとると理解しやすい．優位な人の方は腕の筋を短縮させながら筋力発揮を行っている．これが短縮性収縮である．反対に不利な人の方は腕の筋が伸ばされながら筋力発揮を行っている．これが伸張性収縮である．一方，等速性筋力測定装置を使った場合は，先に示した例とは少し異なり，短縮性収縮，伸張性収縮ともに測定装置で設定した角速度での筋収縮が行われる．短縮性収縮では最大努力により一定の角速度で筋力発揮を行い，その際に筋は短縮する．また，伸張性収縮では一定の角速度での関節運動ではあるが，測定装置が筋力発揮より大きな力で強制的に動くため，筋力発揮はするものの筋は伸張させられる．このような場合，最大努力での伸張性収縮と短縮性収縮を比較してみると，通常は伸張性収縮力の方が短縮性収縮よりも大きい．

2.2 筋力に影響する因子

筋力，とくに最大筋力に影響する因子は複数ある．基本的には最大筋力は骨格筋量に依存することが明らかにされているが，それ以外にも筋を上手に使う能力（神経系の因子）や筋で発揮された力を伝達する能力（解剖学的な因子など）が影響する．ここではそれらの因子について概説する．

a. 骨格筋量

骨格筋量は筋断面積や筋体積を用いて評価されてきた．筋断面積には解剖学的あるいは機能的観点からみた場合，2つの筋断面積を算出できる．1つは解剖学的断面積（anatomical cross-sectional area）であり，もう1つは生理学的断面積（physiological cross-sectional area）である．筋断面積と表記される場合は，断りがない限りは解剖学的断面積を意味している．解剖学的断面積と生理学的断面積はそれぞれ以下のように定義することができる．

- 解剖学的断面積：筋の長軸方向に垂直な筋断面積
- 生理学的断面積：筋に含まれるすべての筋線維の断面積の総和

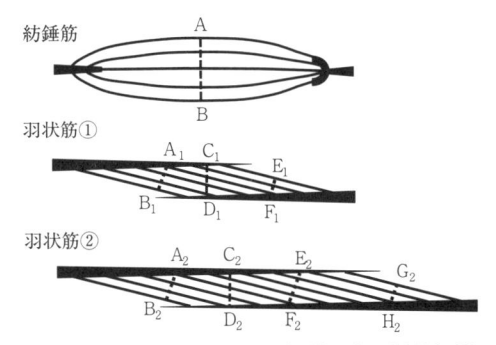

図2.2に異なる筋形状をもつ羽状筋と紡錘筋の解剖学的断面積と生理学的断面積の算出について模式的に示す．紡錘筋の場合，線分ABで分断される部分の断面積は解剖学的断面積であり，また生理学的断面積でもある．すなわち，上で述べた2つの断面積の定義から，紡錘筋の場合は解剖学的断面積と生理学的断面積はほぼ同一であると考えてよい．

一方，羽状筋では解剖学的断面積と生理学的断面積を区別して考える必要がある．羽状筋①の解剖学的断面積は線分 C_1-D_1 で分断される部分の断面積であり，生理学的断面積は線分 A_1-B_1 と線分 E_1-F_1 で分断される部分の断面積の和で示される．この2つの断面積を比較してみると，通常は生理学的断面積が解剖学的断面積より大きくなる．さらに，羽状筋②のモデルは羽状筋①と同様な筋の形状をしているが，唯一異なるのは筋の長さ（筋長）である．羽状筋②の解剖学的断面積は線分 C_2-D_2 で分断される部分の断面積であり，これは羽状筋①と同一である．一方，解剖学的断面積は

図2.2 羽状筋と紡錘筋の解剖学的断面積と生理学的断面積の算出模式図

線分 A_2-B_2, 線分 E_2-F_2, 線分 G_2-H_2 で分断される断面積の和である．これは羽状筋①の生理学的断面積より大きい．したがって，羽状筋では筋長が長いということは生理学的断面積が大きいことを意味し，またそれは筋の発揮張力が大きくなることも意味している．

b. 神経性の因子

神経性は筋力発揮に重要な役割を果たすことが示されている．古くは Ikai と Steinhaus[10]が，肘屈曲筋力の直前にピストルの発砲音を聞かせたり，筋力発揮中に大きな声を出したりすると通常での筋力発揮より大きな力を発揮できることを示した．これは脳の興奮に伴う中枢指令の増加によるものであると考えられている．スポーツ競技者は，日々のトレーニングによってこの神経性の能力改善に取り組んでいる．

筋力発揮の大きさと表面筋電図から得られた主働筋の神経筋活動との関係について図 2.3 に示したが，膝伸展による等尺性随意最大筋力（MVC）と大腿四頭筋を構成する 4 つの筋から得られた神経筋活動のレベル RMS（% MVC）について，それぞれ MVC 発揮時を 100% として表している．このグラフからわかることは，筋力発揮の増大とともに，ほぼ直線的に神経筋活動が大きくなる．ここでいう神経筋活動とは，運動に動員される運動単位の数，動員している運動単位の大きさ，それぞれの運動単位の発火頻度のことを意味している[2]．筋力発揮に伴う運動単位の動員と発火頻度との間には，筋の大きさが関係しているという報告がある[4,12]．すなわち，上腕二頭筋のように，一度に大きな力を発揮する必要のある比較的大きな筋では，MVC の 90% 程度までは運動単位の動員が発揮された筋力とほぼ比例して大きくなり，それ以上の筋力発揮においては，運動単位の発火頻度を上げることによって筋力発揮の調整がされていると考えられている[12]．一方，手指にある母指内転筋では MVC の 50% 程度までは運動単位の動員によって筋力発揮がおもに調節され，それ以上の筋力発揮は運動単位の発火頻度を上げて調節している[12]．さらに，大腿四頭筋では，発揮筋力の増大は運動単位の動員によってうまく説明でき，運動単位の動員に加えて発火頻度の指標を加えて発揮筋力との関係をみても，運動単位の動員と発揮筋力との関係には大きな違いがない[4]．以上のことから，上腕二頭筋や大腿四頭筋のように大きな筋力発揮が必要な筋では，運動単位の動員が筋力発揮調節に重要であり，一方，手指のような巧みな力のコントロールが必要な筋では，おもに運動単位の発火頻度を調整して筋力発揮をコントロールしていることがわかる．

c. 筋線維組成

等尺性筋力と %FT 線維との間には有意な相関関係があるとする報告[21]がいくつかあるが，有意な相関関係は認められないとする報告もある[16,17]．一方，等速性筋力と %FT 線維との間に有意な相関関係があるとする報告は多く存在する[3,22]．Thorstensson ら[22]の研究においても，等速性膝伸展力（角速度 180°／秒）

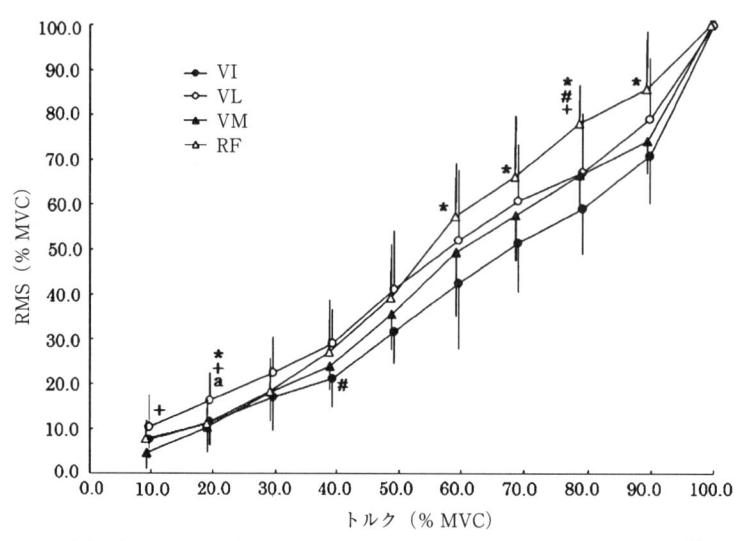

図 2.3　筋力発揮の大きさと表面筋電図から得られた主働筋の神経筋活動との関係[23]

と％FT線維との間に有意な相関関係が認められている（$r = 0.69, p < 0.05$）．表2.1に外側広筋における％FT線維（一定面積に占めるFT線維の数の割合）および％area FT線維（一定面積に占めるFT線維の断面積の割合）と，さまざまな角速度における等速性膝伸展力との相関関係について示した[1]．％FT線維と等速性膝伸展力との間には角速度60°／秒においてのみ有意な相関関係が認められているが，筋線維横断面積の要素を加えた％area FT線維と等速性膝伸展筋力との関係について検討してみると，相関係数がすべての角速度で上昇し，有意な相関関係が測定に用いたすべての角速度に認められた．実験に参加する被検者の身体特性や活動レベルが，％FT線維と等速性筋力との間の相関関係に大きく関係するものと思われる．なぜなら，発揮筋力は身体活動やトレーニングのレベルによって大きく変化するが，％FT線維は基本的には大きく変化することはないからである．また，％FT線維に筋線維横断面積の要素を加えた％area FT線維として検討すると，等速性筋力発揮との間に有意な相関関係が認められることから，トレーニングによってとくにFT線維の筋肥大が引き起こされ，それに伴ってより大きな筋力発揮ができるようになったため，両者に有意な相関関係がすべての角速度において認められたものと考えられる．

d. その他の要因

筋線維が発揮した張力は腱に伝わり，関節を介して回転運動が引き起こされ，関節の回転運動を力あるいはトルクという形で測定していることになる．通常，骨格筋が発揮した張力は腱に伝達される．関節の回転中心から腱までの距離はモーメントアームとよばれ，筋で発揮された張力が関節運動として発揮される際，モーメントアームの大きさは発揮筋力に影響を及ぼす[13]．最近では1つの筋が発揮した張力が，腱膜や筋膜を介して隣接する筋にまで伝達されることも明らかとなっている[8]．

2.3 筋パワー

骨格筋によって発揮されるパワーは，運動やスポーツ活動において重要な意味をもつ．筋力と筋パワーを同義語としてとらえがちであるが，両者は正確には異なる概念をもつ．パワーは以下のように算出できる[11]．

$$パワー = \frac{仕事}{時間} = 力 \times \frac{距離}{時間} = 力 \times 速度$$

つまり，パワーとは力と速度の積で表すことができる．筋のレベルで考えてみると，筋パワーとは筋が発揮した力と筋の収縮速度の積で表すことができる．筋の形態的観点からいえば，筋が発揮する力は生理学的断面積に比例し，筋の収縮速度は筋束長に比例する[24]．なお，筋束とは筋線維が縦列につながり，筋収縮の機能的役割をするものである．したがって，生理学的断面積と筋束長の積は，その筋がもっている形態的なパワー発揮能力を示すこととなる[7]．しかしながら，ヒト生体において筋それ自体が発揮したパワーを測定することは困難であるので，慣性車輪や等速性筋力測定装置などを用いて，外に発揮された筋パワーが測定される方法が一般的である．初期の実験からは，最大筋力の約1/3の負荷のところで最大パワーが出現することが報告されている[11]．

筋パワーは筋の形態的特性のほかに筋線維タイプにも大きく影響を受ける．図2.4にはヒト骨格筋のFT線維およびST線維における力，速度，パワーについ

表2.1 等速性膝伸展力と外側広筋の筋線維組成との関係[1]

（°／秒）	％FT線維	％area FT線維
30	0.31	0.47**
60	0.36*	0.50**
180	0.23	0.39*
300	0.29	0.44**
450	0.29	0.39**

＊：$p < 0.05$，＊＊：$p < 0.01$

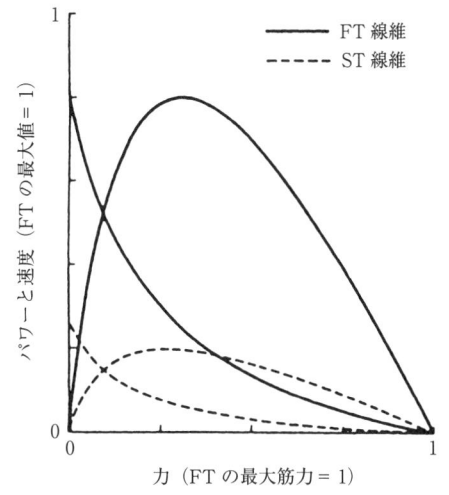

図2.4 FT線維とST線維における力，パワー，速度の関係

て示した.ここからわかることは,FT線維のパワーはST線維のそれと比較して,約4倍の高値を示す.このほとんどは収縮速度の違いに起因するものである.したがって,筋パワーの違いには筋線維タイプの違いも影響していることになる.

2.4 筋力トレーニングに伴う筋力増加の機序

筋力トレーニングは筋に大きな負荷をかけることによって,骨格筋の筋力増加,骨格筋量の増加および身体機能の改善などを目的として行うトレーニングである.筋力トレーニングによる生理学的変化としては,大きく2つに大別することができる[14].1つは"神経系の改善"であり,もう1つは"筋肥大"である.神経系の改善では,運動単位のインパルス発射頻度の増加や運動単位の同期化などが生じる.筋肥大は,筋線維が筋力トレーニングによって太くなることを示す.とくにFT線維に肥大が生じ,その結果,筋断面積においても肥大が認められることが,多くの研究で証明されている.

a.筋力トレーニング

筋力・筋パワーを養成するトレーニングには,さまざまな手段・方法が考えられる.たとえば,トレーニング手段についてみると,自身やパートナーの体重を負荷とするトレーニング,バーベルやダンベルによるトレーニング,マシントレーニング,チューブトレーニング,徒手抵抗トレーニングなどさまざまである.これらのトレーニング手段にはそれぞれに特徴があり,用いる対象,そのトレーニングレベルや目的などに応じて使い分けること,あるいは組み合わせて進めていくことが望ましい.

また,スポーツ選手の筋力トレーニングにおいては,トレーニングで用いる動作と競技内で行われる動作が一致しない場合も多いが,基礎運動能力向上に重要となるトレーニング(一般的基礎筋力トレーニング)と,競技特性を反映させた専門性の高い筋力トレーニング(専門的筋力トレーニング)を適切に組み合せて進めていく必要がある.重要な試合で最高のパフォーマンスを発揮するためには,年間計画(準備期,試合期,移行期)に基づき,一般的基礎筋力トレーニングと専門的筋力トレーニングを段階的かつ発展的に積み上げていくことが重要な課題となる.本節では,主として一般的基礎筋力トレーニングで用いられる方法を実践的な見地から述べていく.

一般的基礎筋力トレーニングにおける筋力・筋パワーの養成方法は,それぞれの方法によってもたらされる効果により次の3つに大別される[15, 18, 20, 25, 26].

① 最大筋力法
② 最大反復法
③ 動的筋力法

1)最大筋力法

最大筋力法とは,最大もしくは最大に近い負荷重量(90〜100% 1 RM(1 Repetition Maximum))を用いて進めていくトレーニング方法である.最大筋力(1 RM)の向上にとって有効なトレーニング法となる.

1セット当たりの反復回数を1〜3回程度とし,3〜5セット行う.原則として完全回復に近い状態でトレーニングを行うため,セット間の休息は比較的長い時間(3〜5分,もしくはそれ以上)が必要とされる.

最大筋力法のトレーニングによってもたらされる筋力の向上は,筋肥大よりも神経系適応の貢献が大きいと考えられている.神経系の適応には,動員される運動単位数やサイズの増加,インパルスの発火頻度の増加と発火の同期化,大脳での神経性の改善などが一般的に知られている.さらに,主働筋-協働筋の協応能の向上,主働筋-拮抗筋の筋力発揮のバランスの改善といった,筋肉間調整能の向上による効果も指摘されている[18, 25].

また,組織学的レベルの研究において,Fryら[6]は最大筋力法でのトレーニングが重視されるウェイトリフティング競技者の外側広筋について調べた結果,次のことを報告している.筋線維組成について,速筋線維-遅筋線維の比率には,コントロール群と比較して顕著な差はない.しかしながら,筋線維を細分化してみた場合,ウェイトリフティング競技者では,速筋線維のサブタイプであるType ⅡA線維の比率が高く,その筋線維横断面積も有意に大きい.従来からの報告にもあるように,ウェイトリフティングのような筋力運動では,速筋線維の選択的な肥大が起こるとともに,Type ⅡB線維からType ⅡA線維への筋線維タイプの移行が生じることも示唆されている.

最大筋力法は,限界に近い負荷重量を使用することから,筋や関節など身体的な負担が大きいとともに,精神的な疲労も極度に高くなる.したがって,オーバーワークによる傷害の誘発や,疲労が蓄積し回復が遅く

なる可能性が考えられる[25]．最大筋力法によるクリーンの実践例（高校3年生ラグビー選手）を表2.2に示す．

2）最大反復法

最大反復法とは，最大下の負荷重量（60～95％1RM）を用い，筋疲労の限界まで反復を繰り返すトレーニング法である．筋肥大（バルクアップ）と筋断面積増加によってもたらされる筋力の向上に有効となる．

1セット当たりの反復回数は5～20回とし，原則として限界まで反復を行う．セット数は3～5セット程度（あるいはそれ以上）が基本となる．セット間の休息時間については，30～60秒（場合によってはそれ以下）と短くして行う方法と，2～3分と長めの休息時間をとる方法とがある．

さらに，バリエーションの1つとして，反復スピードを遅くして，反動を使わず全可動域で反復を繰り返す進め方（ストリクト・スタイル）もある．できる限り長い時間にわたり筋へ刺激を与えることで，筋肥大を誘引する筋の代謝が高められるとともに，より多くの運動単位が動員されることで，筋のバルクアップに大きく貢献すると考えられている．

ヒト骨格筋の肥大に関する研究において，2年以上のトレーニング経験をもつコンテスト・ボディビルダーの外側広筋について，磁気共鳴映像法（magnetic resonance imaging：MRI）から得られた筋断面積と，筋生検から算出した筋線維横断面積を比較検討した結果[5]，筋断面積については，ボディビルダーの方がコントロール群と比較して54％も大きかったが，筋線維横断面積の平均値は，14％程度大きかったにすぎなかった．この結果から，筋肥大が個々の筋線維横断面積増大によってもたらされる現象に加え，ほかの何らかの機序で引き起こされている可能性を示唆している．

実際のトレーニングにおいては，最大筋力法と最大反復法とを組み合わせて用いるケースが多い（表2.2）．ただし，最大筋力法は，負荷強度が高く，筋や関節にかかる身体的な負担が大きいため，段階的に導入することが重要である[15,25]．すなわち，準備期の初期段階や初級者のトレーニングにおいては，最大反復法で十分に強化を行った後，高強度の最大筋力法によるトレーニングの割合を増やしていくことが原則となる．表2.3に最大反復法によるベンチプレスの一例を示す．

また，スポーツ競技に必要とされるパワーの養成という観点から，動的筋力法と組み合わせてトレーニングを進めていくことも重要になってくる．とくに，最大反復法による反復スピードの遅い進め方は，筋肥大にとって有効な方法となるが，ダイナミックな動きに必要とされるパワー（スピード・筋力）の養成にとってふさわしい方法とはいえない．無反動でゆっくりと行う運動様式が，パワーの養成で要求されるものとは大きく異なるからである．したがって，年間計画の中で，最大反復法による体づくりや基礎的な筋力養成を中心として行う時期と，それに引き続き最大筋力の養成やパワー養成が中心となる時期を明確にし，それぞれのトレーニング方法を組み合わせて用いていくことが重要である．

表2.2 最大筋力法によるクリーンの一例（高校3年生ラグビー選手）

（回数）	3	3	2	1	1	×	3	3	5	5	10
（kg）	60	70	80	90	97.5	102.5	92.5	92.5	87.5	87.5	60
	ウォーム・アップ・セット					最大筋力法			最大反復法		

1 RM = 100 kg　×印 = 失敗

表2.3 最大反復法によるベンチプレスの一例

（回数）	10	5	3	2	⑤	⑤	⑨×	⑧×	⑩	10
（kg）	60	80	90	95	100	100	90	90	85	60
	ウォーム・アップ・セット				メイン・セット		サブ・セット			

*：丸数字は，限界まで反復をしていることを意味する．
*：丸数字は後の×印は，失敗したことを意味する．
　⑨× = 9回反復後，10回目で失敗する．

3）動的筋力法

　動的筋力法とは，主としてパワー（スピード・筋力）の向上をめざすトレーニング方法である．パワー（スピード・筋力）とは，短い時間の中で爆発的に筋力を発揮する能力，あるいはできる限り筋力発揮の立ち上がりを速く，鋭く行う能力と規定できる．したがって，動的筋力法では動作スピードに重点が置かれるとともに，よりダイナミックに反動を使うエクササイズが採用される．たとえば，スクワット・ジャンプ，クリーン，スナッチ，メディシンボール・バックスローなどである．また，専門種目の競技動作に近い動きを取り入れてトレーニングを行うことも重要なポイントである[15]．

　重量物を用いる場合のトレーニングでは，負荷重量を1RMの50～60％程度か，それ以下とする．最大もしくは準最大の動作スピードでトレーニングを行うのが大原則となる．1セット当たりの反復回数は3～8回程度とし，ATP-CP系のエネルギー供給の範囲となる8～10秒以内を目安として終了する[15]．休息時間は，最大筋力法と同様に3～5分，もしくはそれ以上として，十分な回復を図りトレーニングを進める．

　動的筋力法の発展的なトレーニング法の1つとして，より反動的かつ大きな衝撃を伴うボックス・ドロップ・ジャンプなどがある．これらの特徴は，着地時に主働筋へ急激な伸長性の収縮がかかり，その後即座に爆発的な短縮性の収縮を行うこと（伸長-短縮サイクル（stretch-shortening cycle：SSC））である．爆発的筋力の養成にきわめて有効なトレーニング方法である．

　実際にトレーニングを進めるにあたっては，動的筋力法を単独で用いるばかりでなく，最大筋力法のトレーニングと組み合わせることによりさらに有効となる[18,19]．

　表2.4に，フリーウェイトを用いた脚トレーニングの実例を示す．これは，バーベルトレーニングと自体重ジャンプトレーニングとを用いた複合的な脚強化プログラムの一例である．

◆問　題

1. 筋収縮の様式は2つに大別できるが，それぞれについて説明しなさい．
2. 筋力に影響する要因を述べなさい．
3. 筋力と筋パワーの違いを述べなさい．
4. 筋力トレーニングによる筋力増加に影響する2つの因子を述べなさい．
5. 筋力トレーニングにおける筋力・筋パワーの養成方法を3つ述べなさい．

表2.4　フリーウェイトを用いた脚トレーニングの一例

①ニアパラレル・スクワット

（回数）	3	3	3	2	3	3
（kg）	100	120	130	140	150	150

②スピード・スクワット（クォーター・ポジション）

（回数）	3＋3	3＋3	3＋3
（kg）	100	100	100

③ボックス（70cm）跳び乗りジャンプ：3回×3S

④スクワット・ジャンプ（プレス型）：5回×3S

（回数）	5＋5	5＋5	5＋5
（kg）	40	50	55

⑤ボックス（40cm）ドロップ・ジャンプ：3回×3S

＊：＋の意味：3＋3セットとは，1セットの反復回数は6回であるが，3回ずつに区切って行うことである．

◆参考文献

1) 秋間　広, 久野譜也, 高橋英幸, 下條仁士, 勝田　茂：異なる部位における大腿四頭筋の各筋頭の筋断面積および筋線維組成が等速性膝伸展力に及ぼす影響．体育学研究．9：417-427, 1995.
2) Basmajian, J. V. and DeLuca, C. J.：Muscles Alive；their functions revealed by electromyography, 5th ed. (Baltimore, M. D., eds.), Williams & Wilkins, Philadelphia, 1985.
3) Colyle, E. F., Costill, D. L. and Lesmes, G. R.：Leg extension power and muscle fiber composition. Med. Sci. Sports, 11：12-15, 1979.
4) Conwit, R. A., Stashuk, D., Tracy, B., et al.：The relationship of motor unit size, firing rate and force. Clin. Neurophysiol., 110：1270-1275, 1999.
5) D'Antonal, G., Lanfranconi, F., Pellegrino, M. A., et al.：Skeletal muscle hypertrophy and structure and function of skeletal muscle fibres in male body builders. J. Physiol., 570：611-627, 2006.
6) Fry, A. C., Schilling, B. K., Staron, R. S., et al.：Muscle fiber characteristics and performance correlates of male Olympic-style weightlifters. J. Strength Cond. Res., 17：746-754, 2003.
7) Fukunaga, T., Roy, R. R., Shellock, F. G., et al.：Physiological cross-sectional area of human leg muscles based on magnetic resonance imaging. J. Orthop. Res., 10：926-934,

1992.
8) Huijing, P. A.: Muscle as a collagen fiber reinforced composite; a review of force transmission in muscle and whole limb. *J. Biomech.*, **32**: 329-345, 1999.
9) Ichinose, Y., Kawakami, Y., Ito, M. and Fukunaga, T.: Estimation of active force-length characteristics of human vastus lateralis muscle. *Acta. Anat.*, **159**: 78-83, 1997.
10) Ikai, M. and Steinhaus, A. H.: Some factors modifying the expression of human strength. *J. Appl. Physiol.*, **16**: 157-163, 1961.
11) 金子公宥：パワーアップの科学―人体エンジンのパワーと効率―，朝倉書店，1988.
12) Kukulka, C. G. and Clamann, H. P.: Comparison of the recruitment and discharge properties of motor units in human brachial biceps and adductor pollicis during isometric contractions. *Brain Res.*, **219**: 45-55, 1981.
13) Lieber, R. L.: Skeletal muscle structure and function; implication for rehabiliataion and sports medicine, pp. 1-292, Williams & Wilkins, Philadelphia, 1992.
14) Moritani, T.: Time course of adaptations during strength and power training. In: Strength and Power in Sport (Komi, P. V., eds.), pp. 266-278, Blackwell Scientific Publications, Garsington road, 1992.
15) 村木征人：スポーツ・トレーニング理論，ブックハウス・エイチディ，1994.
16) Nygaard, E., Houston, M., Suzuki, Y., et al.: Morphology of the brachial biceps muscle and elbow flexion in man. *Acta. Physiol. Scand.*, **117**: 287-292, 1983.
17) Schantz, P., Randall-Fox, E., Hutchison, W., et al.: Muscle fiber type distribution, muscle cross-sectional area and maxumal voluntary strength in human. *Acta. Physiol. Scand.*, **117**: 219-226, 1983.
18) Schmidtbleicher, D.: Training for power events. In: Strength and Power in Sports (Komi, P. V., eds.), pp. 384-390, Blackwell Scientific Publications, Garsington road, 1991.
19) 田内敏男：ストレングス・ブックⅠ，ブックハウス・エイチディ，1988.
20) 田内敏男：スポーツ外傷学．スポーツ外傷学総論（黒澤尚，星川吉光，高尾良英，坂西英夫，川野哲英 編），pp. 278-285，医歯薬出版，2001.
21) Tesch, P. and Karlsson, J.: Isokinetic strength performance and muscle fibre type distribution in man. *Acta. Physiol. Scand.*, **103**: 47-51, 1978.
22) Thorstensson, A., Grinby, G. and Karlsson, J.: Force-velocity relations and fiber composition in human knee extensor muscles. *J. Appl. Physiol.*, **40**: 12-16, 1976.
23) Watanabe, K. and Akima, H.: Normalized EMG to normalized torque relationship of vastus intermedius muscle during isometric knee extension. *Eur. J. Appl. Physiol.*, **106**: 815-825, 2009.
24) Wickiewicz, T. L., Roy, R. R., Powell, P. L., et al.: Muscle architecture of the human lower limb. *Clin. Orthop. Rel. Res.*, **179**: 275-283, 1983.
25) Zatsiorsky, V. M. and Kramer, W. J.: Science and practice of strength training, 2nd ed. Human Kinetics, Champaign, 2006.
26) Zatsiorsky, V. M.：スポーツマンと体力（渡辺 謙訳），pp. 45-54，ベースボール・マガジン社，1972.

3
神経系による運動の調節

　神経系は，感覚系により周囲に関する情報を集め，統合系で記憶として蓄えられている過去のデータと照合し，企画して，運動系により筋や腺に働いて反応を起こす．想像を絶する数の感覚器（sensor），神経細胞（neuron）が複雑に絡み合い，上述の機能をきわめて効率よく組織的に遂行している．これらのシステムをすべて科学的に理解するまでには至っていないのが現状であるが，脊髄中の運動ニューロンがどのようにして骨格筋線維を神経支配しているかに焦点を当て，その一端を解説したい．

3.1　神経系の構造

　神経系には中枢神経と末梢神経がある．中枢神経は脳（brain）と脊髄（spinal cord）からなり，脳はさらに大脳皮質（cerebral cortex）と大脳基底核（basal ganglia）を含む大脳（cerebrum），および視床（thalamus），視床下部（hypothalamus），橋（pons），延髄（medulla）などを含む脳幹（brain stem），そして小脳（cerebellum）の3部位に分かれる（図3.1a）．脊髄も頸髄（cervical），胸髄（thoracic），腰髄（lumbar），仙髄（sacral）の各髄節に分類される．一方，末梢神経とは，中枢神経から身体各部に達する信号の伝達経路の総称である．運動や感覚に関連する末梢神経を体性神経（somatic nerve），意思とは無関係に働く末梢神経を自律神経（autonomic nerve）という．さらに体性神経は信号を中枢から末梢に伝える遠心性神経（efferent nerve）と，末梢で発生した信号を中枢に伝える求心性神経（afferent nerve）に分類される．自律神経はすべて遠心性神経であるが，1つの器官を2種類の神経線維によって制御している．胸髄または腰髄から発する交感神経（sympathetic nerve）と，脳幹または仙髄から発する副交感神経（parasympathetic nerve）である．

　運動機能を発揮する中枢は，おもに大脳皮質，脳幹，脊髄にあり，小脳と大脳基底核が補助役を務める．脳幹は姿勢反射や歩行反射に関連する運動を，大脳皮質や小脳からの修飾を受けながら調節している．脊髄内の運動ニューロンは，大脳および脳幹からの上位中枢信号と筋や皮膚からの末梢（感覚・知覚）信号を統合し，運動の最終命令を骨格筋に発する．

　大脳皮質の中心溝の前方（中心前回）を電気刺激すると，反対側の前・後肢が動くことから，一次運動野またはブロードマン脳地図第4野とよばれるこの部位が，運動を起こす信号の発信元であることが特定されていた．1次運動野の中のどの部位が身体のどの部位に信号を送っているのかについては，半世紀以上も前にすでに明らかにされている（図3.1a上部）．

　大脳皮質は一般的に6層からなる層状構造をしており，錐体細胞（pyramidal cell）と非錐体細胞により構成されている．錐体細胞からは脊髄に向かって軸索（axon）が伸びており，この下降路を錐体路（pyramidal tract）とよんでいる（図3.1a）．一方，1次運動野から発した軸索が途中の部位で乗り換え，信号が修飾されて再び下降する経路を錐体外路とよぶ．錐体外路には，脳幹から出る前庭脊髄路，赤核脊髄路，上丘脊髄路および網様体脊髄路などがある（図3.1b）．

　小脳が運動機能と密接に関連していることは，鳥類，哺乳類の小脳切除実験から，約200年前にはすでに調べられていた．哺乳類の小脳は，小脳皮質（小脳虫部，傍虫部，小脳半球，片葉小節葉）と小脳核（内側核，後中位核，前中位核，外側核）によって構成される．機能的には，小脳虫部は身体の平衡と姿勢の保持，傍虫部は歩行・走行などのリズミカルな運動の制御，小

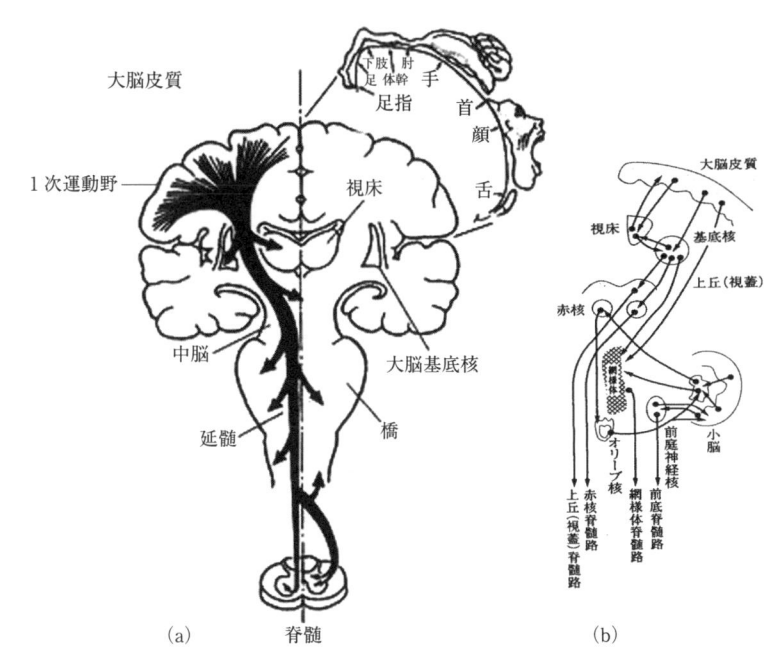

図3.1 1次運動野の機能局在と錐体路(a)および錐体外路(b)の模式図（神野[7]；丹治[12]を一部改変）
aの最上部には，1次運動野の機能局在を示してある．

脳半球は大脳皮質と連携して随意運動の制御，片葉小節葉は前庭反射の制御にそれぞれ関連していることがわかっている．

3.2 ニューロンの構造と活動電位

a．興奮性細胞の特性

ニューロンの形態的特徴は，2つの突起構造，すなわち樹状突起（信号を受け取るアンテナ部）と軸索（信号を送るケーブル部）である．機能的特徴は，この2つの突起構造を張り巡らせて，信号を細胞間で伝達（transmission），細胞内で伝導（conduction）することである．細胞体は直径 50 μm にも満たないが，樹状突起は数 mm 四方に拡張する（図 3.2a）．さらに軸索は，標的の細胞（ニューロンや骨格筋）まで数十 cm にも及ぶ．

ニューロンの中にガラス微小電極を挿入し，細胞外を基準として電位差を測ると，マイナスの静止膜電位（resting potential）が測定される．電気生理学的実験が始まった頃，ヤリイカの巨大神経軸索において実験が行われ -90 mV の電位が報告された．また，この値は Nernst の式（膜電位 $= -58 \log$（細胞内 K^+ 濃度／細胞外 K^+ 濃度）から求められた理論値と一致し，多くの教科書で用いられている．しかし，実際に哺乳類の生体内のニューロンにおいて静止膜電位を測定すると，-70 mV 程度の値を示すことが多い．この電位差は細胞内外の各種イオンの下記のような不均衡な分布に起因するが，その不均衡を生み出しているのが細胞膜の能動輸送と選択的イオン透過性である．

・静止膜電位における細胞内外のイオン濃度[2]

細胞内 Na^+ 濃度 vs 細胞外 Na^+ 濃度
$= 12$ vs 150 mmol/L

細胞内 K^+ 濃度 vs 細胞外 K^+ 濃度
$= 150$ vs 5 mmol/L

細胞内 Cl^- 濃度 vs 細胞外 Cl^- 濃度
$= 5$ vs 125 mmol/L

b．活動電位の発生

細胞と細胞の接点（シナプス）には 10〜50 nm の狭い間隙があり，シナプス前細胞から伝達物質が放出され，シナプス後細胞にあるレセプターが受け取ることにより，伝達が行われる．たとえば，興奮性の伝達物質が放出されレセプターに受容されると，Na^+ だけを通すチャネル（伝達物質作動性）が開く（図 3.2b）．すると，細胞外に高濃度に分布する Na^+ が受動的に細胞内に流入し，膜電位がプラス方向に動く（脱分極）．プラス方向に動いた膜電位が閾値（-50〜-60 mV）に達すると，今度は電位依存性の Na^+ チャネルが開き，さらに大量の Na^+ が細胞内に流入する．1ミリ秒以内の時間差をおいて，電位依存性の K^+ チャネルが全開す

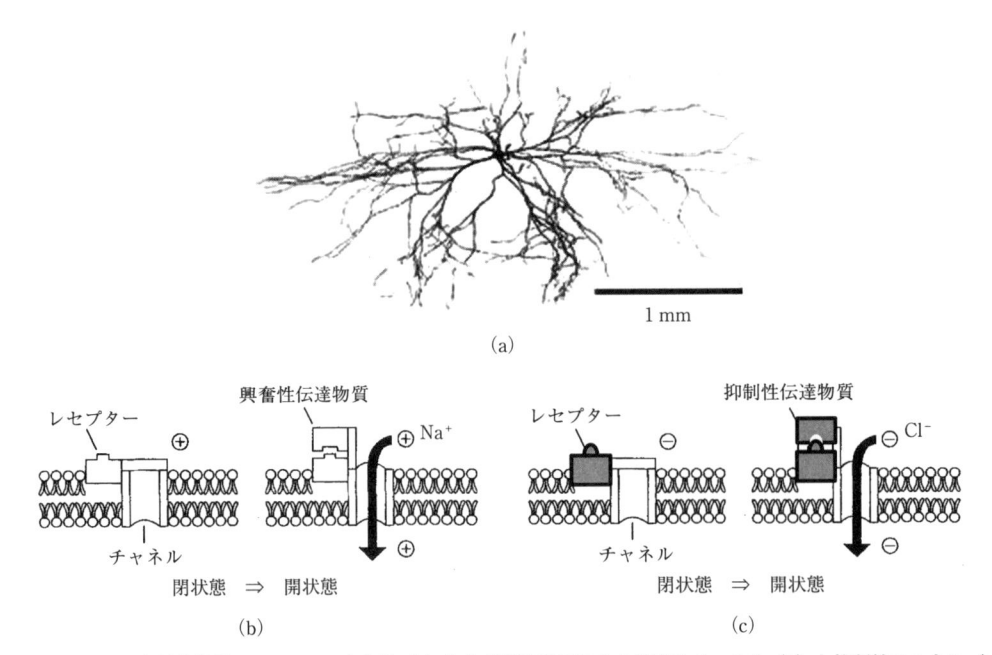

図 3.2 ネコ脊髄内運動ニューロンの全体像（a）および細胞表面にある興奮性チャネル（b）と抑制性チャネル（c）の模式図（Berne ら[2]；Wada ら[15]を一部改変）
(a)の中心部の黒い点が細胞体を示す．突起のうち，1本が軸索となる．

る．すると細胞内に高濃度で分布するK^+が細胞外へ受動的に流出する．この2つの陽イオンの時間差を伴った反対方向の流れが細胞膜に一時的な電位の逆転を生じる．これが活動電位とよばれる電気的信号（action potential）の本態である．ニューロンにおいてこの活動電位が最初に発生するのは軸索の起始部，すなわち軸索丘（axon hillock）である．その後活動電位は軸索に沿って伝導し，軸索終末まで衰弱することなく伝わる．軸索にはその周囲をシュワン細胞が取り囲んで髄鞘を形成している場合（有髄線維）と，そうでない場合（無髄線維）がある．有髄線維では，活動電位が絶縁体であるシュワン細胞を飛び越え，軸索がむき出しになっている部分（ランビエーの絞輪）においてのみ発生するので，跳躍伝導が生じ，100 m/秒近い伝導速度を示す．一方，無髄線維の場合，近隣の電位依存性チャネルが順番に反応して行くので，伝導速度が5 m/秒にとどまる．筋細胞（線維）は無髄線維であるので，3〜6 m/秒の伝導速度を示す．

次に，抑制性の伝達物質がシナプスに放出された場合を解説する（図 3.2b）．この伝達物質がレセプターに受容されると，Cl^-だけを通すチャネル（伝達物質作動性）が開く．すると，外側に高濃度で分布するCl^-が細胞内に受動的に流入し，膜電位がマイナス方向に動く（過分極）．すなわち，閾値から遠ざかり，細胞が活動電位を起こしにくい状態になる．K^+だけを通す伝達物質作動性チャネルが開いた場合は，K^+が濃度差により細胞外へ流出することになるので，細胞内はマイナスに動き抑制性の効果（過分極）を示すことになる．

このように，伝達物質とそのレセプターおよびチャネルの性質によって興奮性の入力と抑制性の入力が発生する．実際の脳あるいは脊髄の中では，多数の興奮性入力と抑制性入力が空間的・時間的に加算され，閾値に到達するか否かによって活動電位の発生が決定される．これを全か無の法則（all or none law）とよぶ．

3.3 運動単位と神経筋接合部

a. 運動単位の概念

神経系による筋力調節の最終単位は，1つのα運動ニューロンとその神経支配を受ける筋線維群（筋単位）からなる運動単位（motor unit）である．ヒトを含む哺乳類の運動単位は，筋単位の収縮および疲労特性に基づいて，Sタイプ= slow-twitch，FRタイプ=

fast-twitch fatigue resistant, FI タイプ = fast-twitch fatigue intermediate, および FF タイプ = fast-twitch fatigable の4タイプに分類されている. 各タイプに神経支配される筋線維は, ミオシン重鎖（MHC）I (slow) および IIA, IIX, IIB (Fast) をおもに発現している（第1講参照). 各タイプの機能特性を比較すると, 収縮速度と収縮力は FF > FI > FR > S, 収縮持続力はその反対の順番となっている. 収縮速度は, 基本的にミオシン ATPase 活性などの筋単位の生化学的性質に規定されている. 一方, 収縮力は, ①神経支配される筋線維の数（神経支配比), ②筋線維の横断面積, ③単位断面積当たりの収縮力, の3点によって規定されている. 各規定要因の貢献度は, グリコーゲン枯渇法によって直接測定される. ネコの横隔膜については, タイプ間における神経支配比の違いはほとんどみられないが, 筋線維横断面積と単位断面積当たりの張力は, FF および FI タイプが S タイプの約2倍の値が報告されている. 結果として, FF および FI タイプの最大強縮張力は, S タイプの 3.6 倍高い値を示している[10]. これらの結果は, ネコの内側腓腹筋における実験結果とよく一致しているが, ネコの長趾伸筋, 前脛骨筋あるいはラットのヒラメ筋における実験結果とは大きく異なっている. 収縮持続力は, 筋単位の生化学的特性（酸化酵素活性, 筋小胞体の Ca^{2+} 取り込み能力など）と神経筋接合部における伝達欠落（transmission failure）が規定している. 神経筋接合部において, Type IIX/B 線維は Type I あるいは IIA 線維よりも伝達欠落が生じやすいこと, その差は運動終板（endplate, アセチルコリンレセプターの集合体）の3次元的構造に起因していることなどが明らかにされている. 運動終板の形状は, 加齢に伴い変化することが報告されており, とくに Type IIX または IIB 線維上での断片化が脱神経を起こし, 急激な筋萎縮, 再神経支配, 遅筋線維化が生じる（図 3.3a).

b. 動員様式

筋力調節は, 運動単位の動員数（recruitment）と個々の運動単位の活動電位発射頻度（rate cording）によって達成される. 大まかには, 前者が大きい筋力調節に, 後者が細かい筋力調節に関与すると考えられている.

運動単位の動員様式については, Henneman ら[5]の提唱した「サイズの原理」が一般的に認められている. すなわち, 小さな α 運動ニューロンは高い膜入力抵抗（MΩ), 低い基電流（nA, 活動電位発生のため必要最低限な定常電流), 遅い軸索伝導速度（m/s）を有し, slow タイプの筋単位を神経支配している. 一方, 大きな α 運動ニューロンは低い膜入力抵抗, 高い基電流, 速い軸索伝導速度を示し, fast タイプの筋単位を神経支配している. 基電流の低い方が活動電位を発生しやすいことから, 運動単位の動員順序は基本的には, S, FR, FI, FF の順番で起こることが予想される. 実験

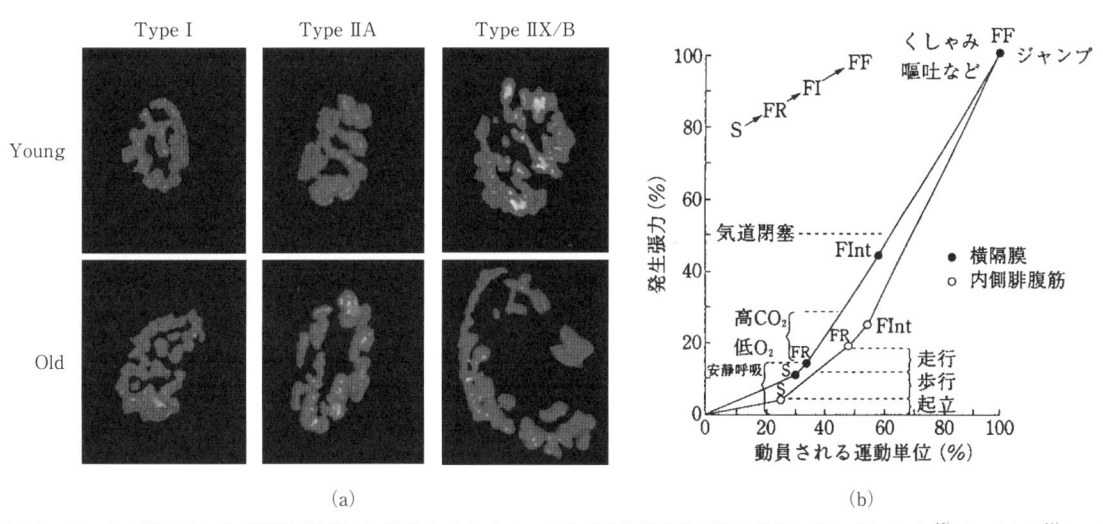

図 3.3 ラットの筋線維タイプ別運動終板の加齢変化（a）とネコにおける運動単位の動員様式モデル（Sieck ら[10]; Suzuki ら[11]を一部改変）
Old の Type IIX または IIB 線維上の運動終板では, 断片化が生じている.

3 神経系による運動の調節

的にも，ネコの内側腓腹筋および横隔膜において，伝導速度の遅い運動単位が，速い運動単位に先んじて動員されることが証明されている．その他の実験結果も合わせて描かれた運動単位の動員様式に関する概念図を図3.3bに示す．すなわち，下肢筋においては，起立や姿勢維持，ゆっくりとした歩行のような低強度の運動ではSタイプの運動単位が優先的に動員され，走行，ジャンプと運動強度が高まるに従いFR，FI，FFタイプの動員が順次起こる．また，呼吸の主働筋である横隔膜においては，安静時の吸息運動ではSタイプの運動単位およびFRタイプの一部の運動単位が動員され，換気量の増大に伴いFR，FIと段階的に動員され，爆発的な呼吸運動の時FFタイプも動員されることが予想される．

3.4 反射，感覚器の神経調節

反射運動は，刺激を受け取って活動電位に変化するセンサーと，その活動電位を処理する反射中枢，最終的に作動する効果器（effector）から成り立っている．

ここでは，伸張反射の代表例である膝蓋腱反射（膝下を叩くと下腿が跳ね上がる）を取り上げ，活動電位の流れと神経調節の一例を紹介する（図3.4a）．

a．膝蓋腱反射

骨格筋には，筋紡錘とよばれるストレッチセンサーが散在し，いわゆる筋線維（錘外筋線維）を取り囲む筋周膜に結合している．突然，膝下を叩かれると大腿四頭筋の筋線維がわずかに引き伸ばされ，筋紡錘も伸長される．すると，筋紡錘内の錘内筋線維中央部に巻きついている神経軸索末端が部分的に変形し，表面にあるストレッチ感受性のイオンチャネル（図3.4b）が開く．続いて，細胞外に高濃度で存在するNa^+が細胞内（軸索内）に流入し，閾値に達するほどの電位変化が生じると，電位依存性のチャネルの働きにより活動電位が発生する．発生した活動電位は求心性のType IA線維を伝導し，脊髄の後根から脊髄内に伝わり，大腿伸筋群（大腿四頭筋）を神経支配するα運動ニューロンに達する．α運動ニューロンが興奮性の伝達物質を受け活動電位を発生し，大腿四頭筋に筋収縮を起こ

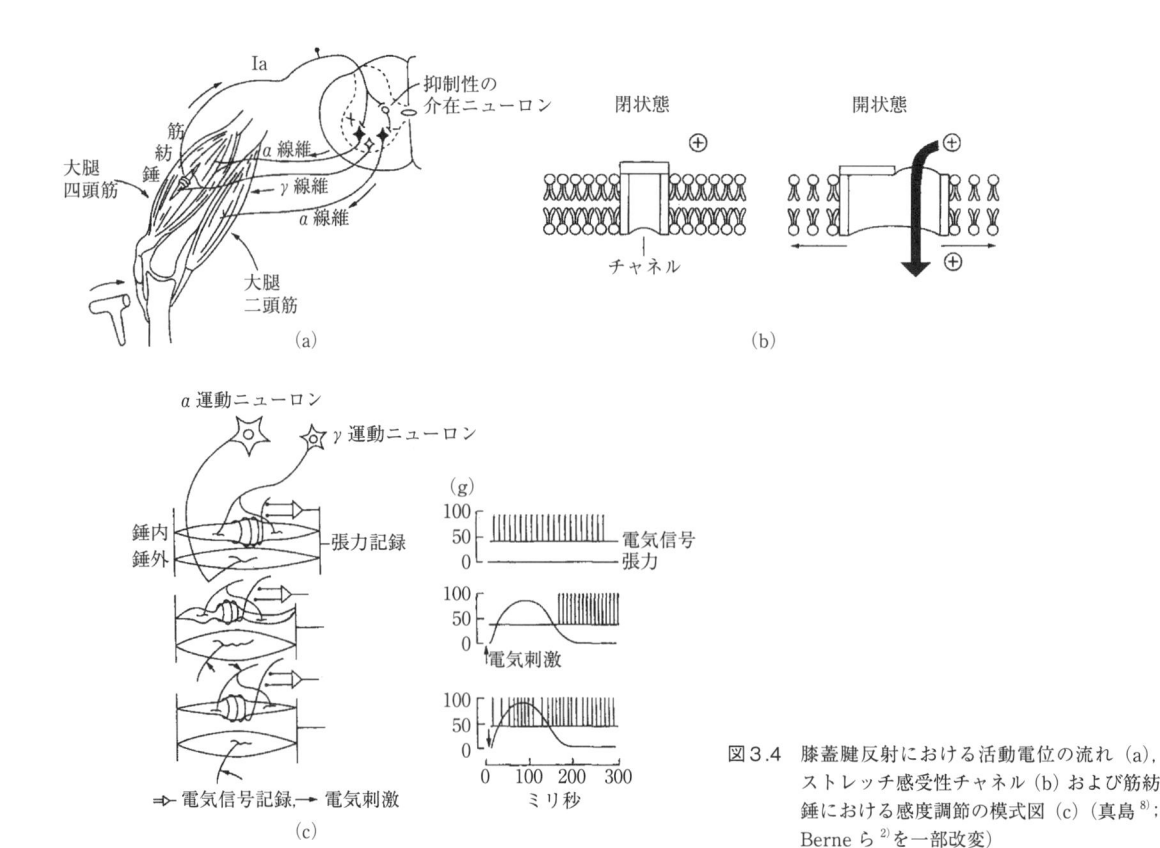

図3.4 膝蓋腱反射における活動電位の流れ（a），ストレッチ感受性チャネル（b）および筋紡錘における感度調節の模式図（c）（真島[8]；Berneら[2]を一部改変）

す．この時，筋紡錘から伝わってきた活動電位は脊髄内で枝分かれし，介在ニューロンに活動電位を発生させる．この介在ニューロンは大腿屈筋群（大腿二頭筋）を神経支配するα運動ニューロンに抑制性の伝達物質を放出し，大腿二頭筋は弛緩する．このように，伸筋が収縮する時，その拮抗筋である屈筋は弛緩する．逆に屈筋が収縮する時は伸筋が弛緩する．このような関係を相反神経支配とよび，屈曲反射が強く起きるほど伸筋に対する抑制も強くなる．

b．感覚器の神経性調節

このような反射運動は，随意運動中，すなわち大脳によって企画された運動中には出現しにくい．これは，随意運動中には筋紡錘の感度が，上位中枢および脊髄中のγ運動ニューロンによって調節されているからである（図3.4c）．γ運動ニューロンはα運動ニューロンより小型の細胞で，筋紡錘内にある錘内筋線維を神経支配している．具体的には，γ運動ニューロンからの活動電位により錘内筋線維が収縮すると中央部が緊張状態になり，わずかな伸長刺激であっても巻きついている感覚神経末端のストレッチ感受性チャネルが開く．逆に，γ運動ニューロンからの活動電位が途絶え，錘内筋線維が弛緩すると，中央部の緊張状態も緩み，少々の伸長刺激では反応しなくなる．結局，随意運動をいかにスムースに行うかということは，脊髄中の2種類の運動ニューロン（αとγ）の活動様式をいかにうまくコントロールできるかに依存している．

3.5 神経系のトレーニング効果

神経性効果は筋肥大に比べるとその実体が曖昧である．ここでは，筋力トレーニング初期にみられる"神経性効果"にとくに関連すると思われる3つの現象（主働筋に対するインパルスの増加，拮抗筋の抑制，イメージトレーニング）について解説する．

a．単位時間当たりのインパルス増加

筋力トレーニングによって，表面筋電図積分値の増大がしばしば報告されるが，これらは運動単位の動員と頻度調節の両方の増加を反映している．ここでは，ヒトの上腕二頭筋を例にとり，神経性要因を具体的に考えてみる．電気生理学的データに基づき，100個程度の運動ニューロンが脊髄中にあることが推定されている[9]．各ニューロンに神経支配されている筋線維は100〜1,000本あり，多く見積もると筋全体には約10万本の筋線維が含まれていることになる．ここでは，神経性効果であるといわれる筋力トレーニング初期の20%程度の筋力増大を，運動単位動員数のみでの説明を試みる．まずトレーニング前に全力発揮を試みても，50個程度の運動ニューロンすなわち5万程度の筋線維しか同時期には活動参加しないと仮定する．その後トレーニングにより，動員される運動ニューロンの数が60個程度（6万本の筋線維）に増えることにより，発揮筋力が20%増大すると説明される．ただし，トレーニング前にすべての筋線維は動員されていないという仮定に対して否定的な実験結果も多数報告されており[1]，運動単位の動員数だけでこの現象を説明するのは危険である．

次に，試験管内での摘出筋のデータとヒトから記録されている発射頻度のデータ[4]をもとに，頻度調節による筋力増大を考えてみる．速筋線維なら20 Hzの頻度が30 Hz程度に，遅筋線維なら8 Hzが11 Hz程度に増加することによって，20%程度の筋力増大が見込まれる．速筋と遅筋の完全強収縮を達成するには75 Hz，50 Hz程度が必要とされること，瞬間的には10ミリ秒以内（100 Hz以上）の連続的発射がしばしば確認されていることを考慮すると，頻度増加による筋力増大の余地は，運動単位の動員より大きいように思われる．いずれにしろ，新たな運動単位の動員と各運動単位の発射頻度増加の両方が，トレーニング初期の筋力増大に貢献しているであろう．

b．拮抗筋の抑制

トレーニングのきわめて初期に起こる好ましい変化として，拮抗筋の抑制があげられる．たとえば，図3.4aの大腿四頭筋と大腿二頭筋が同じ力で膝関節に作用するならば，関節角度は変わらない．膝関節をなるべくすばやく，あるいは力強く伸展させるためには，大腿四頭筋のスピードと力を上げると同時に，大腿二頭筋の十分なリラクゼーションが要求される．Carolanら[3]の報告によると，週3回の膝伸展トレーニングにより，大腿二頭筋の筋電図量が最大膝伸展時に減少し，それは最初の1週間でとくに顕著であった．この実験は，筋電図の記録部位の同一性や放電量の標準化に方法論上の限界があるが，拮抗筋の抑制が最大筋力の増大に貢献するというアイデアを実証している．この拮抗筋

3 神経系による運動の調節

に対する抑制は，相反神経支配（3.4 節参照）としてトレーニングの有無にかかわらず機能しているが，とくにトレーニング初期にこの機能が増強され，運動に必要とされるエネルギーの節約が生じると考えられる．

c. イメージトレーニング

神経性効果を最も実感させる証拠の1つは，イメージトレーニングの効果であろう．小指外転筋の筋力トレーニングを実際に行った場合と，そのイメージだけを描いた場合（筋電図が出現しないことを確認）の最大筋力の変化がよく知られている．Yueら[16]によると，筋力トレーニングを開始して4週間後，トレーニング群では約30%の筋力増大が生じ，筋収縮を伴わないイメージだけのグループでも22%の筋力増大が確認された．最大筋力の増大はほかの筋では生じておらず，小指外転筋を活性化する神経回路に特異的に起きた効果であることを証明している．

これらのイメージトレーニングの効果に対する否定的な結果もある．たとえば，8週間にわたる肘屈曲動作のイメージトレーニングでは，前述のような明確な筋力増大は認められていない[6]．この矛盾に対する解釈は，トレーニング前での活性化される運動単位の割合に関連しているかもしれない．つまり，非日常的な筋活動（例：小指の外転運動）では全力発揮時に動員される運動単位の割合が低く，頻繁に使う筋活動（例：肘の屈曲運動）ではほぼ100%の運動単位動員が起こっている．イメージトレーニングによって活性化される新たな運動単位（予備力）が多数ある筋とほとんどない筋の違いによって，結果が異なってくると考えられる．

おわりに

トレーニングの原則の中に「意識性」が必ずあげられる．また，「同じ練習をしていても目的意識の明確な選手は強くなる」という指導者の声もよく耳にする．しかし，この点に関する科学的証明はほとんどなされていない．ここまで述べてきたような大脳皮質レベル，脊髄レベル，神経筋接合部，そして筋レベルの変化が合理的に起こり，競技成績となって現れるためには，真に必要な部分を実用的に鍛えなくてはならない．それを可能にするのは，「試合での状況を意識し，どこの筋をどのような動きのため鍛えている」という意識にほかならない．たとえば，力の増大は神経性要因と

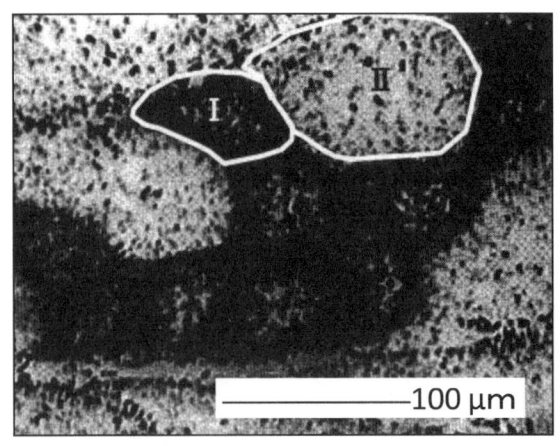

図3.5　ハトの大胸筋の横断切片におけるミトコンドリア染色像（Wadaら[14]を一部改変）
ハイパワーを発揮する筋線維（Type Ⅱ）は，持続性の筋線維（Type Ⅰ）に比べ極端に肥大しているため，本数比は50%であるが，面積比は80%になる．

筋肥大によって比較的確実に達成されるが，スピードの改善は難しいとされる．それは，筋の収縮スピードが，もって生まれた筋線維の組成に依存し，トレーニングによる fast 線維⇔slow 線維のタイプ移行がまれであるという事実に基づいている．しかし，「できるだけ速く」という意識をもってトレーニングをすることによって，速い収縮を生む運動単位の選択的動員が可能になることが足関節屈曲運動において実験的に証明されている[13]．この選択的動員を繰り返すことにより，最も収縮速度の速い筋線維にのみ一連の物理的・化学的変化が生じる（第7講参照）．その結果，速い収縮を生むミオシンの発現が促進され，選択的に肥大する．同じ本数比であっても，面積比が変化した結果，発揮筋力の増大とともに収縮に要する時間が短縮され，「力×スピード」で表現されるパワーの大幅な改善につながる．飛び立つ時の膨大なパワーを生み出すハトの胸筋（図3.5）に選択的なTypeⅡ筋線維の肥大がみられることは，「飛び立つ」という機能的要求に対する適応の結果かもしれない[14]．筋力トレーニングの最終的な目的は筋肥大であるといっても過言ではないが，真に機能的な筋肥大にとって，神経性効果を理解し，トレーニング中に意識することは最も大切なポイントの1つである．

◆ 問 題
1. 脳と脊髄の構造の概略を図示し，各部位の和名と英語名を記入しなさい．
2. 神経筋接合部において，伝達物質放出後に筋線維で起こるイオンの流れについて説明しなさい．
3. 4つの運動単位のタイプについて，機能構造的特徴を説明しなさい．
4. 膝蓋腱反射を例にとり，相反神経支配，介在ニューロンを説明しなさい．
5. 機能的な筋肥大にとって，トレーニングの「意識性」が重要であると考えられる理由を説明しなさい．

◆ 参考文献
1) Allen, G. M., Gandevia, S. C. and McKenzie, D. K.: Reliability of measurements of muscle strength and voluntary activation using twitch interpolation. *Muscle Nerve*, 18: 593-600, 1995.
2) Berne, R. M. and Levy, M. N. ed.: Principles of Physiology, Mosby, 1996.
3) Carolan, B. and Cafarelli, E.: Adaptations in coactivation after isometric resistance training. *J. Appl. Physiol.*, 73: 911-917, 1992.
4) De Luca, C. J., LeFever, R. S., McCue, M. P., et al.: Behaviour of human motor units in different muscles during linearly varying contractions. *J. Physiol.*, 329: 113-128, 1982.
5) Henneman, E., Somjen, G. and Carpenter, D. O.: Functional significance of cell size in spinal motoneurons. *J. Neurophysiol.*, 28: 560-580, 1965.
6) Herbert, R. D., Dean, C. and Gandevia, S. C.: Effects of real and imagined training on voluntary muscle activation during maximal isometric contractions. *Acta. Physiol. Scand.*, 163: 361-368, 1998.
7) 神野耕太郎：運動の生理学，南山堂，2003.
8) 真島英信：生理学，文光堂，1987.
9) McComas, A. J.: Motor units; how many, how large, what kind? *J. Electromyogr. Kinesiol.*, 8: 391-402, 1998.
10) Sieck, G. C. and Fournier, M.: Diaphragm motor unit recruitment during ventilatory and nonventilatory behaviors. *J. Appl. Physiol.*, 66: 2539-2545, 1989.
11) Suzuki, T., Maruyama, A., Sugiura, T., et al.: Age-related changes in two- and three-dimensional morphology of type-identified endplates in the rat diaphragm. *J. Physiol. Sci.*, 59: 57-62, 2009.
12) 丹治 順：脳と運動，共立出版，1999.
13) Van Cutsem, M., Duchateau, J. and Hainaut, K.: Changes in single motor unit behaviour contribute to the increase in contraction speed after dynamic training in humans. *J. Physiol.*, 513: 295-305, 1998.
14) Wada, N., Miyata, H., Tomita, R., et al.: Histochemical analysis of fiber composition of skeletal muscles in pigeons and chickens Arch. *Ital. Biol.*, 137: 75-82, 1999.
15) Wada, Y., Goto, M., Mitsuoka, K., et al.: Distribution of dendrites from longissimus lumborum motoneurons stained intracellularly with biocytin in Adult Cats. *J. Vet. Med. Sci.*, 72: 1093-1097, 2010.
16) Yue, G. and Cole, K. J.: Strength increases from the motor program; comparison of training with maximal voluntary and imagined muscle contractions. *J. Neurophysiol.*, 67: 1114-1123, 1992.

4
運動と筋 ATP 代謝

すべての身体運動は骨格筋の収縮によって支えられている．筋の収縮には，アデノシン三リン酸（adenosine triphosphate：ATP）の分解によって生じる化学エネルギーが直接用いられる．激しい運動を持続して行った際の ATP 総消費量は，約 30 kg にも及ぶといわれているが，筋を含め身体を構成しているあらゆる細胞に蓄えられている ATP の総和は，約 100 g 程度と絶対的に少ない．いったい，運動中に消費される莫大な量の ATP はどのように供給されているのだろうか？　興味深いことに，運動中の骨格筋内 ATP 濃度をリアルタイムで測定すると，その値は一定に保たれており，おもだった変化はみられない．このことは，筋が運動時に ATP を消費すると同時に速やかに再合成を行っているため，見かけ上細胞内 ATP 濃度に変化が起きないことを示している．本講では，運動時の筋エネルギー（ATP）分解・供給システムについて学び，運動トレーニングによってそのシステムがどのように適応変化するのかを理解することを目的とする．

4.1　Ａ Ｔ Ｐ

ATP は生物共通の「エネルギー通貨」であり，筋収縮を含めたあらゆる生命活動（たとえば生体物質の合成，能動輸送など）は，ATP の分解によって生じる化学エネルギーによって支えられている．ATP はアデノシン（アデニンとリボースを含む化合物）に 3 個のリン酸が並列に結合した化合物であり，第 2 と第 3 のリン酸結合部（高エネルギーリン酸結合）にエネルギーが蓄られている（図 4.1）．身体運動は，収縮フィラメントミオシン（それ自体が ATP 分解酵素である ATPase）が，ATP をアデノシン二リン酸（adenosine diphosphate：ADP）に加水分解する過程（反応式（1））で得られる化学エネルギーを利用して，筋収縮という物理的・運動エネルギーに変換することで成り立っている．

$$ATP + H_2O \rightarrow ADP + Pi \quad (1)$$

安静時の筋に蓄えられている ATP は微量であるうえ（表 4.1），ATP 1 分子当たりの加水分解による発生エネルギー（7.3 kcal）もわずかである．よって身体活動・運動を持続するためには，その運動強度・時間に見合ったエネルギー（ATP）を収縮筋に速やかに，ま

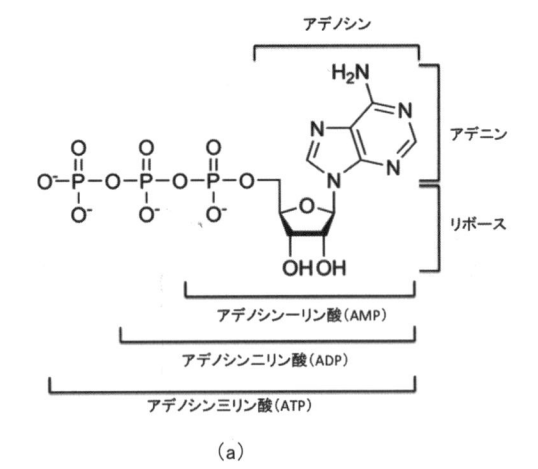

図 4.1　ATP の化学構造（a）と ATP の加水分解反応（反応式（1））の模式図（b）

た効率的に供給するシステムが必須である．

表 4.1 ヒト骨格筋における安静時の PCr, ATP, ADP, AMP, グリコーゲン濃度[19]

PCr	17
ATP	4.6 ～ 5.1
ADP	0.95
AMP	0.105
グリコーゲン	86 ～ 88

単位：mmol/kg

4.2 エネルギー供給（ATP 再合成）システム

筋細胞を含めたあらゆる細胞は，さまざまなストレス環境下（たとえば低酸素，低グルコースなど）においても，細胞内 ATP 濃度を一定に保つ機構・システム（エネルギーの恒常性（ホメオスタシス））を備えている．活動筋では，ATP 消費の亢進に伴うエネルギー低下危機に対応して，以下に示すさまざまなエネルギー供給システムを巧妙に動員して速やかに ATP の補充を行っている．実際に，運動中の筋内エネルギー代謝の動的・経時的変化を核磁気共鳴法（nuclear magnetic resonance：NMR）によりリアルタイムで観察すると，ATP 合成に利用される基質あるいは ATP 合成・分解反応の副産物（無機リン酸，クレアチンリン酸，乳酸など）に変化がみられるものの，ATP そのものの値は一定であることが確認できる（図 4.2）[12]．

運動時のエネルギー供給（ATP 産生）系は一般に，① ATP およびクレアチンリン酸（PCr）の分解（ATP-PCr 系），②グリコーゲン，糖（グルコース）などの分解（解糖系），③脂肪酸，グルコース，グリコーゲンなどの有酸素的分解（酸化系）の 3 つに分類される．これらのエネルギー供給系の相対的な動員比率は，運動の強度や時間などによりダイナミックに変化する．①の ATP, PCr の分解および②の解糖系による ATP 供給経路では，酸素を利用せずに化学反応が進行するので，一般的に無酸素的過程（あるいは嫌気的，アネロビックとも表現される）とよばれる．一方，③の酸化系路は，文字どおり酸素を利用して ATP を合成するため，有酸素的過程（またはエアロビック）ともよばれる．

ヒトにおける安静時の筋 ATP, ADP, PCr, およびグリコーゲン濃度を表 4.1 に示した[19]．筋に常時蓄えられている（あるいは即時に利用できる）ATP, PCr 量は比較的少量である．一方，運動（とくに中・強度

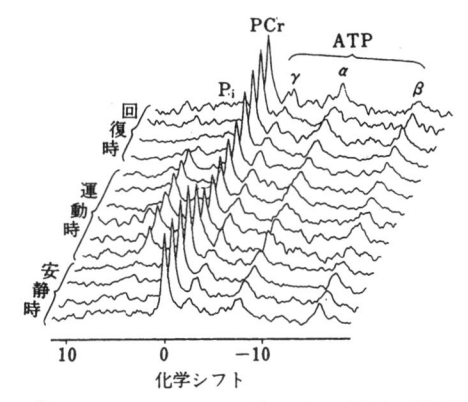

図 4.2 ^{31}P NMR スペクトルスコピーによる安静時，運動時および回復時の無機リン酸（Pi）クレアチンリン酸（PCr），アデノシン三リン酸（ATP）の変化[12]
運動が開始されると Pi のピークは上昇し，PCr のピークは低下するのに対し，ATP（β）のピークは安静時と運動時で変化は認められない．これは運動（筋収縮）に伴い ATP を消費しているが再合成が非常に速くなされるため，見かけ上 ATP の変化は認められないのである．
注：一般に NMR では，ATP の濃度は β-ATP のピークで評価する．

運動時）に主たるエネルギー基質として利用される筋グリコーゲンの濃度は，PCr の約 5 倍以上と比較的高い値を示している．

a. クレアチンリン酸による ATP 再合成

筋収縮に必要とされるエネルギーを迅速に供給するためには，PCr を分解して ATP を再合成する（反応式 (2)）．

$$ADP + PCr \Leftrightarrow ATP + Cr \qquad (2)$$

上記の反応（式 (2)）はクレアチンキナーゼにより触媒され，通常は平衡状態（両方向への化学反応が起こっている状態）にある．このクレアチンキナーゼの働きによって筋内 ATP 濃度は一定に保たれる．ATP-PCr 系は運動時のエネルギー需要に対して，3 つのエネルギー供給系の中で最もすばやく ATP を供給することができる．よってこの供給系は，短時間で爆発的なエネルギーを発揮するような運動様式，たとえばスプリント走などの初期にとくに重要な働きを果たす．一方，低強度の持続的な運動中の PCr 濃度を観察すると，運動開始直後に安静値より低い値を示し，数分後からは低下したままの定常状態を保つというデータが示されている[12]．このことから，低強度運動中の筋でも ATP-PCr 系は機能しており，また定常状態ではクレアチンキナーゼの働きによる ATP の分解・合成サ

イクルが一定に保たれている様子がうかがえる.

筋（やその他の細胞）は，短時間でATPを再合成するさらなるシステムを備えている．これは，筋収縮時などにATP消費（それに伴うADP濃度の増加）が加速した際に，2分子のADPから1分子のATPと1分子のアデノシン一リン酸（adenosine monophospate：AMP）を産生する反応で，アデニレートキナーゼ（adenylate kinase）という酵素により触媒される．

$$2ADP \rightarrow ATP + AMP \quad (3)$$

この反応で産生されたATPは，筋収縮のエネルギー源として即時に利用可能である．この過程でATPとともに産生されたAMPは，単なる「代謝副産物」と考えられがちであるが，実は細胞内のエネルギー代謝を調節する分子としてATPとともに重要な役割を果たしている（4.2.d項参照）．以上の反応式（1），（2），（3）で示したATP分解・合成サイクルが連動して，筋内のエネルギー状態（ATP濃度）を一定に保つシステムを図4.3に示した[5]．

b. 解糖系によるATPの供給

糖を細胞質内で，一連の酵素反応によりピルビン酸（pyruvic acid）に分解する代謝経路を文字どおり「解糖系（glycolysis）」とよぶ（図4.4）[19]．解糖系の利点は，高強度の運動時（収縮筋）に必要なATPを，筋内に貯蔵されているグリコーゲンや血中から取り込んだ糖を利用して，すばやく供給できる点である．一方，エネルギー需要が高く酸素の供給が間に合わない場合には，ピルビン酸は乳酸脱水素酵素の働きによって乳酸に変換され，乳酸輸送体によって細胞外に放出される（乳酸は骨格筋に取り込まれ再利用，あるいは心筋，肝臓などでエネルギー基質として利用される）．したがって，解糖系（無酸素的過程：糖→ピルビン酸→乳酸）はATPの産生速度は速いが効率が低く，糖1分子を2分子のピルビン酸に分解する過程でわずか2分子のATPしか獲得できない（実際は4分子のATPが生成されているが，2分子のATPを代謝過程で消費している）．ここで1つ指摘しておきたいのは，解糖系による「無酸素的代謝」は，筋細胞が無酸素状態に陥っているという意味ではないという点である．筋内酸素濃度にかかわらず，糖は解糖系でピルビン酸まで分解される．そして，その時点での筋細胞内環境（酸素・基質の供給，エネルギー需要，代謝酵素活性に影響を及ぼす因子の変化）に応じて，ピルビン酸は乳酸もしくは，アセチルCoAに変換後，ミトコンドリア内での酸化過程を経て（有酸素的解糖）ATP産生に利用されるかが決定される（図4.4）．

c. 酸化系によるATPの供給

有酸素的過程によって糖からATPを合成する場合，

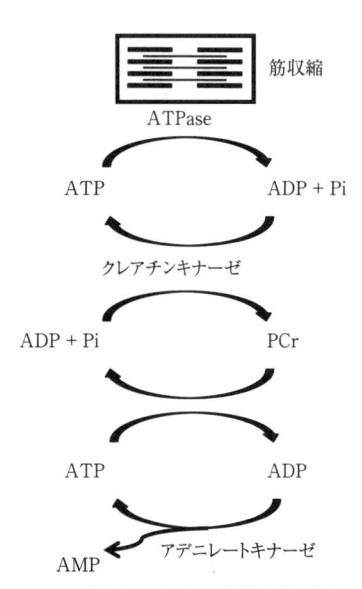

図4.3 ATP-PCr系によるATPの分解・再合成システム（EganとZierath[5]を改変）

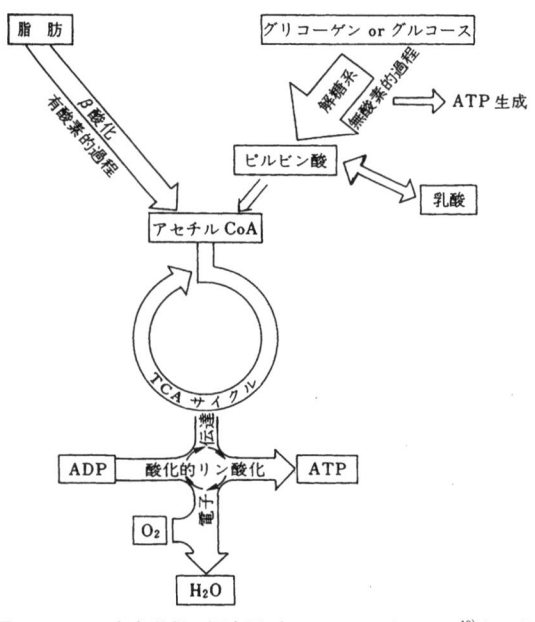

図4.4 ATP合成過程の概念図（NewsholmeとLeech[19]を一部改変）

上述したように，糖はまず解糖過程を経てピルビン酸に分解され，その後（低強度運動時などにおいて，酸素供給が十分でエネルギー供給に時間をかけられる場合には），ミトコンドリア・マトリックス内にあるピルビン酸脱水素酵素によりアセチル CoA（acetyl CoA）に分解される．有酸素エネルギー供給系の利点は，酸素を利用して非常に効率よく多量の ATP を産生できる点である．たとえば1分子の糖から36分子（糖からピルビン酸までの解糖系で得られる2分子の ATP を除く）の ATP を得ることができる．また，糖だけではなく，脂質（遊離脂肪酸，free fatty acid：FFA）をミトコンドリア・マトリックス内で酸化し（β酸化），アセチル CoA に変換して多量の ATP を産生することができる．したがって，有酸素経路はエネルギー需要に緊急性のない低強度の長時間運動において，主たる ATP 供給系として重要な役割を果たしている．糖や脂肪酸から産生されたアセチル CoA は，ミトコンドリア・マトリックス内の TCA 回路（tricarboxylic acid cycle）（発見者にちなんでクレブス回路とも呼ばれる）に進み，回路を回転する過程で二酸化炭素（CO_2）と水素イオン（H^+）に分解される．この代謝過程で二酸化炭素は細胞外に排出され，水素は脱水素補酵素 NAD^+（ニコチンアミド，アデニン，ジヌクレオチド）や脱水素酵素 FAD（フラビン，アデニン，ジヌクレオチド）に受け渡され，還元型補酵素（NADH, $FADH_2$）が生成される．NADH と $FADH_2$ はミトコンドリア内膜の電子伝達系に供給され，水素イオンを水まで酸化する．この過程で水素イオンがミトコンドリア外膜と内膜のスペースに蓄積し，膜の外側と内側で水素イオンの濃度勾配が形成される．この濃度勾配エネルギーを利用して ATP を合成する．

d. 運動時のエネルギー基質の選択とホメオスタシス

これまで，3つのエネルギー供給系の基本的な役割と特徴について述べてきた．繰り返しになるが，運動時間や強度に合わせて，筋は細胞内に少量蓄えている即時利用可能な ATP-PCr，また細胞あるいは血中に豊富に存在しエネルギー基質として分解できるグルコースやグリコーゲン，中性脂肪を自在に利用し，収縮筋に ATP を供給している．この現象を具体的に示す例として，さまざまな運動強度・時間において糖や脂質の利用比率が変わっていく様子を明確に示した図4.5

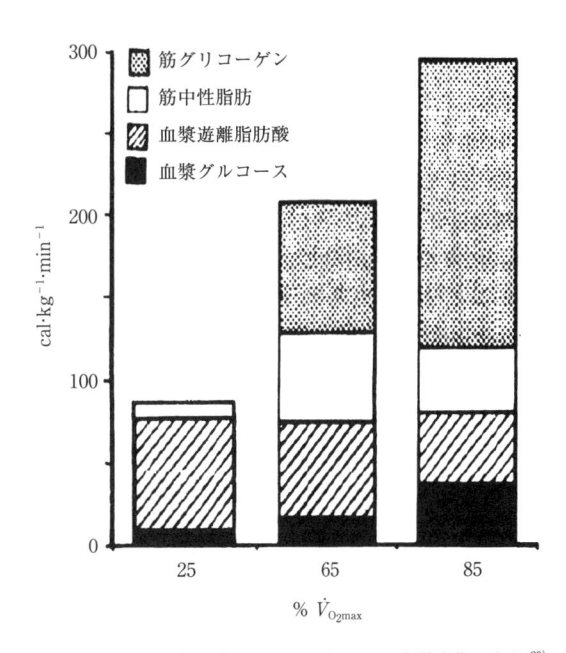

図4.5 運動強度の違いによるエネルギー基質消費の変化[20]
運動強度が高くなるにつれて，エネルギー基質が脂質から糖質へシフトしていくようすがわかる．

を参照されたい[5,21]．

では，筋細胞は運動強度・細胞内エネルギー状況などに応じて，どのようなメカニズムでエネルギー供給系・基質を選択しているであろうか[5,21]．まず1つの鍵となる例として，解糖系の一連の代謝経路（10段階の酵素反応）で重要な役割を果たす酵素（律速酵素）ホスホフルクトキナーゼ（phosphofructokinase：PFK）が，細胞内の ATP，AMP によって直接制御されていることをあげたい．すなわち，PFK は ATP によってその活性が阻害され，また AMP によって活性が促進される．安静筋では AMP：ATP 比が低く，PFK 活性は抑制され解糖系は停止の状態である．したがって，ATP 供給はおもに脂肪酸による有酸素経路（β酸化）に依存している．一方，高強度運動時には AMP 濃度が上昇し（すなわち AMP：ATP 比が上昇），それに伴う PFK 活性の増加によって解糖反応が促進する．この場合，ATP の供給の比率は脂肪酸経路からより解糖経路へと移行する．さらに，高強度運動時の主たるエネルギー（解糖）基質であるグリコーゲン分解を制御しているホスホリラーゼ（phosphorylase）も AMP：ATP 比上昇によって活性化される．加えてホスホリラーゼは，運動時に血中濃度が上昇するアドレナリン（エピネフリンともよばれる）と収縮時に細胞内濃度が

上昇するカルシウムイオンとの協同作業によって，一連の細胞内シグナル伝達機構を介したリン酸化（蛋白質の翻訳後修飾）によっても酵素活性が促進される．

まとめると，筋内では代謝を制御している鍵となる酵素群が，細胞内のエネルギー状態（ATP, ADP, AMP 濃度）・細胞内環境（酸素供給，pH, 利用できる基質の量など），そして細胞外からの指令物質（ホルモンなど）などの情報を総合判断し，最適なエネルギー供給システム選択を協働して行っていると考えられる．

最後に，より詳しく細胞のエネルギー代謝制御のメカニズムを理解した読者のために，もう1つ話題を提供したい．ヒトの細胞（真核細胞）には，AMP-activated protein kinase (AMPK) という酵素が存在する．AMPK は細胞内エネルギー状態（ATP, ADP, AMP 濃度）を感知するセンサーとして機能し，細胞内のエネルギー恒常性（ATP 濃度を一定に保つ）を維持するために ATP の分解や合成を司る代謝経路を包括的にコントロールしている．AMPK は運動時の収縮筋におけるエネルギー低下（AMP：ATP 比，あるいは ADP：ATP 比の上昇）によって活性化され，糖・脂肪酸の取り込み，そしてそれらの酸化を促進する細胞内のシグナル伝達経路に働きかける．この働きによって，AMPK は収縮筋への速やかなエネルギー供給・定常状態の維持，また収縮後の速やかなエネルギー回復・貯蔵に貢献している．AMPK の制御や役割については詳しい文献をあげておく[6,7]．

4.3 持久的トレーニングと筋エネルギー代謝

a. トレーニングと筋線維タイプ別のミトコンドリア容量の変化

筋の酸化能力を向上させるにためには，持久的なトレーニングが効果的である．図 4.6 は，6 週間の持久的トレーニングを実施した前後の筋線維タイプ別の相対的ミトコンドリア容量を示したものである[9]．トレーニング前のデータが上部に示されているが，Type IIB ＜ Type IIA ＜ Type I の順で相対的ミトコンドリア容量が多い．また同一のタイプ内での相対的ミトコンドリア容量を比較すると，Type I 線維が示すバリエーションの広さが特徴的である．持久的トレーニング後，いずれの筋線維タイプも相対的ミトコンドリア容量がより多い方向にシフトしている．とりわけ，Type I

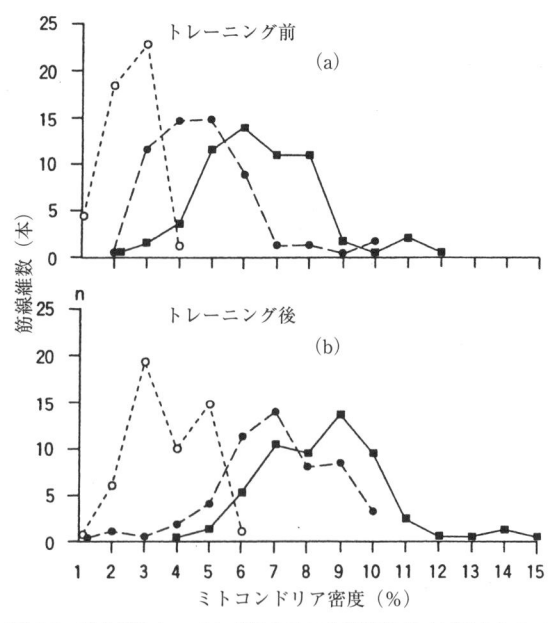

図 4.6 持久的トレーニングによるヒト筋線維タイプ別のミトコンドリア容量の変化[9]
トレーニング前において筋線維タイプごとにミトコンドリア容量が異なり，Type I (■) ＞ Type IIA (●) ＞ Type IIB (○) の順である．この時に注意を要するのは，1つの筋線維のタイプの中でもミトコンドリア容量に差があることである．持久的トレーニングにより，いずれの筋線維タイプも容量が増す方向にシフトしている．また，それぞれのタイプごとの分布は，トレーニング前に比べて広くなっている．これは，トレーニング中になされた運動における動員率の差であるかもしれない．また，典型的な速筋である Type IIB においても，トレーニング効果がみられることには注意を要する．

表 4.2 筋エネルギー代謝の観点からみた持久力の制限因子[19]

1. 酸素の取込みと血中への輸送
2. 体内に貯蔵されたエネルギーの動員
3. 血中のエネルギー源濃度のコントロール
4. 筋への血液の流入量と血流速度
5. 筋によるエネルギー源および酸素の取込み
6. ATP 合成の速度

表 4.3 持久的トレーニングの効果を規定する因子

1. 毛細血管数の増加
 筋線維内への酸素やエネルギー基質の供給の促進
2. 酸化系代謝能の向上
 ミトコンドリアの酸化能の向上，グリコーゲン分解の抑制，脂肪酸化の割合の増大

線維と Type IIA 線維の変化が大きい．このように筋線維タイプ別に変化が異なるのは，このトレーニングに用いられた運動様式において，Type I 線維と Type

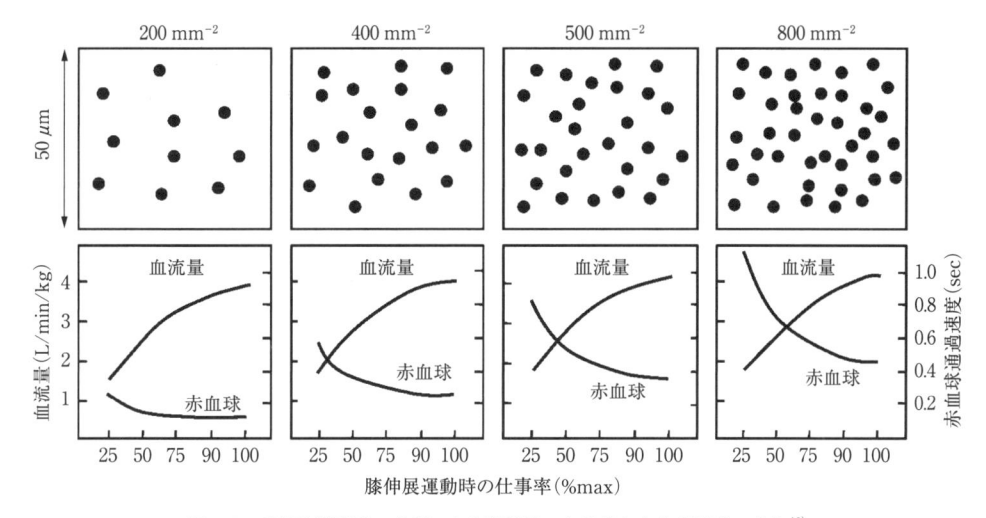

図 4.7 毛細血管密度の多寡による運動時の血流量と赤血球速度の変化[10]
毛細血管密度が高い筋ほど赤血球速度が遅くなる.

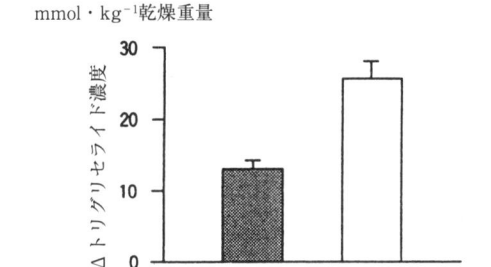

図 4.8 12週間の持久的トレーニングが筋の脂質（トリグリセライド）利用に及ぼす影[10]
運動は60% $\dot{V}_{O_2max}$ で120分間. 持久的トレーニングにより運動中の脂質利用が高まる.

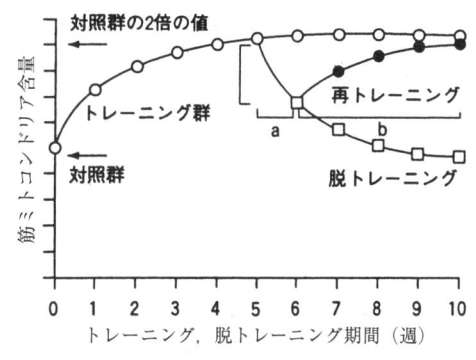

図 4.9 トレーニングと脱トレーニングに対するミトコンドリア容量の適応[1]
ミトコンドリア容量の単位は任意. a：脱トレーニング期間, b：脱トレーニングもしくは再トレーニング期間.
持久的トレーニングを開始すると, ミトコンドリア容量は比較的早い段階で増大する. 一方, トレーニングを中止するとすぐに低下し始める.

ⅡA線維が主に動員されたためである.

b. 酸化能力の向上に貢献する他の要因

持久的トレーニングによる筋の酸化能力の向上は, ミトコンドリア容量の変化のみによるものではなく, 他の細胞内器官などの発達ともリンクしている. 表4.2および表4.3には, 持久力の制限因子と持久的トレーニングの効果を規定する因子を示した[19]. 持久的トレーニングにより毛細血管はほぼ2倍まで増加することが知られている. この増加による生理学的・生化学的利点は, 酸素や栄養分などの毛細血管から筋線維への拡散距離が縮小すること, および毛細血管の総横断面積が増すので毛細血管内の血流速度が遅くなり, 筋線維への基質供給および筋線維からの代謝産物の除去が容易となることである（図4.7）[20]. さらに, 持久的トレーニングによるミトコンドリアへの酸素供給[20]能の向上という観点からすると, トレーニング後の適応として起こる血流再配分も重要である.

持久的トレーニングによるパフォーマンスの向上に貢献する要因としてもう1つ重要なものは, ミトコンドリアの酸化的リン酸化能の向上に伴う筋中のグリコーゲン分解の抑制および脂質酸化の割合の増大である（図4.8）[10]. グリコーゲンの枯渇は筋活動の限定要因となるため, 脂質酸化の割合の増大は疲労に至る

までの時間を遅延させる．持久的トレーニングによって脂質酸化のための酵素活性が100%増加することが示されている．

c. 運動時間，強度とミトコンドリア容量

持久的トレーニングの開始に伴い，ミトコンドリア容量は比較的早く増大することが知られている．図4.9にトレーニング期間とミトコンドリア容量との関係を[1]，図4.10に1日のトレーニング時間と運動強度がミトコンドリア容量に及ぼす影響[4]を示した．ある運動刺激に対しての適応が定常になるためには，約4～5週間必要とする．逆にトレーニングを1週間中止すると増加した容量分の約1/2が失われ，トレーニングを再開したとしても元のレベルに回復するまで数週間を要する．一方，トレーニング中止後約5週間の間に増加したミトコンドリアはトレーニング前のレベルに戻ってしまう．また，ミトコンドリア容量を増大させるためには，長い時間を必要とせず，短時間で運動強度を高くすることが重要である（4.4節参照）．したがって，低強度・長時間運動のトレーニングは，ミトコンドリアの酸化的リン酸化能の向上にはあまり影響せず，むしろ心臓循環系機能や体液バランス，代謝産物の処理など他の適応を生じさせる[24]．なお，持久的トレーニングと筋エネルギー代謝との関係をシェーマとして図4.11に示した．

4.4 スプリントトレーニングと筋エネルギー代謝

a. エネルギー供給系能の向上

スプリントトレーニングは，短時間しか持続できない高強度な運動を負荷するものであるため，主要なATP供給系はATP-PCr系および解糖系である．そのためスプリント能力の向上はこれらのエネルギー供給系の改善に依存することになるが，とくに解糖系能力の発達が重要になる．スプリントトレーニングによっ

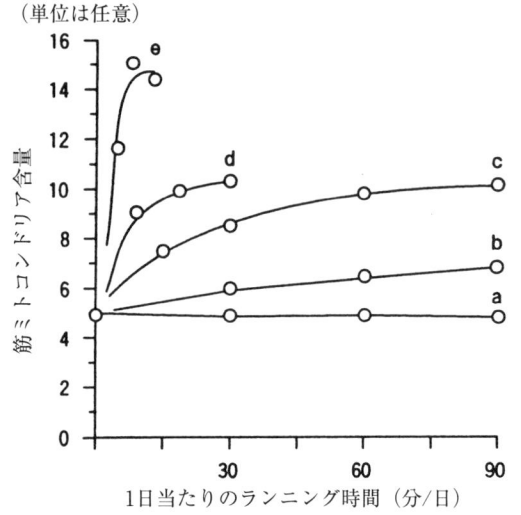

図4.10 ミトコンドリア容量のトレーニング効果における運動強度と運動時間の関係[4]
トレーニング強度（% $\dot{V}_{O_2max}$）a：40%，b：50%，c：70%，d：85%，e：100%．ミトコンドリア容量を増加させるためには，運動強度が高い方が効果的である．40% $\dot{V}_{O_2max}$ 程度の運動強度では，ミトコンドリア容量においてトレーニング効果は認められない．

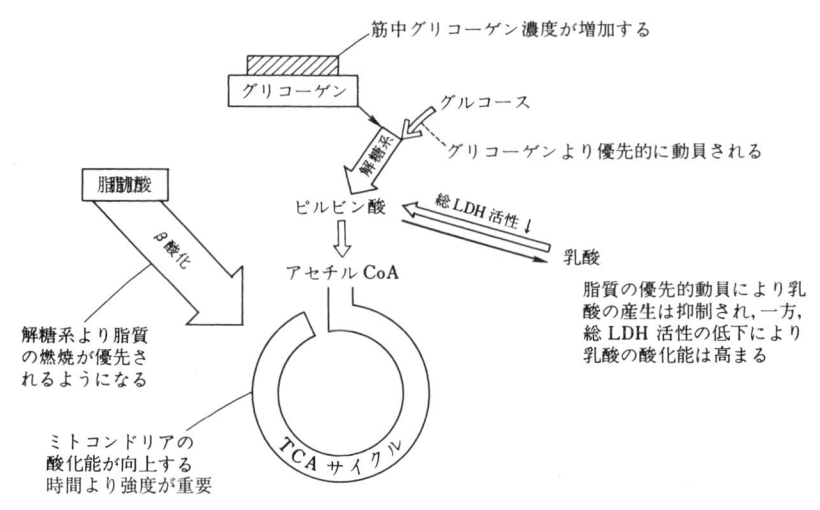

図4.11 持久的トレーニングにより筋エネルギー代謝能の向上を示すシェーマ

て解糖系の律速酵素であるPFK活性の増加が生じる．一方，スプリントトレーニングを実施してもミトコンドリア酸化系酵素活性はトレーニング前と変化しないと報告されている[3]．

近年，欧米を中心に高強度インターバルトレーニング（30秒程度の全力運動を数分の休息を挟んで5回程度繰り返す）の効果を再検証する研究が展開されている．それらの研究結果では，ミトコンドリア生合成に関わる蛋白質発現の上昇や呼吸鎖複合体蛋白質発現の上昇が認められている．

b. 筋の緩衝系の向上

短時間での激しい運動を行うと，筋内にはATPの加水分解で生じるADP，Piや水素イオン（H^+），あるいはATPの再合成によりAMP，そしてAMPが脱アミノ化されるとイノシン酸（inosine monophosphate：IMP）およびアンモニアが蓄積されていく．さらに，ATPの脱リン酸化や解糖系の亢進に伴う乳酸産生によってH^+が遊離され，筋細胞内のpHは低下する．H^+は解糖系の律速酵素であるPFK活性を抑制する．すなわち，解糖系の亢進によって筋細胞内の遊離H^+量が増加することは，細胞内の酸性化（代謝性アシドーシス：pHの低下）を招来する．これによって，PFK活性が抑制され，運動の継続に必要なATP再合成が阻害される．さらに，pHの低下は筋小胞体（SR）からのカルシウムイオン（Ca^{2+}）の放出力とSRへのCa^{2+}再吸収力を低下させ，筋収縮力を低下させる．したがって，運動継続のためにはH^+をできる限り筋細胞内に蓄積しないようにする必要がある．

幸い骨格筋はH^+を緩衝するための仕組みをもっている．緩衝作用とは筋活動で生じたH^+を補足しpHの低下を抑制しようとする作用であり，筋緩衝能力（buff-

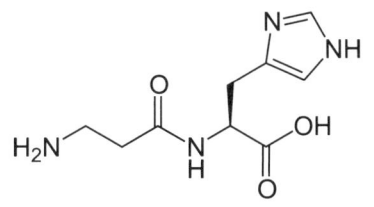

図4.12 カルノシンの化学構造

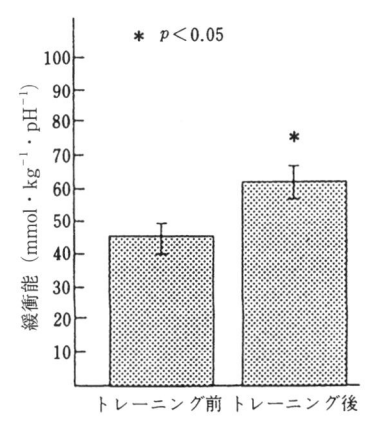

図4.13 スプリントトレーニングによる骨格筋の水素イオン（H^+）緩衝能の向上[22]

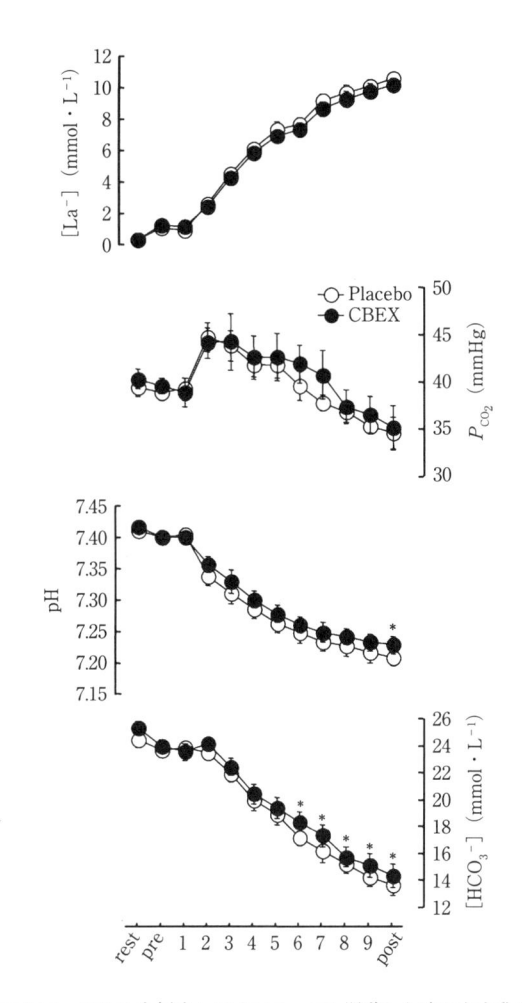

図4.14 CBEXを摂取してインターバル運動した時の血中乳酸濃度（$[La^-]$），二酸化炭素分圧（P_{CO_2}），pH，重炭酸イオン濃度（$[HCO_3^-]$）の変化[22]

CBEXを摂取した場合には運動テスト後半の$[HCO_3^-]$の低下が抑制され，pHも下がりにくくなっていた．つまり，CBEXがH^+の緩衝剤として働いていた可能性がある．CBEX（鶏胸肉抽出物，chicken breast extract）にはカルノシンとアンセリンが豊富に含まれている．means ± SE（$n = 8$），$^*p < 0.05$ vs. Placebo.

4 運動と筋ATP代謝

ering capacity）はpHを1単位変化させるのに必要なH$^+$量で表現される（μmol H$^+$/g muscle tissue/pH）.緩衝系には，無機リン酸，重炭酸イオン（H$_2$CO$_3^-$），カルノシン，蛋白質などの物理化学的な緩衝系と，クレアチンリン酸の分解，アンモニアの産生などの代謝的な緩衝系がある（図4.12）.

高強度運動ではpHが低下しやすいため，トレーニングによって筋の緩衝能力を高めようとする試み（実験）が報告されている．そうした研究では，下腿のTypeⅡ線維の割合の高い者ほど筋緩衝能力が高いこと，およびスプリントトレーニングで緩衝能が約30%増加することが報告されている（図4.13）[22]．また，こうした緩衝能力にはカルノシンとよばれるジペプチドが関与している可能性があり，カルノシン含有量も

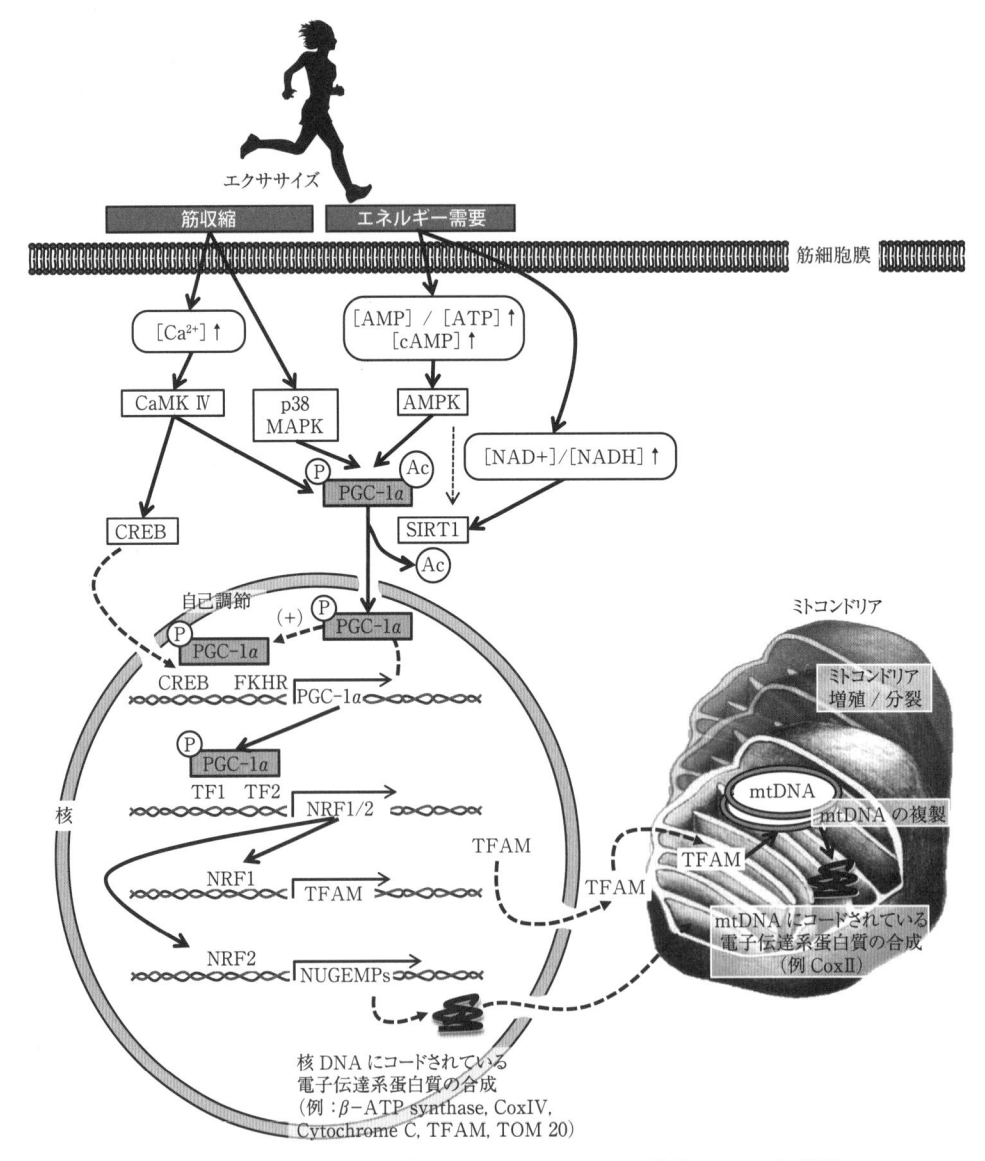

図4.15 運動によって引き起こされるミトコンドリアの増殖のメカニズム概要
最近の研究では，カルシウムイオンやエネルギー状態によって制御されているPGC-1aが重要な因子と考えられている．PGC-1aが核内に入ることによって，種々の蛋白質の転写を促し，ミトコンドリアの増殖が引き起こされる．
TF：transcription factor，CREB：cAMP response element-binding protein，NRFs：nuclear respiratory factors，PGC-1a：peroxisome proliferator-activated receptor-γ coactivator-1a，FKHR：forkhead type transcription factor（FOXO1），SIRT1：sirtuin TFAM：mitochondrial transcriptional factor A.

TypeⅡ線維の割合が高い者ほど多いといわれている．カルノシンを経口摂取して高強度の運動パフォーマンステストを実施した研究では，重炭酸イオン（$H_2CO_3^-$）による緩衝作用が弱まり，非重炭酸イオン系（カルノシン）による緩衝作用が強くなることが示唆されているが，パフォーマンスの改善までは至っていない（図4.14）[23]．

4.5 運動と代謝，ミトコンドリア・バイオジェネシス

近年，運動（トレーニング）が引き起こすミトコンドリア蛋白の生合成に関わる分子機序が明らかにされつつある．図4.15には，近年報告されている論文から運動が引き起こすミトコンドリア生合成の機序をとりまとめた[2,8,13,25,26]．現在，世界中で盛んに研究が進められているホットな領域なので，関連する総説などを読んでもらいたい．運動によって誘引されるミトコンドリア新生（mitochondrial biogenesis）に貢献する因子には，以下のようなものがあげられる．

① ペルオキシソーム増殖因子活性化レセプターγ転写共役因子（peroxisome proliferator-activated receptor γ coactivator-1α：PGC-1α）が key regulator である[14]．

② PGC-1αを制御する因子は運動・メタボリックストレス，つまり，カルシウムイオンとエネルギーレベル（AMP/ATP, ADP/ATP ratio）がトリガー因子となる[14,15]．

③ 下流は大雑把にCaMK（CaMKK, CaMKKIIなどをすべて含められる）とAMPK-SIRT1 axisである[8,11]．

④ PGC-1αによって促進された転写因子は最終的にミトコンドリアのマトリックスへ輸送され，ミトコンドリアDNAにおける電子伝達系に関わる蛋白の転写因子として働き，ミトコンドリア新生と機能を亢進させる[16]．

なお，骨格筋にPGC-1αを過剰発現させたマウスでは，筋線維の遅筋化やミトコンドリアの増殖が生じたものの，その筋内のミトコンドリアは脱共役状態であり，ATP含量が非常に減少していたことが報告されている[17,18]．つまり，単にミトコンドリアの量が増えることが大事なのではなく，増殖したミトコンドリアの中で，糖や脂肪を効率よく利用しながらATP再合成を行えるようになっていることが大事なのである．こうした運動刺激によるミトコンドリア生合成と機能変化の分子機序については，今後，加速的に解明されていくであろう．

◆問 題

1. 筋の収縮に直接利用される高エネルギー化合物の名称を答え，筋原線維によってその化合物がどのように分解されるのか化学反応式を示して説明しなさい．
2. ATP再合成に主たる役割を果たしている3つのエネルギー供給系および，各経路の特徴と運動時における主な役割について簡潔に述べなさい．
3. 糖の分解を細胞質における解糖系とミトコンドリアにおける酸化経路に分けて，その分解産物，エネルギー供給速度，ATP合成量などを含めた特徴・役割について述べなさい．
4. 筋エネルギー代謝からみた持久力の制限因子を6つあげなさい．
5. 持久的トレーニングによるミトコンドリア酸化能の適応について説明しなさい．
6. スプリントトレーニングによる筋エネルギー代謝からみた適応を説明しなさい．
7. 短時間の激しい運動時に筋内に蓄積される代表的な代謝産物を複数あげなさい．

◆参考文献

1) Booth, F. W. and Holloszy, J. O.：Cytochrome c turnover in rat skeletal muscles. *J. bio. Chemistry*, 252：416-419, 1977.
2) Daitoku, H., Yamagata, K., Matsuzaki, H., et al.：Regulation of PGC-1 promoter activity by protein kinase B and the forkhead transcription factor FKHR. *Diabetes.*, 52：642-649, 2003.
3) Davies, K. J., Packer, L. and Brooks, G. A.：Exercise bioenergetics following sprint training. *Arch. biochemi. biophys.*, 215：260-265, 1982.
4) Dudley, G. A., Abraham, W. M. and Terjung, R. L.：Influence of exercise intensity and duration on biochemical adaptations in skeletal muscle. *J. Appl. Physiol. Respir., Environ. Exerc. Physiol.*, 53：844-850, 1982.
5) Egan, B. and Zierath, J.R.：Exercise metabolism and the molecular regulation of skeletal muscle adaptation. *Cell metabolism*, 17：162-184, 2013.
6) Hardie, D. G., Ross, F. A. and Hawley, S. A.：AMPK；a nutrient and energy sensor that maintains energy homeostasis. *Nat. Rev. Mol. Cell bio.*, 13：251-262, 2012.
7) Hardie, D. G. and Sakamoto, K.：AMPK；a key sensor of fuel and energy status in skeletal muscle. *Physiology*,

8) Hood, D. A., Irrcher, I., Ljubicic, V., et al.: Coordination of metabolic plasticity in skeletal muscle. *J. Exp. Biol.*, **209**: 2265-2275, 2006.
9) Howald, H., Hoppeler, H., Claassen, H., et al.: Influences of endurance training on the ultrastructural composition of the different muscle fiber types in humans. *Pflugers. Archiv.*, **403**: 369-376, 1985.
10) Hurley, B. F., Nemeth, P. M., Martin, W. H., 3rd, et al.: Muscle triglyceride utilization during exercise; effect of training. *J. Appl. Physiol.*, **60**: 562-567, 1986.
11) Irrcher, I., Ljubicic, V., Kirwan, A. F., et al.: AMP-activated protein kinase-regulated activation of the PGC-1alpha promoter in skeletal muscle cells. *PloS. One*, **3**: e3614, 2008.
12) Kuno, S. Y., Akisada, M. and Mitsumori, F.: Phosphorus-31 nuclear magnetic resonance study on the effects of endurance training in rat skeletal muscle. *Eur. J. Appl. Physiol.*, **65**: 197-201, 1992.
13) Lanza, I. R. and Sreekumaran, Nair, K.: Regulation of skeletal muscle mitochondrial function; genes to proteins. *Acta. Physiol.*, **199**: 529-547, 2010.
14) Lin, J., Wu, H., Tarr, P. T., et al.: Transcriptional co-activator PGC-1 alpha drives the formation of slow-twitch muscle fibres. *Nature*, **418**: 797-801. 2002.
15) Liu, Y., Shen, T., Randall, W. R., et al.: Signaling pathways in activity-dependent fiber type plasticity in adult skeletal muscle. *J. Muscle Res. Cell Motil.*, **26**: 13-21. 2005.
16) Ljubicic, V., Joseph, A. M., Saleem, A., et al.: Transcriptional and post-transcriptional regulation of mitochondrial biogenesis in skeletal muscle; effects of exercise and aging. *Biochim. Biophys. Acta*, **1800**: 223-234, 2010.
17) Miura, S., Kai, Y., Ono, M., et al.: Overexpression of peroxisome proliferator-activated receptor gamma coactivator-1alpha down-regulates GLUT4 mRNA in skeletal muscles. *J. Biol. Chem.*, **278**: 31385-31390, 2003.
18) Miura, S., Tomitsuka, E., Kamei, Y., et al.: Overexpression of peroxisome proliferator-activated receptor gamma co-activator-1alpha leads to muscle atrophy with depletion of ATP. *Am. J. Patholo.*, **169**: 1129-1139, 2006.
19) Newsholme, E. A. and Leech, A. R.: Biochemistry for the Medical Science, John Wiley & Sons, Chichester, 1983.
20) Richardson, R. S., Poole, D. C., Knight, D. R., et al.: Red blood cell transit time in man; theoretical effects of capillary density. *Adv. Exp. Med Biol.*, **361**: 521-532, 1994.
21) Romijn, J. A., Coyle, E. F., Sidossis, L. S., et al.: Regulation of endogenous fat and carbohydrate metabolism in relation to exercise intensity and duration. *Am. J. Physiol.*, **265**: E380-391, 1993.
22) Sharp, R. L., Costill, D. L., Fink, W. J., et al.: Effects of eight weeks of bicycle ergometer sprint training on human muscle buffer capacity. *Int. J. Sports Med.*, **7**: 13-17. 1986.
23) Suzuki, Y., Nakao, T., Maemura, H., et al.: Carnosine and anserine ingestion enhances contribution of nonbicarbonate buffering. *Med. Sci. Sports Exerc.*, **38**: 334-338, 2006.
24) Terjung, R. L., Mathien, G. M., Erney, T. P., et al.: Peripheral adaptations to low blood flow in muscle during exercise. *Am. J. Col.*, **62**: 15E-19E, 1988.
25) Vina, J., Gomez-Cabrera, M. C., Borras, C., et al.: Mitochondrial biogenesis in exercise and in ageing. *Adv. Drug Deliv. Rev.*, **61**: 1369-1374, 2009.
26) Yan, Z., Okutsu, M., Akhtar, Y. N., et al.: Regulation of exercise-induced fiber type transformation, mitochondrial biogenesis, and angiogenesis in skeletal muscle. *J., Appl. Physiol.*, **110**: 264-274. 2011.

5

運動時のホルモン分泌

運動時にはエネルギー需要が高まることから、糖や脂質といったエネルギー源が血中に遊離され、骨格筋の収縮活動に利用される。また、末梢の酸素利用も高まることから、酸素供給効率を高めるために心拍数や心拍出量が高まり血流量が増加する。さらに、持続的な運動時の疲労に対抗するために、中枢指令（インパルス）を増加させ、運動単位の活動を高める必要もある。これらの生体反応は自覚しなくとも自動的に調節されており、その調節機構として神経性（視床下部-自律神経-副腎髄質軸）と体液性（視床下部-下垂体-副腎皮質軸）の2つがある。これらの2つのシステムは、繰り返しの運動刺激（トレーニング）に対して徐々に応答性を変えることにより、生体のさまざまな運動適応を導いていると考えられる。これらのシステムは、いずれもホルモンとよばれる微量な物質を介して行われている。また、近年ではサイトカインとよばれる細胞間情報伝達を担う物質が、ホルモンと同様に運動適応を引き起こすことが示唆されている。本講では、運動時のホルモン分泌や適応の仕組みについて、おもにストレス関連ホルモンやサイトカインから述べる。

5.1 内分泌とホルモン

a. ホルモンの定義

内分泌とは、ホルモンとよばれる化学物質が分泌細胞から血液中に放出されて全身を循環する現象を意味しており、神経系とともに全身の各組織・器官の協調性を制御している。ホルモンの定義は以下のとおりである[10]。

① 内分泌腺で産生・貯蔵され、刺激に応じて血液中に分泌される。
② 血液を介して全身に運搬される。
③ 標的細胞をもち、高い親和性をもつ特異的レセプターと結合することにより低濃度で作用が発現する。
④ 代謝の調節を触媒作用による反応の促進または抑制により行う（代謝反応の基質とはならない）。

また、近年では上述の古典的な定義に加えて新たな概念も入り複雑化している。

1）神経内分泌

神経内分泌とは、神経細胞のうち、シナプス伝達活動以外に神経終末から血管内へペプチドホルモンを分泌することであり、視床下部の神経細胞体で合成されたペプチドホルモンを軸索輸送して下垂体の血管内に放出して作用するのが代表的な例である。

2）傍分泌

傍分泌とは、細胞から放出されるサイトカインなどの生理活性物質が細胞外液を介して分泌細胞の周辺の細胞に働きかけることである。しかし、ホルモンの中には傍分泌作用も有するものがあり、また傍分泌物質が血中にも放出されて全身に作用することがあるので、内分泌と傍分泌の区別は曖昧になっている。

b. ホルモンの種類と作用機序

ホルモンは、その化学構造や作用機序から分類することができる。

1）ペプチドホルモン

ペプチドホルモンとは、アミノ酸が結合し連なったポリペプチドからなるホルモンである。細胞の核内でmRNAの鋳型から翻訳されたポリペプチドが蛋白質分解酵素の働きや糖鎖付加の修飾を受けて活性型ホルモンとなり、血中に放出される。ペプチドホルモンは水溶性であり細胞膜を通過しにくいため、標的細胞の細胞膜レセプターと結合して細胞内情報伝達（連続的

5 運動時のホルモン分泌

2）カテコールアミン

カテコールアミンはアミノ酸のタイロシンから生成される，ドパミン，アドレナリン，ノルアドレナリンの3つの総称である．タイロシンがタイロシン水酸化酵素とDOPA脱炭素酵素の触媒を受けてドパミンが合成される．ドパミンはドパミンβ水酸化酵素によりノルアドレナリンへ変換され，さらにノルアドレナリンはフェニルエタノラミンN-メチルト転移酵素によりアドレナリンへ変換される．カテコールアミンもペプチドホルモンと同様に水溶性であり，標的細胞の細胞膜レセプターと結合することにより生理作用を発揮する（図5.1a）．

3）ステロイドホルモン

ステロイドホルモンはコレステロールから合成され，ステロイド骨格ともよばれるシクロペンタヒドロフェナントレン核を基本構造とする．それらの機能や分泌腺により性ホルモン，グルココルチコイド，ミネラルコルチコイドなどに分類される．ステロイドホルモンは脂溶性であり容易に細胞膜を通過する．細胞内で核内レセプターと結合し，標的DNAと結合して転写を制御することから，核内レセプターは転写因子の一種である（図5.1b）．

4）甲状腺ホルモン

タイロシンが2つ縮合し，さらにヨウ素が3個付加されたものがトリヨードサイロニン（triiodothyronine：T3），4個付加されたものがサイロキシン（thyroxine：T4）である．甲状腺ホルモンは脂溶性であり，ステロイドホルモンと同様に容易に細胞内に入り甲状腺ホルモンレセプターと結合し，さらにDNAの甲状腺ホルモン応答配列に結合して転写調節を行う（図5.1b）．

c．血中のホルモン動態

多くのホルモンの血中濃度は一定ではなくパルス状であり，周期的な変動が観察される．たとえば，副腎皮質からのコルチゾールは朝の覚醒前後に最大となり，成長ホルモン（growth hormone：GH）は入眠直後に最大となるサーカディアンリズム（概日リズム）を示す．黄体形成ホルモン（luteinizing hormone：LH）は30～40分周期の分泌パターンと排卵直前のピークという性周期に合わせたリズムを併せもつ．

血中ホルモン濃度は，①結合蛋白質と結合したもの，②遊離したもの，③肝臓での分解，④生物学的半減期，により決定される．遊離型ホルモンは一般的に全体の数％以下の低濃度であるが，生理活性は非常に高い．カテコールアミンやコルチゾールなどはトレーニング適応により肝臓での分解や組織・器官への吸収率が増加する．また，生物学的半減期はカテコールアミンでは1分以内，ペプチドホルモンは5～60分，甲状腺ホルモンは7日であり，ホルモンの種類により大きく異なる．半減期の長いホルモンでは，急性のストレッサーなどで分泌が起きたとしても血中濃度の変化として検出できない可能性もある．

d．ホルモン分泌の視床下部調節

ホルモンの多くは視床下部の調節を受けている[2]．視床下部の神経は神経ペプチドを合成し，下垂体門脈に分泌して下垂体前葉および中葉のホルモンの分泌を調節し，あるいは軸索輸送により後葉に送り込み貯蔵・分泌して2つのホルモンの分泌を調節している．下垂体から分泌されたホルモンは下流の標的組織・器官で生理作用を発揮したり，さらなるホルモン分泌を促す[10]．図5.2に，視床下部調節によるホルモン分泌とその生理作用を示した．

1）視床下部-ACTH

後で述べるが，副腎皮質刺激ホルモン（adrenocorticotropic hormone：ACTH）はストレス反応のマーカーと考えられており，視床下部から分泌される副腎皮質刺激ホルモン放出ホルモン（corticotropin-releasing

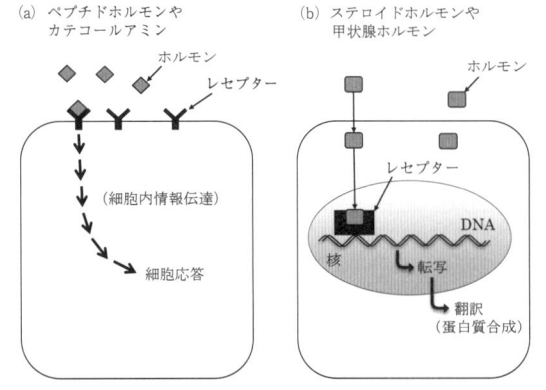

図5.1　ホルモンによる細胞内情報伝達様式の模式図
(a) ペプチドホルモンやカテコールアミンは標的細胞の細胞膜に存在する特異的レセプターと結合し，酵素活性の化学物質濃度を制御することにより下流へと情報を伝達し，細胞応答を導く．
(b) ステロイドホルモンや甲状腺ホルモンは細胞膜を通過し，特異的レセプターと結合してDNAの標的遺伝子のプロモーターの結合領域に結合し，遺伝子発現を制御する．

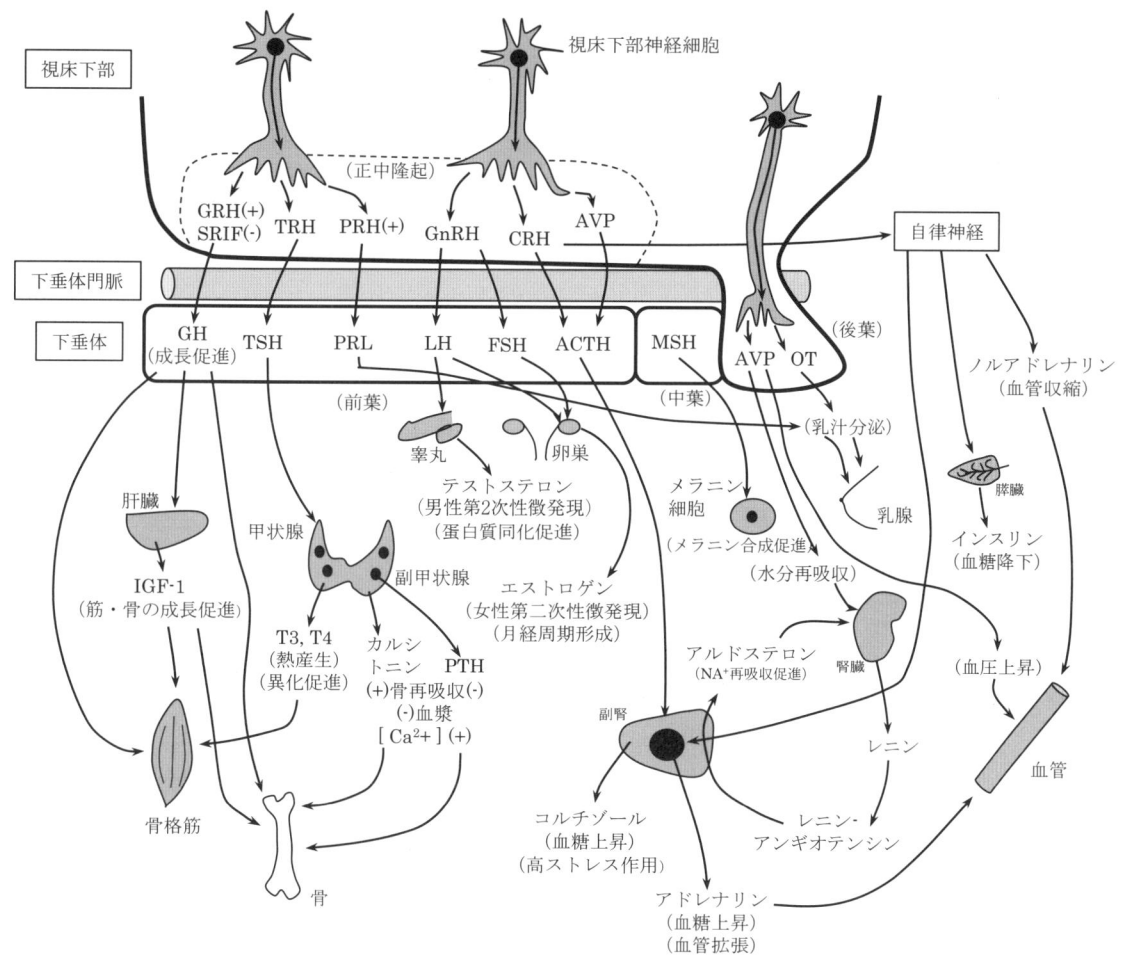

図5.2 視床下部-下垂体軸を起点としたホルモン分泌と作用

視床下部神経細胞において，成長ホルモン放出ホルモン（GRH），ソマトトロピン放出抑制因子（SRIF），甲状腺刺激ホルモン分泌ホルモン（TRH），プロラクチン放出ホルモン（PRH），性腺刺激ホルモン放出ホルモン（GnRH），副腎皮質刺激ホルモン放出ホルモン（CRH），バソプレシン（AVP）が合成され，軸索輸送により正中隆起まで運ばれ貯蔵され，下垂体門脈に放出される．また，視床下部神経細胞はAVPとオキシトシン（OT）を合成して軸索輸送により下垂体後葉に運び，貯蔵と分泌が行われる．下垂体前葉では視床下部からの指令に応じて成長ホルモン（GH），甲状腺刺激ホルモン（TSH），プロラクチン（PRL），黄体形成ホルモン（LH），卵胞刺激ホルモン（FSH），副腎皮質刺激ホルモン（ACTH），メラニン細胞刺激ホルモン（melanocyte-stimulating：MSH）が産生・分泌される．これらのホルモンがさらに下流の組織・器官において生理機能を調節する．PTH：parathormone，パラトルモン．

hormone：CRH）により合成と分泌が，バソプレシン（arginine vasopressin：AVP）により分泌が制御されている．血中に分泌されたACTHは副腎皮質においてコルチゾール（グルココルチコイド）やアルドステロン（ミネラルコルチコイド）の合成・分泌を促進する．

2）視床下部-甲状腺ホルモン

甲状腺刺激ホルモン分泌ホルモン（thyrotropin-releasing hormone：TRH）は前視床下部野の神経で合成されて軸索輸送により正中隆起部の神経末端に貯蔵され，下垂体門脈に分泌される．さらに下垂体前葉で甲状腺刺激ホルモン（thyroid stimulating hormone：TSH）の産生と分泌を促進する．TSHは甲状腺のT3とT4の合成と分泌を促進する．

3）視床下部-GH

GH分泌は視床下部弓状核の神経が合成する促進性の成長ホルモン放出ホルモン（growth hormone releasing hormone：GRH）と室周核の神経が合成する抑制性のソマトトロピン放出抑制因子（somatotropin release inhibiting factor：SRIF）による二重調節を受

けている．GH が分泌されると，筋や骨に直接的に，また肝臓のインスリン様成長因子 1（insulin-like growth factor-1：IGF-1）分泌を介して間接的に作用する．筋や骨をはじめ臓器の多くが GH や IGF-1 の作用を受け成長するが，GH と IGH-1 への依存性は臓器により異なることが知られている．

4）視床下部-性ホルモン

男女の性行動，性成熟，精子形成，排卵を促進するテストステロンとエストロゲンは，視床下部視束前野で合成される性腺刺激ホルモン放出ホルモン（gonadotropin-releasing hormone：GnRH）の作用による LH と，卵胞刺激ホルモン（follicle stimulating hormone：FSH）分泌により制御されている．最近，視床下部から GnRH を促進または抑制することで LH や FSH 分泌を調節する新たな神経ペプチド，キスペプチン（kisspeptin）が見いだされた．このホルモンを欠損した家族は性成熟がみられない．同様の効果はレプチンにもみられ，レプチン欠損は思春期を遅らせる．思春期が 11〜13 歳で生じる理由として，今，これらホルモンの増加や作用のタイミングとの同期が想定されている．

5.2 運動ストレスとホルモン

a. 生理学におけるストレス

「ストレス」とはもともとは物理学用語であり，外部から作用した力に対して生じる物体の「ひずみ」をさす．この語をはじめて用いたのはホメオスタシスの概念で有名な米国の生理学者 W. B. Cannon である．彼は，生体が生命維持を危うくする出血や低酸素など外的刺激（ストレス）に曝されるとゆがみが生じ，ゆがみが臨界点以下なら交感神経・副腎髄質軸の働き（危急反応）で回復するが，臨界点を超えると生命は維持されなくなる，と述べている（1935）．この後，カナダの H. Selye は，ストレスが慢性化することでゆがみが増大し，副腎皮質に関係した汎適応症候群（general adaptive syndrome：GAS）が起こることを提唱，その際，ACTH 分泌を増加する有害刺激をストレッサーと定義した．

以来，生命科学領域におけるストレスとは，短期間で生じる危急反応と長期間で生じる GAS を主体とし，固体の生命と種の維持（生殖）を脅かす行動と臓器の反応を誘発する刺激（群）を意味する[6]．ストレッサーには，運動を含む，物理・科学的刺激，心理・社会的因子などさまざまなものがあるが，いずれもその調節には視床下部を中枢とする 2 つの軸（神経性：視床下部-交感神経-副腎髄質軸と液性：視床下部-下垂体-副腎皮質軸）が関与する．

b. 運動時のホルモン応答

運動中にはさまざまなホルモンの分泌に変化が起き

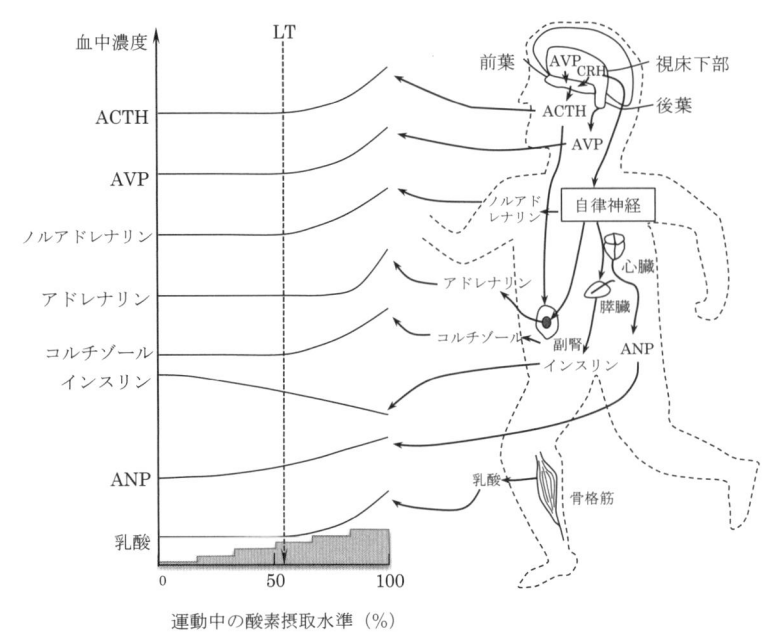

図 5.3 漸増負荷運動時の血中ホルモン濃度と視床下部関連模式図
乳酸閾値（LT）は，運動時のストレス応答や関連するホルモン応答の閾値となる．例外として，インスリン分泌のみ減少し，ANP は，LT 以下の低強度運動から分泌が起こる．

る．とくに，運動強度はホルモン分泌に強く影響を及ぼす．図5.3に運動強度に依存して血中濃度が変化するホルモンの例を示した．ACTH，コルチゾール，カテコールアミンなどの視床下部-自律神経-副腎髄質軸や視床下部-下垂体-副腎皮質軸のホルモンの血中濃度が増加し始めるのはいわゆる乳酸閾値（lactate threshold：LT）付近であり，最大酸素摂取量の50～60％に相当する．この時，下垂体前葉では，ACTH，GH，TSH，プロラクチン（prolactin：PRL），中葉ではβエンドルフィン，後葉ではAVPやオキシトシン（oxytocin：OT）などが増加し，さらにその下流のコルチゾール，アルドステロン，アドレナリン，ノルアドレナリンといったさまざまなホルモンも増加する．前述したとおり，ACTHがストレスの指標であることから，この運動強度を超えると運動はストレスとして定義される．このような変化は，運動強度の増加に伴いエネルギー需要が高まるので，グリコーゲンや中性脂肪を分解してアデノシン三リン酸（ATP）供給を高めるために必要である．また，酸素需要も高まるので，そのために心拍出量を増やし骨格筋に対する血流配分

の割合を増やすことにつながる．インスリンは運動中に血中濃度が低下する唯一のホルモンである．この理由として，運動中は糖異化の需要が高まるので肝臓での糖取り込みとグリコーゲン合成を抑制する必要があることに加え，運動中すなわち収縮中の骨格筋はインスリンに依存せずに糖取り込みを行うことができる点が想定される．これらのことから，視床下部の神経細胞は運動強度依存的に活性化していることが予想できる．

c．ホルモン応答の視床下部調節

果たして運動時の視床下部神経の活性化は強度に依存するのだろうか？ 図5.4は，LT前後の運動を30分間ラットに行わせた後，視床下部を取り出し前額断切片を作製，細胞興奮（脱分極）のメルクマールであるc-fosの遺伝子や蛋白質（c-Fos）を発現する細胞の増減を組織化学的染色で同定することで神経の活性度を検討している[11]．LT未満に相当する低強度走運動（分速15 mのトレッドミル走）を行った場合は安静時と比べて差はみられないが，LT以上に相当する走運

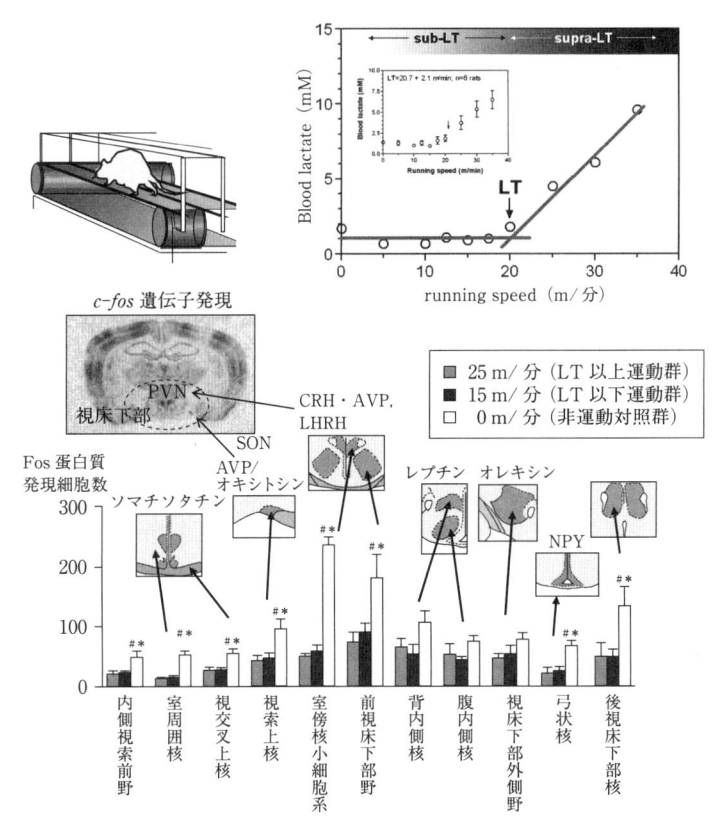

図5.4 ラットのランニング時の視床下部神経の多くは，LT強度以上で活性化する[10] mean ± S.E., #：$p < .05$ vs 0 m/分，*：$p < .05$ vs 15 m/分．

動（分速25 mのトレッドミル走）では多くの部位でc-Fosの増加がみられた．とくに，CRHやAVP神経が密に局在する視索上核（SON）や室傍核（PVN）では，多くのAVP陽性細胞にc-Fos蛋白質が共存する細胞が増加したことから，これらのAVP神経がLT以上の運動強度で活性化し，下垂体前葉へのAVP分泌を高め，ACTH分泌を刺激することが示唆される[9]．この仮説は，走行中のウマのストレス反応の視床下部調節から指示される（図5.5）．Alexanderら[1]は，ウマの下垂体門脈や静脈内にカテーテルを留置し，トロット（並足）ギャロップ（駆け足）に移行する際の血中ACTH濃度に加え，下垂体門脈血中のCRHやAVP濃度の測定に成功した．その結果，AVP分泌がACTH分泌と同期する一方，CRHは変化しないことから，運動時のストレス反応がAVPに依存することを示唆している．

では，運動時のストレス反応の意義はどこにあるのだろうか？　ラットへの薬物注入により視床下部室傍核の機能を麻痺させてトレッドミル走行を行わせると，運動による血中アドレナリン，グルココルチコイド（ラットではコルチコステロンであるが，ヒトのコルチゾールに相当する）および血糖値の上昇が抑制され，肝臓でもグリコーゲン分解の増加が認められなくなる[14]．つまり，運動中に起こる室傍核の活性化は，自律神経-副腎髄質軸ならびに下垂体-副腎皮質軸を介した糖代謝の亢進の引き金となる重要な役割を果たしている．中〜高強度運動中は視床下部によるエネルギー代謝調節が行われており，パフォーマンス発揮に貢献していると考えられる．

数十分程度の運動の場合はLT未満の低強度運動でこのようなホルモン分泌応答は起きないが，12時間の絶食後に最大酸素摂取量の40％の低強度運動を行わせると，運動開始2時間後以降に上述の血中ホルモン濃度が上昇する．しかし，グルコース補給とともにこの運動を行うとホルモン分泌上昇効果が消失することから，この現象に低血糖の関与が想定される．低血糖は脳幹や視床下部の興奮を介してストレス反応（低血糖ストレス）を起こすことから，その効果が長時間運動時のストレス応答に含まれている可能性がある．以上のように，運動時の視床下部に端を発したホルモン分泌応答に対して，低エネルギー状態や糖代謝需要の増加が影響していると予想される．

このほかに，視床下部支配軸以外のホルモンの中にも運動強度依存的な変化が起こるものがある．血圧降下作用を有する心房性ナトリウム利尿ペプチド（atrial natriuretic peptide：ANP）では，視床下部支配ホルモンとは異なり，LTよりも低強度の運動でも血中濃度の上昇が観察される（図5.3）[12]．ANPの上昇の生理学的意義は不明であるが，高血圧症の運動療法では低強度運動が推奨されており，その理論的背景としてANPの働きの関与が考えられている．

d．トレーニングによるストレス適応

一般的に，持久的トレーニングを継続すると絶対的運動強度に対する呼吸循環系や血中乳酸の応答が低下するという運動適応が起こる．これは，骨格筋のミトコンドリア生合成や糖・脂質代謝能の向上などにより導かれるが，ACTH分泌など多くのホルモン応答にも同様の運動適応が起こる．一方でカテコールアミン，とくにノルアドレナリンではトレーニングにより相対的同一強度の運動に対する分泌応答が亢進することも報告されており，骨格筋代謝の活性化や動員を高めて運動効率を上げるための適応として考えると興味深い．

ヒトでもラットでもLT以上の中〜高強度でトレー

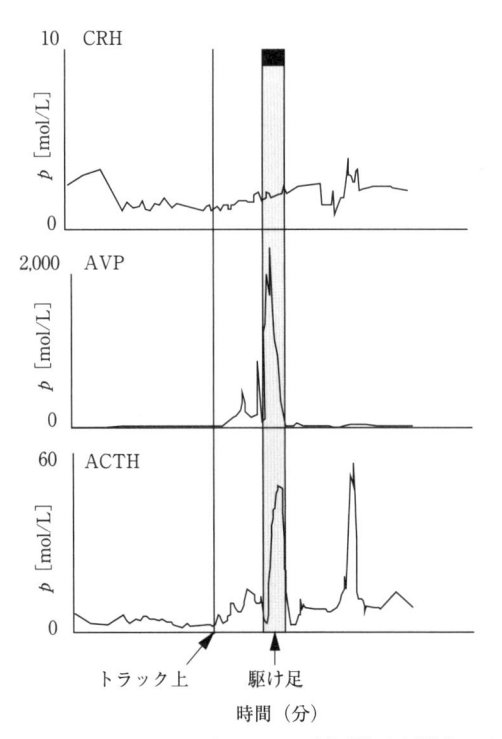

図5.5　ウマのランニング時のACTH分泌増加と同期する下垂体門脈内のAVP分泌増加

ニングを行うと，安静時の血清グルココルチコイド濃度は日々上昇していき，4週間程度でピークに達する（図 5.6）[13, 15]．この時期には副腎の肥大や胸腺の萎縮といったストレス徴候（セリエは汎適応症候群と命名）も確認できる．そして，さらにトレーニングを継続していきうまく適応した場合にはこれらの徴候は消失する一方，トレーニングが激しすぎると適応に時間がかかり，さらには病的な状態にもなりうる（不適応）．

e．トレーニングによる GH，性ホルモン

トレーニングによる骨・筋などの運動器系の肥大にGH や性ホルモン（とくに男性ホルモンであるテストステロン）の関与が示唆されてきたが，まだ不明な点が多い．GH は 50% $\dot{V}_{O_2max}$ を超えれば血中に分泌される．筋トレでは負荷に依存して増加する傾向があるが（これは IGF-1 も同様），その GH 応答は，コラーゲンなど細胞外マトリックス形成への関与はあるものの，骨・筋肥大に関与するという明確な証拠は得られていない．動物実験の結果からは，筋肥大には運動による負荷自体が重要で，それによる局所成長因子（IGF-1 など）の関与が重要とする仮説が支持されている（図 5.7）[10]．

テストステロンは，血中にわずかに（3%）存在する遊離型が AR（アンドロゲンレセプター）を介してさまざまな生理作用を発揮する．テストステロンの合成阻害剤を用いた研究では，血中遊離テストステロン低下が起こり，レジスタンストレーニングに対する等調性筋力の増加率は減弱する．しかし，レジスタンス運動により血中で増加するテストステロンは GH，IGF-1 と同様，蛋白質合成やシグナル伝達計を高めているとは限らず，筋肥大への効果はいまだ懐疑的とされている．テストステロンはエリスロポエチンや筋の乳酸トランスポーターを刺激するので，運動器系の肥大だけでなく，持久パフォーマンスにも影響しうる．今後，さらなる検討が必要である．

5.3 内分泌性サイトカインと運動

サイトカインとは，細胞から分泌され，細胞間の情報伝達を行う蛋白質である．もともと，サイトカインは免疫システムの細胞から分泌される免疫調節系の蛋白質として次々に発見されていったことから，狭義の意味では免疫調節に関わる物質ともとらえられている．また，広義には免疫調節に加えて細胞の増殖，分化，修復，細胞死などさまざまな情報伝達に関与する蛋白質を示しており，本項では後者の立場から述べる．

一般的にホルモンは 1 種類の細胞からは 1 種類のみが産生され，内分泌腺をもつ臓器や腺組織から分泌される内分泌物質である．一方，サイトカインは細胞からも直接分泌され，1 種類の細胞から複数の種類のサイトカインが産生されることが多く，おもに自己分泌や傍分泌物質として働いていると考えられていた．しかし，近年ではサイトカインが血中にホルモンなみの高濃度で存在し，全身のさまざまな標的細胞に作用す

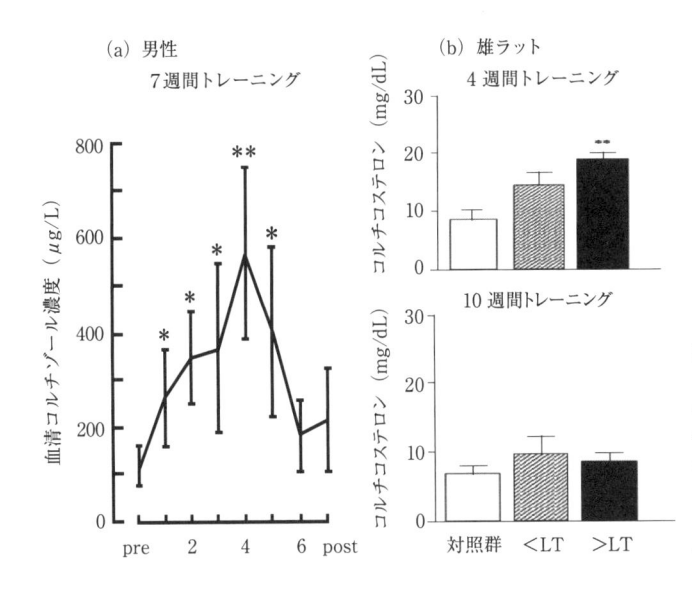

図 5.6 運動トレーニングに対する安静時副腎皮質ホルモンレベルの適応変化
(a) ヒトに 90% $\dot{V}_{O_2max}$ で 30 分 / 日の自転車運動を 6 週間行わせた際の，安静時血清コルチゾール濃度の変化．
(b) ラットに LT 強度の前後で 4 および 10 週間のトレッドミル走行を課した時の安静時血清コルチコステロン（ラットではこれが主要な副腎皮質ホルモン）濃度の変化．

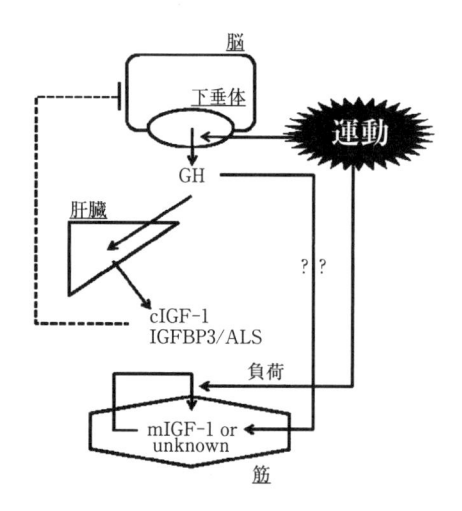

図5.7 運動によるGH, cIGF-1, mIGF-1の影響
運動性筋肥大には，血中GHやIGF-1（肝臓由来）よりも，機械的負荷により局所性に誘導されるIGF-1，あるいは，それとは別の細胞内分子シグナルの関与が大きいとされている．
GH（growth hormone）：成長ホルモン，cIGF-1（circulating IGF-1）：血中インスリン様成長ホルモン，mIGF-1（muscular IGF-1）：筋由来インスリン様成長ホルモン．

る内分泌物質としての働きを有していることがわかってきたことから，ホルモンとの区別は曖昧になっている．サイトカインの中には運動刺激に反応し運動適応に関与するものもみられ，とくに骨格筋由来のサイトカインは「マイオカイン（myokine）」ともよばれている．ここでは，運動により骨格筋での発現が増加し血中濃度の上昇が起こるサイトカインのうち，重要であり最近注目されているものを紹介する．

a. 脳由来神経栄養因子

脳由来神経栄養因子（brain-derived neurotrophic factor：BDNF）は神経細胞の生存・成長・増殖，シナプスの機能亢進などに働き，神経発生において重要な役割を果たしている蛋白質であり，標的細胞表面上にある特異的レセプターチロシンキナーゼB（tyrosine kinase B：TrkB）に結合してその生理作用を発揮する．一方，成体においても認知・学習機能，うつ病，摂食行動，エネルギー消費，糖・脂質代謝，損傷組織の修復など多岐にわたる働きを有している．血清BDNF濃度は数10 ng/mLと高く，その大部分は血小板に蓄えられており，さまざまな刺激により血小板から放出される．一過性の高強度運動の直後に血清BDNFは上昇する[8]．運動により海馬や骨格筋のBDNF発現が高ま

ることから，運動により増加した血清BDNFの少なくとも一部はこれらの組織から放出している可能性があり，代謝亢進や運動誘発性筋損傷の修復などに働いていることが予想される．興味深いことに，骨格筋の培養細胞ではBDNFによる脂肪酸代謝が増加するが，この現象は骨格筋の糖取り込み，脂肪酸酸化，ミトコンドリア生合成の亢進を制御する酵素である5'-AMP-activated protein kinase（AMPK）を介していることが明らかとなっている[7]．運動による骨格筋の代謝適応の一部にはBDNFが関与している可能性が示唆される．

b. マイオカイン：インターロイキン6

インターロイキン6（interleukin-6：IL-6）は炎症性サイトカインの1つであり，炎症反応や感染症などにより血中濃度が高まる．しかし，高強度運動中にはそれらをはるかにしのぐほど（安静時の100倍）の血中濃度が高まる場合もある．IL-6の血中濃度は最大酸素摂取量の40％に相当する低強度運動では変化しないが，70％の強度では上昇する．その際，コルチゾール，GH，グルカゴン，アドレナリン，ノルアドレナリンも高強度運動のみで上昇する．インスリンの低下も高強度運動のほうが大きくなる．この低強度運動中にIL-6を静注して血中レベルを高強度運動時と同等にすると全身の糖利用は高強度運動と同等になるが，ほかのホルモン濃度は注入なしの試行と同レベルとなる[3]．おそらく，IL-6は視床下部支配ホルモンとは別のメカニズムで運動中の糖代謝を制御していると考えられる．興味深いことに，IL-6運動中には骨格筋での発現が増加することからマイオカインの1つと考えられるようになった[4]．実際に，骨格筋細胞においてIL-6がAMPKを活性化することから[5]，IL-6は運動による代謝適応に関与している可能性があり，代謝性疾患の予防・改善などへの貢献も期待されている．このほかに，インターロイキンでは運動により骨格筋のIL-8とIL-15発現が高まることが知られており，それぞれIL-8は自己分泌・傍分泌による局所の血管新生を，IL-15は筋蛋白質同化作用と内分泌による脂肪組織の減少を引きこしていると予想されている．

最近，IL-6に続くマイオカインとしてアイリシンが筋から見いだされた[2]．これは，筋線維内に存在するfibronectin type Ⅲ domain containing 5（FNDC5）蛋白質が切断されてつくられる．アイリシンは血中に放

出されて脂質を蓄積する白色脂肪細胞の膜レセプターに結合すると，エネルギー消費と熱産生を行う褐色脂肪細胞への変換が促されるという．運動時に海馬に作用し，BDNFの発現に効くとする報告もある．しかし，運動で本当にアイリシンが増加するかどうかは相反する知見があり，詳細は不明である．

マイオカインはサイトカイン同様，中核となる臓器と機能的に関係する臓器間の連関（臓器円環ともよぶ）を担うことから，さまざまな臓器，組織への運動効果を説明する機構として重要である．まだまだ未知のマイオカインやサイトカインが今後，発見される可能性がある．

◆ 問 題
1. ホルモンの定義について説明しなさい．
2. ステロイドホルモンとペプチドホルモンの作用機序を説明しなさい．
3. 視床下部を起点としたホルモン分泌の調節機構について例をあげて説明しなさい．
4. 急性の高強度運動中に血中濃度が高まるホルモンを3つあげ，その働きについて説明しなさい．
5. トレーニングによるストレス適応におけるホルモン分泌の変化について説明しなさい．
6. サイトカインの意味を述べ，さらに運動時に骨格筋で発現が高まるマイオカインとその機能について説明しなさい．

◆ 参考文献
1) Alexander, S. L., Irvine, C. H., Ellis, M. J., et al.: The effect of acute exercise on the secretion of corticotropin-releasing factor, arginine vasopressin, and adrenocorticotropin as measured in pituitary venous blood from the horse. *Endocrinology*, **128**: 65-72, 1991.
2) Boström, P., Wu J., Jedrychowski, M. P., et al.: A PGC1-α-dependent myokine that drives brown-fat-like development of white fat and thermogenesis. *Nature*, **481**: 463-468, 2012.
3) Febbraio, M. A., Hiscock, N., Sacchetti, M., et al.: Interleukin-6 is a novel factor mediating glucose homeostasis during skeletal muscle contraction. *Diabetes.*, **53**: 1643-1648, 2004.
4) Fischer, C. P.: Interleukin-6 in acute exercise and training: what is the biological relevance? *Exerc. Immunol. Rev.*, **12**: 6-33, 2006.
5) Gray, J. A.: The psychlgy of Fear and Stress：ストレスと脳（八木欽治 訳），p.470，朝倉書店，1991.
6) Kelly, M., Gauthier, M. S., Saha, A. K., et al.: Activation of AMP-activated protein kinase by interleukin-6 in rat skeletal muscle: association with changes in cAMP, energy state, and endogenous fuel mobilization. *Diabetes.*, **58**: 1953-1960, 2009.
7) Matthews, V. B., Åström, M. B., Chan, M. H., et al.: Brain-derived neurotrophic factor is produced by skeletal muscle cells in response to contraction and enhances fat oxidation via activation of AMP-activated protein kinase. *Diabetologia.*, **52**: 1409-1418, 2009.
8) Nofuji, Y., Suwa, M., Sasaki, H., et al.: Different circulating brain-derived neurotrophic factor responses to acute exercise between physically active and sedentary subjects. *J. Sports Sci. Med.*, **11**: 83-88, 2012.
9) Saito, T. and Soya, H.: Delineation of responsive AVP-containing neurons to running stress in the hypothalamus. *Am. J. Physiol. Regul. Integr. Comp. Physiol.*, **286**: R484-490, 2004.
10) 征矢英昭，井出幸二郎：運動と神経内分泌系．スポーツ・運動生理学概説（山地啓司，大築立志，田中宏暁 編），pp. 143-166，明和出版，2011.
11) Soya, H., Mukai, A., Deocaris, C. C., et al.: Threshold-like pattern of neuronal activation in the hypothalamus during treadmill running: establishment of a minimum running stress (MRS) rat model. *Neurosci. Res.*, **58**: 341-348, 2007.
12) Tanaka, H., Shindo, M., Gutkowska, J., et al.: Effect of acute exercise on plasma immunoreactive-atrial natriuretic factor. *Life Sci.*, **39**: 1685-1693, 1986.
13) Tabata, I., Atomi, Y. and Miyashita, M.: Bi-phasic change of serum cortisol concentration in the morning during high-intensity physical training in man. *Horm. Metab. Res.*, **21**: 218-219, 1989.
14) van Dijk, G., Vissing, J., Steffens, A. B., et al.: Effect of anaesthetizing the region of the paraventricular hypothalamic nuclei on energy metabolism during exercise in the rat. *Acta. Physiol. Scand.*, **151**: 165-172, 1994.
15) 吉里秀雄，川島 均，齋藤 剛ほか：中枢の運動療法—ストレス適応からみた運動効果．内分泌・糖尿病科，**16**: 260-265, 2003.

6

運動時の糖質・脂質・蛋白質代謝

　運動時の骨格筋は安静時よりも多くのエネルギー（アデノシン三リン酸：ATP）を必要とするが，骨格筋線維内に含まれるATP量はごくわずかであるため，運動を維持・継続するためには運動により消費したATPを速やかに再合成しなければならない．骨格筋線維内においてATPを再合成するためには，貯蔵エネルギー基質である糖質・脂質・蛋白質（アミノ酸）が用いられる．これらのエネルギー基質は骨格筋にも貯蔵されているが，それだけでは運動の継続が困難である．しかし，運動時は代謝制御を行ういくつかのホルモンの血中濃度に変化が生じ，それらの働きによりエネルギー基質は他の組織から骨格筋線維内に移動する．骨格筋線維のエネルギー基質の取込みにもホルモンは関与するが，加えて筋収縮自体にも取込みを促進する働きがある．骨格筋線維内のエネルギー基質は幾多の化学反応を経て異化され，ATPが再合成される．本講では，エネルギー基質としての糖質・脂質・蛋白質の運動時の動態について述べる．

6.1 糖質代謝

　糖質はおもにでんぷん（多糖類の一種）の形で摂取され，消化によりグルコース，フルクトースなどの単糖類に分解された後，吸収される．これらは肝臓でグルコースに変換され，一部は多糖類であるグリコーゲンとして貯蔵され，他の一部はそのまま血液に入る．この血中グルコースは血糖とよばれる．骨格筋は血糖を取り込み，筋グリコーゲン（糖原）を合成して貯蔵している．

　運動時には骨格筋の糖質需要が高まる．この需要をまかなうためには，肝臓においてグリコーゲンの加水分解により生じたグルコースが血中に放出されて骨格筋に取り込まれることや，筋グリコーゲンの分解（糖原分解，glycogenolysis）によってまかなわれる．これらの反応は内分泌系の制御を受けている．たとえば，とくに中強度以上の運動では，肝臓でのグリコーゲン分解とグルコース放出を促すホルモンであるアドレナリンやノルアドレナリン，および糖新生（gluconeogenesis）を促進するコルチゾール（グルココルチコイド），およびその両方を促進するグルカゴンの血中濃度が上昇し，その一方でそれらのホルモンとは逆の作用を示すインスリン濃度は低下する（図5.3参照）．つまり，血糖値の上昇を促すアドレナリン，ノルアドレナリン，コルチゾール，グルカゴンと，血糖値の低下を促すインスリンの濃度変化から考えると，本来であれば運動中は血糖値が上昇するはずが，実際には運動中の血糖値はむしろ低下する．これは，おもに骨格筋にグルコースが取り込まれてエネルギー基質として利用されているからに他ならない．18-FDG（18F-fluorodeoxyglucose）というグルコースのトレーサー（グルコースに似た構造の物質に放射性フッ素を付着させたものであり，代謝されないのでグルコースの体内の移動を追跡できる）を投与して運動をさせると，運動に動員される骨格筋の18-FDGは上昇するが，運動に動員されない骨格筋では変化が認められない．したがって，運動に動員される骨格筋，すなわち収縮中の骨格筋は積極的にグルコースを取り込んでいると考えられる．

　では，骨格筋線維はどのようにしてグルコースを取り込んでいるのか？　グルコースは親水性であり，脂質二重膜である細胞膜をそのままでは通過できないため，糖輸送担体（glucose transporter：GLUT）を介して促進拡散的に細胞内に取り込まれる．GLUTの複数のサブタイプのうち，骨格筋や脂肪組織に選択的に存在するのがGLUT4である．GLUT4は他のサブ

タイプとは異なり，細胞膜と細胞質の間を移動することができる性質をもつ．図 6.1 に骨格筋線維の血糖の取込みと代謝の機序を示した．まずインスリンが細胞膜上のインスリンレセプターに結合する．それがきっかけとなって，細胞内ではインスリンレセプター基質（insulin receptor substrate：IRS）→ PI3 キナーゼ（phosphoinositide 3 kinase）→ Akt といった細胞内シグナル伝達蛋白質が順々に活性化される．これらのシグナルは最終的に GLUT4 を細胞膜へと移動させる（トランスロケーション）．GLUT4 は細胞膜と結合し融合すると，ようやくグルコースが輸送される．GLUT4 はその後再び細胞内プールへと移動し，一連の流れが完結する[2]．

運動時，あるいは運動後数時間にわたって骨格筋のグルコース取込みが高まるが，その理由として骨格筋におけるインスリン感受性が増加する（インスリンの効きがよくなる）ことや，骨格筋収縮そのものがインスリンとは無関係に血糖の取込みを亢進させること（インスリン様効果）などが明らかになっている[5,6]．これらの知見はインスリン抵抗性を有する者（インスリンの効きが低下している）あるいは膵臓からのインスリン分泌能が低下したⅡ型糖尿病患者に対して運動が血糖低下に有効であることからも支持されている．運動時の骨格筋収縮による糖の取込みのメカニズムは，GLUT4 の膜への移行によって制御されているという点でインスリンのそれと同じであるが，そのシグナル伝達経路は異なる．筋収縮による糖取込みのシグナル伝達経路・分子メカニズムの全容はまだ明らかにされていないが，少なくともそのメカニズムの 1 つとして細胞内のエネルギーセンサー・調節分子である AMPK（5'-AMP-activated protein kinase）の関与が指摘されている．中強度（60% $\dot{V}_{O_2max}$ 程度）以上の強度では骨格筋線維内の AMP/ATP 比が増加することと AMPK キナーゼ（AMPKK）の働きにより AMPK が活性化され，これが下流のシグナル伝達蛋白質を活性化させることにより GLUT4 の細胞膜への移動が起こる．一方，AMPK 活性をほぼ消失させたマウスの骨格筋でも収縮によるグルコース取込みが維持されていることから，AMPK 以外のメカニズムも存在することが予想され（筋小胞体からのカルシウムイオン放出に伴う細胞内カルシウム濃度の上昇などが示唆されている），これらが複合的に作用して筋収縮による GLUT4 の膜への移行が促進されると考えられている[5]．

持久的なトレーニングをすると，そのトレーニング

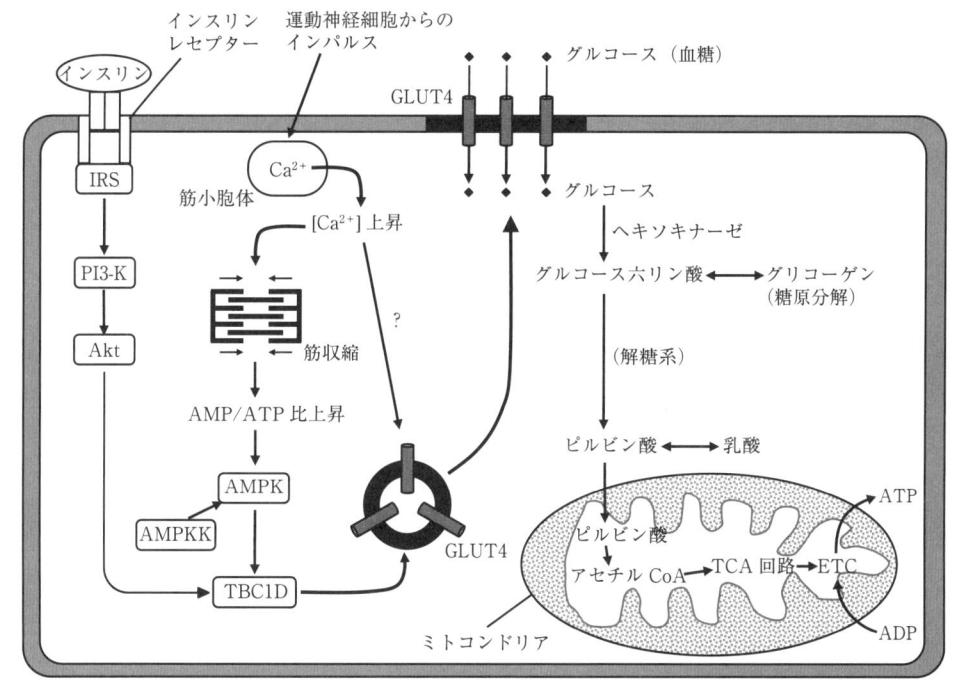

図 6.1 運動時の骨格筋線維のグルコースの取込みと代謝の機序
TBC1D：Rab guanosine triphosphatases tre-2/USP6, BUB2, cdc16（TBC1）domain family protein.

に関与する骨格筋のみでGLUT4含量が増加する．こ
のことはトレーニングによるGLUT4含量の増加が骨
格筋活動の刺激によるものであることを示しており，
一過性の運動（筋収縮活動）によってGLUT4遺伝子
の転写増加（メッセンジャーRNAの上昇）が起こる
こととよく一致している[3]．また，細胞内に取り込
まれたグルコースの異化とグリコーゲン合成の両方に
関与する酵素であるヘキソキナーゼの活性や蛋白質含
量もトレーニングにより増加する．これらの変化は骨
格筋のグルコース取込み能力の向上を導くと考えられ
る[10]．

　糖質をエネルギー基質としてATPを再合成する
過程は2つに分けることができる．1つは解糖系
（glycolysis）であり，グルコースあるいはグリコーゲ
ンが一連の代謝段階を経て，ピルビン酸にまで分解さ
れる．この過程の生理的意義の1つは，無酸素的条件
下でも糖質の分解が起こりATPを産生できることで
ある．アドレナリンにはこのグリコーゲン分解と解糖
促進の働きがあり，運動中は解糖を促進していると考
えられる．2つ目の過程はトリカルボン酸回路（TCA
回路）および電子伝達系（electron transport chain：
ETC）である．グルコースやグリコーゲンが有酸素的
条件下で解糖される時，ピルビン酸がミトコンドリア
内でさらに酸化されてアセチルCoAになりTCA回
路に入る．この回路での連続的な化学反応の過程で
NADH（nicotinamide adenine dinucleotide, reduced
form）や$FADH_2$（flavin adenine dinucleotide, reduced
form）が生じ，それらが電子伝達系に渡されて酸化さ
れてATPが再合成される（酸化的リン酸化）．

6.2　脂質代謝

　摂取されたトリグリセリド（triglyceride：TG）は
リパーゼの作用により大部分がモノグリセリドと遊離
脂肪酸（free fatty acid：FFA）とに分解される．それ
らが小腸の柔毛の壁を通過すると，小腸上皮細胞内で
再びTGに合成される．TGは疎水性であるため，表
面をリン脂質の親水基と蛋白質で覆われた親水性のカ
イロミクロンに含まれる形で血中に取り込まれる．

　リポ蛋白質（lipoprotein）は蛋白質とTGやコレス
テロール，リン脂質といった脂質の複合体であり，そ
れらの輸送体としての役割を果たしている．比重が小
さい順にカイロミクロン，VLDL（very low density
lipoprotein），LDL（low density lipoprotein），HDL
（high density lipoprotein）などに分類される．肝臓，
心臓，骨格筋などの細胞内ではTGがリポ蛋白質に取
り込まれた状態であるので貯蔵量に限界があるが，脂
肪細胞はTGをそのまま蓄えることが可能であり，脂
肪組織はTGの主要な貯蔵庫となる．運動は脂肪組織
からのFFA放出，骨格筋線維のFFA取込み，および
ミトコンドリアのアシルCoA取込みを促進するので，
運動中は脂肪酸酸化が高まりATP再合成が亢進する．

　脂質のうち，直接的なエネルギー源として骨格筋な
どで酸化されるのはおもにFFAである．脂肪組織の
TGは代謝的需要に応じてFFAに分解され，血中に
放出される．またカイロミクロン中のTGの一部は血
中でFFAに分解される．それらのFFAは骨格筋など
に取り込まれて再びTGの形で貯蔵されたり，エネル
ギー源として利用されたりする．アドレナリン，ノル
アドレナリン，コルチゾール，グルカゴンは脂肪細胞
でホルモン感受性リパーゼを活性化させることにより
TGの分解とFFAの血中放出を促進し，インスリンは
逆にTG合成の促進とTG分解抑制に働く．運動時は
これらのホルモンの血中濃度の変化（図5.3参照）に
伴い，脂肪組織から血中へのFFA放出が促進される．

　図6.2に，運動中の骨格筋線維のFFA代謝の概要
を示した．FFAは親油性であるため濃度勾配を利用し
て血中から細胞膜を透過して受動的に細胞内に入るこ
とができるが，FFA輸送担体により能動的に細胞内に
取り込まれる機構も存在する．骨格筋線維に存在する
FFA輸送担体としてFABPpm（plasma membrane-
bound fatty acid binding protein），FATP1-6（fatty
acid transport proteins 1-6）およびFAT/CD36（fatty
acid translocase/CD36）がある．運動中あるいは収
縮中の骨格筋ではFFA取込みが増加するが，同時に
FABPpm，FATP1および4，FAT/CD36の細胞膜へ
の移動も生じる．つまり，収縮中の筋線維はこれらの
FFA輸送担体の働きを介して積極的にFFAを細胞内
に取り込んでいると考えられる．また，運動中の骨格
筋線維内のFAT/CD36の細胞膜への移動にはGLUT4
と同様にAMPKが関与している[10]．

　骨格筋に取り込まれたFFAは再びTGとなり貯蔵
されるか，またはアシルCoA合成酵素の触媒を受けて
アシルCoAとなり，ミトコンドリアのマトリクス内で
β酸化→TCA回路→電子伝達系により酸化されATP
が再合成される．しかし，アシルCoAはミトコンドリ

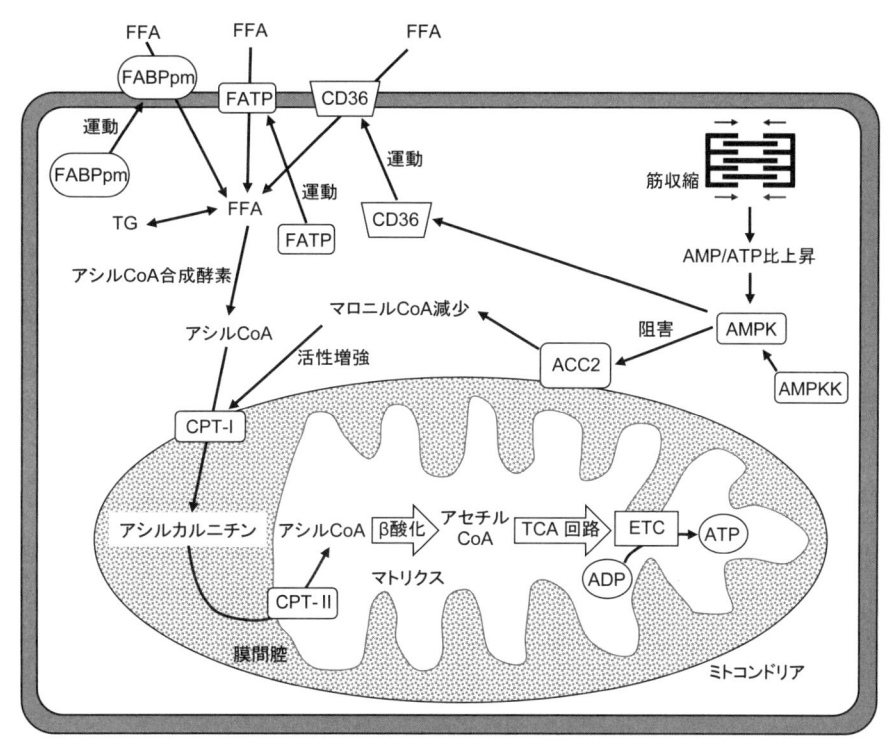

図6.2 運動時の骨格筋線維のFFAの取込みと代謝の機序

アの外膜も内膜も通過できないため，ミトコンドリア外膜に存在するCPT-I（carnitine palmitoyltransferase-I）によりアシルカルニチンとなって膜間腔に入り，内膜まで運ばれてからCPT-IIにより再びアシルCoAにもどされてマトリクスに入り，β酸化以降の酸化過程をたどる．このアシルCoAがミトコンドリア内へ取り込まれる過程も運動やAMPKにより促進される．CPT-I活性はマロニルCoAによって阻害されるが，運動によりAMPKが活性化されるとマロニルCoA合成酵素であるACC2（acetyl-CoA carboxylase 2）が阻害されるためマロニルCoA濃度が低下し，結果としてCPT-I活性が高まりミトコンドリアのアシルCoA取込みが促進される[10]．

6.3 蛋白質代謝

蛋白質代謝（protein metabolism）として，ここでは主にアミノ酸代謝について述べる．食物として摂取された蛋白質は消化され，アミノ酸に分解された後，小腸より吸収される．アミノ酸の大部分は各組織において再び蛋白質の合成に用いられるが，一部は遊離した状態（遊離アミノ酸）で存在する．これをアミノ酸プールとよぶ．アミノ酸プールは約80％が骨格筋，残りは血液および他の組織（主に肝臓）に存在する．骨格筋は体重の35〜40％を占めるため，アミノ酸の貯蔵庫としても大きく貢献している．

蛋白質を構成しているアミノ酸は，生体内で生合成されない9種の必須アミノ酸と，他のアミノ酸やTCA回路の中間体，その前駆体などから生合成される11種の非必須アミノ酸を合わせた20種類からなる．遊離アミノ酸はエネルギー源としても利用され，ピルビン酸か最終的にオキサロ酢酸に代謝されて糖新生に用いられる糖原性アミノ酸と，アセチルCoAやアセトアセチルCoAに代謝されてケトン体生成に用いられるケト原性アミノ酸とに分類される（図6.3）．骨格筋でエネルギー代謝に用いられるアミノ酸は，アラニン，分岐鎖アミノ酸（ロイシン，イソロイシン，バリン），グルタミン酸，アスパラギン酸の6種であり，運動中のエネルギー産生に特に重要なアミノ酸は，アラニンと分岐鎖アミノ酸（branched-chain amino acids：BCAA）である．アラニンは後述するように，糖原性アミノ酸として糖新生の基質として重要な役割を担っている．BCAAとは，分岐した炭素鎖を有するロイシン，イソロイシン，バリンの総称であり，骨格筋を構成するア

6 運動時の糖質・脂質・蛋白質代謝

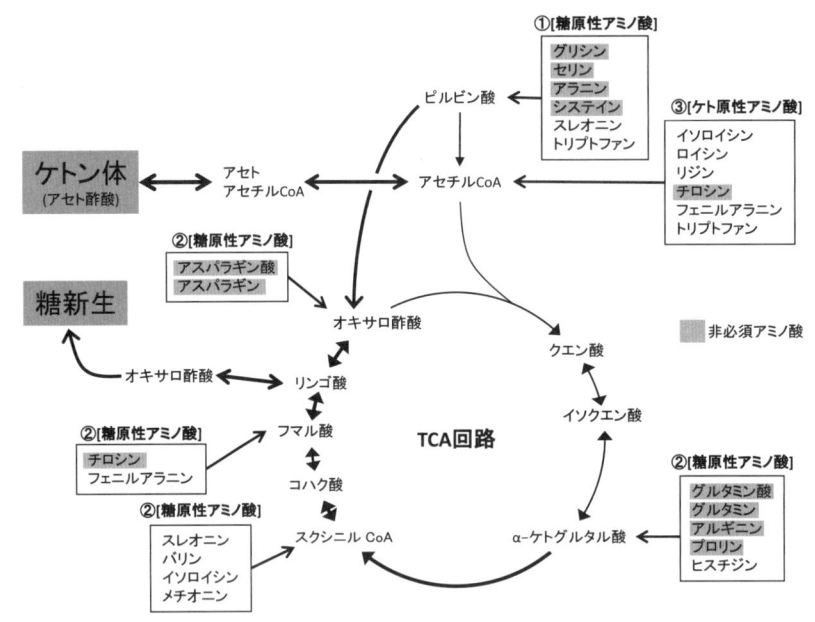

図6.3 エネルギー産生に用いられる遊離アミノ酸の代謝
絶食時や長時間運動でアミノ酸をエネルギー源として利用する際には，糖原性アミノ酸はピルビン酸を経由（①），または，TCA回路を経由して（②），リンゴ酸に代謝されてる．ミトコンドリア内のリンゴ酸は，細胞質内でオキサロ酢酸に代謝され，糖新生に用いられる．ケト原性アミノ酸（③）は，アセチルCoAを経由してケトン体産生に用いられる．

ミノ酸の約35％を占める．ロイシンはケト原性アミノ酸，バリンは糖原性アミノ酸，イソロイシンは糖原性アミノ酸とケト原性アミノ酸としてエネルギー産生に利用される．飢餓や低栄養状態になると，骨格筋蛋白質を分解してBCAAをエネルギーに利用するため，筋蛋白量低下に伴う筋萎縮が生じることがある．

絶食時や長時間の運動などでは，血糖値の低下を防ぐために，アドレナリンやグルカゴンなどの分泌上昇によって肝グリコーゲンの分解が亢進し，また，遊離アミノ酸を用いた肝での糖新生も亢進する．糖新生の1つとして，グルコース-アラニン回路がある．骨格筋では，解糖系の代謝産物であるピルビン酸にアミノ酸のアミノ基（NH_4^+）を転移させて，アラニンを形成する．アラニンは，血液を介して肝臓に取り込まれた後，脱アミノ反応によりピルビン酸にもどされ，グルコースに代謝される．肝臓でアラニンから代謝されたグルコースは，血液を介して再び骨格筋に取り込まれ，再度，ピルビン酸に代謝されてエネルギー産生に利用される．この一連のグルコースとアラニンの骨格筋と肝臓の間での交換を，グルコース-アラニン回路とよぶ．

また，運動が長時間に及ぶ場合，グルコース-アラニン回路に加え，骨格筋BCAAもエネルギー源として用いられる．3種類のBCAAは，ミトコンドリア内で2段階の共通の酵素反応を受ける（図6.4）[8]．まず，第1反応として，BCAAアミノ基転移酵素（BCAA aminotransferase：BCAT）による可逆性のアミノ基転移反応によって分岐鎖αケト酸が生成され，第2反応として，BCAA代謝律速酵素である活性型分岐鎖αケト酸脱水素酵素（branched-chain α-keto acid dehydrogenase：BCKD）複合体により不可逆性の酸化的脱炭酸反応を受け，CoA化合物が生成される．以後，3種のBCAA由来のCoA化合物は，別々の代謝反応により，最終的にロイシンはアセチルCoAに，バリンはスクシニルCoAに，イソロイシンはアセチルCoAとスクシニルCoAに代謝される．ヒトでは，この2段階反応を行うBCATとBCKD複合体の活性分布が骨格筋で高いため[9]，BCAAは主に骨格筋で代謝される．

BCAA代謝の律速酵素であるBCKD複合体は，BCKDキナーゼによるリン酸化に伴う不活性化とBCKDフォスファターゼによる脱リン酸化に伴う活性化によって活性調節されている（図6.4）．このBCKD複合体の活性調節に対する持久性運動（エルゴメーター，70% $\dot{V}_{O_2max}$）の影響について検討した報告では，ヒト骨格筋BCKD複合体の総発現量には変化が

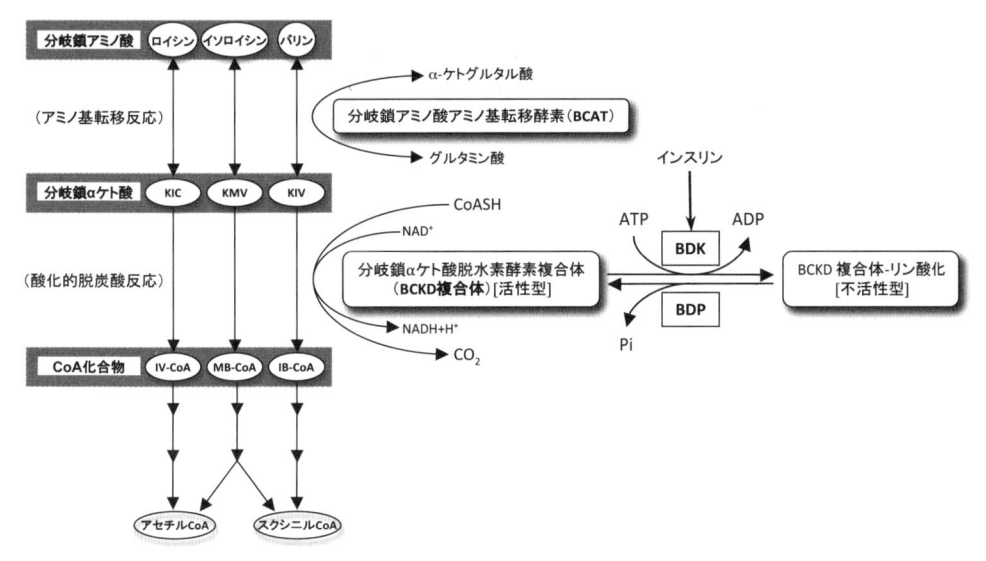

図 6.4 分岐鎖アミノ酸の分解系（Shimomura ら[8]を改変）
α-ケトイソカプロン酸（KIC），α-ケト-β-メチル吉草酸（KMV），α-ケトイソ吉草酸（KIV），イソバレリル CoA（IV-CoA），α-メチルブチリル CoA（MB-CoA），イソブチリル CoA（IB-CoA），BCKD キナーゼ（BDK），BCKD ホスファターゼ（BDP）．

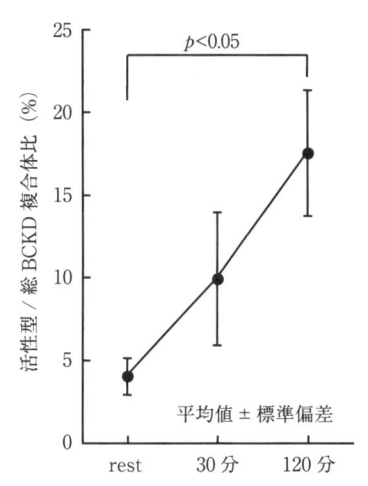

図 6.5 70% $\dot{V}_{O_2max}$ エルゴメーターによるヒト大腿四頭筋（バイオプシー）の BCKD 複合体の活性比率の変化（Wagenmakers ら[11]より作図）

ないものの，活性型の割合が運動前の約 4.0% に対し，30 分後には約 9.9%，120 分後には 17.5% と，時間依存的に高まることが明らかにされている（図 6.5）[11]．この骨格筋の BCKD 複合体の活性化は，走運動や筋電気刺激でもみられる[7]．また，トレーニングによっても BCKD 複合体活性化は高まり，さらに絶食による BCKD 複合体の活性亢進は，トレーニングしている骨格筋の方が高い[7]．したがって，トレーニングによって骨格筋の BCAA を，持久性運動時にエネルギー源として利用する能力が高まることを示している．一方で，この骨格筋における BCAA 代謝は，インスリンによって抑制される．BCKD キナーゼの発現が，インスリンによって亢進するため，BCKD 複合体の脱リン酸化による不活性化が生じる．したがって，血中インスリンレベルが運動中や運動後に低下することは（図 5.3 参照），運動中の BCKD 複合体の活性化を介した BCAA 異化の亢進に関与していることが推測される．

6.4 運動の強度や時間とエネルギー基質利用の関係

運動中に利用されるエネルギー基質やその供給源の割合は運動強度により異なる．図 6.6 は異なる強度（25, 65, 85% $\dot{V}_{O_2max}$）にて 30 分間の自転車エルゴメーターでの運動負荷試験を行った時のエネルギー消費量を，基質と供給源別に分けて示している[4]．まず基質別にみると，低強度運動では脂質がエネルギー消費の大部分を占め，低強度では血中由来が大部分を占めるのに対し，運動強度が増加すると筋内に貯蔵されていた基質への依存度が高くなる．

また，運動の継続時間もエネルギー基質や供給源別の依存度に影響を及ぼしている．図 6.7 は持久的ト

6 運動時の糖質・脂質・蛋白質代謝

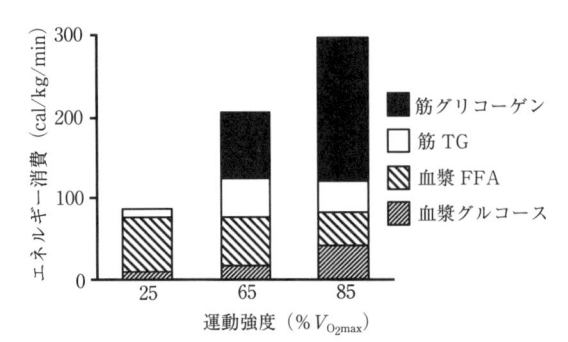

図6.6 30分間の自転車エルゴメーターでの運動による運動強度別のエネルギー消費量[4]

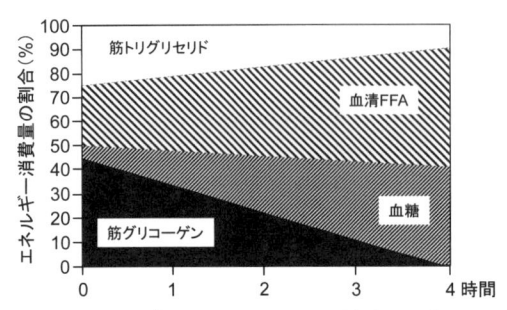

図6.7 65～75% $\dot{V}_{O_2max}$ での4時間の運動継続とエネルギー基質および供給源の関係[1]

レーニングを行っている者が65～75% $\dot{V}_{O_2max}$ での運動を4時間継続した時のエネルギー消費の割合を，基質と供給源別に示している[1]．この運動強度では，時間の経過に伴い徐々に脂質への依存度が高まっていき，血液由来の基質に依存度がシフトしていく．とくに，糖質代謝では4時間の運動継続により筋グリコーゲンは枯渇し血糖のみを利用している．血糖の供給源となる肝臓の糖新生の速度は骨格筋のグルコース取込み速度よりも遅いので，運動時間の経過とともに血糖値も低下する．したがって，このような長時間運動を行う場合は糖質を運動中に補給することがパフォーマンスの維持に有効である．

◆問　題
1. 運動時のエネルギー基質の利用のされ方を運動強度や運動時間の観点から述べなさい．
2. 運動時の骨格筋線維のグルコース取込みのメカニズムを述べなさい．
3. 運動時の骨格筋線維のFFA取込みのメカニズムを述べなさい．
4. 長時間運動時の骨格筋のアミノ酸代謝について述べなさい．
5. 運動時のホルモン応答とエネルギー基質の移動の関係について述べなさい．

◆参考文献
1) Coyle, E. F. : Substrate utilization during exercise in active people. *Am. J. Clin. Nutr.*, **61**：968S-979S, 1995.
2) Huang, S. and Czech, M. P. : The GLUT4 glucose transporter. *Cell Metab.*, **5**：237-252, 2007.
3) McGee, S. L. and Hargreaves, M. : Exercise and skeletal muscle glucose transporter 4 expression : molecular mechanisms. *Clin. Exp. Pharmacol. Physiol.*, **33**：395-399, 2006.
4) Romijn, J. A., Coyle, E. F., Sidossis, L. S., et al.：Regulation of endogenous fat and carbohydrate metabolism in relation to exercise intensity and duration. *Am. J. Physiol.*, **265**：E380-E391, 1993.
5) Rose, A. J. and Richter, E. A. : Skeletal muscle glucose uptake during exercise ; how is it regulated? *Physiology*, **20**：260-270, 2005.
6) Sakamoto, K. and Holman, G. D. : Emerging role for AS160/TBC1D4 and TBC1D1 in the regulation of GLUT4 traffic. *Am. J. Physiol. Endocrinol. Metab.*, **295**：E29-E37, 2008.
7) Shimomura, Y., Fujii, H., Suzuki, M., et al. : Branched-chain alpha-keto acid dehydrogenase complex in rat skeletal muscle ; regulation of the activity and gene expression by nutrition and physical exercise. *J. Nutr.*, **125**：1762S-1765S, 1995.
8) Shimomura, Y., Honda, T., Shiraki, M., et al. : Branched-chain amino acid catabolism in exercise and liver disease. *J. Nutr.*, **136**：250S-253S, 2006.
9) Suryawan, A., Hawes, J. W., Harris, R. A., et al. : A molecular model of human branched-chain amino acid metabolism. *Am. J. Clin. Nutr.*, **68**：72-81, 1998.
10) Suwa, M. : Chapter 8, AMPK ; molecular mechanisms of metabolic adaptations in skeletal muscle. In : Basic Biology and Current Understanding of Skeletal Muscle (Sakuma, K., ed.), pp. 205-255, Nova Science Publishers Inc, New York, 2013.
11) Wagenmakers, A. J., Brookes, J. H., Coakley, J. H., et al. : Exercise-induced activation of the branched-chain 2-oxo acid dehydrogenase in human muscle. *Eur. J. Appl. Physiol.*, **59**：159-167, 1989.

7

筋の肥大と萎縮

　多くの競技スポーツにおいて，ウェイトトレーニングはそのパフォーマンスを向上させるうえで不可欠なものになってきている．そのようなトレーニングを継続して行ってきた者の骨格筋が，きわめてよく発達しているのは，強度の高い収縮を繰り返し行うことにより，筋が肥大したからである．しかしながら，トレーニングさえ行えば，誰でもよく発達した筋を持ちうるかというとそうではなく，肥大の程度は個人差がある場合が多い．それは筋肥大に対して，外部からの刺激（トレーニングあるいは過負荷など）のみならず，遺伝的因子，神経支配，ホルモンなど生体内部の要因も調節因子として作用しているためである．

　一方，身体活動量の低下や加齢によって骨格筋量の減少，いわゆる萎縮が起こる．とくに，「サルコペニア」とよばれる加齢に伴う萎縮は，高齢社会にあるわが国にとって解決すべき重要な問題である．筋萎縮のメカニズムの解明は，サルコペニアの予防や治療，ひいては高齢者に対する QOL（quality of life）の改善や介護予防につながることが期待される．本講では，筋の肥大および萎縮のメカニズムについて概観する．

7.1　筋肥大のメカニズム

a．成長に伴う筋の分化および肥大
1）筋細胞の分化

　哺乳類では，筋の分化は胎生期に起こり，体節→筋芽細胞→筋管→筋線維の順で進行する．各々の細胞の特徴を表7.1に示した．この筋形成の過程において重要な役割を担う蛋白質が存在し，これらは2種類に大別することができる（表7.2）．1つは筋細胞の分化を誘導する因子であり，筋分化制御因子（myogenic regulatory factor：MRF）とよばれ，MyoD, myogenin, Myf5, Myf6の4つが含まれる．もう1つは主として細胞の増殖に関与するものであり，成長因子（growth factor）とよばれ，トランスフォーミング成長因子（transforming growth factor-β：TGF-β），線維芽細胞増殖因子（fibroblast growth factor：FGF），インスリン様成長因子1（insulin like growth factor-1：IGF-1）などが含まれる[8]．

　体節が筋芽細胞へと分化するか否かは，筋分化制御因子の存在に左右され，この蛋白質がない環境下では筋細胞の形成は起こることはない．筋芽細胞にならな

表7.1　発生段階における細胞の特徴

細胞名	特徴
体　節 (somite)	胚発生の過程で生じる細胞で，発生の進行に伴い，脊柱，肋骨，真皮および骨格筋に分化する．
筋芽細胞 (myoblast)	将来，筋管へと分化するが，筋に特徴的にみられる構造蛋白質（ミオシン，アクチンなど）をまだ合成していない時期の単核細胞をさす．
筋　管 (myotube)	筋芽細胞が融合してできた細胞であり，2個以上の核をもった幼若な筋細胞をいう．収縮蛋白あるいは調節蛋白など，筋に特有にみられる物質を活発に合成している段階である．
筋線維 (muscle fiber)	成熟した筋細胞で，核は細胞の周辺部に位置するようになる．また，細胞質内は筋原線維で満たされるようになるため，明瞭な横紋がみられるようになる．

表7.2　筋の形成に関与する蛋白質

種類	役割
筋分化制御因子 　MyoD, myogenin, 　Myf5, Myf6	体節が筋芽細胞へと分化するよう誘導する．
成長因子 　TGF-β, FGF, IGF-1	細胞の発育や増殖を促す．

かった体節は，脊柱，肋骨あるいは真皮へと分化する（図7.1）．筋芽細胞の段階では，細胞の増殖が起こる．ここでは成長因子が作用し，アクチビン IGF-1，FGFおよび TGF-β によって増殖が促進され，細胞の数は飛躍的に増加する．成熟した個体では，解剖学的に同一の筋であっても，含まれる筋線維数の個体差は大きく，このことが筋の大きさが人によって異なる原因の1つとなる．筋線維の数の差異を生む理由は明確になっていないが，筋芽細胞の増殖の程度の差異に起因しているのかもしれない．

増殖の過程において筋分化制御因子の発現量が高まると，筋芽細胞の増殖は停止する[8]．この段階での筋芽細胞の横断面積は約 $50\ \mu m^2$ ほどである．こうしてできた筋芽細胞は，融合し複数の核をもつ筋管を形成し，約 $80\ \mu m^2$（横断面積）にまで成長する．また，それと同時に，筋細胞を特徴づける蛋白質（ミオシン，アクチン，トロポニンなど）が，活発に合成されるようになる．

2）筋線維の肥大

筋の大きさは，「筋線維の横断面積×筋線維の長さ×筋線維の数」でほぼ決定される．したがって，筋の肥大や萎縮は，この3つの要素のいずれかが変化することによって生じることになる．哺乳類では，誕生時に筋線維の分化はほぼ終了しているが，横断面積は成人の1/5以下である．発育に伴い，筋線維横断面積はほぼ直線的に増加するが（図7.2），この太さの増加は，筋原線維の肥大と分裂（数の増加）によって起こる．1本の筋線維に含まれる筋原線維の数は，誕生時には約75本であるが，分裂を繰り返し筋線維横断面積の増大とともに増加する（図7.3）．成熟した1本の筋線維の直径は 50～100 μm であり，この中に 1,000 本以上の筋原線維が存在する．一方，筋原線維の太さの変化は複雑であり，直径が約 1 μm にまで増加すると突然減少し，少したつとまた増加する．これは，筋原線維の表層に新たなフィラメントが形成され，個々の筋原線維は肥大するが，ある一定の太さになると分裂が起こるためである．

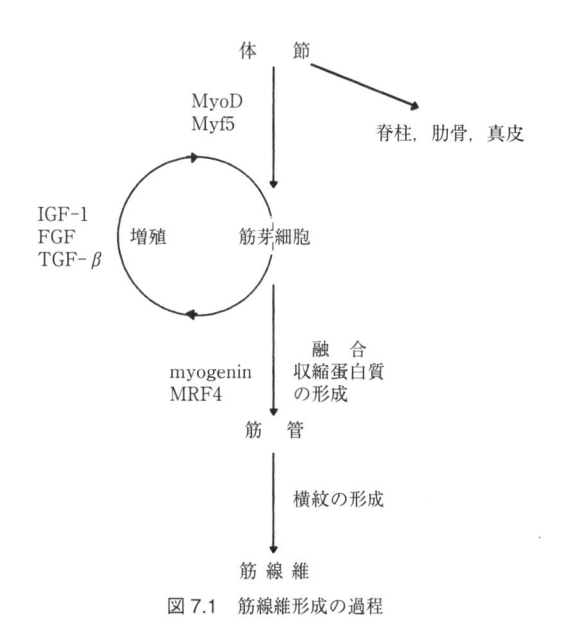

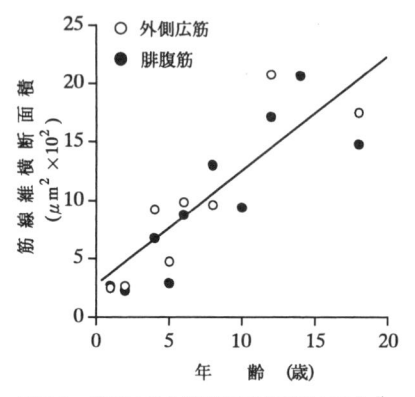

図7.2　発育に伴う筋線維横断面積の変化[1]

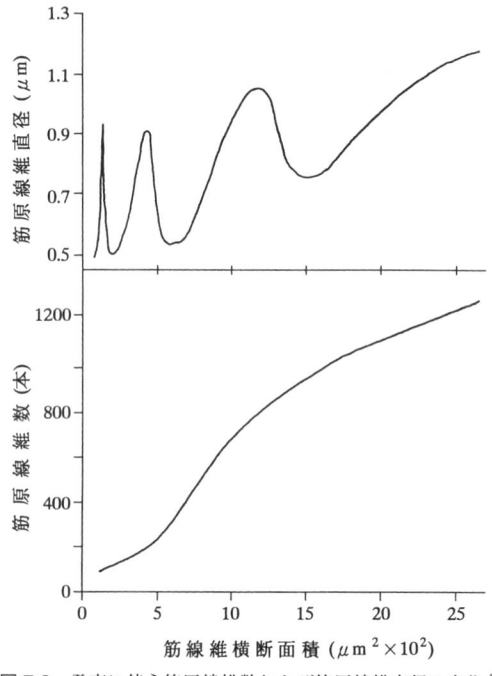

図7.1　筋線維形成の過程

図7.3　発育に伴う筋原線維数および筋原線維直径の変化[4]

筋線維の長さの増加は，筋節（sarcomere）の数が増すために起こる．マウスのヒラメ筋の例では，1本の筋線維に含まれる筋節は誕生時約700であったものが，成長に伴い約2,100にまで増加する．新たな筋節の形成は，筋腱接合部において生じる．

3）筋線維数の変化

ここまで述べてきたように，成長に伴う筋の大きさの増加には，筋線維横断面積と長さの2つの要素が関与している．それでは，もう1つの要素である筋線維の数は生後変化するのであろうか．筋線維の形成には，筋衛星細胞とよばれる特殊な細胞が関与している．生後間もない時期では，骨格筋全体の核数の約30〜35%を占めているが，成長とともに減少し，成人期では1〜5%程度になる[14]．ヒトの上腕二頭筋を構成する筋線維の数は平均では約21万本であるが，個体差が大きく，少ない人では約11万本，多い人では29万本とじつに3倍近い差がある．現在のところ，筋線維の数は生後大きく変化することはないと考えられており，したがって，筋線維数にみられる個体差は，主として遺伝的な要因に支配されているといえる．

b. トレーニングによる肥大
1）筋線維の肥大

適切なトレーニングを継続して行うと筋肥大が起こる．肥大に伴って筋にみられる変化は成長に伴うものと類似しており，最も大きな変化は個々の筋線維の肥大である．筋線維の肥大の主たる成因は，成長の場合と同様に，筋原線維が肥大と分裂を繰り返し，筋原線維の容量が増すことである．筋線維では，常に蛋白質の合成と分解が同時に進行しているが，肥大が起こる状況下では，合成速度が分解速度を上回っている．合成速度の亢進は，IGF-1やFGFなど成長因子が筋細胞から分泌されることがきっかけとなる．これらの成長因子が筋細胞膜にあるレセプターと結合すると，そのシグナルが多くの段階を経て細胞内の核へと伝達され，蛋白質の合成が促進される．シグナル伝達の経路には，重要なキナーゼが関与するいくつかのものが存在するが，PI3-K（phosphatidylinositole 3 kinase）→ Akt（protein kinase B）→ mTOR（mammalian target of rapamysin）を経由する経路がその代表的なものである（図7.4）．

トレーニングに伴う筋線維の肥大は，すべてのタイプの筋線維に一様に生じるわけではない．図7.5は，20週間ウェイトトレーニングを行った大学生の筋線維横断面積の変化を示している[12]．トレーニング後ではFTb線維の数が極端に少なくなり評価できなくなるため，この線維の結果については，FTa線維とFTb線維の中間の性質をもつFTab線維と合わせて記してある．トレーニングによってすべての線維に肥大が起こるが，その肥大率は遅筋線維（slow-twitch fiber：ST線維）が20%以下であるのに対し，速筋線維（fast-twitch fiber：FT線維）では35%を超えている．このような現象をFT線維の選択的肥大という．

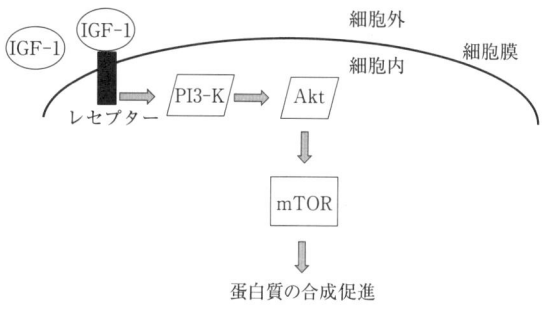

図7.4　蛋白質合成促進の経路

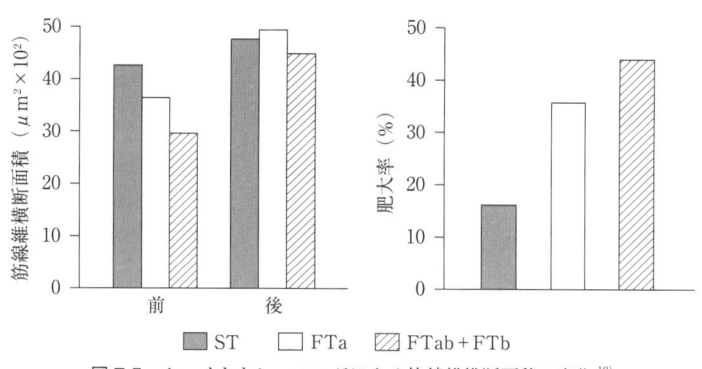

図7.5　ウェイトトレーニングによる筋線維横断面積の変化[12]

2）筋線維数の変化

筋線維の数が遺伝的要因に大きく左右されていることはすでに述べたとおりであるが，このことから筋が増殖・再生能力をもっていないと結論することはできない．たとえば，ラットの下肢筋を取り出し，ミンチ状に切り刻み，もとあった場所に刻んだ筋をもどして，皮膚を縫合し生育を続けると，約60日後には筋はほぼ再生すること，またその過程において，筋形成の一時期に特有にみられる蛋白質（幼若型ミオシン重鎖など）が出現することが確かめられている[6]．これらの事実は，発育が終了した筋であっても，成長でみられた分化の過程をたどり，新たな筋線維を形成する能力をもっていることを意味する．

では，実際にトレーニングによる筋肥大に伴い，筋線維の形成（筋線維数の増加）は生じるのであろうか．図7.6はネコにウェイトトレーニングを行わせ，トレーニングを負荷した右前肢の筋と負荷しなかった左前肢の筋とで，含まれる筋線維数を比較した結果である．6匹すべてのネコで，右前肢の筋において筋線維数が多く，トレーニングによって筋線維数が増加したことが示されている．しかしながら，その増加率は数％程度であり，筋肥大に対して筋線維数増加が大きく寄与しているとはいいがたい．

筋衛星細胞は筋線維の形成に重要な役割を果たすが，筋線維の肥大にも関与するという仮説が考えられていた．これは，筋線維は巨大な多核細胞であり，1本の筋線維には数多くの核が含まれているが，1つの核が蛋白質を供給できる領域（nuclear domain）は限られている．そのため，筋線維の容積の増大（肥大）には，筋に含まれる核数の増加が必要となる．筋衛星細胞は筋線維が肥大する過程で分化し，まず，筋衛星細胞どうしで融合する．その後,既存の筋線維と融合し，筋線維の一部になることで，核を供給していると考えられていた．しかしながら，近年，筋衛星細胞をほぼ欠失したモデルマウスにおいても，野生型マウスと同程度に筋肥大が起きることが明らかになった[7]．しかしながら，筋衛星細胞をほぼ欠失したモデルマウスは,野生型マウスと比較し，細胞外マトリックス蛋白質の蓄積が生じ，長期間にわたる筋肥大に抑制がかかることが明らかになった[3]．筋肥大時における細胞外マトリックスの制御という筋衛星細胞の新たな役割について注目されている．

7.2　筋萎縮のメカニズム

a.　廃用性萎縮

筋の収縮活動量が減少すると，筋の大きさの減少いわゆる萎縮が生じ，この現象は廃用性萎縮とよばれる．廃用性萎縮のおもな要因は，個々の筋線維の横断面積が小さくなることにある．図7.7は，ヒトに14日間寝たままの生活（ベッドレスト）を行わせた時の筋線維横断面積の変化を示している．ST線維，FT線維ともに，わずか14日間で横断面積が25％以上小さくなったことがわかる．筋線維が萎縮するのは，蛋白質の合成量の減少および分解量の増加が起こり，肥大の場合とは逆に，筋線維に含まれる筋原線維の容量が減少するためである．合成や分解の変化は，以下のようなメカニズムで生じる．

1）蛋白質の合成量の減少

蛋白質の合成量が減少する大きな要因の1つは，蛋

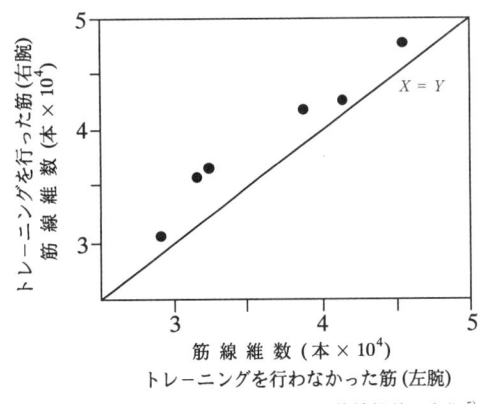

図7.6　ウェイトトレーニングによる筋線維数の変化[5]

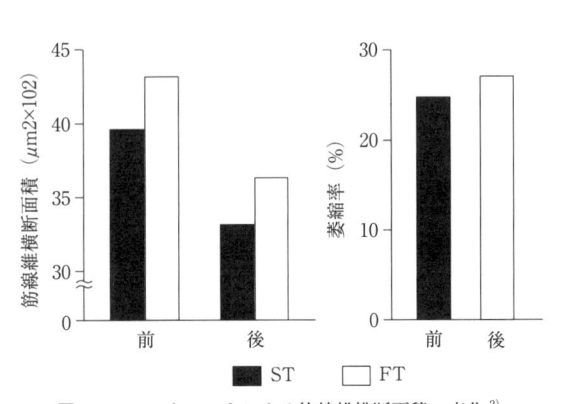

図7.7　ベッドレストによる筋線維横断面積の変化[2]

白質合成を促す PI3-K → Akt → mTOR などの経路におけるシグナル伝達の度合いが低下することにある（図7.4）．これに加え，筋線維に含まれる核の数が減少することも合成量の減少を助長する[9]．カスパーゼ（caspase）は蛋白分解酵素（プロテアーゼ）の1つであり，哺乳類では14種類のアイソフォーム（カスパーゼ1〜14）が存在する．また，DNA 分解酵素（deoxyribonuclease：DNase）は，その名のとおり DNA を分解する作用をもつ酵素である．廃用性萎縮に伴う核数の減少は，DNase が DNA を分解（断片化）することによって生じる（図7.8）．通常，DNase の作用は抑制されているが，カスパーゼ3が活性化されると抑制の程度が弱まり，DNase が機能するようになる．カスパーゼ3が活性化されるまでには，蛋白質や化学物質が関与する多段階の反応が必要である．カスパーゼ3の活性化につながるシグナル経路には，複数のものが存在するが，活性酸素種（reactive oxygen species：ROS）から始まるものが主経路であると考えられている．

ROS とは，通常のものより反応性の高い酸素化合物の総称である．ミトコンドリアでは，ATP を産生する反応の過程で酸素から二酸化炭素と水が生成されるが，すべての酸素がこの2つの物質になるかというとそうではなく，正常な状態でも約 0.15% が ROS に変換される．この程度の ROS であれば，細胞に備わっている抗酸化機能によって細胞は保護されるため支障はない．しかしながら，ROS の濃度が一定の値を超え抗酸化機能を上回ると，生体成分と反応し，細胞内小器官に機能障害をもたらすことになる．このような現象を酸化ストレス（oxidative stress）という．原因は不明であるが，収縮活動量が減少した筋線維では，ミトコンドリアにおける ROS の産生速度が高まる[9]．ここで産生される ROS が源となり，次の2つの経路を介して，カスパーゼ3の活性化が起こる（図7.8）．

第1は，筋小胞体（sarcoplasmic reticulum：SR）を経由する経路である．SR Ca^{2+}-ATPase（SR 膜上に存在する Ca^{2+} 依存性 ATPase）は細胞質の Ca^{2+} を SR 内腔へと取り込み，細胞質遊離 Ca^{2+} 濃度を低く保つ役割を担っている．SR Ca^{2+}-ATPase は，ROS の影響を受けやすい蛋白質であり，ROS の濃度が高まると Ca^{2+} 取込み機能が低下し，細胞質 Ca^{2+} 濃度の上昇が起こる．第2は，ミトコンドリアを経由する経路である．ROS がミトコンドリアの膜と反応すると，膜の物質に対する透過性が高まり（物質が膜を通りやすくなり），ミトコンドリアに含まれる蛋白質の1つであるシトクロム C が放出される．Ca^{2+} 濃度の上昇およびシトクロム C の放出は，カスパーゼ3を活性化する反応につながる（図7.8）．

2） 蛋白質の分解量の増加

骨格筋における蛋白質分解は，プロテアソーム系，カルパイン系，カスパーゼ系およびリソソーム系の4つの系に含まれるプロテアーゼによって行われる．それぞれのプロテアーゼでは，ターゲットとする蛋白質（基質）が決まっており，筋線維の萎縮に主として関与するのは，カルパイン系とカスパーゼ系である．

前述のように，収縮活動量が低下した筋線維では細胞質遊離 Ca^{2+} 濃度が増加し，それによってカスパーゼ3が活性化される．カスパーゼと同様に，Ca^{2+} 濃度に依存してカルパインにも活性化が生じる．Ca^{2+} 濃度が高まると，カルパインでは自己分解が起こり，この変化がカルパインの蛋白質分解機能の亢進を誘起する．カスパーゼ3もカルパインも，筋原線維を構成する蛋白質を基質としており，この2つのプロテアーゼが直接筋原線維を分解する（図7.9）．

筋原線維分解の成因となるこの2つのプロテアーゼは，相互にその機能を促進するよう働きかける．たとえばカスパーゼ3は，カルパイン抑制蛋白質であるカルパスタチンを分解する作用を，一方，カルパインはカスパーゼ3を活性化する作用をもつ．また，カルパインは SR Ca^{2+}-ATPase も基質としており，カルパイ

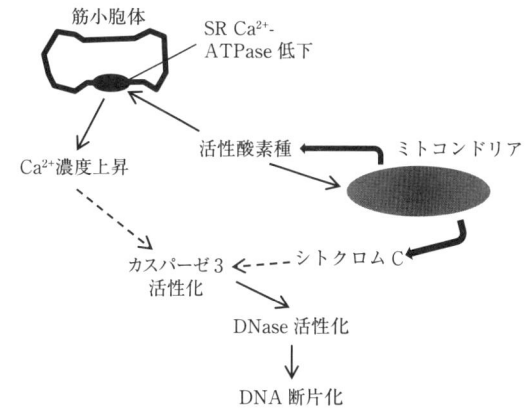

図7.8 筋細胞の核断片化のシグナル経路（Powers ら[9]；Powers ら[10]をもとに作図）
──→は直接影響を与えることを，┄┄>は多段階の反応を介して影響を与えることを示している．また，━━はミトコンドリアから放出されることを表している．

7 筋の肥大と萎縮

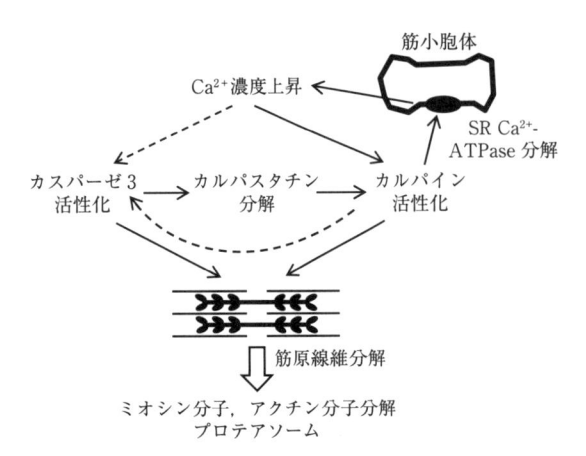

図7.9 筋原線維分解の仕組み（Powers ら[9]；Powers ら[10]をもとに作図）
──→は直接影響を与えることを，┄┄→は多段階の反応を介して影響を与えることを示している．

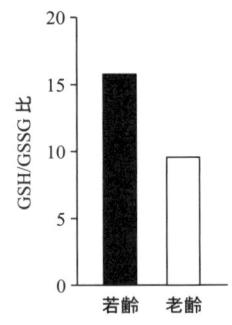

図7.10 若齢ラットと老齢ラットにおける筋中のGSH/GSSG比（Ryan ら[11]を改変）

ンによる SR Ca^{2+}-ATPase の分解は，細胞質遊離 Ca^{2+} 濃度の増加を助長することになる．

プロテアソーム系は筋原線維を直接分解することはできないが，分子状のミオシンやアクチンを分解することは可能である．したがって，カルパインやカスパーゼ3の作用の結果生じたこれらの分子は，この系によって分解される．また，プロテアソーム系には酸化された蛋白質を好んで分解する特徴がある．ROSによって酸化ストレスが高まると，酸化的修飾を受ける蛋白質が増加し，この系による分解が起こりやすくなる．これに対して，リソソーム系は筋原線維を基質としておらず，廃用性萎縮には大きく関与していない[9]．

b. サルコペニア

一般に，身体に占める骨格筋の量は30歳前後で最も多く，これ以降徐々に減少する．この加齢に伴う骨格筋量の減少はサルコペニア（sarcopenia）とよばれる．サルコペニアでは，廃用性萎縮にみられる筋線維の萎縮以外にも，特徴的な変化がみられる．筋線維が死滅し，その数が減少することもその1つであり，外側広筋では50歳以降10年間で筋線維数は約10%低下する[13]．死滅する線維の多くはFT線維であり，そのため筋に占める筋ST線維の割合が増加する．また，正常に機能するミオシン分子の数の減少も起こる．そのため高齢者では，骨格筋量の低下率よりも張力の低下率の方が大きい場合がある．

このような変化が生じる原因の1つは，老化に伴い筋の抗酸化機能が低下することである．アミノ酸の1種であるグルタチオンは，細胞内に豊富に存在する抗酸化物質であり，還元型グルタチオン（GSH）と酸化型グルタチオン（GSSG）の2つの形をとる．GSSGに対するGSHの比（GSH/GSSG比）は，細胞の抗酸化機能の指標として用いられている（この比が大きいほど抗酸化機能は高い）．図7.10は，脚骨格筋のGSH/GSSH比を老齢ラットと若齢ラットで比較したものであり，前者は後者の2/3以下である[11]．このような変化が起こると，酸化ストレスの影響を一層受けることになり，蛋白質の合成速度の低下および分解速度の低下が起こりやすくなる．

◆ 問 題

1. 未分化な細胞（体節）が，筋線維に分化するまでの過程を説明しなさい．
2. 成長に伴って筋が肥大するメカニズムを説明しなさい．
3. トレーニングによって筋が肥大するメカニズムを説明しなさい．
4. 廃用性萎縮において，蛋白質の合成量が減少するメカニズムを説明しなさい．
5. 廃用性萎縮において，蛋白質の分解量が増加するメカニズムを説明しなさい．
6. 廃用性筋萎縮とサルコペニアの違いを説明しなさい．

◆ 参考文献

1) Aherne, W., Ayyar, D. R., Clarke, C. A., et al : Muscle fiber size in normal infants, children and adolescents. *J. Neurol. Sci.*, **14** : 171-182, 1971.
2) Bamman, M. M., Clarke, M. S. F., Feeback, D. L., et al : Impact of resistance exercise during bed rest on skeletal muscle sarcopenia and myosin isoform distribution. *J.*

1) *Appl. Physiol.*, **84**：157-163, 1998.
3) Fry, C. S., Lee, J. D., Jackson, J. R., et al.：Regulation of the muscle fiber microenvironment by activated satellite cells during hypertrophy. *FASEB J.*, **28**：1654-1665, 2014.
4) Goldspink, G.：The proliferation of myofibrils during muscle fibre growth. *J. Cell Sci.*, **6**：593-603, 1970.
5) Gonyea, W. L., Sale, D. G., Gonyea, F. B., et al：Exercise induced increases in muscle fiber number. *Eur. J. Physiol.*, **55**：137-141, 1986.
6) Marechal, G., Schwartz, K., Beckers-Bleukx, G. et al：Isozymes of myosin in growing and regenerating rat muscles. *Eur. J. Biochem.*, **138**：421-428, 1984.
7) McCarthy, J. J., Mula, J., Miyazaki, M., et al.：Effective fiber hypertrophy in satellite cell-depleted skeletal muscle. *Development*, **138**：3657-3666, 2011.
8) McComas, J. A.：Skeletal muscle ; form and function, Human Kinetics, Champaign, 1996.
9) Powers, S. K., Kavazis, A. N. and McClung, J. M.：Oxidative stress and disuse muscle atrophy. *J. Appl. Physiol.*, **102**：2389-2397, 2007.
10) Powers, S. K., Talbert, E. E. and Adhihetty, P. J.：Reactive oxygen and nitrogen species as intracellular signals in skeletal muscle. *J. Physiol.*, **589**：2129-2138, 2011.
11) Ryan, M. J., Dudash, H. J., Docherty, M., et al.：Aging-dependent regulation of antioxidant enzymes and redox status in chronically loaded rat dorsiflexor muscles. *J. Gerontol.*, **63A**：1015-1026, 2008.
12) Staron, R. S., Leonaddi, M. J., Karapondo, D. L., et al.：Strength and skeletal muscle adaptations in heavy-resistance-trained women after detraining and retrainig. *J. Appl. Physiol.*, **70**：631-640, 1991.
13) Wilmore, J. H. and Costill, D. L.：Physioloy of Sport and exercise, Human Kinetics, Champain, 1999.
14) Zammit, P. S.：All muscle satellite cells are equal, but are some more equal than others? *J. Cell Sci.*, **121**：2975-2982, 2008.

8

運動と呼吸・心循環

　呼吸と循環の目的は，生命維持のために絶えず酸素（O_2）と栄養（エネルギー基質）を身体の各組織に供給し，代謝の結果生じた二酸化炭素（CO_2）と老廃物を除去し続けることである．O_2の取込みとCO_2の排泄は，肺-血液間のガス交換（肺呼吸あるいは外呼吸），血液によるガスの運搬（循環）および血液-組織間のガス交換（組織呼吸あるいは内呼吸）によって行われる．

　運動は活動筋においてO_2消費とCO_2生成を増加させる．呼吸・循環系はこのような代謝需要の増大にすばやく応答する．すなわち，呼吸器系は肺換気量および肺ガス交換の増加を通して，循環器系は心拍出量の増加を通して，運動によって増加した代謝需要を満たす．

　本講では，前半でおもに運動時の呼吸（肺換気およびガス交換）について，後半では主として循環（心臓）の働きに焦点を当てて述べる．

8.1 運動と呼吸

a. 肺換気のメカニズム

　ヒトはO_2を多く含む空気を肺に取り込み（吸息），逆にCO_2を多く含む空気を吐き出している（呼息）．安静時において，吸息は横隔膜と外肋間筋の収縮で始まる．これらの筋の収縮によって胸郭の容積が増大し，胸腔内圧が低下すると，肺内圧が胸腔内圧より高くなり肺は膨張する．その結果，肺内圧が大気圧より低くなり，大気中から肺に空気が流入する．一方，呼息は横隔膜と外肋間筋の弛緩とともに受動的に行われ，吸息の場合とは逆のことが起こる．すなわち，横隔膜と外肋間筋の弛緩によって胸郭容積が減少し，胸腔内圧が肺内圧より大きくなる．その結果，肺は収縮し肺内圧が大気圧より高くなり，肺内の空気は大気中へと呼出される．

　運動時においては，吸息に胸鎖乳突筋，斜角筋および僧帽筋も関与する．一方，運動時の呼息は内肋間筋や腹筋の収縮によって積極的で力強い活動となる．これらの補助呼吸筋のすばやく力強い収縮によって，運動中の分時換気量（$\dot{V}_E$）は増加する．

b. 死腔と肺胞換気量

　空気と血液との間のガス交換は，肺胞とそれを取り巻く肺毛細血管との間でのみ行われるので，上部の呼吸経路（気管や気管支など）にある空気はガス交換に全く関与しない．このような呼吸経路の部分は解剖学的死腔とよばれ，その容量は約150〜200 mL（安静時換気量の約30％）とされている．したがって，ガス交換に有効な1分間当たりの換気量（分時肺胞換気量：$\dot{V}_A$）は，1回換気量（V_T），解剖学的死腔（D），および1分間の呼吸数（f）を用いて次のように表される．

$$\dot{V}_A = (V_T - D) \times f$$

この式から明らかなように，呼吸数が増えれば増えるほど，ガス交換に関与しない部分が大きくなるため，速くて浅い呼吸（あえぎ呼吸）は，$\dot{V}_A$の大きな減少をもたらすことになる（表8.1）．これは，$\dot{V}_E$がたとえ同じであっても，呼吸の仕方によってガス交換の効率

表8.1　安静時の分時肺胞換気量に対するあえぎ呼吸の影響（Brooksら[2]より作成）

変数	普通の呼吸	あえぎ呼吸
$\dot{V}_E$	6 L／分	6 L／分
V_T	0.4 L／回	0.2 L／回
f	15 回／分	30 回／分
$\dot{V}_A$	3.7 L／分	1.5 L／分

が大きく異なることを意味している.

c. 肺におけるガス交換

換気によって大気から吸入されたガスは，肺胞において残留ガスと混じり合う．肺における O_2 と CO_2 の交換は，この肺胞ガスと肺毛細管血の間で行われる．ガスは圧力の高い方から低い方へと圧力勾配（分圧差）に従って移動する．図 8.1 は肺胞におけるガス交換の模式図を示したものである．肺胞内の O_2 分圧（$P_{AO_2} ≒ 103\,mmHg$）は，肺動脈内を流れてきた混合静脈血の O_2 分圧（$P_{VO_2} ≒ 40\,mmHg$）より高く，逆に CO_2 分圧は肺胞内（$P_{ACO_2} ≒ 40\,mmHg$）に比べ，肺動脈内（$P_{VCO_2} ≒ 47\,mmHg$）で高い．この分圧差によって O_2 は肺胞内から血液中へと，反対に CO_2 は血液中から肺胞内へと拡散する．血液が肺毛細血管を通過する時間は，安静時でおよそ 0.75 秒であるが，この間にガス交換は十分に行われ，ほぼ平衡に達する．その結果，肺静脈内の動脈血 O_2 分圧（P_{aO_2}）と CO_2 分圧（P_{aCO_2}）は，それぞれ約 100 mmHg，40 mmHg とほぼ一定に保たれる．

d. 運動時の呼吸調節機構

吸息と呼息を交互に繰り返す呼吸のリズムは，脳の延髄と橋にある呼吸中枢によってつくり出される．呼吸中枢は，延髄にある吸息中枢と呼息中枢，橋にある持続性吸息中枢と呼吸調節中枢の 4 つの領域に分けられる．これらの呼吸中枢は，高位中枢（大脳の運動皮質）や末梢から多くの神経性および体液性の入力を受け取り，これらを統合して適切な換気応答をもたらす（図 8.2）.

運動時の換気亢進は，単一の要因によるものではなく，いくつかの要因が重なり合った結果であり，基本的には神経性と体液性の多重制御で説明される[2].

神経性調節には，高位中枢（運動皮質）から呼吸中枢への興奮性入力（セントラルコマンド）と，筋・関節・腱に存在する末梢の固有受容器から呼吸中枢への求心性入力（フィードフォワード機構）がある．これらの調節はすばやく働き，運動開始直後と終了直後にみられるような急速な換気応答に関与している（図 8.3）.

体液性調節とは，末梢（頸動脈体，大動脈体）および中枢の化学受容器（延髄腹側表層）が体液の P_{O_2}, P_{CO_2} および pH を感知し，それらを一定レベルに維持するように換気量を調節するフィードバック機構であり，呼吸の化学調節とよばれている．これらの調節は，運動開始直後と終了直後の急速な換気応答の後にみられる，比較的ゆっくりとした換気応答に関与している（図 8.3）.

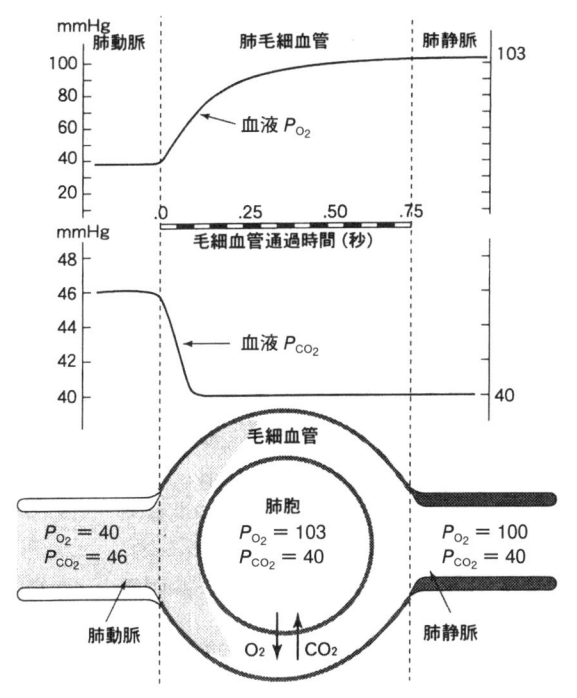

図 8.1 肺胞におけるガス交換の模式図[9]

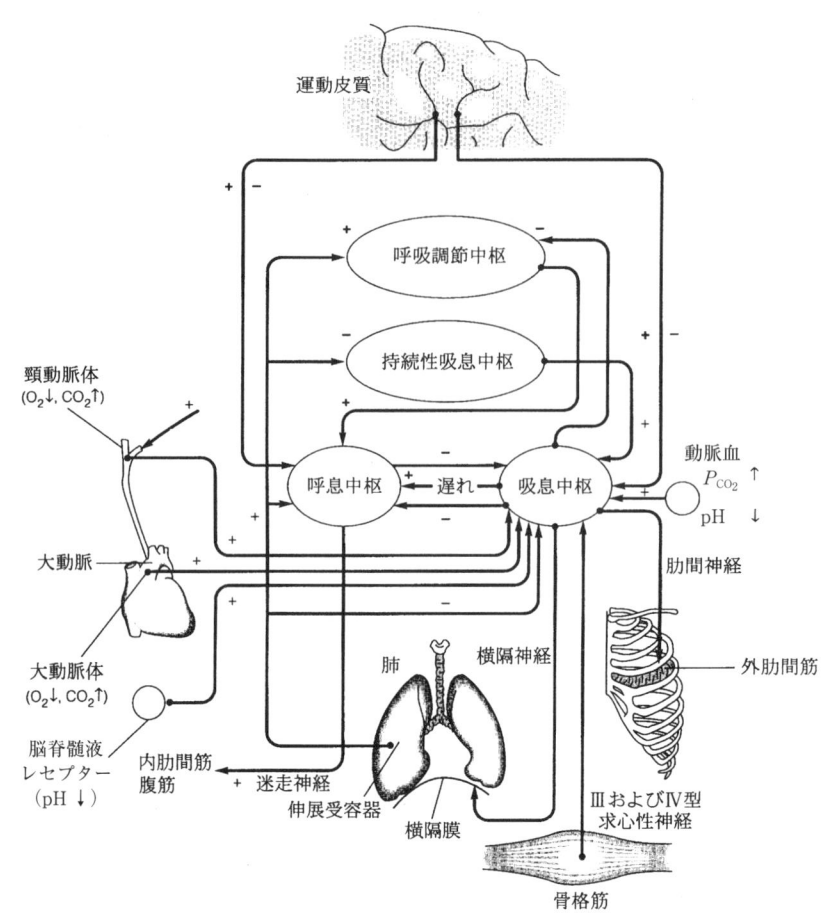

図8.2 安静時および運動時の換気調節（Brooksら[2]より作図）

e. 運動時の肺換気量とトレーニング

運動時の$\dot{V}_E$は，仕事率やトレーニング状態（鍛錬度）などの多くの要因によって左右される．図8.4は持久性鍛錬者と非鍛錬者の漸増負荷運動中の$\dot{V}_E$の典型的な変化を示している．$\dot{V}_E$と酸素摂取量（$\dot{V}_{O_2}$）の直線関係が崩れ，$\dot{V}_E$が急激に増加し始める点（換気性閾値（ventilatory threshold：VT））は，非鍛錬者より鍛錬者において高い$\dot{V}_{O_2}$レベルで生じる．

ある一定の絶対強度および相対強度における$\dot{V}_E$は，最大下強度では一般的に鍛錬者が非鍛錬者より低く，逆に最大強度に近いあるいは最大強度では鍛錬者が非鍛錬者より高い．運動中に得られる$\dot{V}_E$の最大値は最大分時換気量（maximum pulmonary ventilation：$\dot{V}_{Emax}$）とよばれており，定期的な身体トレーニングを行っていない一般男子では120〜140 L/分である．一方，持久性鍛錬者においては，$\dot{V}_{Emax}$が200 L/分を超える場合もある．しかしながら，安静状態でスパイロメーターを通して意識的に深く速く呼吸をした時に測定される最大努力換気量（maximum voluntary ventilation：MVV）は$\dot{V}_{Emax}$より高く，鍛錬者と非鍛錬者とでは差がない．これは，激しい運動中において最大努力で換気を行っている時でさえも，なお換気能力に余力を残していることを意味しており，鍛錬者のより高い$\dot{V}_{Emax}$はMVVと$\dot{V}_{Emax}$との差で表される換気予備能力をより多く動員した結果である[12]．

f. 呼吸器系による持久性運動パフォーマンスに対する制限

活動筋へのO_2運搬［動脈血O_2含量（C_{aO_2}）×活動筋血流（Q_L）］の減少は，最大酸素摂取量（$\dot{V}_{O_2max}$）を減少させ，疲労の発現速度を速め，結果として持久性運動パフォーマンスを低下させる．したがって，動脈血の酸素化やQ_Lを阻害する要因はすべて持久性運動パフォーマンスを損なう．

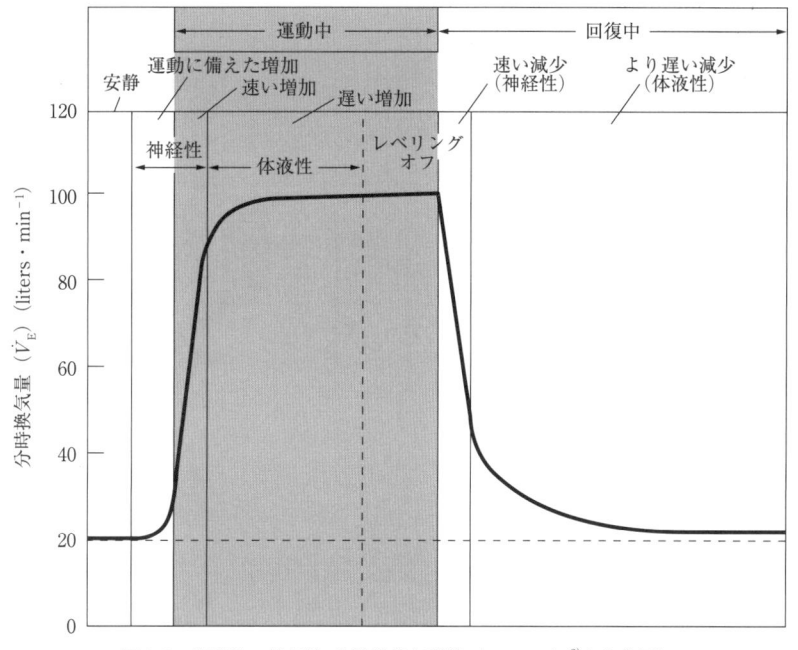

図 8.3 運動時の神経性-体液性換気調節（Brooksら[2]より作図）

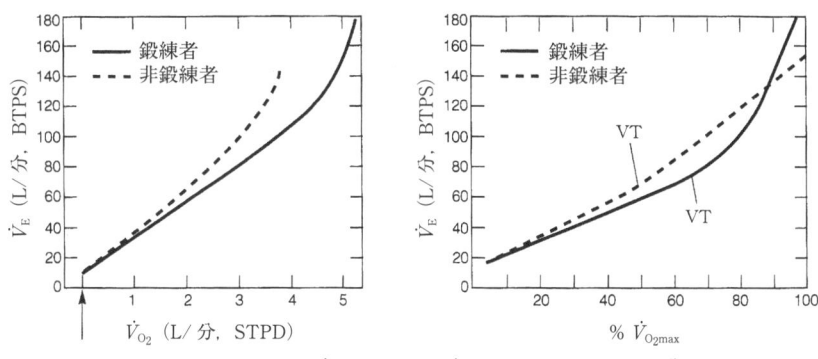

図 8.4 運動時の分時換気量（$\dot{V}_E$）と代謝率（$\dot{V}_{O_2}$）との関係（Brooksら[2]より作図）

呼吸器系の働きは，肺換気とガス交換を通して動脈血の酸素化に影響を及ぼすだけではなく，Q_L にも影響を与える．

1）運動による動脈血 O_2 飽和度の低下

健常な若者の呼吸器系は通常，高強度持久性運動の主要な制限因子とは考えられていない．これは，健康であれば誰でも呼吸器系の換気およびガス交換需要に対処する能力は，激しい運動中でさえ十分な予備力を有しているからである．

しかしながら，高度にトレーニングされた一部の競技者においては，高強度持久性運動中，動脈血 O_2 飽和度（S_{aO_2}）が安静レベルから5％を越えて時間依存的に減少することが報告されている[4]．この S_{aO_2} の低下は，肺胞-動脈 O_2 分圧較差（A-aD_{O_2}，ガス交換効率の指標）が大きく広がることから，2次的に起こる P_{aO_2} の低下によって生じる．健康な非鍛練者が最大運動を行う場合，A-aD_{O_2} は最大でも 20～30 mmHg にしかならないが，一部のエリート競技者においては，この較差が 35～50 mmHg にも広がる可能性が報告されている[3]．

運動中の S_{aO_2} の低下は，化学物質（カリウム，カテコールアミン，アデノシン，O_2，CO_2 など）に対する化学受容器の感受性の低下から2次的に生じる不十分な換気応答や気道によって示される力学的制約により起こる可能性もある．運動中の不十分な換気応答は P_{AO_2} を低下させ，それが動脈血の血液ガス状態と S_{aO_2} に負

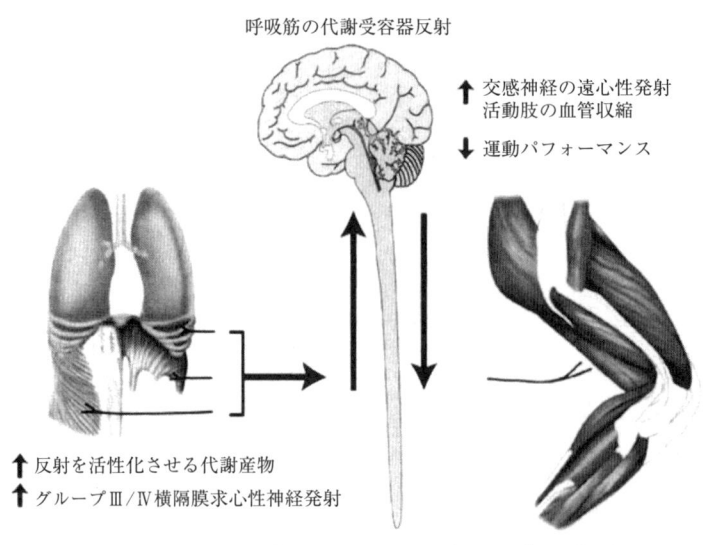

図8.5 呼吸筋の仕事と脚血流との関係（Amann [1]より作図）

の影響を及ぼすことが示されてきている．

2）呼吸筋 metaboreflex を介した Q_L の減少

激しい持続的な運動中（>85% $\dot{V}_{O_2max}$）においては，しばしば呼気流制限や肺の過膨張を伴って換気応答が損なわれる．その結果，吸息筋と呼息筋の仕事が急激に増え呼吸筋の疲労が生じる．疲労に伴い吸息および呼息筋中に代謝産物が蓄積すると，無髄グループⅣ横隔膜求心性神経が活性化される．そして，それは反射的に交感神経の血管収縮神経活動と，運動している下肢の血管収縮を増大させるため，Q_L は減少し，おそらく呼吸筋への血流が増加する．結果として運動パフォーマンスが低下する（図8.5）[1]．

8.2 運動と心循環

a. 心臓血管系の構造と機能

心臓血管系は絶え間なく血液を送り出す心臓（ポンプ）と動・静脈の脈管系からなり，体循環（大循環）と肺循環（小循環）の2系列に分けられる（図8.6）．体循環は，心臓の左心室から動脈血管，毛細血管，静脈血管を経て右心房にもどるまでをさす．この時に大動脈からの動脈血管は，各組織へ O_2 や栄養素を血液によって運搬するための導管となる．一方，組織からは CO_2 や代謝産物を運搬する血液（静脈血）が静脈血管をたどり，大静脈として心臓（右心房）に至る．右心房に入った静脈血は右心室から肺動脈を経て，肺における CO_2 と O_2 の交換を行った後に左心房にもどるまでが肺循環である．心臓血管系の役割は O_2 と CO_2，栄養関連物質に加えホルモンや白血球，抗体などの運搬だけでなく，体温調節など熱循環も担う[10]．

1）心臓の外観と冠循環

心臓は中隔で完全に隔てられた左右の腔に分かれており，その左右の腔も心房と心室に区分できる．この心房と心室の間にあって，心室に向かう一方向性の房室弁が，血液の逆流を防ぐ．その房室弁には右心房と右心室の間に三尖弁，左心房と左心室の間に僧帽弁（二尖弁）がある．心房には静脈，心室には動脈がそれぞれつながり，心室と動脈の間にも動脈に向かってのみ開く一方向性の半月弁（大動脈弁，肺動脈弁）があるものの，心房と静脈の間には弁がない．

2）心筋の特性，刺激伝達系と心電図

心臓は，心筋の一部が刺激を発する能力（自動能）を有することから，体外に抽出し還流しても一定のリズムで収縮，弛緩を繰り返す．また，機能的シンシチウムである心筋細胞は，生理学的に興奮-収縮連関とよばれる，電気的に興奮しなければ収縮しない特徴をもつ．したがって，心電図波形が出現しなければ，心臓の収縮はないことになる．

刺激伝導系（特殊心筋）は，洞房結節に始まり房室結節-ヒス束-右脚-左脚，そして心室筋に網状に分布するプルキンエ線維からなる（図8.7）．正常な場合，ペースメーカーとして洞房結節の電気的興奮が心拍動

8.2 運動と心循環

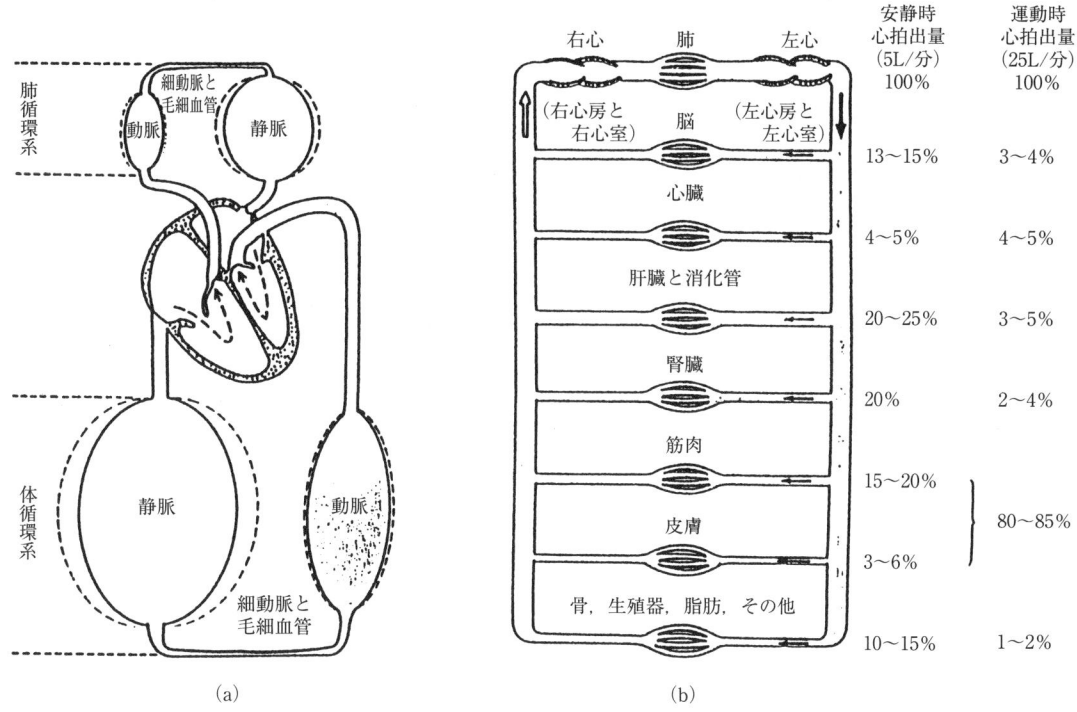

図 8.6 循環回路を模式的に表したもの (a) と循環器系 (b) [6]
各器官への血管が並列につながったものとして示す．数字は安静時および運動時の心拍出量と分配率を示す．

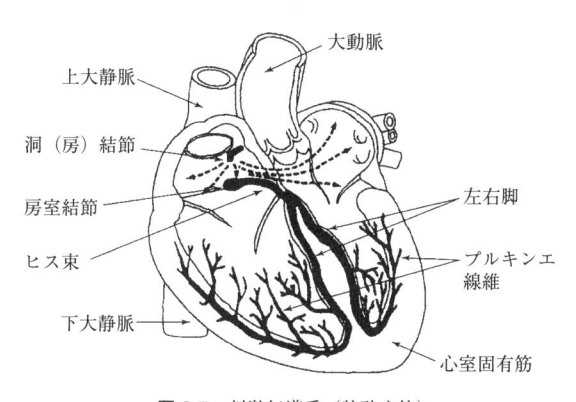

図 8.7 刺激伝導系（特殊心筋）
心房と心室の固有心筋をつないでいるのは，房室結節ただ1か所である．
（薬学必修講座　医療薬学Ⅱ　2005年版，p.144，評言社）

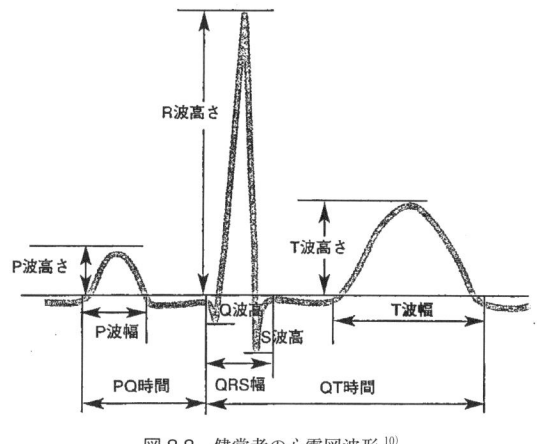

図 8.8 健常者の心電図波形 [10]

の固有リズムを生む（正常洞調律）．この心拍動に伴う電位変化は，体表面から心電図（electrocardiogram：ECG）として記録できる．まず，洞房結節に生じた活動電位は心房を興奮させ，P波を形成する．次いで活動電位が房室結節に伝わり心室を興奮させ，Q，R，Sの各波からなるQRS群をみることになり，続くT波が心室の再分極を表す．一方，心房の再分極電位はQRS群に隠れてみえない．P波から，QRS群，T波に至る一連の心電図波形が心臓の1拍動（図8.8）であり，その1分間当たりの拍動数が心拍数（heart rate：HR）である．一般的に，正常成人の安静時心拍数（拍/分）は約60〜90拍/分を示し，この心拍数が正常より多い場合を頻脈，少ない場合を徐脈という．

8 運動と呼吸・心循環

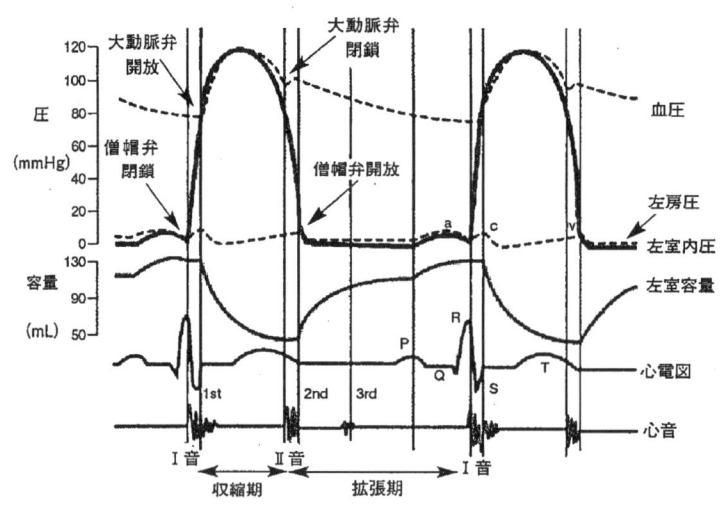

図8.9 心周期に伴う現象（GuytonとHall[5]を一部改変）
心臓の電気的興奮，血圧，心音は同期している．

心拍数は，心臓の交感神経および副交感（迷走）神経により調節されている．すなわち，洞房結節，房室結節，心房，心室と広範囲に分布する交感神経が心拍数を亢進させ，主として洞房結節，房室結節，心房に分布する副交感神経が心拍数を低下させるように働く．また，副腎髄質ホルモンのアドレナリンや他のホルモン，血漿中の電解質などにおける動態も心拍数の変動につながる．

3）1回拍出量および心拍出量と心周期

左心室から1回の収縮で全身へ拍出される血液量が1回拍出量（mL/拍）であり，成人男子で約70 mL/拍である．この1回拍出量と心拍数（拍/分）の積を心拍出量（L/分）とよぶ．たとえば，安静時心拍数を約60拍/分とすると，安静時心拍出量は60拍/分×70 mL/拍＝4,200 mL/分で，約4 L/分になる．

心臓は収縮と弛緩を繰り返すが，その収縮，弛緩の1回分を心周期とよぶ（図8.9）．心室が収縮する相（収縮期）と心室が弛緩する相（拡張期）をもつ心周期は，さらに収縮期を等容性収縮期と駆出期に，拡張期を等容性弛緩期と充満期に分けられる．1回拍出量は心室の収縮によるものの，その調節には充満期の終末（心室収縮直前）における心室内の血液量（心室拡張終期容量）が重要である．このことは，心室拡張終期容量を増大させると心筋線維が引き伸ばされることにより，心筋収縮力も増大し最終的に1回拍出量が増大することを意味する（フランク・スターリングの法則）．同時に，心室拡張終期容量は心臓にもどってくる還流量によって変化することから，還流量も1回拍出量の調節に関わる．このような心臓内の要因に加え，外因性調節として交感神経による心筋収縮力への影響があり，交感神経活動の亢進は心筋収縮力を高め，結果的に1回拍出量の増大につながる．

4）体循環と血圧調整

体循環の動脈側は高い圧（動脈血圧）によって血液を移動させていることから，高圧系とよばれる．この高圧系には血液量全体の約1/6が存在するにすぎない．一方，低圧系は血圧の低い静脈側と肺循環をさすが，この静脈側には全血液量の約2/3が貯留している．静脈の構造が伸展性に富み，血液貯留に適しているためである．

ポンプ作用を有する心臓から拍出された血液は，血管内を圧の高い方から低い方へ向かう．この血液の流れが血流であり，血管内に生じる圧を血圧とよぶ．血圧は太い動脈で最も高く，細くなっていく末梢では血流の抵抗（血管抵抗）が大きい．この血管内における血流量は血圧差に比例するが，血管抵抗とは反比例の関係にある．また，血管抵抗は血液の粘性と血管の長さに比例して高くなるが，この両者は同一人でほぼ一定であることから，血管の半径が小さくなると血管抵抗は増す．したがって，平均動脈血圧は，心拍出量と全身における血管抵抗の総和によって決まる．動脈血圧は心臓の拍動に同期しており，心臓の収縮期で最も高く（収縮期血圧あるいは最高血圧），拡張期に最も低い（拡張期血圧あるいは最低血圧）．収縮期血圧と拡張

期血圧との差が脈圧である．また，平均した1周期における動脈血圧の変動が平均血圧であり，血圧の代表値になっている．

b．一過性（あるいは急性）運動時の心臓の反応・応答

運動時，活動筋は安静時に比較して多くの酸素を必要とする．この活動筋における酸素の必要量（酸素需要量）は，心臓では心拍出量の増大でまかなわれる．その運動強度に比例した心拍出量の増大は最終的に心拍数によるものの，心拍数は洞房結節の固有リズムと交感神経および副交感神経によって拮抗的に調節される．たとえば，運動強度が低い場合，副交感神経優位に作用する反面，運動強度が高くなると交感神経優位で心拍数の亢進をみる．副腎髄質由来のカテコールアミンも心臓の交感神経優位と同様に働くが，液性の調節因子であるため，運動時間が長くなるにつれてその重要度が増す．

運動強度に伴う1回拍出量の応答は低い強度で見合う増大を示すものの，高強度の場合，微増で頭打ちとなってしまう．したがって，運動強度に比例した変動を示す心拍数の応答と異なってくる．この1回拍出量は，フランク・スターリングの法則に従って増加する．静脈還流の増大は，主働筋の収縮と弛緩を交互に繰り返す，走行のような動的運動時では，収縮する筋自体が静脈を圧迫し，貯留した静脈血を心臓へと押しもどす筋ポンプに影響される．また，心筋の変力作用の増強，つまり心筋に分布する交感神経の活動亢進が心筋収縮力を増強させ，副腎髄質由来のカテコールアミンも同様な効果をもつ．

c．運動（あるいはトレーニング）が及ぼす心循環への慢性的影響

1）運動時における心循環

中・長期的な持久性トレーニングは，心拍数や1回拍出量に変化をもたらす．図8.10は，トレーニング前後における一定負荷の最大下運動時で，一定の酸素摂取量に対する心拍数および1回拍出量の反応を比較したものである[11]．すなわち，心拍数はトレーニング後に低下する一方で，1回拍出量はトレーニング後に増加するが，トレーニング前後で心拍出量には変化がみられない．また，トレーニング前後で最大運動時の心拍数，1回拍出量および心拍出量を比較すると，最

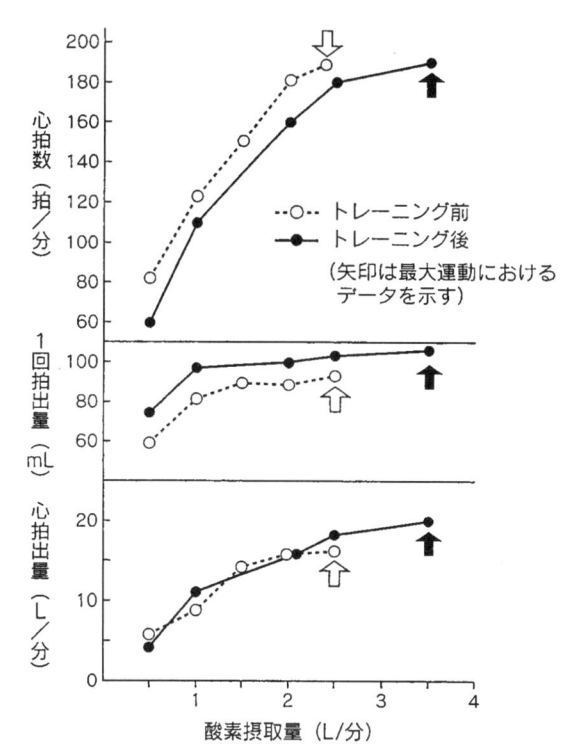

図8.10 トレーニングに伴う心拍数，1回拍出量および心拍出量の適応（Saltin[11]より作図）

高心拍数に変化がみられないものの，1回拍出量が増えたことによってトレーニング後には心拍出量の増大につながる．この1回拍出量の増大は安静時においても影響を及ぼし，スポーツ心臓の一特徴を示す．

2）スポーツ心臓（athlete heart）

トレーニングを継続してきたアスリートは，安静時の徐脈，心臓容積の拡大（図8.11），心電図異常などが頻発しやすい．一般的にトレーニング効果とみなされる骨格筋の肥大と異なり，アスリートにおけるスポーツ心臓は病的な心臓（肥大型心筋症）と類似した所見を有するため，しばしば鑑別に窮することもある．とくに，長期的に激しい持久性トレーニングを継続したアスリートは，安静時の徐脈を伴う心肥大を有し，なかでも左心室に変化が現れやすい．この徐脈は副交感神経の亢進によることも明らかにされており，同時に左心室の変化による1回拍出量の増大も伴う．また，左心室腔（内径の拡大）と左心室後壁の肥大による1回拍出量の増大は，血液循環量の増大をもたらす．一方，収縮期，拡張期ともに血圧増大させやすい筋力（レジスタンス）系アスリートでも心筋肥大を主とする心肥大を認めるものの，左心室腔に非鍛錬者との差はみら

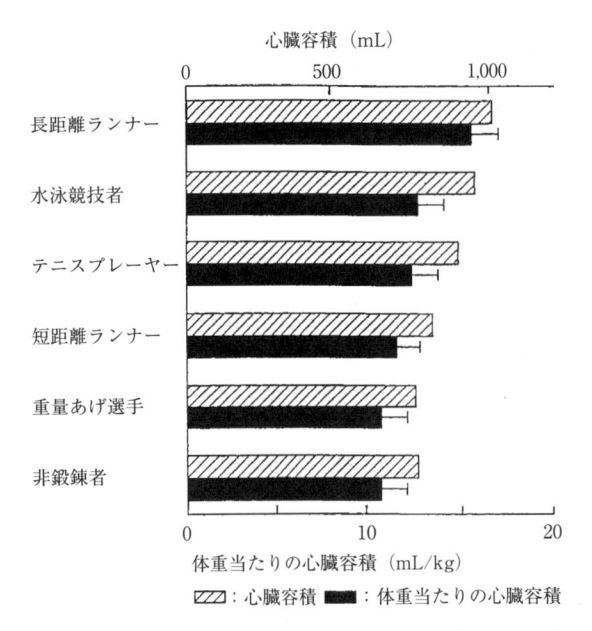

図 8.11 各種スポーツ選手の心臓容積および体重当たりの心臓容積（飯田と山口[7]；Kuel ら[8]より作図）

れないことも多く，スポーツ心臓にも種目特性をみやすい．このスポーツ心臓は可逆的な適応と考えられており，一般的にはトレーニング休止（中断）により徐脈や心肥大はもとにもどる．

◆ 問　題

1. 呼吸の仕方（呼吸の速さと深さの関係）によって，なぜガス交換効率が変わるのか，その理由を述べなさい．
2. 運動時の神経性-体液性換気調節について述べなさい．
3. 漸増運動中の換気応答に対する持久性トレーニングの影響について述べなさい．
4. 激しい持続的な運動中，呼吸筋の仕事の増大によって運動パフォーマンスが制限される可能性があるが，その理由を述べなさい．
5. 心電図波形からみた心筋の特徴を述べなさい．
6. 運動時における心拍の調節機構について述べなさい．
7. 1回拍出量と心拍数は心拍出量にどのように影響するか，説明しなさい．
8. 長期間の持久性運動（あるいはトレーニング）は心循環にどのような影響をもたらすか，説明しなさい．

◆ 参考文献

1) Amann, M.: Pulmonary system limitations to endurance exercise performance in humans. *Exp. Physiol.*, 97: 311-318, 2012.
2) Brooks, G. A., Fahey, T. D. and White, T. P. ed.: Exercise physiology; human bioenergetics and its applications (2nd ed.), pp. 211-233, Mayfield Publishing Company, California, 1996.
3) Dempsey, J. A., Hanson, P. G. and Henderson, K. S.: Exercise-induced arterial hypoxaemia in healthy human subjects at sea level. *J. Physiol.*, 355: 161-175, 1984.
4) Dempsey, J. A. and Wagner, P. D.: Exercise-induced arterial hypoxemia. *J. Appl. Physiol.*, 87: 1997-2006, 1999.
5) Guyton, C. and Hall, J. E.: Textbook of Medical Physiology (11th ed.), Elsevier Saunders, Philadelphia, 2006.
6) 本郷利憲，廣重　力，豊田順一，熊田衛 編：標準生理学（第4版），pp. 457-501, 医学書院，1996.
7) 飯田　要，山口　巌：スポーツ心，心エコー図の読み方（矢崎義雄 編），pp. 306-317, 文光堂，1997.
8) Kuel, J., Dickhuth, H., et al.: The athlete's heart-haemodynamic and structure. *Int. J. Sports Med.*, 3: 33-43, 1982.
9) 宮村実晴，古賀俊策，安田好文 編：呼吸—運動に対する応答とトレーニング効果—，pp. 73, ナップ，1998.
10) 日本心臓リハ学会 編：心臓リハビリテーション必携，コンパス，2011.
11) Saltin, B.: Physiological effects of physical conditioning. *Med. Sci. Sports.*, 1: 50-56, 1969.
12) Whipp, B. J. and Pardy, R. L.: Breathing during exercise. In: handbook of physiology, sec 3; The respiration system, vol 3; Mechanics of breathing, Part 2 (Macklem, P. T. and Mead, J. A. ed.), pp. 605-629, Am. Physiol. Soc., Beathesda, Maryland, 1986.

9

運動と末梢循環

　組織内の末梢循環における血流は酸素や栄養物などを供給するとともに，二酸化炭素や代謝産物などの老廃物を洗い出す重要な役割を果たしている．本講では，運動時の末梢循環の血流の変化とその調節，ならびにトレーニングによる骨格筋の末梢循環の適応について機能的・構造的側面から論じる．

9.1 運動と血流配分

a. 運動強度と血流変化

　運動強度の高まりとともに心拍出量（cardiac output）が増加することからもわかるように，全身の血流量も運動強度とともに増加する．一般に成人における安静時の心拍数（heart rate：HR）は 50～70 拍/分，1 回拍出量（stroke volume：SV）は 60～70 mL であり，心拍出量は約 5 L である．運動によって心拍数，1 回拍出量は増加し，それぞれ最高 180 拍/分，150 mL 以上にも達することがある．したがって，心拍出量も 20～40 L にもなり，運動によって血流量は安静時の約 4～6 倍にまで増加する．図 9.1 は安静時に約 5 L の心拍出量をもつ人の運動による血流配分の変化を示したものである[1]．安静時に 1.2 L，割合にして約 20% であった筋血流量は，運動強度が強くなるとともに増大し，激しい運動時には心拍出量の 25 L に対して筋血流量は 22 L となり，割合にして 88% にまで増加する．その一方，激しい運動時には内臓（腎臓含む）の血流量は安静時よりも低下する．つまり運動に伴う心拍出量の増加は，ほとんどが筋血流量の増加と考えることができる．なお，脳や心臓は激しい運動時においても安静時の血流量は維持される．等尺性筋収縮などの運動時には強度の増加とともに筋内圧の上昇が生じるため，血流が阻害される．一方，ダイナミックな運動では，筋血流量は最大運動に至るまで運動強度に依存して増加する．運動中の筋血流は活動部位によって異なり，これらは運動の動員パターンと関係している．図 9.2 はネズミ（ラット）を使ったランニング中の下肢筋群の血流動態を調べたものである[15]．図中のヒラメ筋（S）はほとんど Type I 線維からなる筋であり，腓腹筋表層部（GW）は Type IIB 線維からなる筋，その他の筋は Type I，IIA，IIB 線維が混在した筋である．

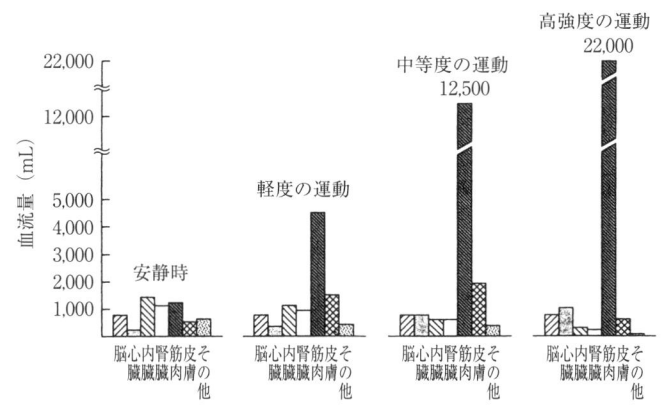

図 9.1　運動強度の増加に伴う各組織での血流量の変化（Andersen[1]を改変）

9 運動と末梢循環

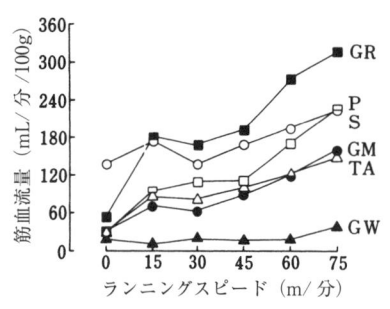

図9.2 トレッドミルでのランニングスピードと筋血流量の関係[15]
GR：腓腹筋深層部，GM：腓腹筋中間層部，GW：腓腹筋表層部，P：足底筋，S：ヒラメ筋，TA：前脛骨筋．

ランニングスピードが 0 m/分の時，つまり立位安静時の血流量はヒラメ筋（S）に多く，ランニングスピードが増すにつれ混在型の筋血流量が増加する．一方，GW の血流量は 60 m/分以上のスピードになって増加する．ヒトでは方法論の技術的な問題からこのような関係は調べられていないが，運動中の血流量は，低強度の運動では優先的に Type I 線維に血液が供給され，運動が激しくなるにつれて Type IIA 線維の血流が顕著になり，さらに高強度の運動になると Type IIB 線維の血流量が増加すると考えられる．また，上肢運動中の下肢筋，あるいは自転車エルゴメーター運動中の前腕血流など，非活動筋の運動時血流量はその程度は少ないものの運動強度に比例して増加することが示されている[26]．

b. 運動時間と血流変化

運動の開始とともに急激な筋血流量の増加が観察され，安静時 0.3 L/分程度であった大腿動脈の血流量は，運動開始とともに増加し，数秒以内に 10 倍にも増加する．その後，約 30〜90 秒で血流量は比較的安定し，高強度の運動ではその後も緩やかに上昇するものの，軽い運動では定常状態となる（図9.3）．

9.2 血流調節

運動時の血流はどのようにして調節されているのだろうか．血流量（F）は灌流圧差（動脈血圧−静脈血圧：$Pa - Pv$）と末梢血管抵抗（R）によって決まり，

$$F = \frac{(Pa - Pv)}{R}$$

で表される．これはポアズイユの法則（Poiseuille's

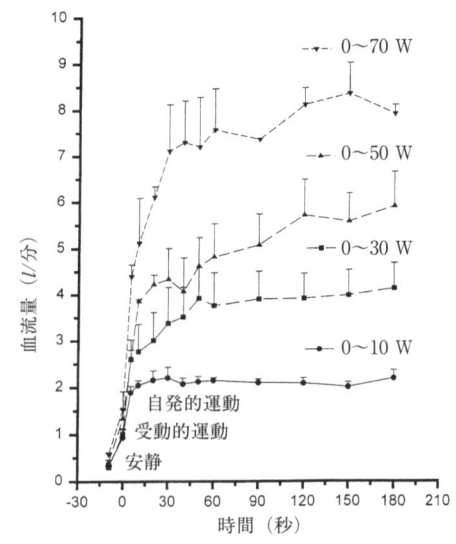

図9.3 安静時から受動的運動時，および自発的運動時（10W，30W，50W，および 70W での片足による動的膝伸展運動）の時間経過と大腿動脈の血流変化[21]
自発的運動時の開始時を 0 秒とした．

Law）とよばれる．つまり，運動によって血流量が増加するのは動脈血圧が高くなること，静脈血圧が低下すること，さらに末梢血管抵抗が低下することの 3 つが相互作用した結果である．運動によって生じるこれら変化の主要な影響因子として，動脈血圧は運動強度に比例した心拍出量の増加（第 8 講参照）が，静脈血圧は運動中の筋収縮による筋ポンプ作用，さらに末梢血管抵抗については交感神経系（アドレナリン作動性ニューロン）の作用やホルモン（アンギオテンシン II，バソプレシンなど）による血管収縮作用と代謝産物（アデノシン，カリウムイオンなど）などの血管拡張因子の相対的な変化があげられる．体循環（毛細血管を除く）のすべての血管は交感神経（交感神経アドレナリン作動性ニューロン）の支配を受けている．通常，交感神経は持続的にインパルスを送っていて，その末端は血管壁の外膜まで延びており，神経伝達物質としてノルアドレナリンを放出する．これは血管平滑筋を収縮させ，適度な血管緊張を保持することで，さまざまな組織の血流や血圧維持に重要な役割を果たしている．

9.3 運動時の筋血流量が増加する機序

運動時には交感神経活動は亢進するため，血管収縮が起こるはずである．実際，運動によって腎臓の交感

神経活動は亢進し，血管収縮により血流は低下する[18]．ところが，運動時に多くの血液を必要とする筋組織などでは運動強度に比例して血流量が増加する．その機序は多様であるが，以下におもな調節系を述べる．

運動によって活動筋に代謝産物が蓄積すると，これが交感神経の血管収縮作用に拮抗的に働き，血管を拡張させ，筋の血流量を増大させる仕組みがある（図9.4）．これは機能的交感神経遮断と定義されている．活動筋ではpH低下，筋温上昇，そして乳酸，アデノシン，カリウムイオンなどの細胞内外バランスが変化し，これらが血管拡張因子として作用する．

また，血管を構成する血管内皮細胞による血流調節も重要な役割を担っている．1980年代以降，血管内皮由来の弛緩因子や収縮因子の関与が明らかにされている．とりわけ1998年ノーベル生理学・医学賞に代表されるように，一酸化窒素（nitric oxide：NO）は主要な拡張因子として知られている．NOは血流による機械的な刺激（ずり応力）やコリン作動性ニューロン（アセチルコリン）などによる刺激によって内皮細胞から生成される．NOは，持久的な運動中の血流調節に強く関与していることが確認されている[10]．

一方，エンドセリン-1は，内皮細胞由来の収縮因子として重要な役割を果たしている．エンドセリン-1は血管収縮作用をもつアンギオテンシンIIやバソプレシンなどのホルモンや，ずり応力の低下などによって産生が促進される．運動中，非活動筋や腎臓などではエンドセリン-1が産生され，局所の血管収縮を引き起こし，交感神経活動とともに局所的な血流制御に関与している[16]．

強い筋収縮時には筋内圧の増加によって血流が遮断される．その一方，動的な運動時は，筋ポンプ作用とよばれる血流増加作用がみられる．筋収縮時は細静脈が押しつぶされ，血管内の血液が心臓側へ押し出される（静脈弁の働きで末梢側へは逆流しない）．一方，筋弛緩時は，押しつぶされた細静脈に末梢側から血液が流入する．動的な運動により周期的に静脈が圧迫されることで，血流促進や心臓への静脈還流の増大が起こる．

運動時の活動筋においてみられる毛細血管血流量の増加は，安静時に休止していた毛細血管血流が運動によって再開されたためと考えられてきた．しかしながら，安静時において，すでにほとんどの毛細血管は血流が確保されていることが明らかになっている[14]．運動を開始するとまもなく毛細血管の血流増加が生じる[14]．毛細血管の血流増加は毛細血管に直接作用した結果というよりも，毛細血管の上流に位置する小動脈や細動脈に対してさまざまな血管調節因子が複合的に作用したためと考えられている．

9.4 末梢循環の構造

血管は血液を全身に循環させるパイプとしての役割をもつほかに，運動時の血流配分や血圧調節などの血流制御に深く関わっている．血管は，動脈，毛細血管，静脈の3つに大別される．動脈は心臓から末梢へ行くにしたがって分岐し，その径は細くなっていき，各臓器へ達する．血管の直径が1 mm～100 μm程度の血管を小動脈といい，さらに細くなって直径が100 μm～20 μmとなったところを細動脈という．すべての血管は，血管内皮細胞によって内表面が形成されている．一般的に動脈などの血管は内膜，中膜，外膜からなり，内皮細胞のまわりに平滑筋細胞や弾性線維などが取り囲む構造となっている（図9.5）．平滑筋細胞には血管を収縮・弛緩させる働きがある．小動脈や細動脈はこの平滑筋細胞が発達しており，血管内径を変化させることによって末梢抵抗をつくり出し，血圧や毛細血管への血流量を調節する．

毛細血管は血液と細胞間の物質交換が行われる主要な場所である．毛細血管の構造は物質の出入りに適しており，非常に薄く，2～3個の内皮細胞によって管腔が形成される．また，部分的に周皮細胞に取り囲まれている（図9.5）．毛細血管自体は平滑筋細胞をもたな

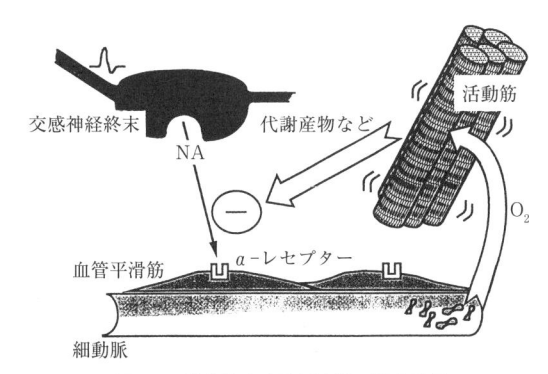

図9.4 機能的交感神経遮断の概念図[24]
ノルアドレナリン（NA）は交感神経活動の増加に関連して放出されるが，その効果は骨格筋の収縮に関係した代謝産物によって完全または部分的に抑制される．そのため筋への血液や酸素供給が十分に確保される．

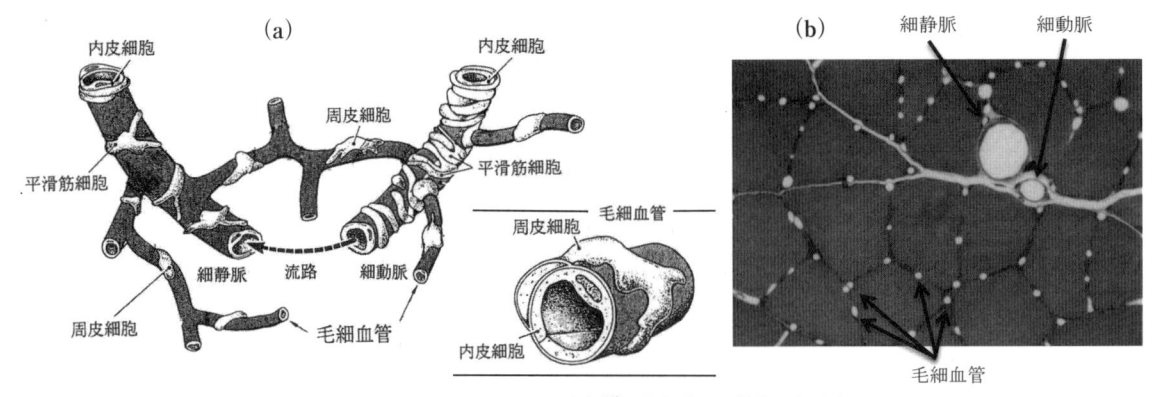

図9.5 末梢循環網の模式図（a）[22]と筋組織の顕微鏡写真（b）

いため，能動的な内径調節は行えず，血流量の調節は上流に位置する小動脈や細動脈の収縮・弛緩に依存している．毛細血管の直径は4～10 μmの範囲にあり，これは赤血球（直径約8 μm）1つがやっと通過できる大きさである．赤血球はそのような狭いところをゆっくりと流れ，酸素運搬を行っている．毛細血管を取り囲む周皮細胞の役割は不明な点も多いが，毛細血管の形態維持や血管新生の制御などに関与していると考えられている．

9.5 毛細血管とトレーニング

ランニングパフォーマンス（5,000 m～20 km走）と毛細血管密度（筋線維単位面積当たりの毛細血管数）との間に有意な相関関係があることが報告されている[17]．このように，毛細血管の発達度は持久性パフォーマンスに影響を与える重要な因子と考えられる．毛細血管の発達はトレーニング条件によって違いがみられる．たとえば，ラットにおける低強度のランニングトレーニングでは，腓腹筋の遅筋線維が多い部位において毛細血管数が増加する．一方，強度の高いランニングトレーニングでは，腓腹筋の速筋線維が多い部位で毛細血管数が増加する[8]．毛細血管の適応は，運動中に最も筋活動が増加した部位において顕著にみられる傾向にある．トレーニングは毛細血管内腔の大きさにも変化をもたらす．高強度の持久性トレーニングでは毛細血管数の増加とともに内腔面積の拡大が起こる[13]．これらの形態変化は毛細血管の表面積の増加をもたらし，毛細血管の物質交換能力を高めると考えられる．持久性トレーニングに対する毛細血管の発達は，高齢になってもみられることが報告されている[4]．

また，持久性トレーニングに対する毛細血管の発達度に性差はみられない[11]．

筋肥大と毛細血管の発達は，筋の酸素消費量の増加と毛細血管による酸素供給のバランスを考えるうえで大切である．これまで，筋肥大に伴って毛細血管数が増加することが，ボディビルダーを対象とした研究などで報告されている[27]．実験動物を用いた実験においても，筋肥大に伴って毛細血管数が増加することが観察されている[12]．毛細血管密度と筋肥大の関係において，毛細血管数の増加が筋肥大を上回る場合は毛細血管密度が増加し，下回る場合は低下することが観察されており，トレーニング条件によって必ずしも結果は一致しない．

9.6 毛細血管の新生

毛細血管形態の変化は末梢の血液灌流能力と細胞の代謝的な要求水準が長期間にわたってアンバランスな状態になったとき生じる現象である．たとえば，持久的なトレーニングを行うと動員された筋線維では酸素や栄養素などの需要が高まり，より多くの血液供給を必要とするようになる．この際，血液供給が十分でなければ，細胞は必要な量の酸素や栄養素を摂取することができない．このような状態に置かれると生体は毛細血管網を発達させ，細胞へ十分な血液を供給するように適応する．血管網の発達は既存の血管から枝を伸ばす発芽型（sprouting）血管新生と，1本の血管が2本に分かれる嵌入型（intussusception）血管新生がある[20]．

血管新生にはいくつかのサイトカインが関与していることが明らかになっている[2,20]．サイトカインとは，

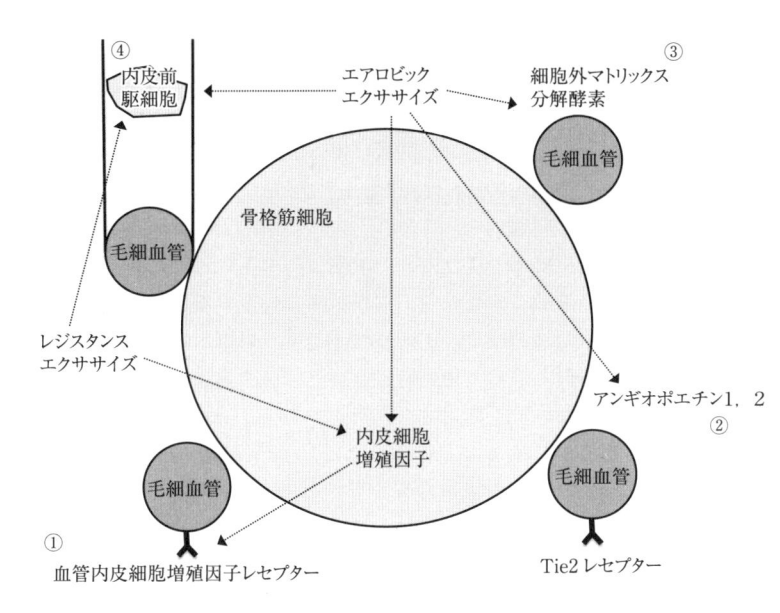

9.6 毛細血管の新生

図9.6 血管新生に関与する細胞内シグナル伝達と成長因子の提唱モデル（Gavin[5]を改変）
エアロビクスならびにレジスタンスエクササイズは，血管新生を誘導する筋細胞内外の成長因子を惹起することが考えられている．

細胞が産生する微量生理活性蛋白質の総称であり，その物質の特異的なレセプターをもつ細胞に働き，細胞の増殖・分化・機能発現を行う．運動に伴う血流量（ずり応力）や筋収縮による機械的刺激の増加，低酸素環境，カルシウムイオン動態などが血管新生に関連する因子の発現に重要なトリガーであると考えられている[5,9]．図9.6は血管新生に関与する細胞内シグナル伝達と主要な因子についての模式図であり，以下のような機構が考えられている[5]．

ⅰ）内皮細胞増殖因子（vascular endthelial growth factor：VEGF） VEGFは血管内皮細胞に対する増殖および血管透過性亢進の作用をもつ．個体レベルでは血管新生，リンパ管新生，血管透過性亢進を誘導する．VEGFは内皮細胞に特異的に発現するレセプターに結合して作用する．持久性運動後には骨格筋においてVEGFやそのレセプターのmRNA発現量が増大する．たとえば，ヒトの連続的な膝伸展運動ではVEGFが増加し，この時に運動に血流制限を加えることによって，これらのmRNAレベルはより増大することが確かめられている[7]．また，レジスタンストレーニングによってもVEGFやそのレセプターの発現が増大することが確かめられている[6]．

ⅱ）アンギオポエチン（angiopoietin 1 and angiopoietin 2：Ang1 and Ang2） VEGFが血管新生に重要な役割を果たしているのに対して，Ang1/Ang2とTie2レセプターは血管のリモデリング（分解と再合成）に重要である．Ang1とAng2は内皮細胞のTie2レセプターに拮抗的に作用する．血管の安定期には周皮細胞から分泌されるAng1がTie2に結合し，周皮細胞を内皮細胞に結合させる．低酸素などの刺激によって内皮細胞から分泌されるAng1のアンタゴニスト（結合阻害物質）であるAng2とTie2の結合がAng1よりも優勢になると，周皮細胞と内皮細胞は解離し，VEGFなどの作用によって血管枝が伸長する．ヒトを対象にした研究において，膝伸展を45分間継続する運動を週4回の頻度で実施した場合，Ang2/Ang1 mRNA比の値が5週間後には2倍程度大きくなることが報告されている[7]．つまり，トレーニングによってAng2が優勢になることを示している．

ⅲ）細胞外マトリックス分解酵素（matrix metalloproteinase：MMP） MMPは，細胞外マトリックスに局在する蛋白質分解酵素である．MMPファミリーには，25種類以上の基質特異性の異なるメンバーが知られている．毛細血管は基底膜によって取り囲まれており，血管新生には細胞外マトリックスのリモデリングが必要となる．これまでに65分間のサイクリング運動によってヒト外側広筋のMMPが有意に増加することが報告されている[23]．また，ラットのトレッドミルランニングにおいて，高強度ランニング（32 m/分）の条件ではMMPが増加するが，低強度（18 m/分）では変化がみられないという報告があり[3]，MMPの活性は実施した運動強度と関係していることが示されている．

iv) 内皮前駆細胞（endothelial precursor cell：EPC）
骨髄由来の EPC が胎生期において血管新生を局所的に生じさせることが明らかにされている．運動によって循環型の EPC が増加することが報告されている[5]．

9.7 末梢でのガス交換

活動筋の酸素摂取量（$\dot{V}_{O_2}$）は，酸素供給量（Q_{O_2}）と筋の酸素取り込み率である動静脈酸素較差（a-vO$_2$ diff）によって決まり，$\dot{V}_{O_2} = Q_{O_2} \times [\text{a-vO}_2 \text{ diff}]$ という式で表される．これは，フィックの原理（Fick principle）とよばれる．運動中，心拍出量が増加するとともに活動筋への血流配分量が増加することで活動筋への酸素供給量が増加する．また，運動開始と同時に活動筋の酸素摂取量（ミトコンドリアでの酸素消費）の増加がみられる．その結果，動静脈酸素較差が増大する．

肺（外呼吸）における酸素の吸収は外気と肺胞の酸素分圧の差，つまり濃度勾配による拡散によって行われる．一方，末梢組織の酸素吸収は，赤血球中のヘモグロビンの酸素結合能（ヘモグロビン-酸素解離曲線）の特性に大きく依存する（図9.7）．動脈血中の酸素分圧（P_{O_2}）は約 104 mmHg，筋組織の微小血管中の P_{O_2} は 40 mmHg 以下である．P_{O_2} が 104 mmHg の時ではヘモグロビンと酸素はほぼ100％結合している．一方，P_{O_2} が 40 mmHg になると，ヘモグロビンと酸素の結合率は約80％に低下する（図9.7）．つまり，動脈血中では，ほとんどの酸素はヘモグロビンと強く結合し拡散できないが，末梢組織に到達するとヘモグロビンは約 20％以上の酸素を解離し，組織への酸素供給が可能となる．運動時の活動筋ではさらに pH が低下したり，体温や二酸化炭素分圧（P_{CO_2}）の上昇がみられる．これによってヘモグロビン-酸素解離曲線は右へ移行し，末梢組織の条件下である P_{O_2} が 40 mmHg において，ヘモグロビンと酸素の結合は60％にまで低下し，より多くの酸素が供給されることになる．このような現象はボーア効果とよばれている．

ヘモグロビンから解離した後の酸素供給は，酸素拡散システムに依存する[19,28]．毛細血管に運ばれた酸素は，赤血球からの解離後→血漿→毛細血管壁（内皮細胞膜）→細胞間質液→筋細胞膜→筋形質という過程を経て，最終的にミトコンドリアまで届く．この過程は酸素拡散に依存し，毛細血管内における P_{O_2} と筋細胞内の P_{O_2} の差によって細胞内に酸素が供給される．筋収縮開始時には，ミオグロビンの脱酸素化が生じ，筋細胞内の P_{O_2} レベルが低下する[25]．これによって筋細胞と血管内の P_{O_2} 差が大きくなり，運動時は拡散による酸素の取り込みが増加する．

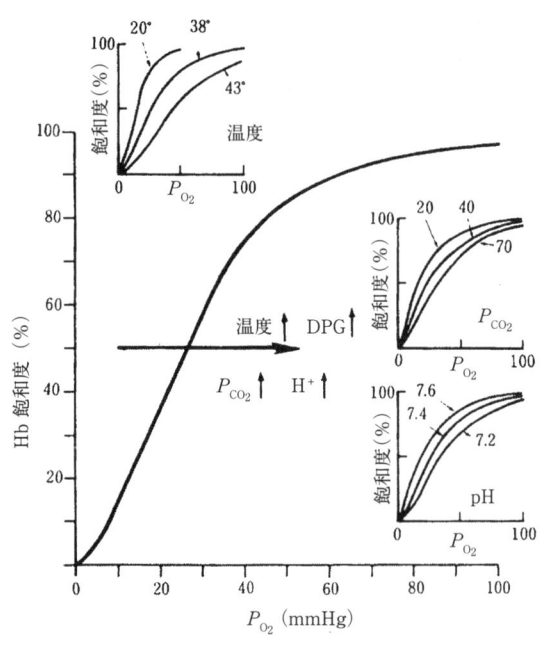

図9.7 酸素解離曲線と H$^+$，P_{CO_2} および体温の増加による右方移行[29]

酸素分圧（P_{O_2}）レベルに応じて酸素はヘモグロビン（Hb）と可逆性に結合する．この特性によって酸素は組織へ運搬され，組織においては Hb と解離する．H$^+$：水素イオン濃度，P_{CO_2}：二酸化炭素分圧．

◆問 題
1. 一般人の安静時における心拍数，1回拍出量，および心拍出量はそれぞれどのくらいか説明しなさい．
2. ポアズイユの法則を説明しなさい．
3. 筋ポンプ作用を説明しなさい．
4. 血流調節における交感神経活動，代謝産物，血管内皮細胞の関わりについて説明しなさい．
5. 細動脈と毛細血管の構造や機能的な違いについて説明しなさい．
6. 筋組織への酸素運搬と酸素拡散機構について説明しなさい．

◆参考文献
1) Andersen, K. L.：The cardiovascular system in exercise. In：Exercise Physiology (Falls, H. ed.), p. 102, Academic Press, New York, 1968.

2) Bloor, C. M.: Angiogenesis during exercise and training. *Angiogenesis*, **8**: 263-271, 2005.
3) Carmeli, E., Moas, M., Lennon, S., et al.: High intensity exercise increases expression of matrix metalloproteinases in fast skeletal muscle fibres. *Exp. Physiol.*, **90**: 613-619, 2005.
4) Denis, C., Chatard, J. C., Dormois, D., et al.: Effects of endurance training on capillary supply of human skeletal muscle on two age groups (20 and 60 years). *J. Physiol., Paris*, **81**: 379-383, 1986.
5) Gavin, T. P.: Basal and exercise-induced regulation of skeletal muscle capillarization. *Exer. Sport Sci. Rev.*, **37**: 86-92, 2009.
6) Gavin, T. P., Drew, J. L., Kubik, C. J., et al.: Acute resistance exercise increases skeletal muscle angiogenic growth factor expression. *Acta. Physiol.*, **191**: 139-146, 2007.
7) Gustafsson, T., Rundqvist, H., Norrbom, J., et al.: The influence of physical training on the angiopoietin and VEGF-A systems in human skeletal muscle. *J. Appl. Physiol.*, **103**: 1012-1020, 2007.
8) Gute, D, Laughlin, M. H. and Amann, J. F.: Regional changes in capillary supply in skeletal muscle of interval-sprint and low-intensity, endurance-trained rats. *Microcirculation*, **1**: 183-193, 1994.
9) Hellsten, Y., Rufener, N., Nielsen, J. J., et al.: Passive leg movement enhances interstitial VEGF protein, endothelial cell proliferation, and eNOS mRNA content in human skeletal muscle. *Am. J. Physiol.*, **294**: R975-982, 2008.
10) Hickner, R. C., Fisher, J. S., Ehsani, A. A., et al.: Role of nitric oxide in skeletal muscle blood flow at rest and during dynamic exercise in humans. *Am. J. Physiol.*, **273**: H405-410, 1997.
11) Hoppeler, H., Howald, H., Conley, K., et al.: Endurance training in humans; aerobic capacity and structure of skeletal muscle. *J. Appl. Physiol.*, **59**: 320-327, 1985.
12) Kano, Y., Shimegi, S., Masuda, K., et al.: Morphological adaptation of capillary network in compensatory hypertrophied rat plantaris muscle. *Eur. J. Appl. Physiol.*, **75**: 97-101, 1997.
13) Kano, Y., Shimegi, S., Masuda, K., et al.: Effects of different intensity endurance training on the capillary network in rat skeletal muscle. *Int. J. Microcirc.*, **17**: 93-96, 1997.
14) Kindig, C. A., Richardson, T. E. and Poole, D. C.: Skeletal muscle capillary hemodynamics from rest to contractions; implications for oxygen transfer. *J. Appl. Physiol.*, **92**: 2513-2520, 2002.
15) Laughlin, M. H. and Armstrong, R. B.: Muscular blood flow distribution patterns as a function of running speed in rats. *Am. J. Physiol.*, **243**: H296-306, 1982.
16) Maeda, S., Miyauchi, T., Iemitsu, M., et al.: Involvement of endogenous endothelin-1 in exercise-induced redistribution of tissue blood flow; an endothelin receptor antagonist reduces the redistribution. *Circulation*, **106**: 2188-2193, 2002.
17) 満園良一, 宮田浩文, 麻場一徳ほか: 中長距離パフォーマンスに貢献する生理的要因について. 久留米大学論叢, **34**: 43-50, 1985.
18) O'Hagan, K. P., Bell, L. B., Mittelstadt, S. W., et al.: Effect of dynamic exercise on renal sympathetic nerve activity in conscious rabbits. *J. Appl. Physiol.*, **74**: 2099-2104, 1993.
19) Poole, D. C. and Musch, T. I.: Solving the Fick principle using whole body measurements does not discriminate "central" and "peripheral" adaptations to training. *Eur. J. Appl. Physiol.*, **103**: 117-119, 2008.
20) Prior, B. M., Yang, H. T. and Terjung, R. L.: What makes vessels grow with exercise training? *J. Appl. Physiol.*, **97**: 1119-1128, 2004.
21) Radegran, G. and Saltin, B.: Muscle blood flow at onset of dynamic exercise in humans. *Am. J. Physiol.*, **274**: H314-322, 1998.
22) Rhodin, J. A. G.: Architecture of the vessel wall. In: Handbook of physiology; the cardiovascular system, p. 2, American Physiological Society, Maryland, 1980.
23) Rullman, E., Rundqvist, H., Wagsater, D., et al.: A single bout of exercise activates matrix metalloproteinase in human skeletal muscle. *J. Appl. Physiol.*, **102**: 2346-2351, 2007.
24) Saltin, B., Radegran, G., Koskolou, M. D., et al.: Skeletal muscle blood flow in humans and its regulation during exercise. *Acta. Physiol. Scand.*, **162**: 421-436, 1998.
25) Takakura, H., Masuda, K., Hashimoto, T., et al.: Quantification of myoglobin deoxygenation and intracellular partial pressure of O_2 during muscle contraction during haemoglobin-free medium perfusion. *Exp. Physiol.*, **95**: 630-640, 2010.
26) Tanaka, H., Shimizu, S., Ohmori, F., et al.: Increases in blood flow and shear stress to nonworking limbs during incremental exercise. *Med. Sci. Sports Exer.*, **38**: 81-85, 2006.
27) Tesch, P. A., Thorsson, A. and Kaiser, P.: Muscle capillary supply and fiber type characteristics in weight and power lifters. *J. Appl. Physiol.*, **56**: 35-38, 1984.
28) Wagner, P. D.: Determinants of maximal oxygen transport and utilization. *Ann. Rev. Physiol.*, **58**: 21-50, 1996.
29) West, J. B.: Respiratory physiology; the essentials, 5th ed., Williams & Wilkins, Pennsylvania, 1995.

10
運動と認知機能

　運動とは，一定の環境下において人が意思と経験に基づいて行う身体活動であり，意図した運動を実行するためには，運動主体と周囲の環境の両方の状態や変化がリアルタイムでモニターされ，それに基づいて運動が発現および調節される必要がある．その多くが意識下で行われる一方で，認知的な状況判断に基づく行動決定とその修正は，日常生活からスポーツ場面などさまざまな状況で要求される必須の機能であり，運動を認知機能から切り離して考えることはできない．そのため，運動遂行時には筋収縮に関わる運動系のみならず，認知機能に関わるさまざまな脳部位の活動が関与する．これと一致して，近年，運動による認知機能の改善効果がヒトあるいは実験動物を用いた研究において多く報告されるようになってきた．とくに，認知・記憶機能に重要な役割を果たす海馬領域において，運動が海馬容量の増加やニューロン新生を生じさせることが発見され，運動による認知機能亢進の神経メカニズムが徐々に明らかになりつつある．

　本講では，ここ10年ほどの研究で蓄積されてきた新知見を基盤とし，その内容を整理する．なぜ運動で活性化するのかなど，そのメカニズムはまだまだ不明な点も多いが，それは今後の大きな課題であることを付記したい．

10.1　認知機能

　認知とは認め知ることであり，外界にある対象を知覚し，経験や知識，記憶，形成された概念に基づいて思考，推論，考察し，それを知る，解釈する，理解する一連の知的活動をさす．また認知の原語であるcognitionは，認識あるいは知識と訳され，知識の獲得過程や知識それ自体もこれに含まれる．

　五感を構成する各感覚モダリティ（感覚様相）は，刺激の感覚→知覚→認識といった感覚系の情報処理が必須であり，初期感覚領野から高次感覚領野（連合野）へと情報処理が進行する中で，モダリティ内での情報統合とともに記憶との照合による解釈や意味づけが行われる．さらに異なる感覚モダリティ間での情報統合も起こり，その結果として知覚対象に対する統一的な認知が生じる．

　五感を通して得られる情報量は膨大であり，1つの感覚モダリティの中でもさまざまな属性の情報が独立して並列的に情報処理されるため，それらの情報の中から行動上意味のある情報を優先的あるいは選択的に処理して状況に適した行動につなげる必要がある．このような情報の取捨選択に関与する注意機能を選択的注意とよぶ．また，われわれを取り巻く周囲の状況は時々刻々と変化するため，得られた情報を一時的に保持し，これを操作，活用するとともに，常に新しい情報へと更新する必要がある．これは言語理解，思考や推論などの認知活動にも必要不可欠な心的機能であり，これを可能にする制御システムをBaddeley[2]はワーキングメモリー（作業記憶）とよび，モデル化した．

　Baddeleyによれば，ワーキングメモリーは1つの中央実行系と一時的な記憶貯蔵庫である視空間スケッチパッド，エピソードバッファー，音韻ループという3つの従属システムから構成される（図10.1）．一時的に物の形，色，配置などを視覚イメージとして記憶しておくのに使われるのが視空間スケッチパッドである．電話番号を一時的に覚えておくために，音韻の系列としてそれを反復しながら記憶しておくのに使われるのが音韻ループである．長期記憶から引き出したものを保持するシステムがエピソードバッファーである．そ

10.2 認知機能の評価法

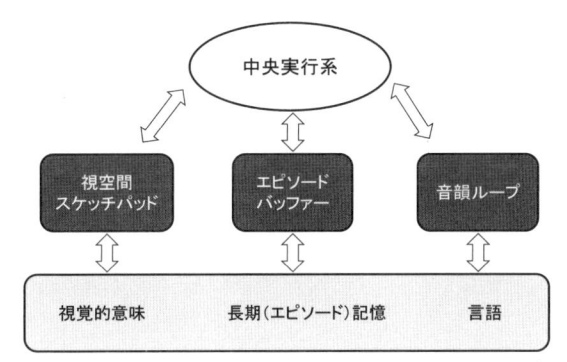

図10.1 Baddeley のワーキングメモリーモデル（Baddeley[2]を改変）

してこれらの一時的な記憶貯蔵庫に保持すべき情報を選択し，保持し，必要な時にそれらをよび出して問題解決や目標達成のための情報の操作を実行するのが中央実行系である．このような中央実行系による一連の精神機能は，実行機能あるいは認知的制御とよばれ，前頭前野が関与すると考えられている．

実行機能を構成する要素として行動の抑制，切り替え，更新などが考えられている．置かれている状況に照らし合わせて，不適切と判断された行動を意識的に抑止する機能が行動の抑制である．行動の抑制の代表的な課題として，ストループ課題とゴー・ノーゴー課題がある．また，状況に応じて適宜，課題ルールの維持やその切り替え，情報の更新を行う課題としてウィスコンシン・カード分類課題などがある．

10.2 認知機能の評価法

a．ヒトの認知機能評価法
1）行動指標

ⅰ）ストループ課題（ストループ効果）　色インクで書かれた「赤」「青」などの色を示す単語（色名単語）について，そのインクの色や読みを答える時，色と文字の読みが一致する時より一致しない時の方が反応時間は長くなり，正答率も低くなる．これは，色についての色彩情報と言語的情報の間で葛藤が生じることに起因すると考えられている．このように，2つの特徴をもつ刺激について，一方のみへの反応を求める時，特徴間に葛藤が生じる課題を総称してストループ課題とよび，1つの特徴への反応がもう一方の特徴に干渉されて反応が妨害される現象をストループ効果（ストループ干渉）とよぶ．この現象を用いた認知機能検査がストループ検査であり，葛藤を意識的に抑える認知制御の能力を評価すると考えられている〔注意，集中，判断，計画・実行など，いわゆる実行機能（executive function）を評価する課題としても知られている〕．

前頭前野外側部に損傷があると，ストループ効果が著しく強くなる．また，後述する機能的磁気共鳴映像法（functional magnetic resonance imaging：fMRI）を用いた実験でもストループ課題の不一致条件で同部位が強く活動することが知られている．そのため，葛藤の認知制御に関わる信号は前頭前野外側部で生成され，ストループ検査はこの機能を調べていると考えられている．

ⅱ）ゴー・ノーゴー課題　2種類の刺激を用意し，一方は行動（反応）を要求する Go 刺激，他方は無反応であることを要求する No-Go 刺激として，それらをランダムな順序で呈示した時の反応速度や正答率を調べる課題をゴー・ノーゴー（Go/No-Go）課題とよぶ．これまで No-Go 刺激に対する行動制御（反応しないという判断と運動抑制）には，前頭前野の運動抑制機能が関与すると考えられてきたが，近年の fMRI 研究により，両側中前頭回，左背側運動前野，左頭頂間溝後部の皮質領域，右後頭側頭葉など複数の領域の活動が No-Go 反応に関与することが明らかになっている[19]．

ⅲ）ウィスコンシン・カード分類課題　カードに描かれた図形の色，形，数の3つの属性のいずれかに基づいてカードを分類する課題である．被験者は行うべき分類のルール（属性）を知らされておらず，被験者が分類した結果に対して検査者から与えられる正解/不正解のフィードバック情報のみを使って正しい分類ルールを見出す課題である．ただし，分類のルールはしばらくの間（たとえば10試行）は一定だが，検査

者により突然変更されるため，被験者は不正解であれば，先ほどのルールとは異なるルールに切り替えて正しい分類ルールを見出さなければならない．現時点でのルール情報の一時的保持，新たなルールへの切り替え，新しいルール情報の保持（情報の更新）能力が求められている．

2） 生理指標

頭皮上に設置した電極から導出・記録した脳波は，おもに大脳皮質中の錐体細胞群に生じた電気的変化（シナプス後電位）が集積された集合電位であると考えられている．感覚刺激の呈示や運動の発現など客観的に定義できる何らかの事象の発生に伴い，脳波中には特定の時間パターンで一過性の電位変化が生じ，この脳波反応を事象関連電位（event-related potential：ERP）とよぶ．代表的な ERP として P300 電位，随伴性陰性変動（contingent negative variation：CNV），そして運動関連電位（movement-related cortical potentials：MRCP）などがある．

感覚刺激の呈示後約 300 ms の潜時で，頭皮上の頭頂領域において振幅が最大になる陽性の ERP が記録され，これを P300（P3）電位とよぶ．P300 電位は視覚・聴覚・体性感覚など基本的にすべての感覚刺激で誘発されることから，各感覚モダリティの情報処理に関連した神経活動ではなく，その後の刺激の認知過程に関係する神経活動を反映していると考えられている．刺激に注意を向けることでわれわれの感覚認知はより明瞭なものになるが，これと対応する形で，注意を向けた刺激に対する P300 の振幅は向けていない刺激に比べて大きくなることが知られている[6]．

CNV は，予告刺激と反応刺激の間に，前頭部から中心部にかけて優位に出現する陰性変動であり，これから出現すると予測された刺激について効率的に情報処理するための準備（構え）に関わる注意機能，覚醒機能の変化を反映する電位成分であると考えられている．Go/No-Go 課題において，No-Go 試行中に前頭部を中心とした電極において，刺激後約 140～300 ms に陰性電位（N140）が，Go 試行と比較して大きな振幅で記録される．この N140 は「No-Go 電位」とよばれ，感覚刺激のモダリティに関係しないことから，抑制過程を直接反映した電位成分であると考えられている．

MRCP はヒトの随意運動時に，運動開始の 1～2 秒前から緩やかに漸増する陰性緩電位であり，運動発現のための準備状態を反映している電位成分であると考えられている．

3） 非侵襲的脳機能イメージング法

非侵襲的脳機能イメージングの進歩により，さまざまな認知課題遂行中のヒト脳活動動態を調べることができるようになった．脳の神経活動を画像化する方法として，fMRI，近赤外線分光イメージング法（near-infrared spectroscopy：NIRS），陽電子放射断層法（positron emission tomography：PET）などがある．これらの計測法には「神経血管カップリング」という現象がその測定原理の基礎になっている．それは「脳が何らかの機能を発現している時，その機能に関わる領野の神経細胞群が活動し，エネルギー代謝亢進に伴う血液供給の増加が局所的に起こるため，局所脳血流増加を検出することで神経細胞群の活動変化を間接的に検出・定量化できる」というものである．

fMRI は脳に磁場をかけて脳の小区画ごとの局所的な磁化率（磁界内に置かれた物体の磁化の強さと磁界の強さの比）の変化を blood oxygenation level dependent（BOLD）信号として計測することで脳血流量の変化を推定し，これにより神経活動を推定する方法である．赤血球に含まれるヘモグロビンのうち，酸化ヘモグロビンは非磁性体であるが，酸素と結合していない還元ヘモグロビンは磁性体であり，その濃度増加は磁化率の増加をもたらす．神経活動に関連して血流量およびそれに伴う酸化および還元ヘモグロビン濃度の時間変化が一定のパターンで起こり，これが BOLD 信号として検出・計測される．

NIRS は，大脳皮質領域に近赤外光を頭皮から照射し，散乱光を計測することで神経活動を推定する．近赤外線（800 nm 付近の波長）は頭皮や頭蓋骨を容易に透過し脳組織内に拡散する．血液中のヘモグロビンは酸素化状態によって光の吸収・散乱特性が異なる．そのため，脳組織から乱反射してもどってきた光成分の変化は局所血流動態を反映し，これに基づき，fMRI と同様，神経活動の変化を推定する．この場合の局所血流動態は，中大脳動脈を通して反映される脳全体の血流とは異なるものである．最近征矢らのグループは[20]，fMRI と同様の空間解析法を導入した fNIRS（機能的 NIRSi）を用いて，運動後の前頭葉の活動領域の推定に成功している．

PET による脳機能マッピングでは，ポジトロン（陽電子）とよばれる放射能（おもに酸素 15）で標識した水を体内に投与し，脳へ到達したポジトロンの放射能

を信号源として計測・画像化することで脳の表面から深部に至るすべての領域の神経活動を推定する方法である．

b. 実験動物の認知機能評価法

齧歯類の空間学習・参照記憶を調べる方法として，Morrisの開発した水迷路課題がある[13]．直径2mの円形水槽には粉ミルクにより白濁した水が張られており，その中の1か所に逃避用プラットフォームが動物から見えないように水面下に設置されている．水槽に放たれた動物は探索行動の結果としてプラットフォームにたどり着く．水槽の周囲にはいくつかの目印となるものが設置されているため，試行を繰り返すうちに，それらの目印を空間的視覚手がかりとして，プラットフォームの位置（場所）を学習する課題である．海馬の空間認知および空間記憶の機能を調べる課題であると考えられている．

水迷路は嫌悪刺激を用いているが，8方向放射状迷路は報酬刺激を用いた学習・記憶課題である．8方向放射状迷路では，空間学習・作業記憶を調べることができる．軽度な絶食状態におかれた動物が，8方向に伸びたアームの先端に置かれている餌を取る試行を繰り返すうちに，すでに訪れたアームを記憶し，そこに入らないようにして効率的に餌をとることを学習する課題である．

10.3 運動と実行機能

a. 体力との関連

認知機能は古くから行動指標により評価されてきた．運動と認知機能の関係を検討した研究においても，さまざまな認知課題を用いて前頭前野の実行機能の測定が行われている．子どもから高齢者にわたる多くの研究で，体力と実行機能には関連があることが指摘されている．子どもにおいて，20mシャトルランテストによる全身持久力の高い者は，実行機能（ストループ課題）が高い．また，全身持久力と学業成績（算数および読解）には正の相関関係が認められている（図10.2）[7]．大学生においても，試験入学者は推薦入学者よりも入学直後の学力テストの成績が高く，20mシャトルランテストによる全身持久力が高いことを示した報告もある．認知症のない高齢者への運動介入による体力増加は，実行機能改善に貢献することも確認されている．とくに有酸素運動による全身持久力の向上が，実行機能の向上に貢献すると考えられているが，最近では筋力トレーニングも実行機能改善に効果的であることが軽度認知障害をもつ高齢者において報告されている[14]．このように，子どもから高齢者まで，習慣的な運動による総合的な体力向上が実行機能の向上に大きく貢献すると考えられる．

b. 一過性運動における運動効果

踏み台昇降運動の前後に簡単な計算課題を与えると，運動後に成績が向上することが古くから知られている．計算課題の成績は50〜70% HR_{max} 強度で10〜60分間の有酸素運動後に向上する．抑制機能（ストループ課題）では，50% $\dot{V}_{O_2max}$ 強度で10分間の自転車エルゴメーター運動を行った場合が運動を行わなかった場合よりも優れていた[20]（図10.3a）．また，AT（anaerobic threshold, 無酸素性作業閾値）強度での10分間の自転車エルゴメーター運動中に注意機能（TMT課題）が向上することも示されている．このように，60分間程度までの中強度の有酸素運動が実行機能の向上に効果的であり，疲労困憊に至るような高強度運動や長時間運動では，むしろ実行機能が低下すると考えられている．

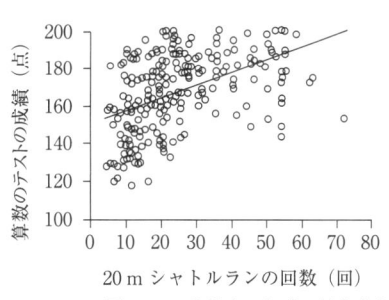

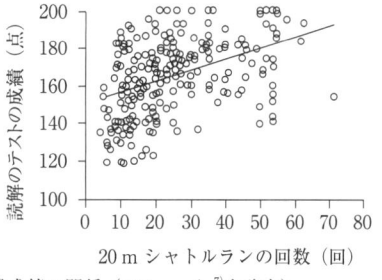

図10.2 小学生における持久力と学業成績の関係（Hillmanら[7]を改変）

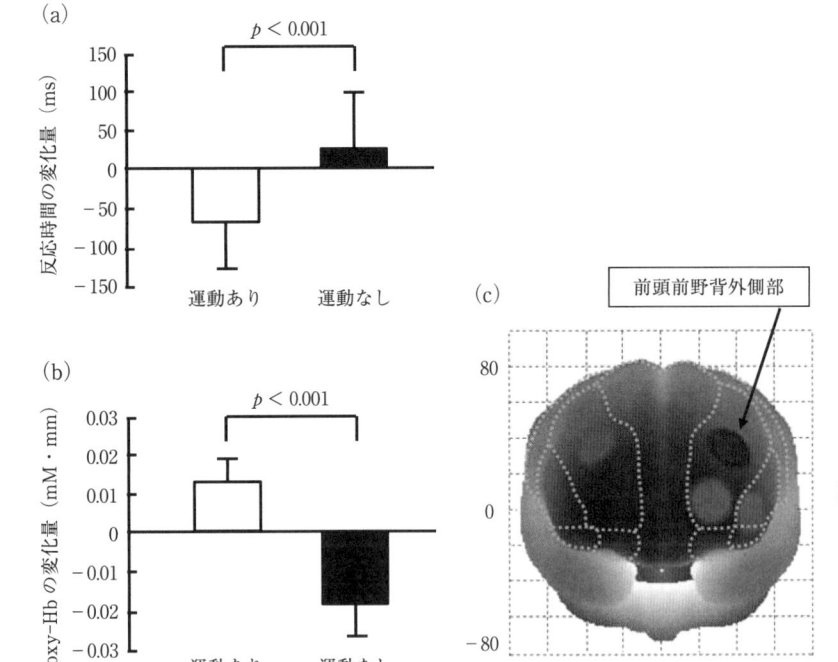

図10.3 運動前後におけるストループ課題の反応時間の変化(a)とoxy-Hb(酸素化ヘモグロビン)の変化(b),運動後の課題施行中に活動が高まった背外側部(c)(Yanagisawaら[20])を一部改変)

c. 事象関連電位(ERP)における運動効果

運動による認知機能の変化を行動指標ではなく,前述したERPによる生理指標からとらえる試みもなされている.P300の振幅は刺激に対する注意を,潜時は刺激に対する処理速度を反映するとされており,中強度の有酸素運動後に実施した認知課題中にP300の振幅が増大することが明らかにされている.また,成人では全身持久力とP300の振幅に関連がないものの,子どもでは全身持久力の高い者はP300の振幅が大きく注意機能が優れている.

d. 非侵襲的脳機能イメージング法における運動の効果

Soyaらのグループは,fNIRSを用い,実行機能(注意,判断,計画実行など)への一過性運動の効果とその神経メカニズムを評価している.それによれば,50% $\dot{V}_{O_2peak}$ やVT(換気性閾値)など,いわゆる中強度での10分間の運動により若齢者も高齢者もともに課題成績が向上するが,その神経メカニズムは両者で異なることが明らかとなった[19].

若齢者ではストループ課題時に左脳の前頭前野外側部が特異的に活性化するが,運動後は特に前頭前野背外側部の活動が高まる(図10.3b).一方,高齢者では,ストループ課題中,左右の前頭前野外側部が活性化し,若齢者でみられる片側優位性が解消,さらに運動効果も右脳の前頭極で高まった[9].高齢者では,加齢により課題特異的な領域の機能が低下し,反対側の関連部位の活動が代償的に亢進する.これは,Cabezaら[4]が提唱するHAROLD(hemispheric asymmetry reduction in older adults)モデルとして知られる.興味深い点は,運動効果が代償性を発揮する右脳にみられたことである.これは運動が高齢者の実行機能を高める神経メカニズムとしてはじめての知見となる.

おそらく,Kramerらのグループによる長期(6か月)の運動介入研究で[5],前頭前野の外側部が肥大し,実行機能が高まるとする効果は,こうした一過性運動の効果が積み重なって得られる可能性がある.

10.4 運動と学習・記憶

運動記憶は小脳に依存しているが,ここではおもに海馬に依存する記憶について述べる.海馬は学習・記憶に重要であり,運動習慣がある者は海馬尾部の灰白質量が多い.実験動物においては,自発走や低強度のトレッドミル走などの定期的運動後に,Morris水迷路課題による空間学習・記憶能力が向上する.その際海

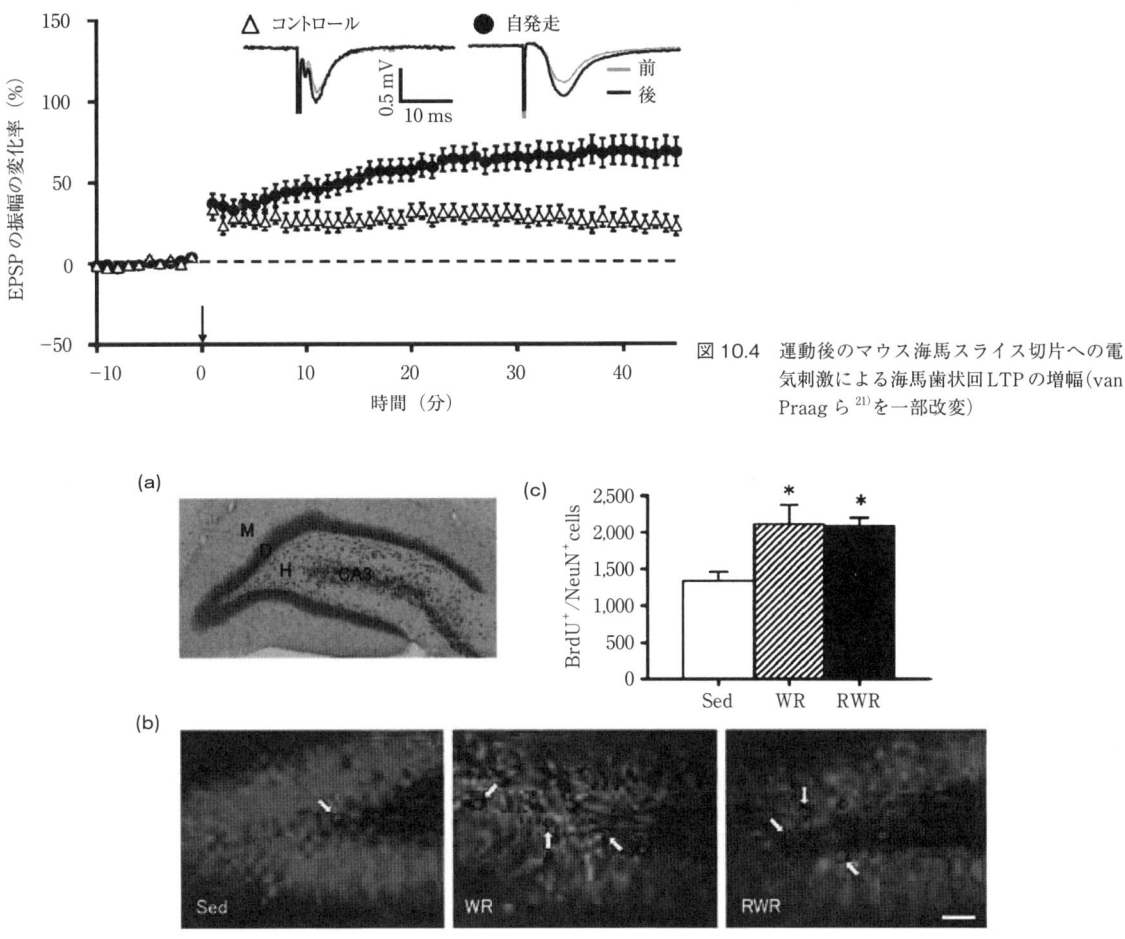

図10.4 運動後のマウス海馬スライス切片への電気刺激による海馬歯状回LTPの増幅(van Praagら[21]を一部改変)

図10.5 運動によるラット海馬歯状回での神経細胞の増殖(Leeら[11]を一部改変)
4週間にわたる非運動(Sed),負荷なし輪回し(WR),負荷つき輪回し(RWR)条件が海馬歯状回の神経新生数に及ぼす効果を示す.
(a) 海馬歯状回
(b) 矢印の先にBrdU/NeuN陽性細胞(神経新生した細胞)を示す.
(c) 負荷なしは走行距離に応じて神経新生が増加する.負荷つきは走行距離が半分でも効果は同様にみられる.

馬では,シナプス可塑性(図10.4)や神経新生(図10.5)が生じることが明らかとなっている[3,4,11,17].

a. シナプス可塑性

運動によりシナプス可塑性とよばれるシナプス伝達効率の変化が海馬で生じる.変化の持続性には短期型と長期型があり,方向性には増強型と抑圧型がある.これらの組み合わせのうち,LTP (long-term potentiation, 長期増強) とLTD (long-term depression, 長期抑圧) が記憶の基盤といわれており,LTPは記憶の形成,LTDは記憶の消去として表現されることもある.

LTPはポストシナプスにおけるNMDA (N-Methyl-d-asparate) 型グルタミン酸レセプターからのカルシウムイオン (Ca^{2+}) の流入により誘導され,CaMKII,PKA,PKMζなどの活性化によりAMPA (α-amino-3-hydroxy-5-methyl-4-isoxazolepropionic acid) 型グルタミン酸レセプターが増加して発現する.自発走を1か月間行ったマウスでは,空間学習・記憶の向上と海馬歯状回でのLTP増加が示されており,定期的な運動による海馬歯状回でのLTP増加は,神経新生の増加によるものと考えられている[3].一方,自発走によるLTP増加はメスでは認められないことがラットを

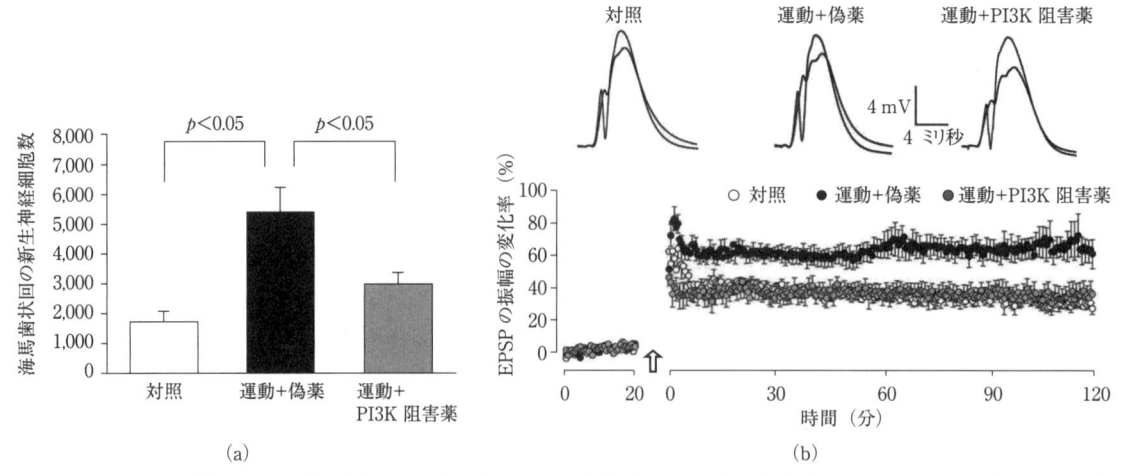

図 10.6 神経新生（a）と LTP 増加（b）に及ぼす運動と PI3K 阻害薬（LY294004）の影響（Bruel-Jungerman ら[3]を一部改変）

用いた研究で示されており，運動によるシナプス可塑性には性ホルモンも影響すると考えられる．

b．神経新生

海馬歯状回と側脳室下帯では新しく神経細胞が生まれる神経新生が起こっており，運動は神経新生を促進する．運動による神経新生の増加には，PI3K-Akt（phosphatidylinositol-3 kinase-Akt）シグナル経路が主要な経路の1つであり，この経路を阻害すると自発走による海馬歯状回での神経新生が抑制され，LTP の増加も抑制される（図10.6）[3]．運動によって PI3K-Akt 経路を活性化する代表的な因子として BDNF（brain-derived neurotrophic factor，脳由来神経栄養因子），IGF-1（insulin-like growth factor 1，インスリン様成長因子1），VEGF（vascular endothelial growth factor，血管内皮細胞増殖因子）があげられ，これらの因子は相互に影響し合っている．果たして，運動による神経新生の要因が何かは今後，詳細な比較検討が必要である．最近，Okamoto ら[15]は，BDNF や IGF-1 の上流で働き神経新生を促す男性ホルモン（DHT）が軽運動後の海馬の神経で増加し，神経新生を高めることを明らかにしており，相互の関係性は今後の研究の標的となりそうである．

1）BDNF

BDNF とそのレセプターである TrkB の発現が海馬で高いことから，学習・記憶に対する役割が明らかとなっている．BDNF 遺伝子を改変したマウスや BDNF-TrkB 経路を阻害したマウスでは，空間学習・記憶能力が低下している．一方，定期的な自発運動や低強度運動により海馬の BDNF と TrkB の蛋白発現が増加し，空間学習・記憶能力も向上する．BDNF はプレシナプスからのグルタミン酸の放出を促進するとともに PKMζ を活性化させ，LTP の維持に関与する．また，グルタミン酸は CaMKⅡ，MAPK/ERK などを活性化し，CREB（cAMP response element binding protein）をリン酸化して BDNF の発現を促すことによって相互に影響し合う．さらに，BDNF も CREB をリン酸化して IGF-1 の発現や神経新生に重要な役割を担っている．ヒトにおいて BDNF 遺伝子多型（Val66Met）をもつ者は，自己の体験や出来事についてのエピソード記憶力が低く，海馬の神経活動に異常が認められる．また，BDNF 遺伝子多型（Val66Met）をもつ者は，定期的な運動による記憶機能の向上がみられないので[8]，運動による記憶向上には BDNF の増加が重要な役割を果たしていると考えられる．

2）IGF-1

IGF-1 の作用を阻害すると，運動による海馬 BDNF の増加と神経新生が抑制され，空間学習・記憶能力の向上も抑制されることから，IGF-1 は学習・記憶に重要な役割を担っていることがわかる．運動により海馬では，局所血流が増加するとともに IGF-1 が増加する．この IGF-1 の増加は，局所の発現増加だけではなく，IGF-1 が BBB（blood-brain barrier，血液脳関門）を通過して血中からニューロンやアストロサイトへ移行して生ずると考えられている．

3）VEGF

VEGFは血流量の増加に反応して血管新生を促すが，海馬の神経新生も促す．定期的な低強度運動では海馬のVEGFが増加し海馬の血管新生が増加する．また，VEGFはBBBの透過性を亢進するので，IGF-1のBBB通過を促進すると考えられる．さらに，IGF-1はVEGFの発現を促すので，運動による海馬の血流量増加に伴うIGF-1循環量の増加が血管新生に関与すると考えられる．また，海馬の神経新生は血管の近くで起こることから，血管新生によるVEGFとIGF-1の循環量のさらなる増加が神経新生の増加に関与すると推測される．

10.5 運動と精神・神経疾患

a. う つ 病

日本におけるうつ病の生涯有病率は3〜7％とされている．うつ病は遺伝的素因をもつ者へのストレス負荷がきっかけとなり，セロトニンとノルアドレナリンの濃度低下（モノアミン仮説）やそれらのレセプター（5-HT2A, β-NA）の感受性亢進により生じると考えられている．セロトニンやノルアドレナリンはCREBをリン酸化してBDNFの発現に関与するが，うつ病の患者では血清中BDNF濃度が低下している．また，うつ病の患者はストレス指標である血中コルチゾール濃度が高く，海馬の体積も減少している．とくに子どもの頃に心的外傷を体験した者では海馬体積の減少がより著しい．抗うつ薬（SSRIやSNRI）はモノアミン仮説に基づくものであり，セロトニンやノルアドレナリンの再取込みを阻害してそれらの濃度を上昇させることによってBDNFの発現を高め，神経新生を促進する作用をもつ．脳画像研究では，うつ病患者は快感情に関与する左前頭前野の活動が低下し，不快感情に関与する右前頭前野の活動が亢進しているため，悲観的思考になりやすいとする推測もある．

b. 運動とうつ病

運動によるうつ症状の予防・改善効果については肯定的である．うつ病患者に50〜70％ $\dot{V}_{O_2max}$ 強度の有酸素運動を60分/回, 3回/週, 9週間実施すると，運動しなかった者よりも $\dot{V}_{O_2max}$ が増加するとともにBeck式抑うつ評価尺度の得点が低くなり，うつ症状の改善が認められる（図10.7）[12]．うつ病患者を3つの

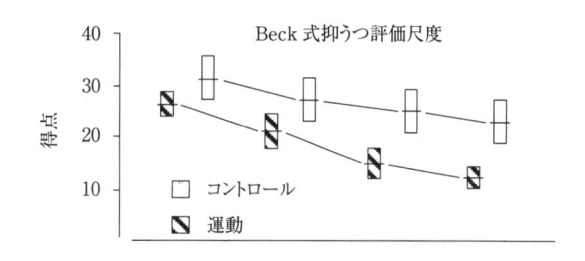

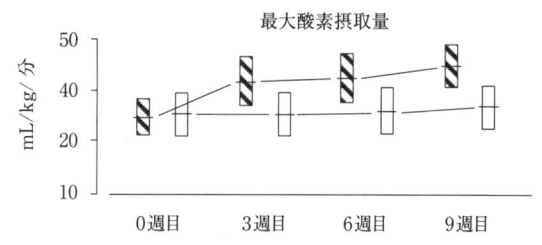

図10.7 運動によるうつ症状の改善（上段）と最大酸素摂取量の増加（下段）（Martinsen ら[12]を改変）
値は平均値と95％信頼区間を示している．

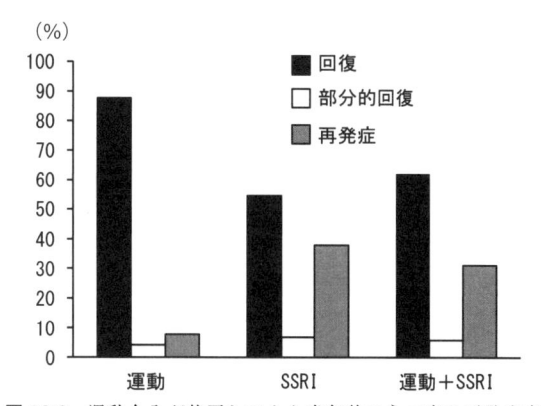

図10.8 運動介入が終了してから半年後のうつ病の再発症率（Babyak ら[1]を改変）

グループに分け，70〜85％ HR_{max} 強度の有酸素運動を30分/回, 3回/週, 16週間実施した場合，SSRIを16週間投与した場合，両者を併用した場合を比較すると，うつ病と診断されなくなった者の割合は同程度であったものの（運動：60.4％，SSRI：65.5％，運動＋SSRI：68.8％），その6か月後の再発率は運動のみを実施したグループが最も少なく（図10.8）[1]，有酸素運動は抗うつ薬よりも高いうつ症状の改善効果をもつことが示されている．うつ症状の改善効果は有酸素運動だけではなく筋力トレーニングにおいても認められている．また，定期的に運動やスポーツ活動をしている者はほとんど運動しない者よりもうつ病の発症リスクが約3割低い[16]．このような運動による抗うつ効果の

メカニズムとして，海馬の血管新生と神経新生がうつ病のモデル動物において想定されている．

c. 認知症

通常，加齢とともに認知機能は低下するが，高齢社会においては認知症の増加が大きな問題となっている．日本では，65歳以上の高齢者の認知症有病率は8～10％とされており，その原因疾患の半数以上がアルツハイマー病である．アルツハイマー病では老人斑とよばれるアミロイドβ蛋白の蓄積，リン酸化タウ蛋白の蓄積による神経原線維変化が生じ，最終的に神経細胞死へ至ると考えられている．また，アルツハイマー病患者の脳では，コリン作動性ニューロンの減少とアセチルコリン濃度の低下（コリン仮説），海馬でのBDNF発現の低下および海馬の萎縮がみられる．女性において，ApoE4（apolipoprotein E4）はアルツハイマー病発症の主要な危険因子であるが，BDNF遺伝子多型（Val66Met）も危険因子の1つとしてあげられている．

d. 運動と認知症

高齢者における1年間の有酸素運動は海馬体積を約2％増加させ，加齢による認知機能低下の予防や高齢者の認知機能を改善する．とくに女性の場合，有酸素運動だけではなく柔軟運動や筋力トレーニングを加えるとより効果が高い．運動による認知症の予防・改善効果についてもおおむね肯定的であり，65歳以上の高齢者1,740名の運動習慣と認知症発症の関連を追跡調査した結果，約6年間で158名が認知症を発症したが（内107名がアルツハイマー病），週3回以上定期的に運動する者では，そうでない者に比べて認知症の発症リスクが32％減少することが確認されている（図10.9）[10]．このような運動の抗認知症効果のメカニズムとして，ネプリライシン活性化によるアミロイドβ蛋白の蓄積阻害と分解促進作用，リン酸化タウ蛋白の蓄積解消，海馬の神経新生と血管新生がアルツハイマー病のモデル動物において想定されている[18]．

◆問 題

1 ワーキングメモリーとはどのような脳機能なのかを述べなさい．
2 ストループ課題，ゴー・ノーゴー課題，ウィスコンシン・カード分類課題と脳機能の関係を述べなさい．
3 体力と認知機能の関係について述べなさい．
4 運動による実行機能と脳血流の変化を述べなさい．
5 運動により学習・記憶能力が向上するメカニズムを述べなさい．
6 運動によるうつ症状の予防・改善効果について述べなさい．
7 運動による認知症の予防・改善効果について述べなさい．

◆参考文献

1) Babyak, M., Blumenthal, J. A., Herman, S., et al.：Exercise treatment for major depression；maintenance of therapeutic benefit at 10 months. *Psychosom. Med.*, **62**：633-638, 2000.
2) Baddeley, A.：Working Memory, Oxford Univ. Press, 1986.
3) Bruel-Jungerman, E., Veyrac, A., Dufour, F., et al.：Inhibition of PI3K-Akt signaling blocks exercise-mediated enhancement of adult neurogenesis and synaptic plasticity in the dentate gyrus. *PLoS ONE*, **4**：e7901, 2009.
4) Cabeza, R.：Hemispheric asymmetry reduction in older adults：the HAROLD model. *Psychol. Aging*, **17**：85-100, 2002.
5) Colcombe, S. J., Kramer, A. F., Erickson, K. I., et al.：Cardiovascular fitness, cortical plasticity, and aging. *Proc. Natl. Acad. Sci., USA.*, **101**：3316-3321, 2004
6) Donchin, E., Kramer, A. F. and Wickens, C. D.：Applications of brain event-related potentials to problems in engineering psychology. In：Psychophysiology；systems, processes, and applications（Coles, M. G. H., Donchin, E. and Porges, S. W. ed.）, pp. 702-718, Guilford Press, New York City, 1986.
7) Hillman, C. H., Erickson, K. I. and Kramer, A. F.：Be smart, exercise your heart；exercise effects on brain and cognition. *Nature*, **9**：58-65, 2008.
8) Hopkins, M. E., Davis, F. C., Vantieghem, M. R., et al.：Differential effects of acute and regular physical exercise

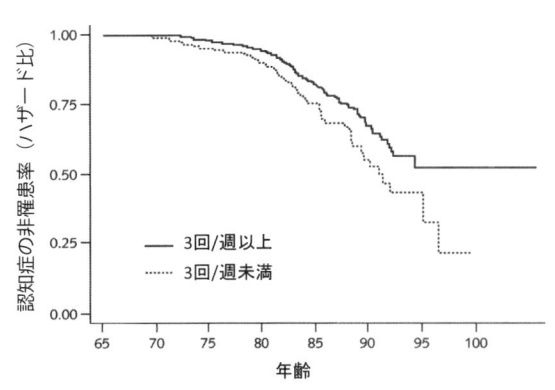

図10.9 運動習慣の相違による各年齢での認知症罹患率
（Larson ら[10]を改変）

on cognition and affect. *Neuroscience*, **215**：59-68, 2012.
9) Hyodo, K., Dan, I., Suwabe, K., et al.：Acute moderate exercise enhances compensatory brain activation in older adults. *Neurobiol. Aging.*, **33**：2621-32, 2012.
10) Larson, E. B., Wang, L., Bowen, J. D., et al.：Exercise is associated with reduced risk for incident dementia among persons 65 years of age and older. *Ann. Intern. Med.*, **144**：73-81, 2006.
11) Lee, M. C., Inoue, K., Okamoto, M., et al.：Voluntary resistance running induces increased hippocampal neurogenesis in rats comparable to load-free running. *Neurosci Lett.*, **537**：6-10, 2013.
12) Martinsen, E. W., Medhus, A. and Sandvik, L.：Effects of aerobic exercise on depression；a controlled study. *BMJ*, **291**：109, 1985.
13) Morris, R. G. M.：Synaptic plasticity and learning；selective impairment of learning rats and blockade of long-term potentiation in vivo by the N-methyl-D-aspartate receptor antagonist AP5. *J. Neurosci.*, **9**：3040-3057, 1989.
14) Nagamatsu, L. S., Handy, T. C., Hsu, C. L., et al.：Resistance training promotes cognitive and functional brain plasticity in seniors with probable mild cognitive impairment. *Arch. Intern. Med.*, **172**：666-668, 2012.
15) Okamoto, M., Hojo, Y., Inoue, K., et al.：Mild exercise increases dihydrotestosterone in hippocampus providing evidene for androgenic mediation of neurogenesis. *Proc. Natl. Acad. Sci., USA.*, **109**：13100-13105, 2012.
16) Paffenbarger, R. S. Jr., Lee, I. M. and Leung, R.：Physical activity and personal characteristics associated with depression and suicide in American college men. *Acta Psychiatr. Scand. Suppl.*, **377**：16-22, 1994.
17) Rhodes, J. S., van Praag, H., Jeffrey, S., et al.：Exercise increases hippocampal neurogenesis to high levels but does not improve spatial learning in mice bred for increased voluntary wheel running. *Behav. Neurosci.*, **117**：1006-1016, 2003.
18) Stranahan, A. M., Martin, B. and Maudsley, S.：Anti-inflammatory effects of physical activity in relationship to improved cognitive status in humans and mouse models of Alzheimer's disease. *Curr. Alzheimer Res.*, **9**：86-92, 2012.
19) Watanabe, J., Sugiura, M., Sato, K., et al.：The human prefrontal and parietal association cortices are involved in NO-GO performances；an event-related fMRI study. *NeuroImage*, **17**：1207-1216, 2002.
20) Yanagisawa, H., Dan, I., Tsuzuki, D., et al.：Acute moderate exercise elicits increased dorsolateral prefrontal activation and improves cognitive performance with Stroop test. *Neuroimage*, **50**：1702-1710, 2010.
21) van Praag, H., Christie, B. R., Sejnowski, T. J., et al.：Running enhances neurogenesis, learning, and long-term potentiation in mice. *Proc. Natl. Acad. Sci. USA.*, **96**：13427-13431, 1999.

11 運動と酸化ストレス

"酸化"とは常に"還元"とセットで考えられる概念である．過去の酸化・還元の定義は，物質と酸素が化合して酸化物になれば酸化された，酸化物が酸素を失えば還元されたというものであった．しかしながら，現在の定義では「原子や分子などが電子を失うことを酸化された」といい，「電子を得た時を還元された」という．つまり，電子のやりとりこそが酸化還元反応にほかならない．過去の定義で，酸素との化合が酸化とされたのは，酸素分子（O_2）の電子配列の特殊性，すなわち電子を受け取りやすい性質に起因する．生体内ではさまざまな反応過程などでO_2分子がより活性化した活性酸素種として発生したり，O_2分子以外の分子で電子を受け取りやすい性質に変化したフリーラジカルが発生したりする．

運動やスポーツ活動も活性酸素種やフリーラジカルを発生させる1つの要因である．生体には活性酸素種やフリーラジカルに対抗する防御機構（抗酸化能力）が備わっているが，その防御機構を上回る量の活性酸素種やフリーラジカルが発生すると，生体分子が酸化され，"酸化ストレス"が生じる．本講では，活性酸素種やフリーラジカルについての基礎的な知識を概説し，それらの発生過程や防御機構にも触れながら，運動と酸化ストレスとの関連性を論じる．

11.1 酸素と酸化ストレス：活性酸素種，フリーラジカルとは何か？

大気中に約20.9%存在する酸素（O_2）は安定な状態で存在している．基底状態[*1]のO_2分子は三重項酸素（$^3O_2$）ともよばれ，生体分子との反応性は低い．酸化ストレスの原因となる不安定で反応性が高い活性酸素種（reactive oxygen species：ROS）とは，この$^3O_2$が1電子還元されたスーパーオキシド（$O_2^{\cdot-}$），2電子還元された過酸化水素（H_2O_2），3電子還元されたヒドロキシラジカル（$\cdot OH$），および励起[*1]分子種の一重項酸素（$^1O_2$）の4酸素種，さらにその関連化合物の総称である．図11.1にこれらのROSの生成過程などについて示した．

$O_2^{\cdot-}$や$\cdot OH$についている「・（ドット）」はフリーラジカル（遊離基）を意味し，酸化還元反応で物質間の電子のやり取りのため，最外殻の軌道の電子が対をなさない「不対電子」を生じた時の記号である．分子または原子に不対電子をもつ不安定な化合物を総称して，フリーラジカル（通常，フリーラジカルとラジカルは同意のため，以下，ラジカルとする）とよぶ．通常の安定な化合物では電子2個ずつが対（ペア）になって磁気モーメントを消去しているが，不対電子は対を形成せず，1つの電子軌道または分子軌道を1電子だけで占有している．不対電子は不安定な場合が多く，図11.2のように，近くの分子から電子を奪って対になろうとするため反応性に富み活性が高い[36]．表11.1は，生体に関わりの深いROSとラジカルをまとめたものである．ROSにはラジカル系と非ラジカル系のものがある．

一般にROSやラジカルは不安定で反応性に富み，生

[*1] 基底状態と励起：原子や分子は電子を有し，決まったエネルギーをもって定常状態を保っている．定常状態にはさまざまな固有エネルギーがあるが，その中で最もエネルギーの低い状態を基底状態という．この基底状態から放射線などによって，電子が通常の電子軌道から外側の軌道に移動して電気的に中性のまま興奮状態になることを励起という．電子が原子や分子から離れて自由になった場合，その原子や分子はイオン化する．

$$O_2 \xrightarrow{+e(電子)} O_2^{\cdot-} \xrightarrow{+e(電子)} H_2O_2 \xrightarrow{+e(電子)} \cdot OH$$

酸素分子　　　　スーパーオキシド　　　　過酸化水素　　　　ヒドロキシラジカル

酸素原子　　　　基底状態の酸素分子　　　　励起状態の酸素分子
　　　　　　　　（三重項酸素ともよばれる）　　（一重項酸素ともよばれる）

図 11.1　代表的な活性酸素種（ROS）とその生成
酸素原子は原子核の周りに 8 個の電子を有している．下段の図は，8 個の電子の内，最外殻に位置する 6 個の電子のみを示している．6 個の電子の内，2 個（○で示したもの）は対（ペア）になっていない不対電子である．

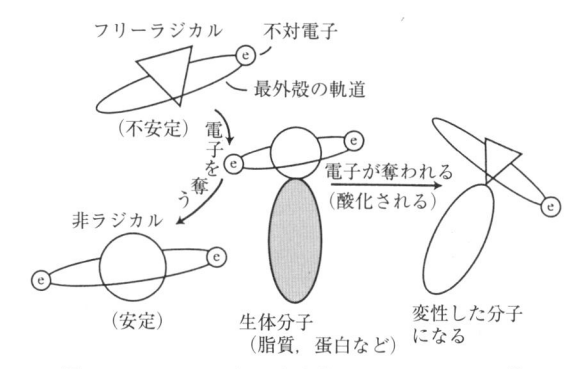

図 11.2　フリーラジカルと生体分子の酸化還元反応[36]

表 11.1　生体に関わりの深い活性酸素種，フリーラジカル

ラジカル（フリーラジカル）		非ラジカル	
$\cdot OH$	ヒドロキシラジカル	$^1O_2$	一重項酸素
$HOO\cdot$	ヒドロペルオキシラジカル	H_2O_2	過酸化水素
$LOO\cdot$	ペルオキシラジカル	$LOOH$	脂質ペルオキシド（過酸化脂質）
$RO\cdot$	アルコキシラジカル		
$NO_2\cdot$	二酸化窒素	$HOCL$	次亜塩素酸
$NO\cdot$	一酸化窒素	O_3	オゾン
$RS\cdot$	チイルラジカル	$ONOOH$	ペルオキシ亜塩酸
$O_2^{\cdot-}$	スーパーオキシド		

表 11.2　活性酸素種，フリーラジカルの生体内標的分子[37]

標的分子	障害
脂質	過酸化，生体膜障害
拡散	細胞回転変化，突然変異，DNA 鎖切断，塩基障害
アミノ酸	蛋白質変性，重合，酵素抑制，架橋結合変性
糖質	細胞表面レセプター変化
ヒアルロン酸	解重合
生体内活性物質	不活性化（a_1 アンチトリプシン，走化性因子，ケミカルメディエーター，神経伝達物質）

体分子を酸化させる悪玉でもあるが，一方で基質の酸化反応や細胞の情報伝達物質として利用されたり，免疫を担当する食細胞が貪食したウイルスや細菌などの侵入異物を融解させるといった生体防御にも利用されたりしている．つまり，生体にとって悪玉・善玉の作用をもたらす両刃の剣のような性質をもっている．

生理的な状態では，生体分子は防御機構である抗酸化能力により ROS やラジカルから守られ，酸化ストレスに曝されることはほとんどない．つまり正常の生理作用で生成する ROS は，その生成の場，量やタイミングともうまくコントロールされており，合目的に利用され消去されている．しかしながら，コントロールされている場からの漏出，過剰生成，さらには体外からの直接摂取（喫煙など）などが抗酸化能力を超えると生体にとって酸化ストレスとなる．すなわち，ROS やラジカルは単独であるいは共同および相互反応により，生体の構成成分である蛋白質や核酸，脂質や糖質などを標的分子として酸化させ，これらの物質の機能を損ねたり，反応性に富んだ物質に変えたりするなどの毒性を示す（表 11.2）[37]．その結果，生体の細胞は傷害を受け，疾病，発がん，老化などといった生体にとって悪作用を及ぼす．

11.2　生体での活性酸素種生成

生体内の ROS やラジカルは，生理的に生じる酵素や金属の反応により生成されるのに加え，虚血やストレ

11 運動と酸化ストレス

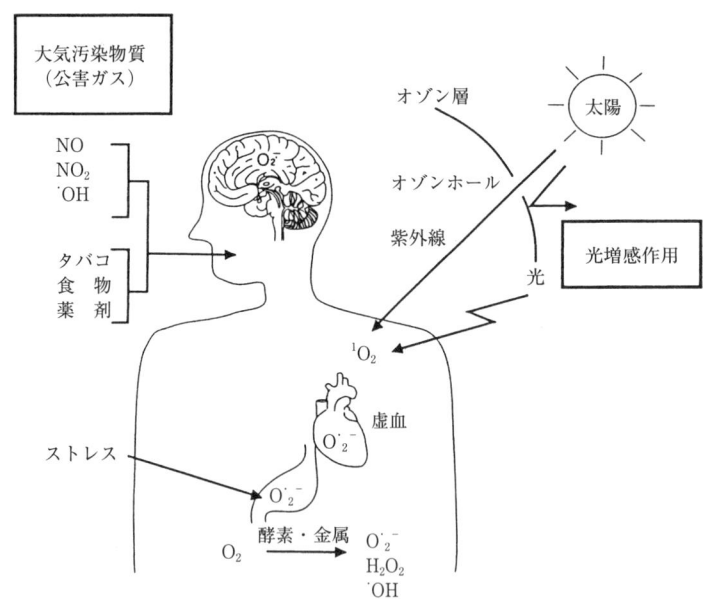

図11.3 生体に関わる活性酸素種，フリーラジカル（二木と野口[19]に筆者加筆）
光増感作用：光・紫外線などの照射により，光吸収物質が励起状態になること．

スなど病的状態，紫外線や放射線などの照射によっても生じる．また，図11.3のように，細菌やウイルスといった病原体の侵入に加え，現代はオゾン層の破壊による紫外線（とくに波長の短いUVAやUVB）の増加や大気汚染，化学物質による環境や食品などの汚染などによりROSやラジカル，その前駆物質を体外から直接取り込むなど，体内で過剰に生成される要因が増加している[19]．以下に，代表的な生体内でのROS生成，および運動との関係，過剰に生成される場合などについて述べる．

a. ミトコンドリアでの$O_2^{\cdot -}$生成

ミトコンドリアの内膜には，電子伝達系とよばれる呼吸鎖複合体I～IVが存在する．複合体Iは，細胞質のTCA回路で生じたNADHまたはコハク酸から電子を受け取り，電子は次々に他の複合体を通過していく．最終的に電子は複合体IVでO_2と水素と反応してH_2Oになる（図11.4）[4]．この複合体I（NADH-ユビキノン酸化還元酵素），複合体II（コハク酸-ユビキノン酸化還元酵素）および複合体III（ユビキノール-シトクロムC酸化還元酵素）で，それぞれ電子の漏出により$O_2^{\cdot -}$が生じる．生じた$O_2^{\cdot -}$は，不均化反応[*2]によりほとんどがH_2O_2になる．

運動時，全身の酸素消費量は安静時の10～20倍，活動筋では約10～40倍に増加する．ミトコンドリアで消費されるO_2の一定割合（2～5%）が$O_2^{\cdot -}$になるため，酸素消費量の増加は，ミトコンドリアからのROS生成を増加させると考えられる．しかしながら，ミトコンドリアは安静状態（state 4）よりもADP濃度が増加した活性化状態（state 3）でH_2O_2生成量が低く，また持久性トレーニングにより減少することも報告されていることから[34]，$O_2^{\cdot -}$生成量についても同様の変化があると推察される．

b. 虚血-再灌流

例えば臓器移植時のように，血液が組織に十分供給されない虚血状態の後，急激にO_2が供給されると，重篤な組織傷害が誘導されることが知られている．その原因がROS生成と考えられている．すなわち虚血部位では，ADPからの分解産物であるヒポキサンチンが蓄積し，同時に組織中に存在しているキサンチンデヒドロゲナーゼ（XD）がCa依存性プロテアーゼの加水分解作用により，$O_2^{\cdot -}$を生成するキサンチンオキシダーゼ（XO）に変換されてしまう．このような状態で血流が再開されO_2が供給されると，ヒポキサンチン，XO，O_2が共存することになり，多量の$O_2^{\cdot -}$やH_2O_2を

[*2] 不均化反応：同一種類の分子2個（3個以上のこともある）が互いに反応して2種類以上の異なる種類の生成物を与える化学反応のこと．他の物質の関与がある場合もある（例：$O_2^{\cdot -} + O_2^{\cdot -} + 2H^+ \rightarrow H_2O_2 + O_2$）．この反応例は自然にも生じるし，スーパーオキシドディスムターゼ（SOD）によっても触媒される．

11.2 生体での活性酸素種生成

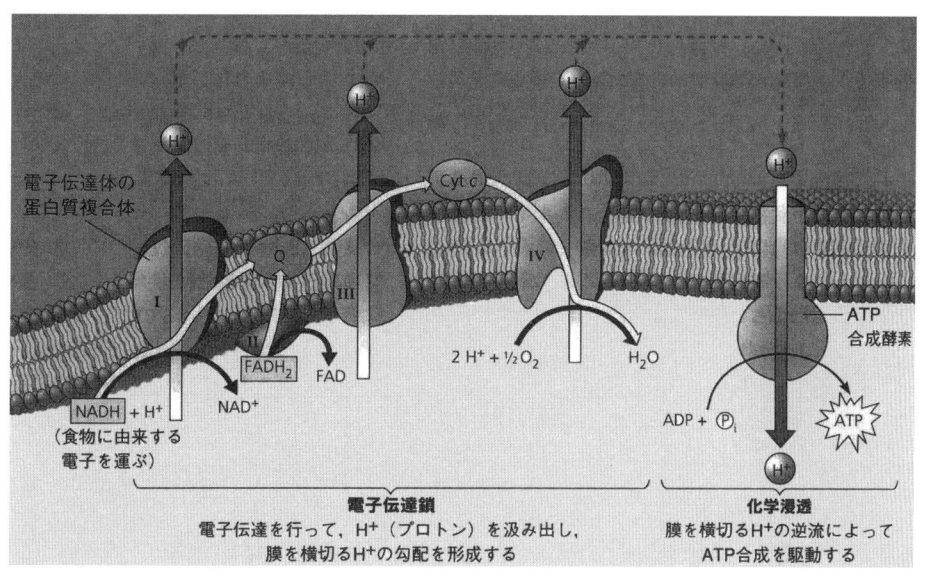

図 11.4 ミトコンドリア内膜の電子伝達系における電子の流れ[4]
TCA 回路などから NADH や $FADH_2$ という形でミトコンドリア内膜に運ばれてきた水素（H）は，複合体 I や複合体 II で H^+ と電子に分かれる．電子は図中の白矢印のルートで次々に複合体を通過し，H^+ の膜間空へ汲み出しを助け，最終的には複合体 IV で酸素と反応して水となる．電子が複合体を通過する際，一部の電子が漏れ出し，それが酸素と反応してスーパーオキシド（$O_2^{\cdot -}$）が生成される．ミトコンドリアで消費される酸素の数%が $O_2^{\cdot -}$ になると考えられている．

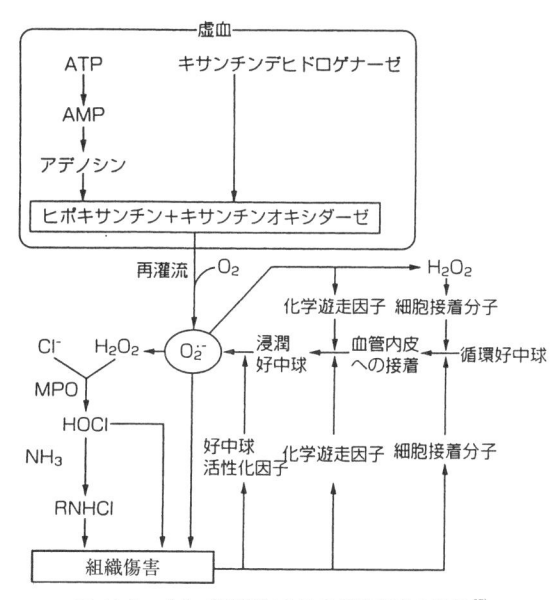

図 11.5 虚血-再灌流における活性酸素の関与[37]

生じ組織に酸化ストレスを及ぼす．また，再灌流時には好中球の組織への浸潤が顕著である場合が多く，好中球から生成される ROS の関与も考えられている（図 11.5）[37]．

運動時，血流はおもに骨格筋へ供給されるため，他の臓器（とくに肝臓や腎臓，腸管）の血流は低下する．血流は運動後に改善されるため，他臓器では虚血-再灌流に近い状態が引き起こされると考えられる．また，強い筋収縮を伴うような高強度運動などでは，骨格筋でも虚血-再灌流に近い状態が生じるだろう．運動直後の骨格筋には好中球を中心とした食細胞の浸潤により酸化ストレスが生じ，それが筋損傷の原因となっているという報告もある[6]．

c. NADPH オキシダーゼ

NADPH オキシダーゼは食細胞全般に存在する酵素であるが，とくに顆粒球の代表である好中球で多く発現している．この酵素を構成する蛋白質は，休止状態では細胞膜と細胞質に解離して存在している．しかしながら，好中球の表面が細菌や抗原-抗体複合体などで刺激されると，複雑なシグナル伝達系を介して細胞質蛋白質がリン酸化されて細胞膜蛋白質と結合し，複合体を形成することで活性化される．NADPH オキシダーゼは，NADPH を基質として $O_2^{\cdot -}$ を生成し，この $O_2^{\cdot -}$ は H^+ と反応して H_2O_2 と O_2 を生じる．そして H_2O_2 はミエロペルオキシダーゼの触媒のもと強力な殺菌作用をもつ次亜塩素酸（HOCL）へと変換される．好中

球に食胞された異物は，H_2O_2 や HOCL などにより殺菌される．NADPH オキシダーゼによって生成された $O_2^{\cdot-}$ は細胞外にも放出されるが，その $O_2^{\cdot-}$ は酵素的消去を受けにくいためより長く残存する．とくに炎症部では好中球やマクロファージから細胞外に放出される $O_2^{\cdot-}$ が，周辺の新鮮な組織の傷害の原因になる．

運動が NADPH オキシダーゼに与える影響についての知見は少ない．最大負荷運動直後，好中球の $O_2^{\cdot-}$ 生成量は増加するものの，NADPH オキシダーゼ活性は変化しなかったことが報告されている．この原因は運動によってシグナル伝達系が活性化されたことによると推察されている[11]．

d. ミクロソームでの $O_2^{\cdot-}$ 生成

ミクロソームは，形質膜，粗面（滑面）小胞体および核膜から切断された顆粒である．NADPH-P-450-シトクロム P-450 系が局在し，NADPH の存在下で $O_2^{\cdot-}$ を多量に発生させる．生成された $O_2^{\cdot-}$ は鉄イオン（Fe^{3+}）を2価鉄（Fe^{2+}）にし，O_2 を付加してさらに活性化され，リン脂質に含まれる多価不飽和脂肪酸を過酸化することが知られている．

e. 過酸化脂質の生成

細胞膜の成分である脂質は，ROS やラジカルと最も反応しやすく，ROS の生成部位としても位置づけられる．ROS やラジカルが酸化ストレスを招来する時，直接蛋白質や核酸に損傷を与える場合と過酸化脂質生成を介している場合がある．

脂質と ROS との反応により，多様な生体作用を有する過酸化脂質が生成する．$\cdot OH$ やヒドロペルオキシラジカル（$HOO^{\cdot}$）などは不飽和脂肪酸の自動酸化の開始因子として作用する（後述のラジカル連鎖反応，図11.6）[19]．ペルオキシラジカル（$LOO^{\cdot}$）は連鎖担体として機能し，生成物である過酸化脂質（脂質ペルオキシド：LOOH）は，反応性の高いアルコキシラジカル（$RO^{\cdot}$）などの発生源として存在する．

生体内で直接，ROS やラジカルを測定することは困難である．しかしながら，生成された過酸化脂質は安定性をもつため，チオバルビツール（TBA）法や高速液体クロマトグラフィ（HPLC）を用いた測定法が確立されている．過酸化脂質を指標に，運動による影響について検討した研究も認められる[31]．

11.3 活性酸素種の消去

生体内において ROS やラジカルは，前述のように細胞内外のいたるところで生成されている．これらが制御不能な状態で存在すれば，生体は酸化ストレスにより致命的傷害を受けて生存できない．そのため好気性生物は，進化の過程で酸化的ストレスに耐えるための抗酸化機構や酸化傷害修復機構を獲得してきた．すなわち，①ROS やラジカルの生成を抑制する機構（予防的抗酸化物），②生成された ROS やラジカルを速やかに消去する機構（ラジカル捕捉型抗酸化物），③損傷を受けた DNA，脂質，蛋白質を修復・再生する機構（修復再生機構）という3段階の精巧な防御機構によって自らを守っている．

酸化ストレスは，ROS やラジカルがその寿命内に防御機構により消去されず，標的分子と反応することによって生じる．ROS やラジカルは反応性に富み，表11.3 に示されるように短寿命で連鎖的な反応を引き起こす[38]．そのため発生した場所で速やかに消去することが重要であり，酸化防御を担う抗酸化物質は細

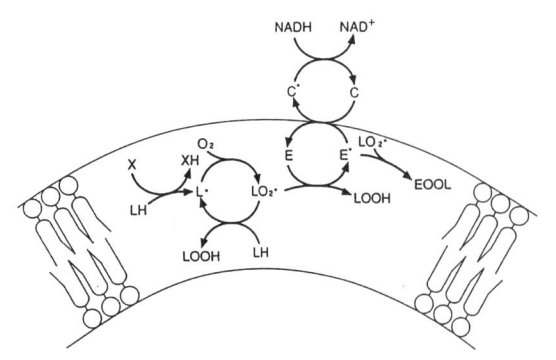

図11.6 細胞膜の脂質過酸化におけるビタミンCとビタミンEの相補的抗酸化作用[19]
LH：脂質，$L^{\cdot}$：脂質ラジカル，$LO_2^{\cdot}$（$LO^{\cdot}$）：ペルオキシラジカル，LOOH：脂質ペルオキシド（過酸化脂質），$C^{\cdot}$：ビタミンCラジカル，$E^{\cdot}$：ビタミンEラジカル．

表11.3 フリーラジカルの寿命（Yu[38]を一部改変）

種	科学記号	半減期，37℃，秒
スーパーオキシド	$O_2^{\cdot-}$	1×10^{-6}
ヒドロキシラジカル	$\cdot OH$	1×10^{-9}
アルコキシラジカル	$RO^{\cdot}$	1×10^{-6}
ペルオキシラジカル	$LOO^{\cdot}$	1×10^{-2}
一重項酸素	$^1O_2$	1×10^{-6}
酸素分子	O_2	$> 10^2$

一重項酸素と酸素分子は比較の意味で加えられている．

胞内外に存在している．これら抗酸化物質は，酵素的防御系と非酵素的防御系に大別できる（表11.4，表11.5）[28]．

a. 酵素的防御系

スーパーオキシドディスムターゼ（SOD）は，反応性は弱いが他のROSの前駆体としてとくに重要な$O_2^{\cdot-}$の消去を担う酵素である．SODでは活性中心にある金属（銅やマンガン）が，その酸化-還元サイクルにより$O_2^{\cdot-}$を不均化しH_2O_2とO_2に分解する．SODは$O_2^{\cdot-}$が生成される場所や細胞小器官に多い．これは$O_2^{\cdot-}$の寿命が短く拡散距離も短いこと，生体膜を通過できないため，$O_2^{\cdot-}$が生成される場にSODが存在する必要があることなどを反映しているものと考えられている[37]．

SODの$O_2^{\cdot-}$消去反応はH_2O_2の生成を伴う．H_2O_2は自らが毒性を有して生体膜を容易に通過でき，$\cdot OH$の生成源になりうるので，SODが効果的に機能するためには，次に述べるH_2O_2の消去系の存在が不可欠である．

カタラーゼ（CAT）は細胞内顆粒のペルオキシソームに局在し，赤血球，肝臓，腎臓に多く，その分布は多様である．CATは不均化反応を触媒し，H_2O_2をH_2Oに分解する（表11.4）[28]．グルタチオンペルオキシダーゼ（GSH-Px）は，細胞内でSODによる不均化によって生じるH_2O_2をH_2Oに還元して消去する役割と，膜脂質構成脂肪酸および遊離脂肪酸の脂質ペルオキシド（LOOH）を還元し，対応するアルコール（LOH）に変換することにより，細胞内構成成分を酸化ストレスから守る役割を担っている．

表11.4 細胞内の抗酸化物質と特徴（鈴木[28]に筆者加筆）

[酵素的防御系]	
スーパーオキシドディスムターゼ（SOD）	全細胞に存在．$2O_2^{\cdot-} + 2H^+ \rightarrow H_2O_2 + O_2$ CuZn-SODは細胞質，赤血球内． Mn-SODはミトコンドリアに局在．
カタラーゼ（CAT）	ペルオキシソーム，赤血球内． 過酸化水素分解 $2H_2O_2 \rightarrow H_2O + O_2$
グルタチオンペルオキシダーゼ（GSH-Px）	過酸化脂質，過酸化水素分解，細胞質に約75％ $LOOH + 2GSH \rightarrow LOH + H_2O + GSSG$ $H_2O_2 + 2GSH \rightarrow H_2O + GSSG$
[非酵素的防御系：低分子化合物]	
グルタチオン（還元型：GSH，酸化型：GSSG）	細胞内外で親水性の主要抗酸化低分子化合物． 細胞内濃度は2〜10 mM． 他の分子のSH基を還元状態に維持
ビタミンE（αトコフェロール）	脂溶性で細胞膜スカベンジャーとして作用
ビタミンC（アスコルビン酸）	親水性の還元物質，ビタミンEと協同して働く

表11.5 細胞外の抗酸化物質と特徴（鈴木[28]に筆者加筆）

[酵素的防御系]	
Extracellular SOD（EC-SOD）	細胞外のスーパーオキシドディスムターゼ 反応は細胞内SODと同じ，血管内表皮細胞と血液中
[非酵素的防御系：非酵素蛋白系]	
セルロプラスミン	銅イオンのキレート化
トランスフェリン	鉄イオンのキレート化
フェリチン	〃
ラクトフェリン	〃
アルブミン	SH基をもち血液中では主要なSH蛋白，ビリルビン複合体は強い抗酸化能．
[非酵素的防御系：低分子化合物など]	
ビリルビン	アルブミンと結合して抗酸化作用
尿酸	キサンチンオキシダーゼの代謝産物で$\cdot OH$に抗酸化作用
グルタチオン	表11.4参照
ビタミンC（アスコルビン酸）	〃

b. 非酵素的防御系
1）非酵素蛋白系

セルロプラスミン（Cp）は，血漿中や関節液などの細胞外液に銅と結合して存在している．この銅結合蛋白質は，1分子当たり1分子の$O_2^{\cdot-}$を非酵素的・化学量論的に消去することから，SOD活性が低い細胞外液では重要な役割を担っていると考えられる．おもな作用は，脂質のラジカル連鎖反応の開始に関与するFe^{2+}を酸化してFe^{3+}にすることで，生体膜の脂質過酸化および細胞傷害を防いでいる．トランスフェリンやラクトフェリンはCpと共存し，Fe^{2+}の生成を間接的に阻害している．

2）低分子化合物

寿命の短いROSやラジカルは，さまざまな低分子化合物によって消去される．$O_2^{\cdot-}$や$\cdot OH$のように反応性が高く寿命が短い場合，蛋白質やDNAの場合にみられるように，生成した近くの位置の残基を攻撃し，部位特異的（site-specific）な損傷を与える．したがって，膜に結合している脂質酸化物および短寿命のROSの消去は蛋白質のような高分子では事実上不可能であり，低分子化合物が担っている[2]．脂溶性のビタミンEはおもに生体膜中に存在し，膜内で発生したROSやラジカルの消去に働き，水溶性のビタミンCは細胞質や細胞外に存在し，生体膜の外でROSやラジカルを消去している．ビタミンEとビタミンCは抗酸化剤としてお互いに協力しあって効率よく働いている（図11.6）[19]．細胞膜は脂質が二重層をなして規則正しく配列している．この脂質がROSやラジカルによって電子を引き抜かれると（酸化されると），脂質ラジカル（L$\cdot$）が生じ細胞膜内でラジカル連鎖反応が起こって，細胞膜は過酸化脂質（LOOH）に変性して膜機能が破壊されてしまう．ビタミンEは膜内に生じたL$\cdot$を受け取って自らがラジカル（E$\cdot$）になり，ラジカル連鎖反応を止める（chain breakerとよばれる）．そして細胞膜の外側に存在するビタミンCから電子をもらい，もとのビタミンEにもどる．この過程で生成されたビタミンCラジカル（C$\cdot$）はモノデヒドロアスコルビン酸還元酵素，あるいは自発的不均化反応によりビタミンCとデヒドロアスコルビン酸に変わる．

その他，重要な低分子化合物としてグルタチオン，尿酸，ビリルビンなどがあげられる．グルタチオンは細胞内外に存在し（細胞内2〜10 mM，細胞外5〜25 μM），GSH-Pxの基質となるほか，$\cdot OH$などを捕捉して消去する作用を有する．尿酸は痛風の原因にもなる物質であるが，$\cdot OH$を消去したり，Fe^{2+}と結合することで$\cdot OH$の生成を防いだりする（フェントン反応の阻止）．また，ビタミンCラジカルのビタミンCへの再生に関与する．ビリルビンはヘモグロビンの分解により肝臓で生成されるが，生体内では血清アルブミンと結合しHOO$\cdot$に対して高い抗酸化作用を有する．

11.4 運動と活性酸素種

運動時のROS生成機構には，酸素摂取量の増大に伴う電子伝達系からの$O_2^{\cdot-}$生成の増加，虚血-再灌流による$O_2^{\cdot-}$生成，機械的な骨格筋損傷時の好中球由来のもの，運動時の過換気に伴う大気汚染物質の直接吸入，運動により分泌充進するカテコールアミン酸化時におけるROS発生などがあげられる．しかしながら，運動時にROSが発生するといわれているものの，運動によってROSが発生するという直接的な証拠を示した研究は少ない．これまで，ラジカルの直接測定が可能な電子スピン共鳴法（ESR）を用いた研究では，運動後の筋でROSが安静時以上に発生していることが認められている（図11.7）[5,9]．ただし，運動で発生するラジカルレベルの多寡を正確に定量することは困難であるため，これまでの多くの研究は，運動後あるいは運動中に生成される酸化的損傷マーカーや抗酸化マーカーを測定したり，抗酸化物質を投与したりすることで運動によるROSの発生とその影響を間接的に検証している．

運動時間の影響に関しては，健常者に1 kmと27 kmでの最大努力走行後に比較したところ，血清中の過酸化脂質（共役ジエン）が1 kmでは14％，27 kmでは25％増加した[33]．さらに，ラットに60，90，120分の水泳運動をそれぞれ行わせた際の運動後の骨格筋内MDA（マロンジアルデヒド；過酸化脂質の指標）濃度を比較した研究では，運動時間に依存して過酸化脂質濃度が増加した[13]．したがって，運動時間や距離に依存してROSの発生量が増加し，酸化的損傷マーカーが上昇すると考えられる．

運動強度の影響については，非鍛錬男性に最大負荷運動および最大下負荷運動（有酸素性閾値（AeT）と無酸素性閾値（AnaeT））を30分間行わせたところ，運動強度に依存して運動後のGSSG/TGSH比（酸化ストレスの指標）が高まった（図11.8）[25]．また，漸増

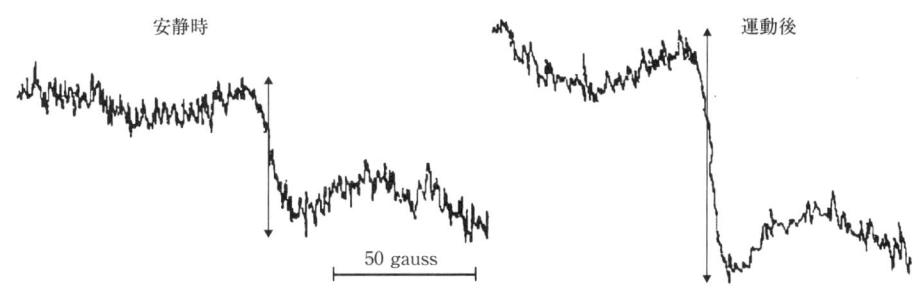

図 11.7 電子スピン共鳴法（ESR）によるフリーラジカルの検出[5]
運動を行った骨格筋（ラット）では，ESR のシグナル強度が 2～3 倍上昇し，等量のフリーラジカルが増加することを示している．

TBARS（チオバルビツール酸反応生成物，脂質の過酸化状態を示す指標）濃度が運動強度の上昇に伴って増加した[31]．以上のことから，運動強度も ROS の生成量や酸化ストレスに影響を及ぼす要因である．

運動の種類も ROS の発生に影響を与えうる．持久走とスプリント走で運動後の血漿 MDA 濃度を比べると，持久走では運動直後に，スプリント走では運動 48 時間後にピーク値を迎える[16]．また，筋力トレーニングや下り坂歩行（走行）時などで行う伸張性筋収縮は，筋の微細構造の損傷を引き起こしやすい[10]．伸張性筋収縮運動の数日後にクレアチンキナーゼ（CK）活性がピークに達し，また，マクロファージの浸潤を伴った筋線維の壊死が組織学的に観察される[10]．こうした筋線維の損傷や壊死はフルマラソン後にも観察され，その 1 日後に CK 活性のピークと 3 日後に白血球細胞の DNA 酸化的損傷が認められている[32]．このような炎症細胞の働きの強まりは，二次的な ROS の生成や酸化ストレスを促進させると考えられている．

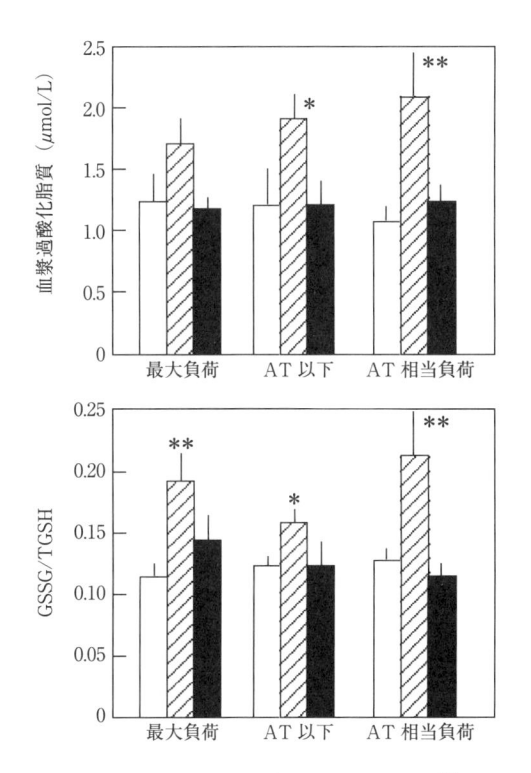

図 11.8 運動強度と酸化ストレスの関係[25]
酸化ストレスの指標である血漿過酸化脂質（TBARS）および酸化型グルタチオン（GSSG）と総グルタチオン（TGSH）の比（GSSG/TGSH）は，安静時レベル（白）に比べて，各強度の運動 2 分後（斜線）に増加し，運動 24 時間後（黒）で安静時レベルに回復した．GSSG/TGSH 比に関しては，運動強度（AT 以下＞最大負荷＞AT 相当）に依存して運動 2 分後の酸化ストレスが高まる傾向にあった．$*: p < 0.05$，$**: p < 0.01$，vs 安定時．

負荷運動中に呼気中のペンタン（酸化ストレスの指標）や血清 MDA 濃度が，運動強度依存的に増加した[14,15]．そして，運動中の酸素摂取量が同等になるように運動強度と時間を変えた（40% $\dot{V}_{O_2max}$-45 分，60% $\dot{V}_{O_2max}$-30 分，80% $\dot{V}_{O_2max}$-22.5 分）研究では，運動後の血清

11.5 活性酸素種生成量と消去系に対する運動トレーニングの影響

継続的な運動によって抗酸化能力が向上し，酸化ストレスが抑制される可能性が示唆されている．高強度の持久的トレーニングやスプリントトレーニングを行っている選手は，一般人よりも血清 MDA 値が高い[16]．また，30 日間の軍隊訓練（8～10 時間／日）後における尿中の 8-OHGua（DNA の酸化的損傷指標）排泄量は増加した[20]．これらの結果は，継続的な運動が酸化ストレスを高める可能性を示唆するものである．しかしながら，Marzatico ら[16]は持久性あるいはスプリントトレーニングによって SOD や GSH-Px といっ

11 運動と酸化ストレス

た抗酸化酵素活性が亢進することも報告している．

定期的な運動トレーニングは，筋線維タイプに応じて，細胞内のSOD（とくにMn-SOD）やGSH-Px活性を上昇させる[8,21]．Powersら[21]は，3つの運動強度（55，65，75% $\dot{V}_{O_2max}$）と3つの運動時間（30，60，90分）をそれぞれ組み合わせた運動をラットに10週間行わせ，トレーニングの運動強度や運動時間がヒラメ筋のSOD活性に及ぼす影響について検討した．運動時間60分までは運動強度に関係なく時間依存的にSOD活性が高まり，運動時間90分では運動強度に依存してSOD活性が高くなった（図11.9）．以上の結果は，トレーニングの運動強度や運動時間に依存して抗酸化能力が向上する可能性を示唆している．さらに，ラットに高強度の強制運動を行わせると臓器（肝，肺，心臓）の8-OHGua量が高くなったのに対して，自発運動では運動量にかかわらず8-OHGua量がコントロールに比べて低かったことが認められている（図11.10）[3]．これは，トレーニング時の運動強度に応じて酸化ストレス状態が変化する可能性を示唆している[3]．また，中高齢者を対象として日常の身体活動量と酸化ストレスの関係を検討した研究では，日常の活動量と酸化ストレスの間に関係性はみられなかった[29]．一方，日常的に持久的トレーニングを行っている中高齢者，あるいは持久的トレーニングを12週間継続した中高齢者のグループでは，血液中の抗酸化マーカーが同年代の一般人と比べて高い傾向にあり，酸化ストレスの亢進が認められなかった[29]．継続的な運動トレーニングは抗酸化能力を高める可能性があり，自発的に行う運動や日常生活レベルの身体活動は酸化ストレスを抑制できるのかもしれない．

11.6 活性酸素種に対する抗酸化化合物とその影響

運動実施に伴いROSが発生し，酸化ストレスとなるが，運動トレーニングを行うと内因性の抗酸化機能の適応が起こり（SODやGSH-Pxの発現量上昇），これを抑制することは前述した通りである．そのほかに，ビタミンCやビタミンE，ポリフェノール類，カロテノイド類などの抗酸化化合物の摂取によって，外因的にROSを抑制する研究は多く行われてきた．

抗酸化ビタミン類（ビタミンC，ビタミンEなど）は体内で生合成できないため，食事やサプリメントからの補充に依存する．実際，長期間のトレーニング後に安静時の細胞内ビタミンE濃度が減少する事実は[1,30]，激しい運動や長期にわたるトレーニングほど，抗酸化ビタミン類の必要性を示唆する．Warrenら[35]は，ラットに5週間α-トコフェロール（ビタミンE）を経口摂取させたところ，骨格筋中のトコフェロール濃度が高まり，酸化ストレスを抑制したことを示唆した．また，若年男性を対象にした研究では，6週間の抗酸化ビタミン類（ビタミンC，ビタミンEおよびβ-カロテン）の摂取が運動後の酸化ストレス（血中の過酸化脂質）を低減した[12]．このように抗酸化化合物の摂取は，血液中の酸化ストレス耐性を高め，運動後の酸化ストレ

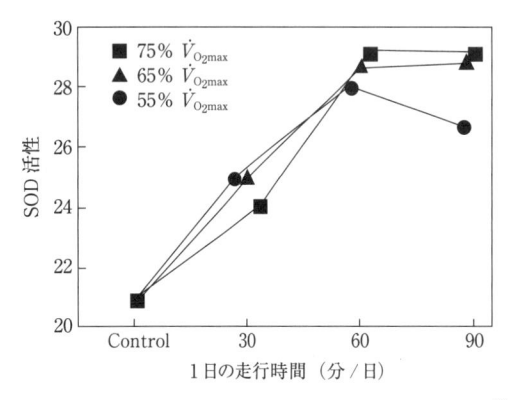

図11.9 トレーニング時間および強度とSOD活性の関係[21]
種々の運動時間（30，60，90分/日）と運動強度（55，65，75% $\dot{V}_{O_2max}$）で，それぞれ10週間トレーニングさせたラットの骨格筋（ヒラメ筋）中のSOD活性を比較すると，運動強度よりもトレーニング時間に依存してSOD活性が高くなった．

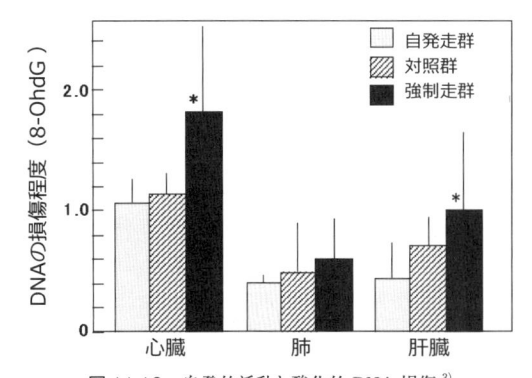

図11.10 自発的活動と酸化的DNA損傷[3]
ラットを自発的に運動させる群（自発走群），強制的に運動させる群（強制走群），コントロール群（対照群）に分け，5週間後の各臓器における8-OhdG（DNAの損傷程度を示す指標）レベルを調べたところ，強制運動群に比べ自発的運動群の8-OhdGレベルが有意に低かった．

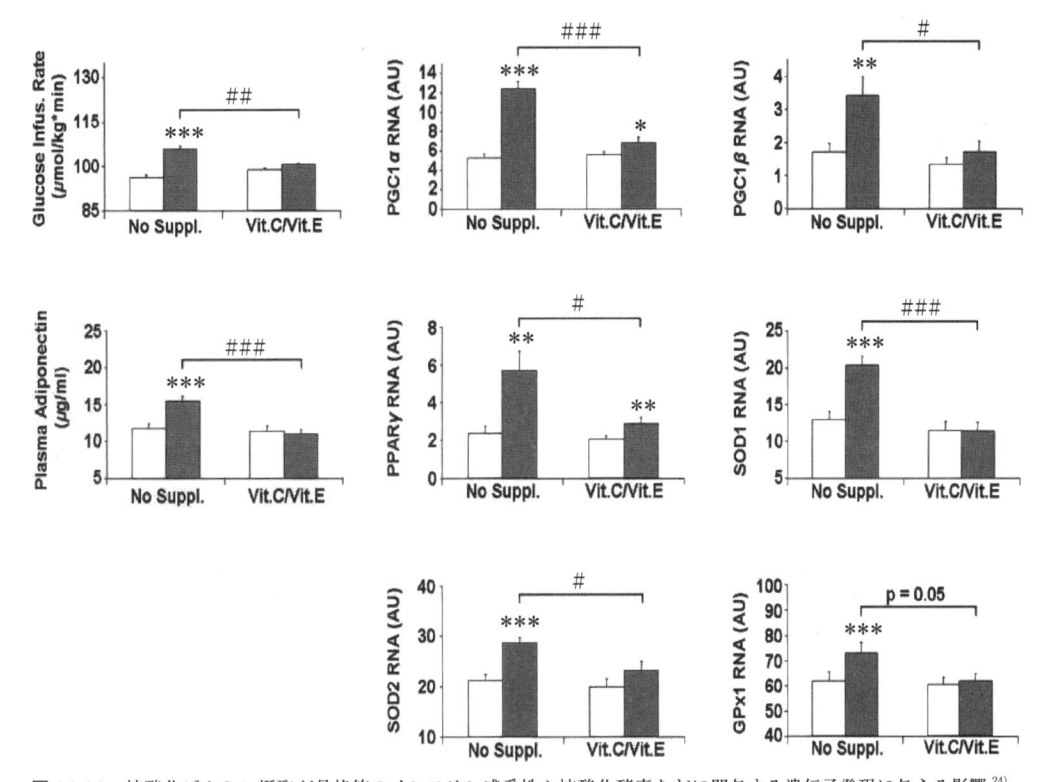

図 11.11 抗酸化ビタミン摂取が骨格筋のインスリン感受性や抗酸化酵素などに関与する遺伝子発現に与える影響[24]
ウォーミングアップとクーリングダウンを含めて約 85 分間の運動トレーニングを，週 5 回，4 週間実施することによって，上方調節（up-regulation）されるはずのインスリン感受性や抗酸化酵素，ミトコンドリア生合成に関わる上流因子の発言が，抗酸化ビタミン摂取によって抑制された．白色カラムはトレーニング前，灰色カラムはトレーニング終了後を示している．＊（$p < 0.05$），＊＊（$p < 0.01$），＊＊＊（$p < 0.001$）は群内の，#（$p < 0.05$），##（$p < 0.01$），###（$p < 0.001$）は群間での有意差を示している．
Glucose Infus. Rate：グルコース注入率，Plasma Adiponectin：血漿アディポネクチン濃度，PPAR：peroxisome proliferator-activated receptor（ペルオキシソーム増殖剤活性化レセプター），PGC：PPAR coactivators, SOD：superoxide dismutase, GSH-Px：glutathione peroxidase, No Suppl.：プラセボ投与，Vit.C/Vit.E：vitamin C（1,000 mg/ 日）＋ vitamin E（400 IU/ 日）．

スに抑制的に働くことが報告されている[17,18,27]．

上述のように，抗酸化ビタミン類の酸化ストレス抑制効果が報告される一方，近年，抗酸化ビタミンの摂取が運動によって生じるはずの骨格筋の代謝的適応や酵素蛋白質の発現を抑制するといった興味深い知見が報告された．Ristow ら[24]は，健常男性を対象にして介入実験を行い，ビタミン C（500 mg/ 回 × 2 回 / 日）やビタミン E（400 IU/ 日）の摂取が運動によって生じる ROS やそれに伴う酸化ストレスを抑制するのみならず，運動によって生じる適応（health benefit adaptation），骨格筋の抗酸化酵素の発現量（SOD，GSH-Px）やミトコンドリア生合成に関わる遺伝子発現量（PPARγ，PGC-1α，PGC-1β），インスリン感受性の亢進などを消失させてしまうことを示唆した（図 11.11）．PGC-1αや PGC-1β は ROS の 1 つである H_2O_2 によって発現誘導されることは培養細胞系や遺伝子改変マウスによって検証されている[7,26]．筋収縮時に H_2O_2 のイニシエーターである $O_2^{\cdot -}$ が筋細胞から放出される[22,23]．つまり，運動によって PGC-1α と PGC-1β の発現量が上昇するのは，筋収縮誘発性の H_2O_2 が PGC-1α と PGC-1β を誘導したためと考えられる．Ristow ら[24]の報告は，ROS が細胞内シグナルとして身体活動に伴うさまざまな適応を調節していることを強調しているともとらえられる．

◆問　題
1. 酸化・還元とは何か説明しなさい．
2. 「両刃の剣」にたとえられる活性酸素種とフリーラジカルの性質は何を意味するのか．
3. 活性酸素種が体内で過剰に生成される要因をあげなさい．

4. 血流が途絶えていた後，再び流れ始めた時（虚血-再灌流時），組織障害が引き起こされる理由を説明しなさい．
5. 好気性生物は酸化的ストレスに耐えるためにどのような抗酸化防御機構をもっているのか説明しなさい．
6. 抗酸化物質としてのビタミンCとビタミンEの作用について説明しなさい．
7. 運動時における活性酸素種の生成機構にはどのようなものがあるか説明しなさい．
8. 活性酸素種によって生体内に障害が引き起こされるのはどのような場合か説明しなさい．

◆参考文献

1) Aikawa, K. M., Quintanilha, A.T., de Lumen, B. O., et al.: Exercise endurance-training alters vitamin E tissue levels and red-blood-cell hemolysis in rodents. *Biosci. Rep.*, **4**：253-257, 1984.
2) 浅田浩二：活性酸素―生物での生成・消去・作用の分子機構―．蛋白質核酸酵素，**33**：213-238, 1988.
3) Asami, S., Hirano, T., Yamaguchi, R., et al.: Effects of forced and spontaneous exercise on 8-hydroxydeoxyguanosine levels in rat organs. *Biochem. Biophys. Res. Commun.*, **243**：678-682, 1998.
4) Campbell, N. A. and Reece, J. B.：キャンベル生物学（小林 興 監訳），pp. 179-202, 丸善，2009.
5) Davies, K. J., Quintanilha, A. T., Brooks, G. A., et al.: Free radicals and tissue damage produced by exercise. *Biochem. Biophys. Res. Commun.*, **107**：1198-1205, 1982.
6) Duarte, J. A., Carvalho, F., Bastos, M. L., et al.: Do invading leucocytes contribute to the decrease in glutathione concentrations indicating oxidative stress in exercised muscle, or are they important for its recovery? *Eur. J. Appl. Physiol. Occup. Physiol.*, **68**：48-53, 1994.
7) Hashimoto, T., Hussien, R., Oommen, S., et al.: Lactate sensitive transcription factor network in L6 cells: activation of MCT1 and mitochondrial biogenesis. *FASEB J*, **21**：2602-2612, 2007.
8) Higuchi, M., Cartier, L. J., Chen, M., et al.: Superoxide dismutase and catalase in skeletal muscle: adaptive response to exercise. *J. Gerontol.*, **40**：281-286, 1985.
9) Jackson, M. J., Edwards, R. H. and Symons, M. C.: Electron spin resonance studies of intact mammalian skeletal muscle. *Biochim. Biophys. Acta*, **847**：185-190, 1985.
10) Jones, D. A., Newham, D. J., Round, J. M., et al.: Experimental human muscle damage: morphological changes in relation to other indices of damage. *J. Physiol.*, **375**：435-448, 1986.
11) 神林 勲，内田英二，日下部未来ほか：最大負荷運動におけるヒト末梢血好中球の NADPH オキシダーゼ活性と細胞系スーパーオキシド生成能との関係．体力科学，**58**：225-264, 2009.
12) Kanter, M. M., Nolte, L. A. and Holloszy, J. O.: Effects of an antioxidant vitamin mixture on lipid peroxidation at rest and postexercise. *J. Appl. Physiol.*, **74**：965-969, 1993.
13) Koz, M., Erbas, D., Bilgihan, A., et al.: Effects of acute swimming exercise on muscle and erythrocyte malondialdehyde, serum myoglobin, and plasma ascorbic acid concentrations. *Can. J. Physiol. Pharmacol.*, **70**：1392-1395, 1992.
14) Leaf, D. A., Kleinman, M. T., Hamilton, M., et al.: The effect of exercise intensity on lipid peroxidation. *Med. Sci. Sports Exerc.*, **29**：1036-1039, 1997.
15) Lovlin, R., Cottle, W., Pyke, I., et al.: Are indices of free radical damage related to exercise intensity. *Eur. J. Appl. Physiol. Occup. Physiol.*, **56**：313-316, 1987.
16) Marzatico, F., Pansarasa, O., Bertorelli, L., et al.: Blood free radical antioxidant enzymes and lipid peroxides following long-distance and lactacidemic performances in highly trained aerobic and sprint athletes. *J. Sports Med. Phys. Fitness*, **37**：235-239, 1997.
17) Maxwell, S. R., Jakeman, P., Thomason, H., et al.: Changes in plasma antioxidant status during eccentric exercise and the effect of vitamin supplementation. *Free Radic. Res. Comm.*, **19**：191-202, 1993.
18) Meydani, M., Evans, W. J., Handelman, G., et al.: Protective effect of vitamin E on exercise-induced oxidative damage in young and older adults. *Am. J. Physiol.*, **264** (5 Pt 2)：R992-998, 1993.
19) 二木鋭雄，野口範子：生体内に生じるフリーラジカル．フリーラジカル―体内動態と生体傷害機序（近藤元治 編），pp. 8-21, メジカルビュー社，1992.
20) Poulsen, H. E., Loft, S. and Vistisen, K.: Extreme exercise and oxidative DNA modification. *J. Sports Sci.*, **14**：343-346. 1996.
21) Powers, S. K., Criswell, D., Lawler, J., et al.: 1994. Influence of exercise and fiber type on antioxidant enzyme activity in rat skeletal muscle. *Am. J. Physiol.*, **266** (2 Pt 2)：R375-380, 1994.
22) Reid, M. B., Haack, K. E, Franchek, K. M., et al.: Reactive oxygen in skeletal muscle. I. Intracellular oxidant kinetics and fatigue in vitro. *J. Appl. Physiol.*, **73**：1797-1804, 1992.
23) Reid, M. B., Shoji, T., Moody, M. R., et al.: 1992. Reactive oxygen in skeletal muscle. II. Extracellular release of free radicals. *J. Appl. Physiol.*, **73**：1805-1809, 1992.
24) Ristow, M., Zarse, K., Oberbach, A., et al.: Antioxidants prevent health-promoting effects of physical exercise in humans. *Proc. Natl. Acad. Sci. U. S. A*, **106**：8665-8670, 2009.
25) Sen. C. K., Rankinen. T., Vaisanen, S., et al.: Oxidative stress after human exercise: effect of N-acetylcysteine supplementation. *J. Appl. Physiol.*, **76**：2570-2577, 1994.
26) St-Pierre, J., Drori, S., Uldry, M., et al.: Suppression of reactive oxygen species and neurodegeneration by the

PGC-1 transcriptional coactivators. *Cell*, **127**：397-408, 2006.
27) Sumida, S., Tanaka, K., Kitao, H., et al.：Exercise-induced lipid peroxidation and leakage of enzymes before and after vitamin E supplementation. *Int. J. Biochem.*, **21**：835-838, 1989.
28) 鈴木敬一郎：抗酸化物質とは．活性酸素と運動（大野秀樹，跡見順子，伏木　亨　編），pp. 8-21, 杏林書院, 1998.
29) 田辺　解，増田和実，菅原　順ほか：中高年者における日常の身体活動量の相違が酸化ストレスに及ぼす影響．体力科学, **51**：325-366, 2002.
30) Tiidus, P. M. and Houston, M. E.：Vitamin E status does not affect the responses to exercise training and acute exercise in female rats. *J. Nutr.*, **123**：834-840, 1993.
31) Toshinai, K., Ohno, H., Bae, S. Y., et al.：Effect of different intensity and duration of exercise with the same total oxygen uptake on lipid peroxidation and antioxidant enzyme levels in human plasma. *Adv. Exerc. Sports Physiol.*, **4**：65-70, 1993.
32) Tsai, K., Hsu, T. G., Hsu, K. M., et al.：Oxidative DNA damage in human peripheral leukocytes induced by massive aerobic exercise. *Free Radic. Biol. Med.*, **31**：1465-1472, 2001.
33) Vasankari, T., Kujala, U., Heinonen, O., et al.：Measurement of serum lipid peroxidation during exercise using three different methods：diene conjugation, thiobarbituric acid reactive material and fluorescent chromolipids. *Clin. Chim. Acta*, **234**：63-69, 1995.
34) Venditti, P., Masullo, P. and Di Meo, S.：Effect of training on H_2O_2 release by mitochondria from rat skeletal muscle. *Arch. Biochem. Biophys.*, **372**：315-320, 1999.
35) Warren, J. A., Jenkins, R. R., Packer, L., et al.：Elevated muscle vitamin E does not attenuate eccentric exercise-induced muscle injury. *J. Appl. Physiol.*, **72**：2168-2175, 1992.
36) 吉川敏一：フリーラジカルの医学，診断と治療社, 1997.
37) 吉川敏一：フリーラジカルの科学，講談社, 1997.
38) Yu, B. P.：Cellular defenses against damage from reactive oxygen species. *Physiol. Rev.*, **74**：139-162, 1994.

12 運動と骨代謝

骨の生理的機能として，①カルシウムイオン（Ca^{2+}）やリン（P）などの生体内濃度を調節する機能，②身体の内外から生じる力に抗するための支持組織としての機能，そして③骨髄における造血機能があげられる．一過性の運動は血清 Ca^{2+} 濃度や骨代謝調節ホルモン濃度の変動および骨への力学的負荷増大を招き，これにより骨の生理的機能は賦活される．そして運動が慢性化すると，骨組織は合理的かつ効率的に機能を遂行できるように量的・質的にダイナミックな変化（適応）を生じる．本講では，運動に対する骨の適応をおもに量的および形態的側面から概観し，適応の基本的な原則とそれを可能にする細胞生物学的機序について述べ，最後に骨粗鬆症の予防・治療としての運動の役割を論じる．

12.1 骨代謝の概要

a. モデリングとリモデリング

骨の新陳代謝はリモデリングとよばれている（図12.1）．まず既存の古い骨が吸収され，その部位に新たな骨が形成される．通常，骨吸収と骨形成は機能的に連係しているので，リモデリングの前後で骨量は変化しない．しかし，何らかの理由で骨形成量が相対的に骨吸収量を下回ると骨量は減少し，逆の場合には増加する．一方，骨長軸伸長が進行中の成長期では，特定の休止骨表面が直接活性化され類骨形成（骨形成）が開始する（図12.1）．このような骨吸収を伴わない骨形成をモデリングとよび，これにより基本的な骨形態を維持したままでの急速なスケールアップが行われる．また，骨に対する直接的な力学的負荷によってもモデリングの生じることが知られている．

b. 破骨細胞，骨芽細胞，骨細胞

骨組織中にはモデリング・リモデリングに関与する特殊化された細胞群が存在しており，これらの細胞の働きを介して骨量変化が生じる（図12.1）．骨吸収を担当する破骨細胞（osteoclast）は，リソゾーム系の酵素によりコラーゲンなどの有機成分を，また酸によりハイドロキシアパタイトなどの無機成分を溶解する．

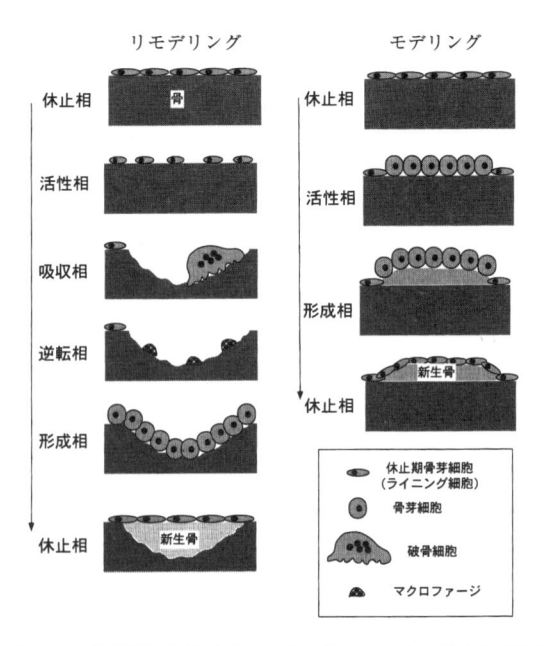

図12.1 骨表面におけるリモデリングとモデリング（七五三木作図）

骨形成を担当する骨芽細胞（osteoblast）は，コラーゲンを主体とする骨基質の有機性成分の合成・分泌を行う．骨形成が終了した骨芽細胞は偏平化して休止期骨芽細胞〔ライニング細胞（bone lining cell）〕となり，骨表面の大部分を敷石状に覆う．一方，骨芽細胞が骨形成中に自ら分泌した骨基質中に埋め込まれると，骨

細胞（osteocyte）になる．骨細胞は1 m³の骨質中に約2万6,000個も存在し，骨小管中に多くの細胞質突起を伸ばし，これにより骨細胞どうしあるいは骨表面上の骨芽細胞とギャップ結合により連結し合っている．この細胞群ネットワークによる力学的ストレス検出機構（メカノセンサー）の役割が近年注目を集めている．これら細胞の膜とそれを取り囲む骨基質の狭い隙間に満たされている体液が，骨への力学的ストレスによって急激に移動することによって骨細胞・骨芽細胞表面に流体剪断応力が生じ，これが骨の細胞生物学的応答を引き起こしていると考えられている[2]．

12.2 骨に及ぼす運動の効果に影響を及ぼす要因

a. 力学的要因

テニス選手の利き腕上腕骨にみられる骨肥大，局所的なギプス固定による骨萎縮は，運動－不活動に対する骨応答への局所性骨代謝調節因子（力学的要因）の強い関与を端的に示している．力学的要因に注目することで，骨に及ぼす一様ではない運動の効果を整理して概観することができる．図12.2は，若年女性競技者（17〜38歳）の腰椎骨塩密度を運動種目間で比較したものである[9,10,12,22]．重力に抗してすばやく体重の移動や支持を行うテニスやバレーボール，バスケットボールなどの運動は体重支持運動（weight-bearing exercise）とよばれ，運動時には骨へ強い地面反力が加わる．また，ボディビルディングやウェイトリフティングはレジスタンス運動（resistance exercise）とよばれ，重量物や抵抗物に抗するための筋発揮張力により骨へ大きな力学的ストレスが生じる．このように，骨への力学的負荷の大きい運動種目ではいずれも高い骨塩密度が観察されている．これに対して，顕著な骨量増加の観察されなかった水泳など持久的運動種目は，生理的負担度の相当高い場合でも骨への力学的ストレスはさほど大きくならない．骨に及ぼす運動の効果が全身で同じではなく部位特異的であること[25]も，運動時に骨に生じた力学的ストレスの大きさの違いを反映していると考えられる．

骨への力学的負荷の主要な決定因子は体重である．日常生活や運動場面において，同一の動作時でも体重が重いほど体重支持骨の受ける力は大きくなる．そのため，運動競技者のみならず非競技者においても体重と骨量との間には強い正の相関関係が見いだされている．

生理的条件が維持されていれば，骨にストレイン（歪み）をもたらす力学的要因（力学的ストレス）は最も強力な骨形成因子だと考えられる．しかし，生理的な異変があればその効果は減弱する．次に述べる内分泌的要因，加齢によって，力学的ストレスによる骨形成作用は大きく影響を受ける．

b. 内分泌的要因

卵胞ホルモン（エストロゲン）は，副甲状腺ホルモン（PTH）などの骨吸収促進因子に対する骨組織の反応性を下げる働き（骨への直接作用）や，カルシウム調節ホルモンを介してCa^{2+}出納をプラスに傾ける間接作用により，骨量を維持させるように働くと考えられている．また，力学的ストレスに対する骨の反応性を高める作用も報告されている．卵巣からのエストロゲン分泌は下垂体性ゴナドトロピンにより直接調節されている．運動による過度の心理的・身体的ストレスは，視床下部レベルにおける性腺刺激ホルモン放出ホルモン〔ゴナドトロピン放出ホルモン（GnRH）〕の分泌抑制あるいはゴナドトロピン分泌抑制作用をもつ脳内の内因性オピオイドの増加を引き起こすことでゴナドトロピン分泌を低下させ，これにより月経異常および血清エストロゲン濃度の低下がもたらされると考えられている．ハードなトレーニングを行う女子マラソンランナーの中には，月経周期異常および低い血清エストロゲン濃度を有する者が多く，また，その骨量は正常月経の女性よりも少ない[3,6]（図12.3）．持久性ランナーは一般女性に比べて体重が軽い傾向にあり，低体重による力学的ストレス水準の低下と，エストロゲン欠乏による骨の力学的ストレスに対する応答性低下の相乗効果が低骨量と関連すると考えられている[20]．

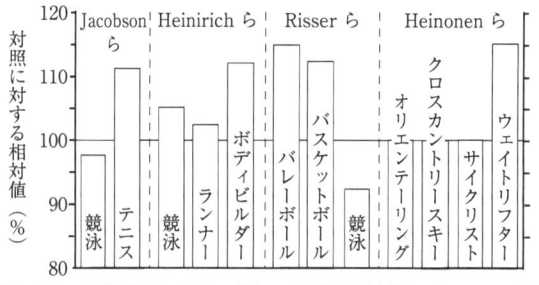

図12.2 正常月経を有する若年の女性運動競技者（17〜38歳）の腰椎骨塩密度 [9,10,12,22]

12　運動と骨代謝

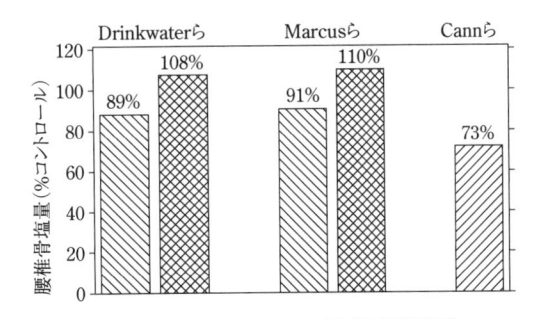

図12.3　無月経および正常月経を有する女子長距離ランナーおよび無月経の非スポーツ選手の腰椎骨塩密度[3]

y軸は，各研究の正常月経を有するコントロール群の値に対する相対値で表してある．

運動強度や運動時間が増加すると，副腎に由来する血中グルココルチコイド（GC）濃度の増加が起こる．GC過剰が慢性化すると，骨形成の抑制や骨吸収の亢進（骨への直接作用），また性ホルモン産生減少や腸管からのCa^{2+}吸収抑制（骨への間接作用）などにより骨損失を引き起こすことが知られている．そのため，運動によるGC過剰も同様な効果をもたらす可能性が指摘されている．

c. 加　齢

運動による骨量増加効果は加齢に影響される．骨代謝回転の盛んな成長期ほど運動の効果は顕著に現れ，加齢に伴い代謝回転が低下すると効果も減少する[27]．運動の効果は生理的な骨代謝回転に関わる細胞群の機能的変化を介して発揮されるので，ベースとなる代謝回転あるいは細胞群の分化・増殖能の高低により，運動の効果は左右される．しかし，骨の老化，すなわち，老人性（退縮性）の骨量減少がすでに進行中であっても，運動負荷による骨量減少の抑制や骨量増加が多数報告されている．たとえば，閉経後の女性の前腕に局所的に力学的ストレスを加えた研究では，橈骨遠位部骨塩密度が3.8％増加したという[26]．このように，運動に対する骨量増加効果は加齢とともに減少してしまうが，老齢期の骨でも適応能力は維持されていると考えられる．

12.3　力学的ストレスに対する骨の適応メカニズム

a. 力学的ストレスとモデリング・リモデリング

骨代謝に対する運動の主たる効果は，モデリング（骨形成）の亢進とリモデリングの抑制である[15, 24]（図12.4）．運動した動物の四肢の長管骨骨幹部（皮質骨）では，骨の外周（骨膜面）で活発なモデリングが生じ，これにより骨膜周径の増大による皮質骨量の増加が起こる．このような現象は，成長期のヒトや動物あるいは老齢期のヒトでも観察されている．一方，運動負荷は，海綿骨骨梁表面の骨形成亢進と骨吸収減少を引き起こす．これにより，骨梁数の増加ではなく個々の骨梁幅の増大に起因した海綿骨骨量の増加が起こる．

一方，不活動（不動化）[1]あるいは宇宙飛行[31]などによる骨量減少は，モデリングの抑制とリモデリングの亢進として特徴づけられる（図12.4）．人工衛星による宇宙飛行や尾部懸垂により後肢への体重荷重を減少させる無重力のモデルを若齢ラットに課すと，成長期の骨表面で観察されるべき活発なモデリングが完全に停止する．また海綿骨では，まず骨吸収が一過性に亢進し，骨量は急速に減少する．これにやや遅れて骨形成の低下が起こり，これは持続的に続く．また成人の場合でも，宇宙飛行あるいはベッドレストによる早期の急激な骨量減少と尿中Ca^{2+}排出量の増加が観察され，これは骨吸収（リモデリング）の亢進を示唆している．

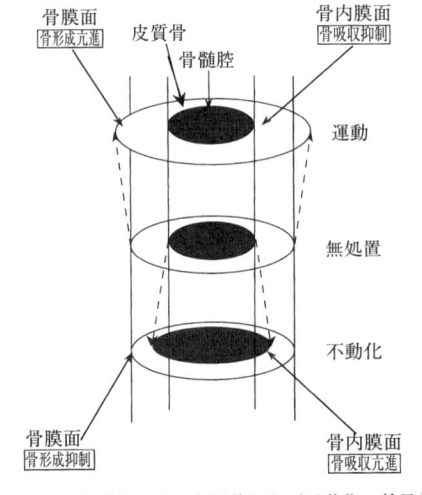

図12.4　皮質骨に及ぼす運動および不動化の効果[24]

b. 運動とストレイン

骨組織が新たな力学的環境に慢性的におかれると、その環境条件に適するような構造的および量的変化を生じる。現在、力学的環境の変化は骨の微小なストレインとして認識されると考えられている[19,23]。骨に生じたストレインと骨量変化の関係は次のように理解されており、運動による骨量変化を説明するのに非常に都合がよい。

① 骨に生じた最大ストレインと骨量変化は比例関係にある。

② 同一の最大ストレインを生じる場合、単位時間当たりのストレインの変化率が高いほど、骨量変化も大きい。

③ 外力の負荷回数と骨量変化は比例関係にはない。ある閾値回数以上でないとストレインに見合う骨量増加効果は生じないが、閾値以上であれば負荷回数をさらに増やしてもそれ以上の骨量増加は生じない。

①は、ストレインを十分生じるような力学的負荷が骨量増加に必要であることを意味する。運動時に骨へ加わる力学的負荷が大きいほど骨の変形量が大きく、これに比例して骨量増加も大きくなると考えられる[14,17]。運動の部位依存的な骨量増加効果、あるいは運動種目による骨量増加の程度の違いは、運動時に骨で生じたストレインの大きさによって説明できる。

②は、徐々に力が大きくなるような負荷よりも短時間のハイインパクトな力の方が骨量増加には効果的であることを意味する。これは瞬発的な動作を要求する運動種目で顕著な骨量増加がみられることと関係する。Kohrtら[18]は、ウェイトリフティングや漕艇動作などレジスタンス運動の関節反力による内的負荷と、歩行・ジョギング・階段昇降の体重支持運動による地面反力による外的負荷で、11か月の運動効果を比較した。その結果、大腿骨頸部の骨密度を有意に高めたのは、レジスタンス運動ではなく体重支持運動であった。このように、筋力発揮の大小よりも荷重形態（運動様式）の動的-静的が骨の適応応答を左右するようである。

③は、同じ運動を何度繰り返しても、あるいは長時間持続しても、それに比例した骨量変化が起こらないことを意味し、持久性競技者で高い骨塩量が得られない結果と一致する。また、ラット・ジャンプトレーニング・モデルにおいて、骨増強効果は1日5回と100回のジャンプ条件で大きな差異のないことが示されている[29]。骨の細胞は繰り返される力学的負荷シグナルへの反応性を弱めること[28]が、その理由だと考えられる。

c. メカノスタット理論

Frost[7,8]は、力学的ストレスにより生じる骨組織の歪みと骨代謝調節との関係をメカノスタット理論としてモデル化した（図12.5）。その基本的な考え方は、骨は力学的ストレスを感知して骨量を調節し、骨強度との平衡状態を保つ生理的フィードバック機構をもつ、というものである。すなわち、骨は外力による最大歪みの大きさを一定に保つべく、大きな力学的ストレス環境下では骨強度を増すように、それが小さな環境下では骨強度を減じるように、モデリングとリモデリン

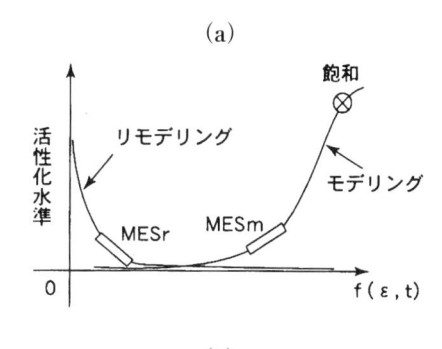

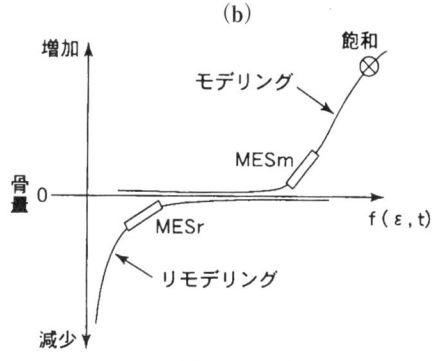

図12.5 メカノスタット理論からみた力学的環境変化に対するモデリングおよびリモデリングの活性化水準の変化 (a) とそれによる骨量変化 (b) [8,9]

横軸は力学的負荷により生じる骨の歪みと時間の関数を表している。aの縦軸は、モデリングおよびリモデリングの活性化水準を、bのそれは骨量変化をそれぞれ示している。力学的負荷の大きさやそれを受ける時間などが低下（横軸が左側にシフト）してMESr以下になると、リモデリングの活性化が起こり、骨量は減少する。逆に、力学的負荷が増加（横軸が右側にシフト）すると、リモデリングは抑制され、MESm以上になるとモデリングの活性化が起こり、骨量は増加する。

グの程度を変化させる．モデリングとリモデリングの活性化が起こるためには，ストレインが設定された閾値を超える必要があり，この閾値を最小有効ストレイン（minimum effective strain：MES）とよぶ．モデリングの活性化はMESm（MES for modeling）を超えるストレインにより引き起こされる．一方，リモデリングはMESr（MES for remodeling）以上の負荷状態になると抑制され，ストレインがMESrを下回ると活性化される．正常範囲のストレインの場合，リモデリングによる骨吸収量と骨形成量は等しいので，骨量変化は生じない（保存モード）．一方，MESr以下のストレイン水準では，骨吸収量に見合う骨形成が起こらない廃用性モードになることが仮定されており，リモデリングの亢進は骨量減少を導く．

この理論は，運動を含めた種々の力学的環境下にある骨組織の変化をうまく説明できる．たとえば，体重支持運動や抵抗運動は骨組織内にMESmを超えるストレインを生じさせるような外力をもたらし，これによりモデリングが活性化され骨量が増加すると考えられる．一方，マラソンランナーなどの走運動競技者や水泳競技者では，ストレインがMESmに至らないために顕著な骨量増加がみられないと解釈できる．また，不使用や宇宙飛行による骨量減少は，外力の極端な減少に伴ってストレインがMESrを下回ったために生じたリモデリングの活性化によって説明できる．

12.4 骨粗鬆症の予防・治療としての運動の役割

a. 成長期の運動による骨増強促進

骨粗鬆症予防の最善策は，成長期の運動によって高い最大骨量（予備力）を獲得することである．成人後の骨密度や大腿骨頸部骨折リスクに大きな影響を及ぼすのは，成長期（12～18歳）におけるCa摂取量よりも身体活動水準であることが実証されている[21]．骨の材料（Ca）をいくら摂取しても，骨が太く強くなる必要性（運動刺激）がなければCaは体外へ排出されるだけで，骨として貯蔵されない．生涯の中で最も骨量の増加する成長期における運動は骨への力学的負荷として機能し，骨のモデリングをいっそう促進し，高い最大骨量獲得につながると考えられる．

Katoら[13]は，閉経後の中高年女性（60.2±5.6歳，52～73歳）を対象に，中学高校時代の運動部活動経験の有無と骨量・骨形態の関係を，二重エネルギーX線吸収測定法（DXA）および磁気共鳴映像法（magnetic resonance imaging：MRI）を用いて横断的に調べた．その結果，運動部群は非運動部群と比較して，腰椎および大腿骨頸部の骨塩量，大腿骨骨幹部の横断面積および断面2次モーメント（断面形態による骨強度指標）において，有意な高値を示した．成長期における運動は骨のモデリングを促進し，おもに骨の外周（骨膜面）での骨添加という形態的変化をもたらすことによって，約40年もの月日を経た後もなお，骨量および形態的強度を維持しているということである．さらに興味深いことに，同じ研究[13]で大腿中央部の筋横断面積には成長期の部活動経験の有無による中高年期の差異はみられなかったという．成長期における運動効果の長期間に及ぶ高い残存性は，他の組織にはない骨の特徴といえるかもしれない．

b. 閉経後・高齢期の運動による骨の減弱抑制

先述のメカノスタット理論（図12.5）におけるMESは，ホルモンなどの液性因子により変化するとされている．たとえば，エストロゲンや成長ホルモンはMESmとMESrを低めにセットするように働く．そのため，それらの濃度低下はMESの上昇をもたらし，力学的負荷が増してもモデリングは起こりにくく，また力学的環境が変化しなくてもリモデリングが生じやすい状態になる．閉経や加齢に伴ってエストロゲンや成長ホルモンが減少すると，同じ運動をしても骨量増加効果が弱かったり，生活スタイルが変化しなくても骨が失われたりする現象は，これにより説明できる．閉経後骨粗鬆症の実験モデルである卵巣摘出ラットを用いたトレーニング実験では，エストロゲン欠乏による骨量減少が十分に進行した後からであっても，ジャンプ[11]やスクワット[17]といったハイインパクトな運動は体重支持骨を増強させることが報告されている．この結果は，エストロゲンや成長ホルモンの減少によってMESmが高めにセットされても，その閾値を超えるようなハイインパクトな運動を負荷すれば骨のモデリングによる骨増強が期待できることを示唆している．しかし，この結果を閉経女性や高齢者の運動処方に適用するのは危険であろう．積極的に骨増強を狙う運動を処方するよりは，閉経後や高齢期に生理的変化として生じる骨の減弱を少しでも抑制するという考え方の方が妥当だと思われる．なぜなら，閉経女性[4,25]および卵

巣摘出ラット[16]において，軽度の運動であってもエストロゲン欠乏による急激な骨量減少の抑制が可能であることが確かめられているからである．ローインパクトな運動は，モデリング促進のためのMES（MESm）には達しないがモデリング抑制のためのMES（MESr）を上回ることで，骨代謝回転亢進の抑制により骨損失を防ぐと解釈できる．

c．骨特異的な身体活動評価の必要性

従来の身体活動評価尺度は，おもにエネルギー消費量に焦点を当てたものが多い．これらの尺度では，これまで述べてきた骨の特性を考慮した身体活動評価は困難であろう．そこで近年，骨への力学的負荷に着目した身体活動評価尺度が開発されている．Dolanら[5]は，骨への力学的負荷の履歴を評価する質問票（bone loading history questionnaire：BLHQ）を開発した．BLHQは，運動生理学，生体力学，生体工学の研究者13名の協力を得て開発された尺度であり，骨への荷重歴に特化した身体活動評価票を提案した点に高い独創性がある．しかし，BLHQ[5]における骨荷重単位は，36種活動時の大腿骨頸部と腰椎への負荷の大きさを研究者が1（lowest）～3（highest）の範囲でレイティングした数値の平均値であり，地面反力の実測データに基づくものではない．その信頼性・妥当性を疑問視したWeeksとBeck[30]は，BPAQ（bone-specific physical activity questionnaire）を開発した．一般的なスポーツや他の活動時の地面反力に基づくBPAQ値は，BPAQのアルゴリズムによって骨へのハイインパクトな活動を評価できる．このアルゴリズムは，身体活動の週当たり実施頻度も加味し，重みづけを行っている．BPAQ値は，生後から今までの身体活動歴を現在（最近12か月）および過去の2つの要素に区別して分析可能である．男子において，現在のBPAQ値（cBPAQ）は，大腿骨頸部，腰椎，全身のDXAによるBMD〔bone mineral density：骨塩密度（骨密度）〕を予測した．女子では，過去のBPAQ値（pBPAQ）は，踵骨における骨の硬度，そして海綿骨の3次元構造を反映する超音波減衰係数（broadband ultrasound attenuation：BUA）を予測した．これに対して，他のエネルギー消費を問う身体活動評価尺度や歩数，さらにBLHQ[5]は，BMDもBUAも予測しなかった．BPAQのような骨特異的な身体活動評価と骨の量的・形態的変化を縦断的に追跡することで，今後さらに運動と骨代謝の関係の詳細が明らかにされていくだろう．それによって，骨粗鬆症の運動処方における新たな展開が期待される．

◆問　題

1. 骨代謝を司る細胞の名称とその役割を述べなさい．
2. 骨のモデリングとリモデリングを説明するとともに，両者の決定的な違いを指摘しなさい．
3. 運動による骨量変化にはどのような要因が関与しているのか述べなさい．
4. どのような運動が骨量増加に効果的であるか，理由をつけて述べなさい．
5. メカノスタット理論の概要を述べるとともに，運動および不動化による骨のモデリング・リモデリング水準の変化を説明しなさい．
6. 骨代謝に果たすエストロゲンの生理的役割を述べるとともに，その水準低下がメカノスタット理論における最小有効ストレイン（MES）にどのような影響を及ぼすかを説明しなさい．
7. 女子マラソンランナーの骨塩量が低い傾向にある理由を述べなさい．
8. 骨粗鬆症の予防や治療としての運動の役割を，成長期と高齢期に分けて述べなさい．

◆参考文献

1) Bagi, C. M., Mecham, M., Weiss, J., et al.: Comparative morphometric changes in rat cortical bone following ovariectomy and/or immobilization. *Bone*, 14: 877-883, 1993.
2) Burger, E. H. and Klein-Nulend, J.: Mechanotransduction in bone-role of the lacuna-canalicular network. *FASEB J.*, 13: S101-S112, 1999.
3) Dalsky, G. P.: Effect of exercise on bone: permissive influence of estrogen and calcium. *Med. Sci. Sports. Exerc.*, 22: 281-285, 1990.
4) Dalsky, G. P., Stocke, K. S., Ehsani, A. A., et al.: Weight-bearing exercise training and lumbar bone mineral content in postmenopausal women. *Ann. Intern. Med.*, 108: 824-828, 1988.
5) Dolan, S. H., Williams, D. P., Ainsworth, B. E., et al.: Development and reproducibility of the bone loading history questionnaire. *Med. Sci Sports Exerc.*, 38: 1121-1131, 2006.
6) Drinkwater, B. L., Nilson, K., Chesnus, C. H. D., et al.: Bone mineral content of amenorrheic and eumenorrheic athletes. *N. Engl. J. Med.*, 311: 277-281, 1984.
7) Frost, H. M.: Bone "mass" and the "mechanostat": A proposal. *Anat. Rec.*, 219: 1-9, 1987.
8) Frost, H. M.: Vital biomechanics: General concepts for structural adaptation to mechanical usage. *Calcif. Tissue Int.*, 42: 145-156, 1988.

9) Heinonen, A., Oja, P., Kannus, P., et al.: Bone mineral density of female athletes in different sports. *Bone Miner.*, **23**: 1-14, 1993.
10) Heinrich, C. H., Going, S. B., Pamenter, R. W., et al.: Bone mineral content of cyclically menstruating female resistance and endurance trained athletes. *Med. Sci. Sports Exerc.*, **22**: 558-563, 1989.
11) Honda, A., Sogo, N., Nagasawa, S., et al.: High-impact exercise strengthens bone in ovariectomized rats with the same outcome as Sham rat. *J. Appl. Physiol.*, **95**: 1032-1037, 2003.
12) Jacobson, P. C., Beaver, W., Grubb, S. A., et al.: Bone density in women: College athletes and older athletic women. *J. Orthop. Res.*, **2**: 328-332, 1984.
13) Kato, T., Yamashita, T., Mizutani, S., et al.: Adolescent exercise associated with long-term superior measure of bone geometry: a cross-sectional DXA and MRI study. *Br. J. Sports Med.*, **43**: 932-935, 2009.
14) 勝田 茂, 七五三木聡, 池田 賢ほか: 運動強度の違いがラットの骨成長に及ぼす影響. 体育学研究, **36**: 39-51, 1991.
15) 勝田 茂, 七五三木聡: 筋肉と骨組織との関係. *The Bone*, **7**: 61-68, 1993.
16) 木内敦詞, 七五三木聡, 天貝 均ほか: 実験的骨粗鬆症モデルラットに及ぼす走運動の効果. 体力科学, **46**: 77-86, 1997.
17) Kiuchi, A., Shimegi, S., Tanaka, I., et al.: Dose-response effects of exercise intensity on bone in ovariectomized rats. *Int. J. Sport Hlth Sci.*, **4**: 10-18, 2006.
18) Kohrt, W. M., Ehsani, A. A. and Birge, Jr. S. J.: Effects of exercise involving predominantly either joint-reaction or ground-reaction forces on bone mineral density in older women. *J. Bone Miner. Res.*, **12**: 1253-1261, 1997.
19) Lanyon, L. E.: Functional strain as a determinant for bone remodeling. *Calcif. Tissue Int.*, **36**: S56-S61, 1984.
20) Linnell, S. L., Stager, J. M., Blue, P. W., et al.: Bone mineral content and menstrual regularity in female runners. *Med. Sci. Sports Exerc.*, **16**: 343-348, 1984.
21) Lloyd, T., Chinchilli, V. M., Johnson-Rollings, N., et al.: Adult female hip bone density reflects teenage sports-exercise patterns but not teenage calcium intake. *Pediatrics*, **106**: 40-44, 2000.
22) Risser, W. L., Jee, E. J., Leblanc, A., et al.: Bone density in eumenorrheic female college athletes. *Med. Sci. Sports Exerc.*, **22**: 570-574, 1990.
23) Rubin, C. T. and Lanyon, L. E.: Regulation of bone formation by applied dynamic loads. *J. Bone Miner. Res.*, **66A**: 397-402, 1984.
24) 七五三木聡, 勝田 茂, 天貝 均ほか: 成長期の運動が引き起こす骨肥大. 体力科学, **39**: 181-188, 1990.
25) Shimegi, S., Yanagita, M., Okano, H., et al.: Physical exercise increases bone mineral density in postmenopausal women. *Endocrine J.*, **41**: 49-56, 1994.
26) Simkin, A., Ayalon, J. and Leichter, I.: Increased trabecular bone density due to bone-loading exercises in postmenopausal osteoporotic women. *Calcif. Tissue Int.*, **40**: 59-63, 1987.
27) Steinberg, M. E. and Trueta, J.: Effects of activity on bone growth and development in the rat. *Clin. Orthop. Rel. Res.*, **156**: 52-60, 1981.
28) Turner, C. H. and Robling, A. G.: Designing exercise regimens to increase bone strength. *Exerc. Sport Sci. Rev.*, **31**: 45-50, 2003.
29) Umemura, Y., Ishiko T., Yamauchi, T., et al.: Five jumps per day increase bone mass and breaking force in rats. *J. Bone Miner. Res.*, **12**: 1480-1485, 1997.
30) Weeks, B. K. and Beck, B. R.: The BPAQ: a bone-specific physical activity assessment instrument. *Osteoporosis Int.*, **19**: 1567-1577, 2008.
31) Wronski, T. J. and Morey, E. R.: Effect of spaceflight on periosteal bone formation in rats. *Am. J. Physiol.*, **244**: R305-R309, 1983.

13

運動と環境

　生体は氷点下の寒冷環境，30℃以上の暑熱環境，あるいは標高2,000m以上の高地環境といった外部環境がさまざまに変化したとしても，その環境条件に適した変化が機能的・代謝的・形態的に生じ，内部環境の変化を最小限にしている．これは生体の特性であるホメオスタシス（生体の恒常性）の維持のために生じる現象と理解することができる．その変化には，数秒で起こる急性的な反応（順応）と数週間後に生じる変化（慢性適応，順化）がある．本講では，外部環境の変化として，運動との関連が深い高地環境，暑熱環境を取り上げ，それらの環境条件下で生じる生理的な変化について述べる．

13.1 高地環境

　標高0m地点の大気圧は760mmHgである．標高が上昇し高地に行けば大気圧は低下するが，酸素濃度は標高0m地点と同じ20.94％である．酸素分圧（P_{O_2}）は［大気圧×酸素濃度］で求められるので，高度の上昇に伴いP_{O_2}は低下する．したがって，高地環境は厳密に言えば低（酸素）圧環境であって，低酸素濃度環境ではない．しかし，低圧環境では肺での酸素の拡散，組織への運搬が低下するので，組織は低酸素状態になる．本講では，高地環境で生じる急性の反応と長期の反応（高所順化），さらに高地トレーニングの効果について概説する．

a. 高地環境での環境条件

　標高が上がるほど大気圧は低下していき，地球上で最も高い地点であるエベレストの頂上での大気圧は236mmHgになる（表13.1）．大気圧は標高の上昇に伴い低下していくが，大気のガス濃度は標高0m地点でもエベレスト頂上でも変化しない．すなわち，酸素濃度は20.94％，二酸化炭素濃度は0.03％である．つまり，高地環境で変化するのは大気の圧力である．大気圧は大気に含まれているガスの圧力（分圧）の総和であるから，大気圧が低下することは酸素分圧が低下することを意味している．標高が高くなればなるほど大気中のP_{O_2}は低下する．P_{O_2}の低下は肺に到達するP_{O_2}も低下させ，そのことは肺と血液の拡散勾配，血液と組織の間の拡散勾配を低下させることになる．

　高地環境において，P_{O_2}の低下は生体に最も影響を与えるが，気温，湿度，太陽からの放射などの要因も生体に影響を与える．たとえば，気温は高度が100m上昇するごとに約0.65℃低下する．すなわち，標高0m地点での気温が15℃だとすると，エベレスト山頂で

表13.1　標高の増加に伴う大気圧，大気中の酸素濃度，酸素分圧，気温の変化

	平地	蔵王坊平	コロラド州ボルダー	岐阜県濁河温泉	富士山山頂	エベレスト山頂
標高（m）	0	1,000	1,600	1,800	3,776	8,848
大気圧（mmHg）	760	674	627	611	476	236
大気中酸素濃度（％）	20.94	20.94	20.94	20.94	20.94	20.94
大気中酸素分圧（mmHg）	159	141	131	128	100	49
気温（℃）	15	8.5	4.6	3.3	−9.5	−42.5

13 運動と環境

は-40℃にまで低下する.

高地での低温環境では,大気の水蒸気量は非常に低くなる.大気中の水蒸気量が少ないことは,皮膚表面からの水分の蒸発を促進させ,さらに呼吸による水蒸気の蒸発が多くなることから脱水症状が生じやすくなる[16].

b. 高地環境下での急性反応

高地環境下では,大気中のP_{O_2}は低下する.たとえば,標高3,776 mの富士山山頂では,大気圧は476 mmHg,大気中のP_{O_2}は100 mmHgまで低下する.肺胞におけるP_{O_2}はさらに低下し,約50 mmHgになる.この肺胞でのP_{O_2}の低下によって肺での酸素の拡散が低下し,動脈血の酸素飽和度は78%程度まで低下する(図13.1).そのことは,動脈血に含まれる酸素含量の低下を意味し,組織へ供給する酸素の量が低下することになる.生体はその環境の変化に応じてさまざまな変化が生じる.

1) 呼吸器系の反応

高地環境では,空気中のP_{O_2}の低下に対する代償反応として,換気量の亢進が数秒で生じる.これは,化学受容器がP_{O_2}の低下を感知して生じる反射的なものである.換気量の増加は1回換気量,呼吸数の両方の増加によって生じるが,呼吸数の増加量が大きい.高地環境での換気量は安静時と最大下運動時では低地より高い値を示すが,最大運動時では高地でも低地でもほぼ同じである[16].

高地環境の換気量の増加は過換気の状態と同じ現象であり,その結果,血液中の二酸化炭素濃度は低下する.これによって血中pHの増加を引き起こし,血液がアルカリ側にシフトする.呼吸の亢進によって血中pHが増加する現象を呼吸性アルカローシスという.これにより,ヘモグロビンの酸素解離曲線は左へシフトする(図13.1).

高地環境では肺胞に到達するP_{O_2}は低下するが,肺胞での拡散能力は低下しない.もし,高地環境で肺胞での拡散能力が弱められているならば,動脈のP_{O_2}は肺胞のP_{O_2}よりかなり低下するはずである.しかし,どちらの環境でも肺胞と動脈のP_{O_2}の差は4 mmHgである(図13.2,低地:104-100 = 4,高地:50-46 = 4).したがって,高地環境での低い動脈血のP_{O_2}は肺胞の低いP_{O_2}を反映しており,肺胞と血液間の拡散能力が低下しているわけではない.

高地環境では,肺胞のP_{O_2}の低下に伴い血液中のヘモグロビンの酸素飽和度が低下し,一定血液量当たり組織に運搬される酸素の量が低下する.図13.1に示したように,標高0 m地点のP_{O_2}は104 mmHgなので,ヘモグロビンの97~98%は酸素と結合することができる.富士山山頂では肺胞のP_{O_2}が50 mmHgまで低下するので,酸素と結合するヘモグロビンは78~79%にまで低下する.つまり動脈血の酸素含量は低下する.しかし,生体は動脈血の酸素含量の低下を最小限にするための変化が生じる.前述した呼吸性アルカローシスによるヘモグロビンの酸素解離曲線の左方化(図13.1)によってヘモグロビンの酸素飽和度は90%まで増加する.つまり,この変化は肺においてヘモグロビンと結合する酸素の量を増加させ,より多くの酸素を組織に運搬することができることになる.

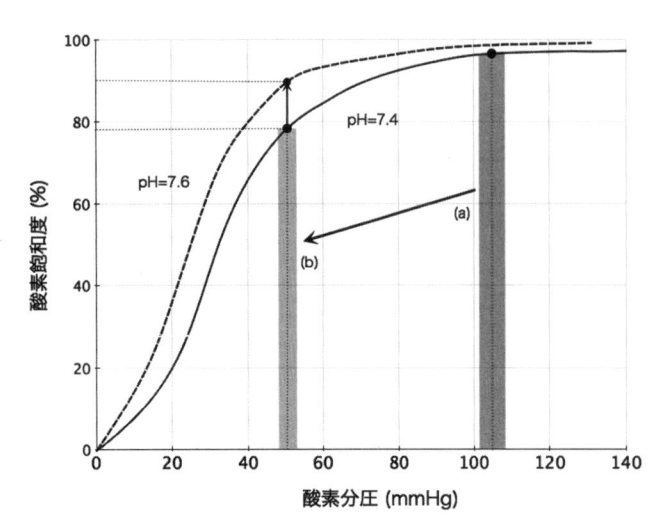

図13.1 高地環境下でのヘモグロビンの酸素解離曲線の変化
標高0 m地点(酸素分圧104 mmHg)の酸素飽和度は96~97%(a)であるのに対し,富士山山頂(3,776 m,酸素分圧50 mmHg)の酸素飽和度は78%(b)まで低下する.高地環境では呼吸性アルカローシスのため酸素解離曲線が左方向へシフトする(点線の曲線).その結果,富士山山頂での酸素飽和度は78%から89%まで上昇することになる.

標高 0 m 地点では動脈血と組織の P_{O_2} の差は約 60 mmHg である（図 13.2）．しかし，高地環境では動脈血の P_{O_2} は 42 mmHg まで低下し，組織の酸素分圧も 27 mmHg まで低下するため，動脈血と組織の P_{O_2} の差は 19 mmHg まで小さくなる．低地と高地では動脈血と組織間の P_{O_2} の差が 70％減少する．分圧差が小さくなると，動脈血から組織への酸素供給を制限することになる．その結果，運動パフォーマンスの低下を引き起こす．

2）血液・心臓循環系の反応

血漿量は，高地環境へ到着して数時間以内に減少し始める．この減少は 1〜2 週間まで続き，プラトーに達する．この血漿量の減少は過換気による換気性の水分蒸発と尿量の増加によって生じ，高度によって異なるが，最大 25％程度まで減少する．血漿量が減少するとヘマトクリット値が増加（これは赤血球数の増加によるものではない）する．ヘマトクリット値の増加によって一定血液量当たり多くの赤血球が含まれるようになり，その結果，一定心拍出量当たりでより多くの酸素を組織に運搬できることになる．高地滞在数週間後，水分補給を十分に行うと，この血漿量は高地滞在前の値にもどる[16]．

高地環境で組織が低酸素状態になると，赤血球の産生を刺激するエリスロポエチン（EPO）が腎臓から放出される．この反応は，数週間〜1 か月程度かかるが，これにより赤血球数，全血液量が増加し，高地での酸素供給の低下を緩和する[16]．

高地環境では組織への酸素供給量が著しく低下するため，循環系にも変化が生じる．高地環境での活動組織への酸素供給量の低下を防ぐために，安静時や最大下運動時では心拍出量が増加する．心拍出量は［心拍数 × 1 回拍出量］で求められることから，心拍出量の増加はそのどちらか，あるいはその両方が変化することによって生じている．高地環境到着後の最初の数時間は，最大下運動における 1 回拍出量の低下が生じるが，それを補うために，心拍数が約 10〜30％増加する．心拍数の増加は 1 回拍出量の低下を上回っているため，心拍出量は低地環境のレベルよりわずかに増加する．しかし，心拍数の増加は心臓の仕事量が増加するため効率的ではない．したがって，より効率的な方法で組織での酸素利用ができるような変化が生じる．つまり，高地滞在数日後には筋肉は毛細血管からより多くの酸素を抜き取ることができるようになる（動静脈酸素較差の増大）．その結果，心拍出量が低下しても組織への酸素供給量は保つことができる（酸素摂取量 ＝ 心拍出量 × 動静脈酸素較差）．最大下運動時の心拍出量と心拍数の増加は高地滞在 6〜10 日でピークになり，その後は同じ運動強度ならば心拍出量と心拍数は減少し始める[4]．

高地環境での最大運動時では，最大 1 回拍出量，最高心拍数ともに低下するため，最大心拍出量は低下する．さらに毛細血管と筋肉間の P_{O_2} の差が小さくなるため，動静脈酸素較差も減少する．その結果，高地環境では最大酸素摂取量は低下することになる．最大酸素

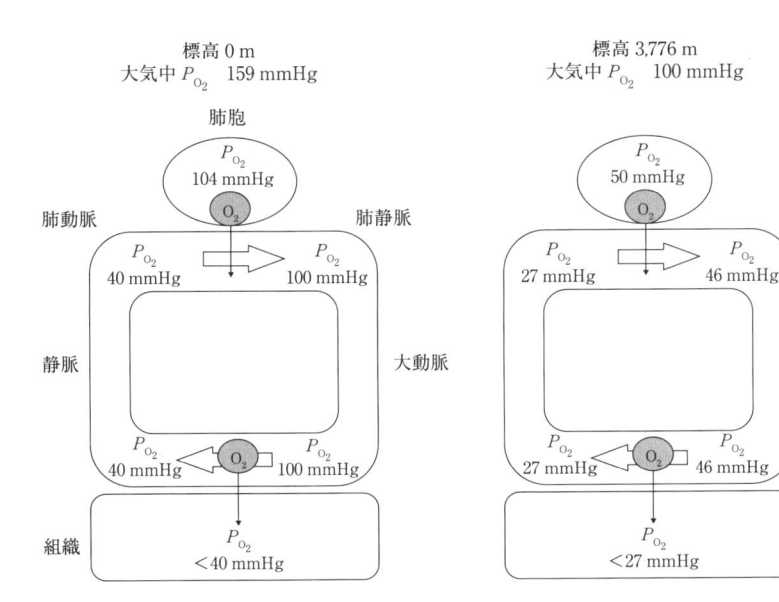

図 13.2　低地環境と高地環境における肺と組織，血液中の酸素分圧（Kenney ら[16]を改変）

摂取量の低下は標高 1,500 m 以上の高地環境で生じ，1,500〜5,000 m までは 1,000 m 上昇するごとに最大酸素摂取量は約 8〜11％低下していく[16]．標高 5,000 m を超えるとその低下はさらに大きくなり，エベレスト頂上では最大酸素摂取量は約 15 mL/kg/ 分まで低下する．

c．高地順化

生体は高地環境での生活を続けると，低い酸素分圧の環境に徐々に適応していく．この長期間の高地環境への慢性適応のことを高地順化という．ここでは，高地順化における生理的適応（呼吸，血液，循環，筋代謝）について説明する．

1）呼吸器系の適応

換気量は高地環境下においてすぐに増加することは先ほど示したが，この換気の亢進は高地滞在が長くなっても維持される．高地滞在 3〜4 日後の安静時の換気量は低地環境より 40％高く，最大下運動時では 50％高い値を示す．この換気の亢進は，動脈血の酸素飽和度を増加させ，組織への酸素供給の不足を一部分補っている．換気の亢進による呼吸性アルカローシスは腎臓から重炭酸イオンの体外への排出を促すことから，血中の緩衝能力は低下することになる．この結果，水素イオン濃度が上昇し，比較的短期間に血中 pH は正常値にもどる[4]．

2）血液・心臓循環系の適応

高地滞在 2〜3 週間後，組織の酸素不足を補うため赤血球数や血液中のヘモグロビン濃度の増加が生じる[27]．これは，赤血球の新生に関与する EPO が腎臓から放出されることによって生じる．高地滞在 2〜3 日目に血液中の EPO 濃度は急増し，その後徐々に低下していき，滞在 1 か月後にはもとの値にもどる[6]．しかし，赤血球数は 3 か月ほどは高い値を示す．また，赤血球数だけでなく血漿量も増加し，血液量は増加する．その増加の程度は血漿量より赤血球数の方が大きいので，血液のヘマトクリット値は増加する．標高 4,540 m の中央アンデス（ペルー）の住民は平均ヘマトクリット値が 60〜65％であり，低地に住んでいる住人（45〜48％）より高い値を示す[17]．一方，低地環境の住民が高地に 6 週間滞在するとヘマトクリット値は 59％まで増加し，高地住民とほぼ同じ値を示すことから，高地住民の高いヘマトクリット値は高地順化の結果であるといえる．これらの適応は，一定量の血液当たりの酸素運搬能力を改善することに寄与している．

高地滞在直後は血漿量が低下し，全血液量も低下するため，最大心拍出量は低下する．しかし数週間の高地滞在により，血漿量，赤血球数が増加するのに伴い全血液量が増加するため，低下した最大心拍出量は増加する．しかし，その値は低地環境で示される最大心拍出量レベルまでは回復しない．そのため，高地順化をしたからといって高地環境で運動する限り，最大酸素摂取量は，低地環境で発揮される最大酸素摂取量には達しない[16]．

3）骨格筋の適応

高地環境では，組織の低酸素環境に対する適応が起こると考えられるが，ヒト骨格筋を対象とした研究には筋バイオプシーによる分析が必要なため，研究の数が限られている．ここでは，現在までに一致した見解について述べる．

高地に 4〜6 週間長期滞在すると，筋線維横断面積が減少する．標高 4,000 m 以上の環境での長期滞在は，遅筋・速筋線維の両筋線維タイプの横断面積が 20〜30％減少する[11]．この変化は，高所環境滞在中に生じる食欲減退と筋蛋白の分解の亢進が関連している可能性がある[12]．筋線維の横断面積の減少は，筋力発揮には不利に働くが，酸素供給の面からみると有利になる．つまり，筋線維横断面積の減少によって毛細血管からの酸素拡散距離が減少し，筋線維へ多くの酸素供給できるようになる．一方，高地滞在によって，毛細血管新生に関与する血管内皮細胞増殖因子や骨格筋の毛細血管の数（毛細血管の新生の指標である筋線維 1 本当たりの毛細血管数で評価）は増加しない．したがって，骨格筋は毛細血管の数を増加させるのではなく，筋線維横断面積を減少させ，組織の酸素供給を高める適応が生じているといえる[16]．

骨格筋のミトコンドリアの酵素活性は長期間の高地滞在において変化しないか，または低下する．一方，重炭酸，水素イオン，乳酸運搬に関与する蛋白は増加する．また，筋の緩衝能力も増加する．これらの変化は，高地滞在によりエネルギー代謝が糖質依存になることと関係がある可能性がある[4]．

d．高地トレーニング

世界で活躍する持久的競技者は低地環境でのパフォーマンス向上をめざし，高地トレーニングを 1960 年代から積極的に行っている．現在，高地トレーニン

グは，高地の滞在方法により2種類に分類することができる．

1つは最も古典的な方法で，一定期間高地に滞在しトレーニングも実施する，"Living-High, Training-High"とよばれるトレーニング方法である．この方法は標高1,800～3,000 mの高地環境に2～4週間滞在しトレーニングを行うものである．これは最も普及している高地トレーニングの方法であるが，滞在する場所の標高が高いとトレーニングの量，質ともに低下する問題点も指摘されている[2]．

そこでトレーニングの量，質を確保するため，"Living-High, Training-Low"という新しい高地トレーニングの方法が考えられた[18]．これは高地環境に滞在（居住と睡眠）し，トレーニングのみ低地に降りて実施するというものである．この方法は，高地に滞在することにより血液の造血を促し，さらにトレーニングを低地で行うことでトレーニングの量，質を確保するという従来の高地トレーニングの問題点を補うものとして開発された．この方法は自然環境で行うには移動を伴うことから困難な場合が多い（日本では飛騨高原トレーニングエリア）．近年，比較的安価で簡便に高地の低酸素環境をシミュレーションできるようになったことから，高地に行かず人工的な低酸素室などを用いて低酸素トレーニングを実施することもできるようになった．前述した"Living-High, Training-Low"法でも，高地に行かずに低地の低酸素室で生活し，トレーニングは通常通り実施する方法も考案されている[26]．逆に，トレーニング（厳密にいえば運動時）のみ低酸素環境下で実施する方法もある．つまり，トレーニング時にEPOの産生を促すような非常に低い低酸素環境下に数分～数時間曝露する．この方法は通常の生活はふだん通りに行い，運動のみ低酸素環境で行うことから，"Living-Low, Training-High"とよぶ場合もある[30]．

いずれの方法も，トレーニングの効果と高地環境滞在による生体の適応反応の相乗効果を利用し，高地トレーニング後の低地滞在による生体のパフォーマンス向上を期待するものである．数週間の高地トレーニングにより，赤血球数，血漿量増加に伴う最大酸素摂取量を増加させ，持久的な競技パフォーマンスを向上させるように計画されている．図13.3は，日本の一流長距離選手が中国雲南省昆明（標高1,886 m，酸素分圧約600 mmHg）で3週間の高地トレーニングを行った時の血液性状の変化を示したものである．3週間の高地トレーニングによって，赤血球数は17％，ヘモグロビン濃度は8％，ヘマトクリット値は3％の増加を示した．また，高地トレーニングに参加した選手の60％が，その2か月以内に自己ベスト記録を更新した[2]．

米国の一流陸上長距離選手を対象として，2,500 mの高地で27日間滞在し，1,250 mの低地でトレーニングする"Living-High, Training-Low"方式のトレーニングを行った研究がある．その結果，ヘモグロビン濃度が平均7.5％，最大酸素摂取量が平均3％増加し，ランニングパフォーマンスが平均1.1％増加した[28]．このパフォーマンスの増加は小さいように思えるが，一流競技者にとって1％のパフォーマンスの向上は勝敗を

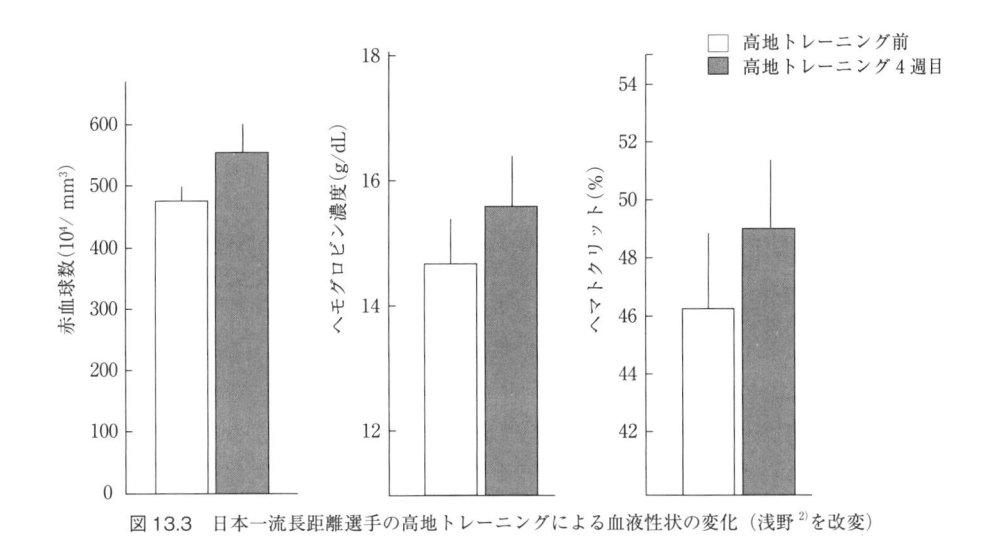

図13.3 日本一流長距離選手の高地トレーニングによる血液性状の変化（浅野[2]を改変）

決める要因として重要なものである．このように高地トレーニングの効果を示した研究がある一方，変化が認められない研究もある[3]．また，多くの研究はコントロール群を設けていないため，高地トレーニングによる効果というよりもトレーニング自体による効果，またはプラセボ効果ということも考えられる．またコントロール群を設けている研究でも，高地トレーニングの条件（標高，期間，トレーニング内容，栄養状態など）が研究間で統一されていない，あるいは対象の選手の競技レベルや高地トレーニングへの適応度の違いにより高地トレーニングに対する反応に個人差が大きいなどの理由から，効果が認められる研究と認められない研究の両方が存在しているのが現状である．しかしながら，現在では"Living-High, Training -Low"方式のトレーニングがエリート選手，サブエリート選手のトレーニングとしては最も有効であることが指摘されている[5]．今後，最も適した高地トレーニングのトレーニング環境，トレーニング内容，栄養状態などの条件が明らかになってくると思われる．

13.2 暑 熱 環 境

a. 体温と熱の移動

身体の熱は物質代謝によって産生され（熱産生），体表面に運ばれて体外に放散される（熱放散）．体温はこの熱の産生量，外部環境からの熱の流入量，熱放散量によって決まり，これらの3つが等しければ体温は一定に維持される（図13.4）．しかし，熱の産生量と流入量が放散量を上回れば体温は上昇し，反対に産生量と流入量が放散量を上回れば体温は低下する．

生体における熱の移動は伝導，対流，放射，蒸発の4つによって行われる．伝導とは，直接接している物質間の熱の移動である．たとえば，冷たい金属に手を触れると手から金属へ熱が移動する現象のことをいう．伝導による熱の移動は皮膚に接している物体の温度差と熱伝導率によって変化する．水の伝導率は空気の約25倍もあるので，同じ温度でも水に接している方が熱の移動量が大きくなる．皮膚に接触した空気は，伝導により暖められる．この空気が風により運び去られ，新たな空気と入れ替わることによって熱の移動が生じる．このような熱の移動のことを対流という．対流は風がなくても動的な運動を行うことによっても生じる．たとえば，時速12 kmのランニングでは3.3 mの相対的な気流が生じ，これにより大きな熱の移動が生じる．熱が電磁波（赤外線）として，接している空気とは関係なく，周囲の物体に直接熱の移動が生じる現象を放射という．皮膚からは常に赤外線として周囲に熱が放射されている．また，太陽光を浴びると暖かく感じるのも，太陽からの放射によって熱が移動してくることによる．体表面から液体が蒸発することによって熱を奪う現象を蒸発という．運動によって，汗腺から汗が分泌され，その汗が気化する時に生じる気化熱によって皮膚表面の熱を体外に放散する．したがって体温を低下させるには，ただ発汗するだけでなく，汗が蒸発しなければならない．このような蒸発して熱を奪う汗を有効発汗といい，発汗しても蒸発せず身体の表面を流れる汗のことを無効発汗という．湿度が高い場合は有効発汗量が低下し無効発汗量が増加するため，同じ発汗量でも熱放散量は低下する．そのため体温の上昇を引き起こす危険性が高くなる[24]．

伝導，対流，放射，蒸発の4つの熱移動手段はどんな温度に対しても同じ程度働いているわけではなく，外

熱産生・熱流入

| 外部環境からの熱流入 |
| 代謝 |
| 筋代謝 |

熱放散

| 放射 |
| 伝導 |
| 対流 |
| 蒸発 |

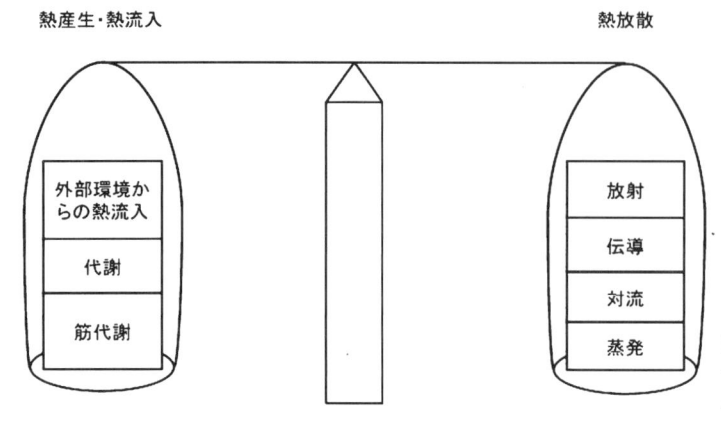

図13.4 体温に影響する要因
体温は体内から産生される熱量・体外からの熱流入量と熱放散量とのバランスによって決まる．

気温によってそれらの貢献度は変化する．外気温が低い場合は，放射による体内から体外への熱放散が最も多く，次いで伝導・対流，蒸発の順である（図13.5）．外気温が上昇するにつれて，放射，伝導・対流による熱放散量は減少する．外気温が皮膚温より高くなると，放射，伝導・対流による熱放散量はゼロになり，逆に周囲から体内に熱が流入する．このような場合，発汗による蒸発が唯一の熱放散手段となる[13]．

b. 体温の調節

体温の調節は，体温を感知する温度受容器，体温調節中枢，反応を起こす効果器からなっている．体温の調節は，まず身体の多くの部位から温度の情報を集め，その情報を統合し，設定温度との間に差がある場合はどのような体温調節反応を行うのかを決定し，その指令をそれぞれの効果器へ信号を送るという一連の流れによって行われている（図13.6）．体温調節系はネガティブフィードバック系によって制御されており，体温が設定温度になるまで継続される．このようなシステムによって，体温はある狭い範囲内で変化するにとどまっている（ホメオスタシスの1つ）．

生体には温度受容器とよばれる温度をモニターする受容器があり，中枢性のものと末梢性のものがある．中枢性の温度受容器は視床下部に存在し，体温付近の温度が上がると興奮する温受容器と温度が下がると興奮する冷受容器に大別される．中枢の温度受容器は温度の絶対値による静的な応答のみを示すのが特徴である[14]．一方，末梢性温度受容器はおもに皮膚に存在する．末梢性温度受容器にも温受容器と冷受容器の2種類がある．末梢の温度受容器は外部の温度変化が大きい場合に一時的に大きく興奮し，中枢へ信号が伝えられる[14]．たとえば，夏の暑い屋外から冷房の効いた室内に入ると，深部の体温が変化しないうちに汗がひくのは末梢の温度受容器からの信号によるものである．

体温調節中枢は視床下部にあり，中枢性・末梢性温度受容器からの情報を統合し，体温を一定に保つような反応を引き起こす．反応に対応する器官（効果器）は，汗腺，血管，骨格筋，内分泌腺などである．環境温度が変化した場合，生体で生じる最初の生理的な反応は皮膚血管の拡張・収縮による皮膚血流量の増減である．ヒトが快適に感じる環境では，皮膚血流の増減のみで体温を維持することができ，この温度領域のことを中和温域という（28〜32℃）．その温度よりも低い環境下では，代謝の亢進やふるえなどの化学反応により熱産生を増加させる（化学調節域）．反対に中和温域より高い暑熱環境下では，皮膚血管の拡張による皮膚血流の増加と，発汗による水分の蒸発により，伝導，対流，放射，蒸発などの物理的過程により熱放散を増加させる（物理的調節域）．しかし，化学的・物理的に体温が維持される温度範囲（恒温適応域）を超えると低体温や高体温になる[22]．

皮膚血管や発汗反応，ふるえなどの代謝亢進は自分の意思とは関係なく自動的に働くので自律性体温調節反応という．しかし，体温調節反応はこれだけでなく，ヒトは寒冷環境では厚着をしたり，暖房器具のスイッチを入れたり，温かい飲料を飲むなどの行動を起こして体温の低下を防いでいる．一方，高温環境では薄着になったり，うちわで風を送るなどの行動により体温を下げている．このような体温調節反応のことを行動性体温調節という．このようにヒトなどの恒温動物は自律性および行動性の体温調節反応の両方を働かせ体温を一定に維持している[10]．

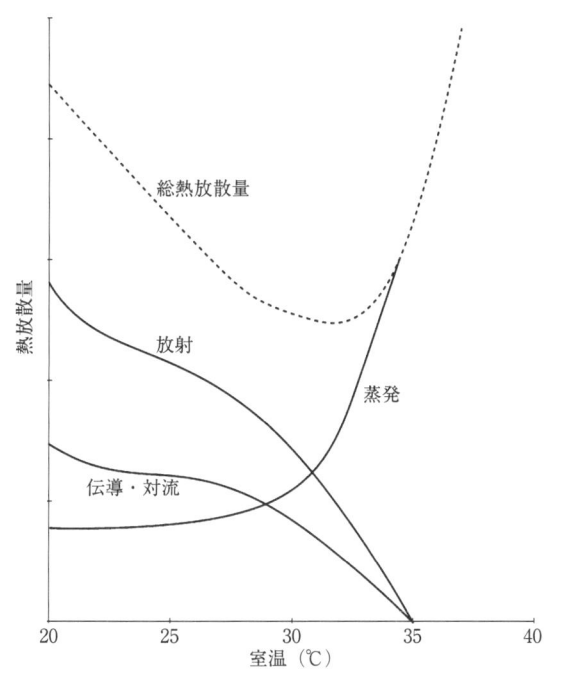

図13.5 外気温の変化に伴う熱放散量，熱放散手段の変化（彼末ら[13]を改変）
外気温が低い時は放射による熱放散量が多いが，外気温が皮膚温より高くなる暑熱環境では発汗による蒸発が唯一の熱放散手段となる．

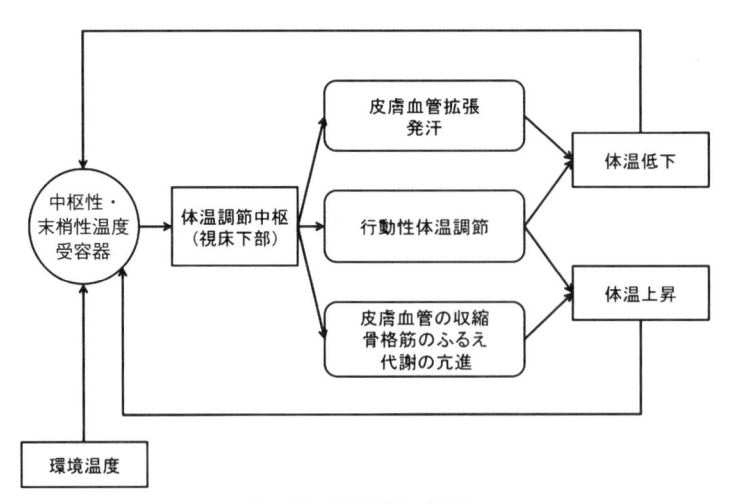

図13.6 体温調節の仕組み

c. 運動時の体温調節
1) 運動時の熱発生と熱の移動

運動を行う場合，筋収縮で発生したエネルギーの中で，実際の運動に利用されるエネルギーは約20%であり，残りの約80%は熱に変換される．たとえば，体重70kgのヒトが酸素摂取量1.5L/分の中程度の運動を行った場合，その80%の1.2L/分の酸素消費に相当するエネルギーは熱に変換される．酸素1L当たりのエネルギー消費量は約5kcalなので，その運動で熱に変換されるエネルギー量は6kcal/分になる．もし体外で発生した熱が全く体外に放出されないと仮定すると，人の比熱は0.83 kcal/kg/℃なので，体温は1分間に0.1℃ずつ上昇し〔6 kcal/分÷(0.83 kcal/kg/℃×70kg)〕，運動開始から30分で運動の継続が苦しくなる40℃(= 37℃ + 0.1℃/分×30分)に達することになる．しかし実際には体温の上昇は1℃程度に抑えられる．これはヒトの体温調節能，熱放散能力が優れていることを示している[15]．

筋肉から発生した熱は，血液によって身体の核心部に運ばれる．この熱は皮膚表面に運ばれ，皮膚の温度が上昇する．その結果，空気の温度より皮膚の温度が高い場合は，放射，伝導，対流による熱放散が増加し，体温の上昇を防ぐことになる．

2) 暑熱環境下での運動時に生じる生理的反応

暑熱環境下での運動はヒトの心臓循環系にとって最も大きいストレスである．30℃以下の運動では，活動筋への適切な血流量を確保することにより運動の継続が可能になる．暑熱環境下ではさらに，活動筋から発生した熱を放散するために皮膚への血流も確保しなければならない．つまり，筋と皮膚の血流の競合（奪い合い）が生じることになる．また，これらの組織（活動筋と皮膚）の血流量の需要は心臓からの血液供給量を簡単に超えてしまう．さらに，暑熱環境下では皮膚血管の拡張による皮膚静脈への血液貯留が生じ，その結果，心充満圧や1回拍出量の低下が生じる．つまり暑熱環境下での運動では，組織からの血液の需要が増加するだけでなく，心臓からの血液供給量の低下も生じる．適切な筋への血流量が低下すれば運動の継続が不可能になり，さらに皮膚血流量が低下すると高体温を引き起こす．

運動開始10分までは体温は急激に上昇するが，その後，体温の上昇は緩やかになる．これは皮膚表面からの物理的な熱の放散と発汗による水分の蒸発による熱の放散量が増加したためである（図13.7）．運動を開始し，しばらくすると深部体温の指標である食道温が上昇し始める．食道温の上昇から1~2分後，皮膚血流量や発汗量が増加し始め，熱放散量が増加する．運動強度が一定の場合は熱産生量は一定のため，熱放散量の増加により体温の上昇は緩やかになる．しかし，暑熱環境下では熱放散反応を最大限働かせても，熱産生量には追いつかず（皮膚からの熱放散がほとんどなくなるため），体温は上昇し続ける（図13.7）．

暑熱環境下の運動は，体温調節系だけなく心臓循環系にも影響を与える．暑熱環境下において一定強度で運動を行うと，皮膚血管拡張に伴う皮膚静脈への血液貯留により，中心循環血液量は低下する．その結果，

静脈環流量の低下が生じ，1回拍出量は低下する．生体は心拍数と心筋の収縮性を増加させることにより，心拍出量を一定に保とうとする．このような，一定強度での心拍数の漸増は cardiovascular drift とよばれている．しかし，運動が長時間になると発汗による体水分量（血漿も含む）の減少の程度が大きくなり，心拍数の増加にもかかわらず循環血液量の低下が生じ，心拍出量は低下していく（図13.8）．

運動中の発汗量は運動強度や環境温度によっても異なるが，暑熱環境下で中程度の運動を1時間行うと約1～1.5Lの汗をかく．この発汗によって失われた水分を補給しなければ脱水状態になる．脱水が体重の2%以上になると運動パフォーマンスが低下する[16]．これは，運動中の高体温と心拍出量の減少がおもな原因である．脱水による体温の上昇は，おもに発汗量と皮膚血量流の減少による熱放散能の低下によって起こる．これらの反応はいずれも心拍出量を維持し，活動筋への血流を維持するために生じると考えられる．すなわち，生体は暑熱環境下での運動中に，体温調節系より も循環系を優先し活動筋への血流を確保するような調節を行っている．しかし，暑熱環境下での運動が90分以上になってくると，心拍出量，筋血流量を維持できなくなる[9]．

脱水による運動パフォーマンスの低下を防ぐには，運動中の水分補給が重要である．水分を補給し体液量を維持・回復させると，発汗量や皮膚血流量を維持することができるため，体温の上昇は抑えられる．図13.8は暑熱環境下での運動中の水分補給の効果を示したものである．運動中に水分補給を行わないと深部体温の指標である食道温は上昇し続けるのに対し，運動中に失った水分量をすべて補給した場合，体温の上昇は低く抑えられる[21]．また，水分補給は心拍数の増加を防ぎ，心拍出量の減少を防ぐ．したがって，水分補給は体温調節系だけでなく，循環系にも影響を与え，暑熱環境下で長時間運動を行うことを可能にしている．ただし，飲水行動（喉の渇き）は脱水量と比例して生じるわけではなく，喉が渇いたと感じたときはすでに脱水が進んでいる場合が多い．したがって，脱水による

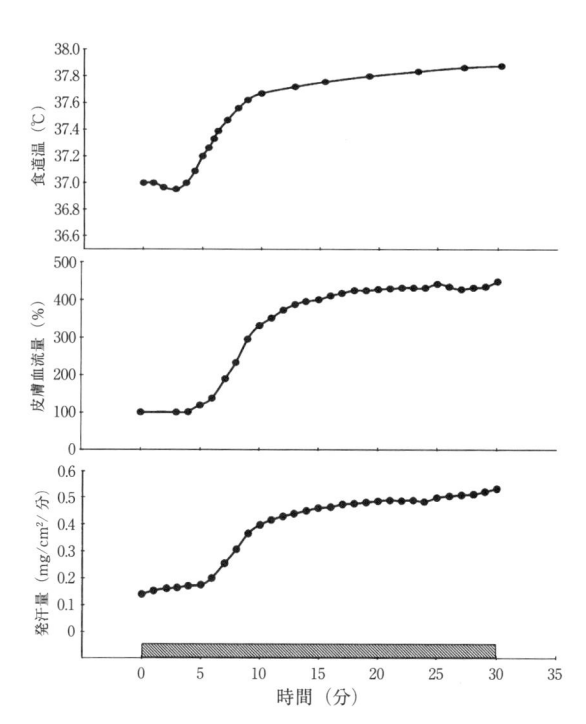

図13.7 暑熱環境下における運動中の体温，皮膚血流量，発汗量の変化（宮村[20]を改変）
暑熱環境下で一定強度で運動を行った時の食道温，皮膚血流量，発汗量の経時的変化を示している．運動開始後，体温は急激に上昇するが，皮膚血流量と発汗量の増大により，体温の上昇は緩やかになる．

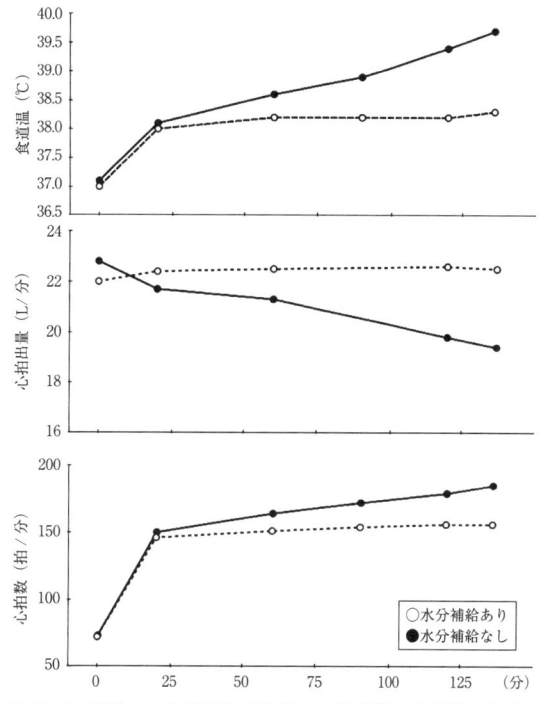

図13.8 運動中の水分補給が体温，心拍出量，心拍数に与える影響（Gonzales-Alonso ら[8]を改変）
35℃の環境において，一定強度で運動を行った．運動中の水分補給（運動中に失われた水分を100%補給）は，水分をほとんど補給しない場合に比べて，体温の上昇・心拍収量の低下・心拍数の増加を抑制する．

パフォーマンスの低下を防ぐには，運動中は喉が渇いていなくても少しずつ水分を補給することが重要である．

d．暑熱順化

暑い日が何日か続くと，身体はその環境に適応する．いわゆる暑さに慣れるという状態になり，このことを暑熱順化または暑熱適応という．身体が暑熱順化すると，暑熱環境下での運動パフォーマンスが著しく改善される[23]．暑熱順化前と同じ強度の運動を行うと，心拍数は低下し，さらに発汗能が高まるため体温の上昇も抑制される[19]．暑熱順化の効果は比較的短期間で現れ，毎日90〜120分の暑熱環境下で行うと数日で生じる．発汗量の増加は比較的早期に生じ，体温の低下や心拍数の低下はやや遅れる．それでも，暑熱順化は1週間にはほぼ完成し，10〜14日頃には完全に完成する[19]．暑熱ストレスを中止すると，順化した身体は徐々に失われ，通常約2週間で消失する[31]．

身体が暑熱順化すると，発汗量や皮膚血流量が増加する．これは暑熱順化前後における同一体温での発汗量や皮膚血流量が増加するだけでなく，発汗や皮膚血流の増加が生じる深部体温の閾値が低くなり，順化前よりも早期に熱放散を増加させて深部体温の増加を抑制する[25]．また，汗の塩分濃度の低下が生じ，暑熱順化をすると，より薄い塩分濃度の汗をかくようになる[1]．塩分濃度の薄い汗をかくことは，濃い汗と比べて同じ発汗量だとすれば，血漿浸透圧の上昇が大きくなることを意味する．血漿浸透圧の上昇は口渇感を高めるため，脱水の防止などの利点がある．また，暑熱順化は体液系にも影響を及ぼし，体液量も増加する．これはおもに血漿（細胞外液）量の増加によるものである[7]．この体液量の増加は暑熱順化による運動流の発汗量や皮膚血流の量の増加，心拍数の低下に寄与している．

低体力者や子ども，高齢者は暑熱順化を獲得するのに日数がかかり，またその程度も小さい[10]．したがって，暑熱順化が完全に達成されていない状態で，低体力者や子ども，高齢者が暑熱環境下で運動を行う場合には，安全面での十分な配慮が必要となってくる．

◆問　題

1. 標高の上昇に伴い，大気の気圧，大気のガス濃度はどのように変化するのか説明しなさい．
2. ヘモグロビンの酸素解離曲線は"S"字状になっている．その利点を2つ示しなさい．
3. 海抜0m（酸素飽和度100％）地点と海抜3,776m（酸素飽和度80％）のそれぞれにおいて，動脈血100mLに含まれる酸素の量を求めなさい．なお，ヘモグロビン濃度15g/dL，ヘモグロビン1g当たり最大1.34mLの酸素と結合することができると仮定する．
4. 高地環境下での心臓循環系の急性反応について述べなさい．
5. 高地トレーニングの方法として現在3つの方法がある．それぞれのトレーニング方法とその効果，利点と欠点をまとめなさい．
6. 体熱の4つの移動手段を示し，気温によるその貢献度の変化について説明しなさい．
7. 外気温が変化したとしてもヒトの深部体温はほぼ一定に保たれている．その時に生じる体温の調節の仕組みについて，温度受容器，体温調節中枢，体温調節反応という言葉を用いて説明しなさい．
8. 暑熱環境下で生じる体温調節系，心臓循環系で生じる反応を説明しなさい．
9. 暑熱順化とは何か，またそれによって生じる生体の変化を説明しなさい．

◆参考文献

1) Allen, J. R. and Wilson, C. G.: Influence of acclimatization on sweat sodium concentration. *J. Appl. Physiol.*, **30**: 708-712, 1971.
2) 浅野勝己：持久力の科学（石河利寛，竹宮　隆編），杏林書院，1994.
3) Bailey, D. M. and Davies, B.: Physiological implications of altitude training for endurance performance at sea level: a review. *Br. J. Sports Med.*, **31**: 183-190, 1997.
4) Bartsch, P. and Saltin, B.: General introduction to altitude adaptation and mountain sickness. *Scand J. Med. Sci. Sports*, **18**: 1-10, 2008.
5) Bonetti, D. L. and Hopkins, W. G.: Sea-level exercise performance following adaptation to hypoxia. A meta-analysis. *Sports Med.*, **39**: 107-127, 2009.
6) Chapman, R. F., Stray-Gundersen, J., Levine, B. D., et al.: Individual variation in response to altitude training. *J. Appl. Physiol.*, **85**: 1448-1456, 1998.
7) Convertino, V. A., Greenleaf J. E. and Bernauer, E. M.: Role of thermal and exercise factors in the mechanism of hypervolemia. *J. Appl. Physiol. Respir. Environ. Exerc. Physiol.*, **48**: 657-664, 1980.
8) Gonzalez-Alonso, J., Calbet, J. A., Nielsen, B. et al.: Muscle blood flow is reduced with dehydration during prolonged exercise in humans. *J. Physiol.*, **513**: 895-905, 1998.

9) Hamilton, M. T., Gonzalez-Alonso, J., Montaion, S. J., et al.: Fluid replacement and glucose infusion during exercise prevent cardiovascular drift. *J. Appl. Physiol.*, **71**: 871-877, 1991.
10) 平田構造, 井上芳光, 近藤徳彦 編：体温－運動時の体温調節システムとそれを修飾する要因, ナップ, 2002.
11) Hoppeler, H., Kleinert, E., Schlegel, C., et al.: Muscular exercise at high altitude II. Morphological adaptation of skeletal muscle to chronic hypoxia. *Int. J. Sports Med.*, **11**: S3-S9, 1990.
12) Hoppeler, H. and Vogt, M.: Muscle tissue adaptations to hypoxia. *J. Exp. Biol.*, **204**: 3133-3139, 2001.
13) 彼末一之, 能勢 博 編：やさしい生理学（改訂第6版）, 南江堂, 2011.
14) 彼末一之, 中島敏博：脳と体温－暑熱・寒冷環境との戦い, 共立出版, 2000.
15) Kenney, W. L. and Johnson, J. M.: Control of skin blood flow during exercise. *Med. Sci. Sports Exerc.*, **24**:303-312, 1992.
16) Kenney, W. L., Wilmore, J. H. and Costill, D. L.: Physiology of sports and exercise, fifth ed., Human Kinetics, Illinois, 2012.
17) Leon-Vearde, F., Gamboa, A., Chuquiza, J. A., et al.: Hematological parameters in high altitude residents living at 4,355, 4,660, and 5,500 meters above sea level. *High Alt. Med. Biol.*, **1**: 97-104, 2000.
18) Levine, B.D. and Stray-Gundersen, J.: "Living high-training low": effect moderate-altitude acclimatization with low-altitude training on performance. *J. Appl. Physiol.*, **83**: 102-112, 1997.
19) Lind, A. R. and Bass, J.: Optimal exposure time for development of acclimatization to heat. *Fed. Proc.*, **22**:704-708, 1963.
20) 宮村実晴 編：新運動生理学（下）, 真興交易, 2002.
21) Montain, S. J. and Coyle, E. F.: Influence of graded dehydration on hyperthermia and cardiovascular drift during exercise. *J. Appl. Physiol.*, **73**: 1340-1350, 1992.
22) 森本武利 監：高温環境とスポーツ・運動, 篠原出版新社, 2007.
23) Nielsen, B., Hales, J. R., Strange, S., et al.: Human circulatory and thermoregulatory adaptations with heat acclimation and exercise in a hot, dry environment. *J. Physiol.*, **460**: 467-485, 1993.
24) 小川徳雄：汗の常識・非常識, 講談社, 1998.
25) Roberts, M. F., Wenger, C. B., Stolwijk, J. A., et al.: Skin blood flow and sweating changes following exercise training and heat acclimation. *J. Appl. Physiol.*, **43**: 133-137, 1977.
26) Rusko, H. R.: New aspects of altitude training. *Am. J. Sports Med.*, **24**: S48-52, 1996.
27) Schmidt, W. and Prommer, N.: Effects of various training modalities on blood volume. *Scand J. Med. Sci. Sports*, **18** (Suppl 1): 59-71, 2008.
28) Stray-Gundersen, R., Chapman, F. and Levine, B. D.: "Living high-training low" altitude training improves sea level performance in male and female elite runner. *J. Appl. Physiol.*, **91**: 1113-1120, 2001.
29) West, J. B., Boyer, S. J., Graber, D. J., et al.: Maximal exercise at extreme altitudes on Mount Everest. *J. Appl. Physiol.*, **55**: 688-693, 1983.
30) Wilber, R. L.: Current trends in altitude training. *Sports Med.*, **31**: 249-265, 2001.
31) Williams, M, Wyndham, C. H., Morrison J. F., et al.: Rate of loss of acclimatization in summer and winter. *J. Appl. Physiol.*, **22**: 21-26, 1967.

14

運動時の栄養摂取・水分補給

　食事から摂取する栄養素は身体の構成成分であり，身体を効率よく機能させるためにも不可欠である．さらに運動や身体活動を遂行するうえでも栄養素は非常に重要であり，身体パフォーマンスに影響を及ぼす場合もある．本講では，栄養素の基本的な構造から，食事により摂取した後に体内へ取り込まれる経路，運動と栄養素の関わり，運動時の水分補給の重要性について述べる．

14.1 栄養素の種類

a. 炭水化物・糖質

　糖質とは，アルデヒド基あるいはケト基をもつ多価アルコールであり，炭素（C），水素（H），酸素（O）の3元素からなる．その割合は少数の例外を除いて，$C_n(H_2O)_m$ の一般式で表されるため，炭水化物ともよばれている．糖質は，単糖類，小糖類（オリゴ糖），多糖類に分類される（表14.1）．運動や身体活動において重要な炭水化物，糖質はグリコーゲンやグルコースである．グリコーゲンは骨格筋や肝臓に蓄えられており，それらが分解されることでグルコースとなり，運動や身体活動に必要なエネルギー源となる．

b. 脂　質

　脂質とは，化学的性質よりもむしろ物理的性質で関連のある一群の物質の総称であり，水にはほとんど溶けず有機溶媒に溶ける物質とされる．脂質は単純脂質と複合脂質，および誘導脂質に分類される（表14.2）．食物中に含まれる脂質は，そのほとんどが単純脂質のトリアシルグリセロール（トリグリセリド，中性脂肪ともよばれる）の形で存在しており，人の体内においてもこの形で脂肪組織や骨格筋などに蓄えられている．トリアシルグリセロールは，グリセロールに3分子の脂肪酸がエステル結合しており，リパーゼにより分解

表14.1　おもな糖質の種類

分類		糖の種類	構成成分
単糖類	五炭糖	リボース	
	六炭糖	グルコース（ブドウ糖） フルクトース（果糖） ガラクトース マンノース	
小糖類 （オリゴ糖）	二糖	スクロース（ショ糖） ラクトース（乳糖） マルトース（麦芽糖）	グルコース＋フルクトース グルコース＋ガラクトース グルコース＋グルコース
	三糖	ラフィノース	グルコース＋フルクトース＋ガラクトース
多糖類	消化性多糖	でんぷん グリコーゲン	グルコース グルコース
	難消化性多糖	セルロース グルコマンナン ペクチン	グルコース グルコース，マンノース ガラクツロン酸

されると，その脂肪酸がβ酸化を通してエネルギー源として供給される．

脂肪酸は，直鎖の炭化水素鎖の末端にカルボキシル基をもつ構造をしている．直鎖状に並んでいる炭素の数が4以下のものを短鎖脂肪酸，6～10のものを中鎖脂肪酸，12以上を長鎖脂肪酸とよぶことが多い．炭化水素に二重結合（不飽和結合）をもたないものを飽和脂肪酸，1つだけもつものを一価不飽和脂肪酸，2つ以上もつものを多価不飽和脂肪酸とよぶ．多価不飽和脂肪酸は，二重結合の位置からn-3系とn-6系に分類される．このような脂肪酸の構造の違いは，体内でのエネルギー供給量や作用に差をもたらす．脂肪酸の種類を表14.3に示す．

c. 蛋白質

蛋白質はアミノ酸がお互いにペプチド結合したものである．アミノ酸は炭素にアミノ基とカルボキシル基をもち，残基が結合したものである．この残基の違いにより種々のアミノ酸が存在している．蛋白質を構成するアミノ酸は20種類であり，9種類の必須アミノ酸と11種類の非必須アミノ酸に分けられる（表14.4）．また，化学的分類として，側鎖が枝分かれしているアミノ酸を分岐鎖アミノ酸（ロイシン，イソロイシン，バリン），芳香核をもつものを芳香族アミノ酸，イオウを含むものを含硫アミノ酸に分類する．

d. ビタミン

ビタミンは有機の栄養素であり，体内において多くの生化学的機能を司る．一般には体内で合成できないので，食物として摂取しなければならない．溶解性によって，大きく水溶性ビタミンと脂溶性ビタミンに分類される．脂溶性ビタミンには蓄積性があり，過剰症に注意しなければならないが，水溶性ビタミンは排泄性が高く，欠乏症に注意しなければならい．各ビタミンの生理作用を表14.5に示した[17]．

e. ミネラル

ミネラル（無機質）は，生体を構成する元素のうち，水，蛋白質，脂質，糖質の構成元素である酸素（O），炭素（C），水素（H），窒素（N）を除くすべての元素の総称である．ミネラルは，1日の摂取量により多量ミネラルと微量ミネラルに分類される．多量ミネラルにはナトリウム（Na），カリウム（K），カルシウム（Ca），リン（P），マグネシウム（Mg）があり，微量ミネラルには鉄（Fe），亜鉛（Zn），銅（Cu），マンガン（Mn），ヨウ素（I），セレン（Se），クロム（Cr），モリブデン（Mo）などがある．これらミネラルは，硬組織（骨や歯）や軟組織（筋肉，皮膚など）の構成材料，ホルモンの構成成分，酵素反応，生体機能の調節作用（浸透圧，神経伝達，筋肉の収縮）などの役割を担う[5]．

表14.2 脂質の分類

分類	種類
単純脂質	アシルグリセロール（グリセリド） 　モノアシルグリセロール 　ジアシルグリセロール 　トリアシルグリセロール（トリグリセリド） コレステロールエステル ろう
複合脂質	リン脂質 糖脂質
誘導脂質	脂肪酸 ステロイド 脂溶性ビタミン

表14.3 おもな脂肪酸の種類

分類			慣用名	炭素数：二重結合数	多く含む食品
飽和脂肪酸			パルミチン酸 ステアリン酸	16：0 18：0	パーム油，やし油，豚脂，牛脂，バターなど
不飽和脂肪酸	一価		オレイン酸	18：1	オリーブ油，菜種油など
	多価	n-6系	リノール酸	18：2	ひまわり油，大豆油，ごま油，くるみなど
			γ-リノレン酸	18：3	月見草油，母乳など
			アラキドン酸	20：4	レバー，卵白，サザエなど
		n-3系	α-リノレン酸	18：3	しそ油，えごま油，亜麻仁油など
			エイコサペンタエン酸（EPA）	20：5	マグロ脂身，ブリ，サバ，ウナギなど
			ドコサヘキサエン酸（DHA）	22：6	マイワシ，サバ，ブリ，ウナギなど

14.2 栄養素の消化・吸収

a. 炭水化物の消化・吸収

食物中の炭水化物は，多糖類であるでんぷんと二糖類であるスクロース（ショ糖），ラクトース（乳糖）が重要な位置を占める．炭水化物の消化は，まず口腔内において唾液中のαアミラーゼによりでんぷんを大まかに分解することから始まる．大まかに分解されたでんぷんは，十二指腸において膵アミラーゼによりオリゴ糖類（マルトース，マルトトリオース，α-デキストリン）に分解され，小腸で最終的な産物である単糖にまで分解される．分解された単糖類は粘膜上皮細胞内に取り込まれ，その後門脈循環に入っていく．

b. 脂質の消化・吸収

食物中の脂質は90％が中性脂肪であり，残りはリン脂質やコレステロールである．脂肪はまず胃で乳化され乳化脂肪滴になる．この脂肪滴にリパーゼが結合し，遊離脂肪酸とモノアシルグリセロールに加水分解される．脂肪の約10～30％は胃で加水分解され，残りの70～90％は十二指腸と空腸上部で分解される[16]．加水分解されたモノアシルグリセロール，脂肪酸，その他の脂肪は胆汁酸と集合体をつくり，小腸でミセル（親水基を外に親油基を内に向けた物質の集合体）を形成する．ミセル内の脂肪消化産物は単純拡散あるいは受動輸送によって粘膜細胞に取り込まれる．粘膜細胞に取り込まれた長鎖脂肪酸は中性脂肪に再合成され，キロミクロンに取り込まれて細胞外液に放出される．次いで小腸のリンパに引き渡され（したがって肝臓を通らない），最終的には大循環に到達する．短鎖・中鎖脂肪酸は水溶性であるため，門脈を通して吸収され肝臓に輸送される．そのため脂肪組織には直接は組み込まれず，ただちに酸化されるという特徴をもつ．

c. 蛋白質の消化・吸収

蛋白質は，胃において蛋白質分解酵素ペプシンにより一部消化され，膵液に含まれるトリプシン，キモトリプシン，エラスターゼにより加水分解され，短鎖ペプチドに分解される．その後，カルボキシペプチダーゼA，Bによりトリペプチド，ジペプチド，単独のアミノ酸まで分解され，十二指腸および空腸の粘膜細胞

表14.4 アミノ酸の種類

名称	略語	必須アミノ酸	分岐鎖アミノ酸
グリシン	Gly (G)		
アラニン	Ala (A)		
プロリン	Pro (P)		
セリン	Ser (S)		
トレオニン	Thr (T)	○	
システイン	Cys (C)		
メチオニン	Met (M)	○	
アスパラギン酸	Asp (D)		
グルタミン酸	Glu (E)		
アスパラギン	Asn (N)		
グルタミン	Gln (Q)		
バリン	Val (V)	○	○
ロイシン	Leu (L)	○	○
イソロイシン	Ile (I)	○	○
リシン（リジン）	Lys (K)	○	
ヒスチジン	His (H)	○	
アルギニン	Arg (R)		
フェニルアラニン	Phe (F)	○	
チロシン	Tyr (Y)		
トリプトファン	Trp (W)	○	

表14.5 ビタミンの特性（柴田[17]を改変）

分類	ビタミン名	生理作用
脂溶性ビタミン	ビタミンA	視覚，骨，粘膜を正常に保つ
	ビタミンD	カルシウム，リンの代謝
	ビタミンE	生体内抗酸化作用
	ビタミンK	血液凝固因子の合成
水溶性ビタミン	ビタミンB_1	糖質代謝の補酵素
	ビタミンB_2	生体酸化の水素伝達作用
	ビタミンB_6	アミノ酸代謝
	ナイアシン	補酵素NAD，NADPの構成成分として生体酸化に関与
	パントテン酸	アシル基転移（脂質，糖質代謝）
	ビオチン	炭酸固定反応（脂質，糖質代謝）
	葉酸	核酸・アミノ酸代謝
	ビタミンB_{12}	脂肪酸・アミノ酸代謝
	ビタミンC	アミノ酸代謝

内へ取り込まれ，血中へと運ばれる．アミノ酸は，一般的に遊離アミノ酸の時よりもジペプチドやトリペプチドとしての方がずっと早く吸収される．ひとたび細胞内に取り込まれると，それらのペプチドは遊離アミノ酸に加水分解される．

d．ビタミン・ミネラルの消化・吸収

脂溶性ビタミンであるビタミンA，D，E，Kは水に不溶のため，胆汁酸によるミセル形成が不可欠である．ミセルに取り込まれた脂溶性ビタミンは小腸において吸収された後，リンパに入り，さらに血液循環へと入る．また，水溶性ビタミンは能動的あるいは担体を介して積極的に細胞内に取り込む機構が上部小腸に存在する．吸収された水溶性ビタミンは門脈から肝臓に入り，それぞれ代謝を受ける．ミネラルの大部分には，それぞれに特異的な吸収機序が存在している．また，その吸収には，食物中の形態やさまざまな他の栄養素の影響も受ける．

14.3　運動におけるエネルギー源と栄養摂取

運動時の主たるエネルギー源は，グリコーゲン（グルコース）と脂肪酸である．脂肪酸がエネルギー源となりTCA回路に入る際，グリコーゲンから分解されたオキサロ酢酸が必要となる．したがって，エネルギー源として脂肪酸を使用する場合においてもグリコーゲンは必須である．グリコーゲンは骨格筋や肝臓に貯蔵されており，体重70 kgの成人では，貯蔵されている肝臓グリコーゲンは約72 g，筋グリコーゲンで約245 gであり，約1,300 kcal分に相当するのみである[11]．したがって，マラソンのような長時間の運動を行う場合には，これら貯蔵されているグリコーゲンのみではエネルギー源がまかなえず，運動前にあらかじめ骨格筋や

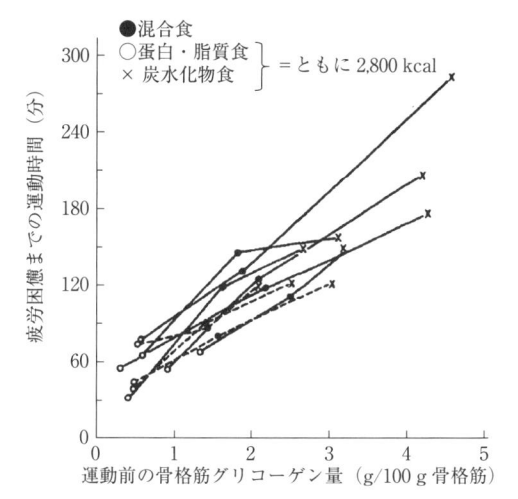

図14.1　運動前の骨格筋グリコーゲン量と運動持続時間との関係[1]

混合食（コントロール），蛋白・脂質食，炭水化物食を摂取した際の筋グリコーゲン量と疲労困憊までの時間の関係を検討している．高炭水化物食を摂取することにより筋グリコーゲン量が高まり，疲労困憊までの運動時間が長くなることが示されている．

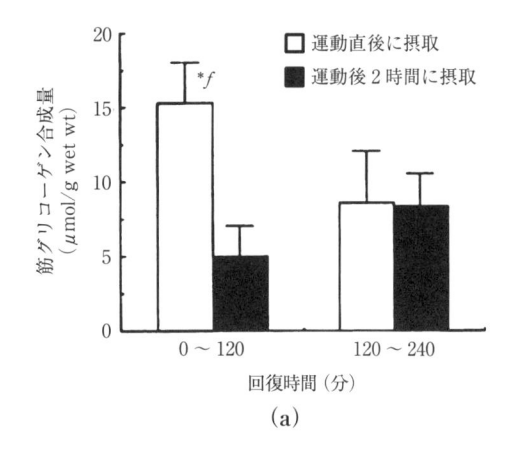

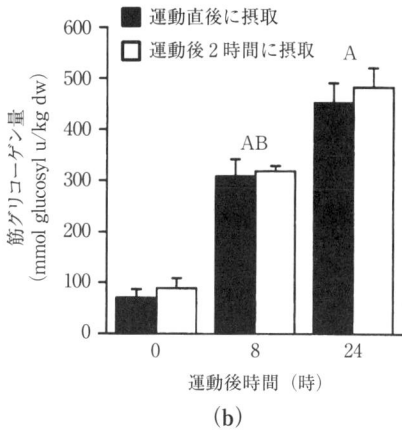

図14.2　運動後における高炭水化物食摂取のタイミングと骨格筋グリコーゲン量との関係

(a) 70分間の疲労困憊に至るような運動を行った直後（□）と2時間後（■）に2 g/kg wtのグルコースポリマーを25％水溶液として摂取した際の骨格筋におけるグリコーゲンの合成量を示している．＊：$p<0.05$ vs 運動後2時間に摂取した場合の0〜120分，f：$p<0.05$ vs 運動後2時間に摂取した場合の120〜240分[9]．
(b) 2時間の疲労困憊に至るような運動を行った直後（■）と2時間後（□）から高グリセミックインデックスの食べ物を5回にわたり摂取した際の骨格筋におけるグリコーゲン量を示す．A：$p<0.01$ vs 0時間，B：$p<0.01$ vs 24時間[15]．

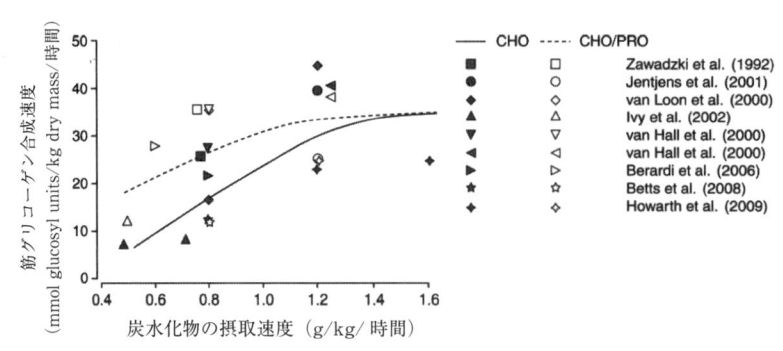

図14.3 運動後における炭水化物のみおよび炭水化物と蛋白質の同時摂取による骨格筋グリコーゲン合成速度[4]

さまざまな割合で炭水化物の摂取量を変え,さらに蛋白質あり(CHO/PRO)となし(CHO)で摂取させた場合の,運動後2～6時間以上にわたる筋グリコーゲン量を比較した9つの研究結果を図に示している.炭水化物の摂取が1.2 g/kg/時間以下では,蛋白の付加によりグリコーゲン合成が高まることを示す.

肝臓におけるグリコーゲン貯蔵量を増やしておき,グリコーゲンの涸渇を延長させることが重要となる.これがグリコーゲン・ローディングである.図14.1に,運動前の3日間において高炭水化物食,高脂質食,混合食を与え,75% $\dot{V}_{O_2max}$ の負荷で自転車運動を行った際の運動持続時間と骨格筋グリコーゲン量との関係を示した[1].高炭水化物食を与えることで,運動の持続時間が増えていることがわかる.ただし,グリコーゲン・ローディングはあくまでも長時間の持久性運動を行う場合に適用されるべきであり,グリコーゲン・ローディングによる体重増加などもあることから,実施される運動の強度と時間を考慮して必要か否かを決めることが重要である.古典的なグリコーゲン・ローディングの方法では心身に負担がかかることから,近年では,高脂質食と組み合わせることで運動中のグリコーゲン利用の節約を意図した方法が行われている[2].

また,運動によって消費した骨格筋グリコーゲン量を回復させることも,次の運動を行ううえで非常に重要である.運動直後に速やかに高炭水化物食を摂取することで骨格筋内のグリコーゲン量は回復する.このタイミングが早ければ早いほど,骨格筋内でのグリコーゲン量回復が早まるが[9],高グリセミックインデックスの食べ物を摂取した場合には,24時間後の骨格筋グリコーゲン量には影響を及ぼさない(図14.2)[15].したがって,次に開始される運動までの時間(回復期間)によって食事の摂り方が変わる.次の運動が24時間以後であれば,高炭水化物食を通常の食事や間食のタイミングで摂取することで十分である.

さらに,運動からの回復期における骨格筋グリコーゲン量を高める手段として,蛋白質の同時摂取効果も確認されている[4].図14.3は,炭水化物のみと炭水化物と蛋白質を同時摂取した場合での骨格筋グリコーゲン合成速度の検討を行った各研究の結果を1つの図にプロットしたものである.炭水化物の摂取が少ない場合には,蛋白質を同時摂取することで筋グリコーゲンの合成速度を高めることが示されている.さらに糖質の性質として,高いグリセミックインデックスを示す糖質では,筋グリコーゲンの合成速度が高まることが報告されている[3].

エネルギー代謝を円滑に行ううえで重要な微量栄養素としてビタミンB群があげられる.解糖系やTCA回路において必要なFDA(フラビンアデニンジヌクレオチド)やNAD(ニコチンアミドアデニンジヌクレオチド)は,ビタミンB群であるリボフラビンやナイアシンから生成される.したがって,多くのエネルギー代謝を必要とする運動を定期的に行っている場合,これらビタミンB群の必要量も多くなっていることが考えられる.Woolfら[21]は,運動はリボフラビンやビタミンB_6の必要量を増加させるかもしれないと報告している.しかしながら,運動実施により食事の摂取量が増加することが考えられ,これにより増加したビタミンB群の必要量は自然とまかなわれるかもしれない[21].つまり,運動により増加したエネルギー必要量に見合ったビタミンB群の摂取を心がけることが重要である.

14.4 運動と骨格筋蛋白質の合成

食物から摂取された蛋白質は，筋肉などの体蛋白質合成に利用されるほかに，酵素，ホルモン，抗体などの合成にも利用される．必要量以上に摂取した場合にはエネルギー源として利用されたり，脂肪として蓄えられたりする（図14.4）[14]．また，長時間運動時のように血中グルコース濃度が低下すると，運動時のエネルギー源としてグルコースを供給しようとして，蛋白質に由来するアミノ酸が糖新生に利用される．このエネルギー利用度は，運動強度や運動時間が長くなると増大する[7]．

Tarnopolskyら[19]は，蛋白質摂取量を0.86 g/kg wt/日から1.4 g/kg wt/日に増やして筋力トレーニングをすると，全身の体蛋白質合成が高まる．一方，筋力トレーニングを実施しないと体蛋白質合成が高まることはないことを示した．また，蛋白質摂取量を2.4 g/kg wt/日に増やし，筋力トレーニングを実施した場合においても，さらに体蛋白質合成が高まることはなかった（図14.5）．これらのことから，筋力トレーニングを実施しないで蛋白質摂取量を増やしても体蛋白合成は増大しないこと，体蛋白質合成に利用される蛋白質の上限は2 g/kg wt/日程度であると考えられている．筋蛋白質の合成は運動後に亢進するが，運動中および運動直後は合成よりも分解が上回っている．合成が分解を上回り，蛋白質合成を増大させるためには，蛋白質（アミノ酸）が必要である．運動後できるだけ早い時間に蛋白質を摂取すると，筋蛋白合成が増大する[12]．

筋力トレーニング，筋疲労を伴う運動後は，できるだけ速やかに蛋白質またはアミノ酸そのもの，あるいは蛋白質を含む食事を摂るよう心がける必要がある．また，運動後の筋蛋白合成は，蛋白質（アミノ酸）と糖質を同時に摂取するとさらに効果的である[6]．

14.5 運動時の水分補給

a. 体液の分布・組成・役割

ヒトの総体液量は，加齢，性差による影響を受けるが，概ね体重の55～65%である[18]．体液は細胞内と細胞外に分布しており，その2/3が細胞内液として局在し，1/3が血液のような細胞外液として存在している．細胞外液にはナトリウムが多く含まれており，細胞内液にはカリウムが多く含まれている．正常な生理作用を営むためには，細胞外液や細胞内液の成分組成の恒常性が保たれなければならない．

水分は体内で体温を保持する役割がある．水分は比熱が大きいため，気温や室温が低下しても体液の働きによって体温はすぐには低下せず，一定に保たれる．一方，体温が上がると，汗が皮膚表面から蒸発することにより上昇した体熱を下げることができる．身体から一定量の水分が失われると脱水症状となり，逆に水分が多すぎると浮腫となる．一般に，腎機能が正常であれば常に体内水分のバランスを適正に保つことができる．

b. 脱水と運動能力

スポーツ選手にとって，水分の最も重要な役割は体温調節である．汗の主要成分は水分（細胞外液）であり，汗が皮膚表面から蒸発することによって上昇した体熱を下げることができる．それによって運動能力が維持でき，熱中症の予防にもなる．

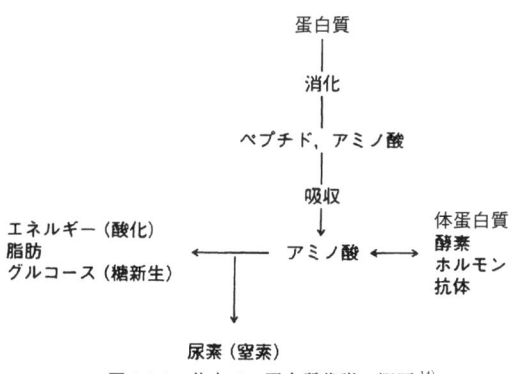

図14.4 体内での蛋白質代謝の概要[14]

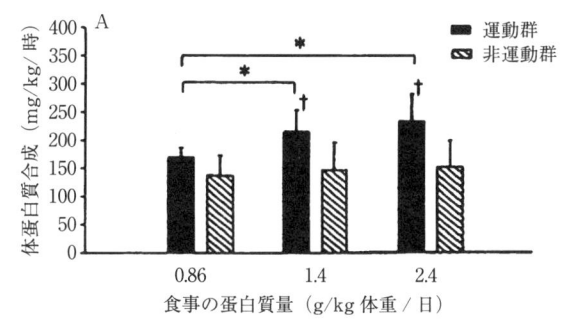

図14.5 食事の蛋白質量と運動が体蛋白合成に及ぼす影響(Tarnopolsky[19])
＊：0.86に対して$p < 0.05$．†：非運動群に対して$p < 0.05$．

脱水は，激しい運動中や運動後，暑熱下作業，発熱などによる大量の発汗，利尿促進，水分摂取不足，アルコールの多量摂取などが原因で起こる．体内で脱水が起こると，口の中が渇いたり，唾液の分泌量が減ったりして喉が渇き，水分を欲する．また，その成分の約 80％が水分である血液では血液濃縮が起こり，循環血液量が減少し，血液の流れが悪くなる．このような状況下では，血漿量が減少して心臓からの 1 回拍出量が減少し，結果として心拍数が増大する．さらに，脱水により体温調節が正常に作用しなくなることから，体温の上昇による皮膚への血流要求量が高まり，心拍出量の一部が皮膚に振り分けられ，活動筋への血液供給量が減少して，競技力が低下すると考えられている．Yoshida ら[22]は，発汗量が体重の 2％を超えて脱水状態に陥ると有酸素性能力（持久力）が急激に低下し，3％を超えると無酸素性能力（瞬発系の運動）の低下が大きくなるとしている．そのため，運動後の体重減少が概ね 2％以内に収まるような水分摂取が必要となる[10]．

陸上競技選手を対象に夏期合宿練習時の水分摂取状況を調べた研究によると，水分補給をしなかった長距離選手の場合，体重減少量は約 3.5％であり[8]，運動能力に影響を及ぼす発汗量（約 2％）を超えることが示されている．一方，任意に水分補給した場合，練習後の体重減少は約 1％であり，熱中症予防および運動能力低下防止のために概ね良好な減少に抑えることができたという[8]．興味深いことに，長距離選手の体重減少量は瞬発系の選手に比べて多く，また個人差も大きいことが示されている[8]．水分補給をある程度意識的に行うことで脱水予防ができるが，長距離選手のように発汗量が多い場合は，自由摂取だけでは補給不足となるケースもあるので計画的に水分補給を行う必要がある．

c. 水分補給の方法

日常における水分補給量の目安は 1 日の水分損失量に等しく，成人の場合，体重の約 4％前後である[13]．たとえば体重 60 kg の男性では，少なくとも 1 日当たり 2.4 L 程度の水分補給が必要である．一方，運動時には消費エネルギー 1,000 kcal 当たり 1 L の水分摂取が一般的に推奨されており，たとえばエネルギー消費量が 2,000 kcal になるスポーツを実施中には 2 L の水分補給を日常において摂取することが必要となる．季節に関係なく，どんなスポーツであっても運動 30 分前に 250〜500 mL，運動中は 15 分ごとに，練習後は体重減少の 70〜80％程度をめどに補給することが推奨されている（表 14.6）[10]．また，水温は 5〜15℃に冷やすと飲みやすく，腸管での吸収率も高まる．

激しい脱水状態下では，水分だけの摂取では細胞外液の回復が十分行われない．汗の塩分濃度は 0.5％程度であるが，多量発汗時には，通常食事で摂取する塩分よりも損失塩分量が上回ることもあり，発汗によって損失する塩分量は無視できない．血液の塩分濃度は 0.9％程度であり，身体はこの濃度を一定に維持するよう調節している．多量発汗時には，体液の全体量が減ると同時に Na の全体量も減る．そこで，失った水分を水だけで補給すると Na 濃度が薄まってしまう．Na 濃度が薄まると濃度を一定に維持するために発汗や利尿

表 14.6 運動強度と水分補給の目安[10]

運動強度			水分摂取量の目安	
運動の種類	運動強度（最大強度の％）	持続時間	競技前	競技中
トラック競技，バスケットボール，サッカーなど	75〜100％	1 時間以内	250〜500 mL	500〜1,000 mL
マラソン，野球など	50〜90％	1〜3 時間	250〜500 mL	500〜1,000 mL/1 時間
ウルトラマラソン，トライアスロンなど	50〜70％	3 時間以上	250〜500 mL	500〜1,000 mL/1 時間 必ず塩分を補給

1) 環境条件によって変化するが，発汗による体重減少の 70〜80％の補給目標とする．気温の高い時には 15〜20 分ごとに飲水休息をとることによって，体温の上昇が抑えられる．1 回 200〜250 mL の水分を 1 時間に 2〜4 回に分けて補給する．

2) 水の温度は 5〜15℃が望ましい．

3) 食塩（0.1〜0.2％）と糖分を含んだものが有効である．運動量が多いほど糖分を増やしてエネルギーを補給する．とくに 1 時間以上の運動をする場合には，4〜8％程度の糖分を含んだものが疲労の予防に役立つ．

が起こり，結果的に体液量は十分回復できない．このように，ナトリウム（Na）成分を含まない水分の補給では自発的脱水が起こるため，0.2～0.9％程度の食塩を同時に摂取することが適当である．また，一定の糖分を含む水分は腸管吸収率を高める．一方，胃内容排出速度は糖度が高すぎると遅延する．水または2.5％グルコース溶液の胃内容排出速度に差はないが，10％グルコース溶液では約9 mLと50％低下し，さらに15％グルコース溶液では8％にまで低下する[20]．1時間以上運動継続する場合は，エネルギー補給として4～8％程度の糖質を含んだものが有効である[10]．

◆ 問　題

1. 必須アミノ酸9つをあげなさい．
2. 体重70 kgの人における肝臓グリコーゲン量と筋グリコーゲン量はおよそ何gか．
3. 運動時のエネルギー代謝を円滑に行うのに重要なビタミンは何か．
4. 筋力トレーニング後のすばやい蛋白質摂取が筋肥大に有利となる理由を述べなさい．
5. 運動実施時の水分摂取量の方法について述べなさい．

◆ 参考文献

1) Bergstrom, J., Hermansen, L., Hultman, E. and Saltin, B.：Diet, muscle glycogen and physical performance. *Acta Physiol. Scand.*, **71**：140-150, 1967.
2) Burke, L. M., Angus, D. J., Cox, G. R., et al.：Effect of fat adaptation and carbohydrate restoration on metabolism and performance during prolonged cycling. *J. Appl. Physiol.*, **89**：2413-2421, 2000.
3) Burke, L. M., Collier, G. R. and Hargreaves, M.：Muscle glycogen storage after prolonged exercise：effect of the glycemic index of carbohydrate feedings. *J. Appl. Physiol.*, **75**：1019-1023, 1993.
4) Burke, L. M., Hawley, J. A., Wong, S. H. and Jeukendrup, A. E.：Carbohydrates for training and competition. *J. Sports. Sci.*, **29**（Suppl 1）：S17-27, 2011.
5) 江指隆年：無機質（ミネラル）の化学と代謝．人体の構造と機能及び疾病の成り立ち 総論（香川靖雄ほか 編），pp. 173-183, 南江堂, 2009.
6) Hamada, K., Matsumoto, K., Minehira, K., et al.：Effect of glucose on ureagenesis during exercise in amino acid-infused dogs. *Metabolism*, **47**：1303-1307, 1998.
7) Haralambie, G. and Berg, A.：Serum urea and amino nitrogen changes with exercise duration. *Eur. J. Appl. Physiol. Occup. Physiol.*, **36**：39-48, 1976.
8) 板井美浩：暑熱環境下の運動における水分摂取の重要性．自治医科大学紀要, p. 29, 223-228, 2006.
9) Ivy, J. L., Katz, A. L., Cutler, C. L., et al.：Muscle glycogen synthesis after exercise：effect of time of carbohydrate ingestion. *J. Appl. Physiol.*, **64**：1480-1485, 1988.
10) 河原 貴：スポーツ活動中の熱中症予防ガイドブック，日本体育協会, 2006.
11) 小浪悠紀子：グリコーゲン代謝．ハーパー・生化学（上代淑人 監訳），pp.197-205, 丸善, 1999.
12) Levenhagen, D. K., Gresham, J. D., Carlson, M. G., et al.：Postexercise nutrient intake timing in humans is critical to recovery of leg glucose and protein homeostasis. *Am. J. Physiol. Endocrinol. Metab.*, **280**：E982-993, 2001.
13) 呉 泰雄：水分補給．新版コンディショニングのスポーツ栄養学（樋口 満 編），pp. 114-125, 市村出版, 2007.
14) 岡村浩嗣：運動と代謝．運動生理学のニューエビデンス（宮村実晴 編），pp. 170-177, 真興交易, 2010.
15) Parkin, J. A., Carey, M. F., Martin, I. K., et al.：effect of timing of ingestion of high glycemic index food. *Med. Sci. Sports. Exerc.*, **29**：220-224, 1997.
16) 佐久間康夫 監訳：よくわかる生理学の基礎, pp. 226-265, メディカル・サイエンス・インターナショナル, 2007.
17) 柴田克己：栄養素の構造と機能．基礎栄養学（奥恒行，柴田克己 編），pp. 17-30, 南江堂, 2008.
18) 鷹股 亮：体液．人間の許容限界事典（山崎昌廣，坂本和義，関 邦博 編），pp. 94-101, 朝倉書店, 2005.
19) Tarnopolsky, M. A., Atkinson, S. A., MacDougall, J. D., et al.：Evaluation of protein requirements for trained strength athletes. *J. Appl. Physiol.*, **73**：1986-1995, 1992.
20) Vist, G. E. and Maughan, R. J.：The effect of osmolality and carbohydrate content on the rate of gastric empty-ing of liquids in man. *J. Physiol.*, **486**（Pt 2）：523-531, 1995.
21) Woolf, K. and Manore, M. M.：B-vitamins and exercise：does exercise alter requirements? *Int. J. Sport. Nutr. Exerc. Metab.*, **16**：453-484, 2006.
22) Yoshida, T., Takanishi, T., Nakai, S., et al.：The critical level of water deficit causing a decrease in human exercise performance：a practical field study. *Eur. J. Appl. Physiol.*, **87**：529-534, 2002.

15 運動処方

　運動処方（exercise prescription）について論ずる場合，対象が疾患者や半健康人か競技スポーツ選手かによって，すなわち目的が健康づくりかスポーツの競技力向上かによってその方法は異なってくる．疾患者の運動療法は第16講にゆだねることにして，本講ではいわゆる健常者（healthy adults）とよばれる人たちの健康づくりを目的とした運動処方について概説する．

　健常者とは，一般的には「日常生活を送るのに支障のない健康な人」のことをいう．高齢化の進む現在，ますます増える中高年者層の健常者とよばれる人たちの中で健やかに生き，老いる者はじつは多くはない．すなわち日常生活に支障はないものの，半健康人とよばれる人たちがきわめて多いのが現状で，今やその年齢層が若者にまで至っており，健康に対して大変危惧されている．その原因には日常生活での身体活動量の低下，栄養の過剰摂取や脂肪過多などによる偏食，過剰労働などがあげられている．このような社会背景の中，すでに示されている栄養所要量に加え，わが国でははじめて健康づくりのための運動指針を示した「健康づくりのための運動所要量」[23]が1989年に当時の厚生省より発表された．その後，17年の歳月の中で大幅な見直しが検討され，2006年に現在の厚生労働省から「健康づくりのための運動指針2006」[31]が，さらに2013年に「健康づくりのための身体活動基準2013」[32]が発表された．本講では，このような多くの半健康人を含む健常者を対象にした運動処方について学ぶ．

15.1　健康と運動との関係

　健康と運動との関係について問題視され始めたのは，日常での運動不足がさまざまな疾患の引き金になっていることが報告されてからである．現在では運動だけでなく日常の生活活動を含めた身体活動全般が疾病などの危険因子（risk factor）を低減し，健康の回復あるいは維持，増進に大きく寄与することがかなり解明されてきている．

a. 健康とは

　健康のとらえ方は歴史とともに変遷してきているが，1946年WHO（世界保健機構）で集約され，現在も受け継がれている健康の定義「ただ単に疾病や病弱でないだけではなく，肉体的，精神的，社会的に完全に良好な状態」がある．その後，半世紀を超える社会情勢の変化の中で，「完全に良好な状態」についてじつにさまざまな見解が述べられている．緒方道彦は「疾（体の不調）憂（心の不調）の状態に対し，康（体の好調）寧（心の好調）の状態であり，自分を自分でこなしうる状態」と述べている．また池上晴夫は「環境に適応し，かつその人の能力が十分に発揮できるような状態」と述べている．1986年のオタワ憲章では，健康を「生きる目的ではなく，毎日の生活の資源である」と明言し，「health for all」達成のために個人自らが健康をコントロールし，改善することができるよう世界的に働きかけていくヘルスプロモーション[*1]をスタートさせた．健康のとらえ方は「年齢，性，境遇によって異なり，常に流動的なもの」（大塚正八郎）であるが，個人が健康に対する認識をしっかりともち，より望ましい健康を獲得する努力を惜しまないことが大切

[*1]　ヘルスプロモーション（health promotion）：心と身体の健康づくり推進事業のことをいう．わが国では2000年に「健康日本21」を発表，現在は2013年の「健康日本21（第2次）」に基づいて国民健康づくり運動を推進している．

15.1 健康と運動との関係

といえる.

b. 健康と運動不足との関係

地に根をはやす植物に対し，身体を動かすのが動物本来の姿であるが，高等動物である人間は知的側面を生かし労働の省力化，生産性の向上などを求めてさまざまな機械を開発したため，日常生活での身体活動が節約される結果になった．人間の身体は使わないと退化し，適度に使うことでその機能を維持，増進させることができる．したがって，日常生活での身体活動量の低下は身体の各種機能の低下を招来し，ひいてはさまざまな疾患を引き起こすことにつながる．

Hedlley[6]は身体活動量が大きく異なる職種の人たちについて，座位姿勢従事者が冠状動脈性心疾患で亡くなる率は重労働者に比べ1.3倍高いと報告している．Morris ら[14]の報告は有名で，英国2階建てバスの運転手と車掌，また郵便局の内勤と外勤の人を比べ，運転手や内勤の人のほうが冠状動脈性心疾患で発作後3か月以内に亡くなる率が各々2.3倍，2倍高いことを報告している．その後の数多くの研究から，身体活動量の少ない職種の人たちに共通した一連の疾患が認められるようになり，1961年 Kraus と Raab[10]によって運動不足病（hypokinetic disease）という言葉が生まれた．その後，Saltin[21]は身体活動量の少ない長期ベッドレストの研究を行い，心容積の減少，1回拍出量や最大酸素摂取量の減少など循環器系能力の低下を詳細に報告している．また Rambaut ら[19]は体重を支えたり，重量物を持ち上げることさえ必要ない無重力状態の宇宙から帰還した飛行士たちに筋萎縮や骨の脱灰などのあることを報告している．

このように，日常生活での身体活動量の不足は健康を阻害する方向で進み，心臓や循環系の疾患，腰痛症や骨粗鬆症などの筋骨格系の疾患，不定愁訴や自律神経失調症などの精神医学的疾患など多岐にわたった障害をもたらしている．一方，進藤[22]は運動不足病につながる症状を運動欠乏症（hypokinetic syndrome）と称し，「日常生活に支障のない人」たちにその有所見者がかなり多いことを危惧している．なお，従来の成人病は1997年より生活習慣病に改名され[16]，子どもから高齢者の全世代にわたり，健康に必要な運動，栄養，休養の各要素の過不足，偏りを原因とするまさに生活習慣がもたらした疾患の総称になった．

c. 体力とは

人間の身体活動や生命活動の基礎となる身体的能力を一般に体力とよんでいる．池上[7]の分類をもとに図15.1のように示した．

d. 健康に関連性の高い体力構成要素とその評価

WHO の定義に基づき肉体的，精神的，社会的にどの程度健康なのかを判断する尺度は現在のところ存在しない．そのため臨床検査などによる疾病や異常の有無と程度を判断し健康度を評価しているのが現状である．このような中で，1983年に Pate ら[17]により提示

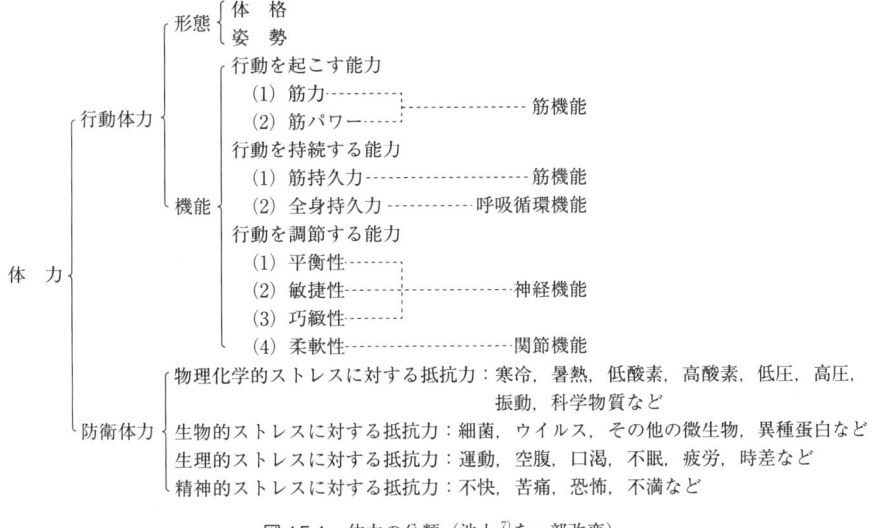

```
              ┌ 形態 ┬ 体 格
              │      └ 姿 勢
              │      ┌ 行動を起こす能力
              │      │   (1) 筋力 ········┐
              │      │   (2) 筋パワー ····┴···· 筋機能
       ┌ 行動体力 ┤      │ 行動を持続する能力
       │      │ 機能 │   (1) 筋持久力 ············ 筋機能
       │      │      │   (2) 全身持久力 ········ 呼吸循環機能
       │      │      │ 行動を調節する能力
 体 力 ┤      │      │   (1) 平衡性 ·······┐
       │      │      │   (2) 敏捷性 ·······┼···· 神経機能
       │      │      │   (3) 巧緻性 ·······┘
       │      │      └   (4) 柔軟性 ············ 関節機能
       │      ┌ 物理化学的ストレスに対する抵抗力：寒冷，暑熱，低酸素，高酸素，低圧，高圧，
       │      │                                 振動，科学物質など
       └ 防衛体力 ┤ 生物的ストレスに対する抵抗力：細菌，ウイルス，その他の微生物，異種蛋白など
              │ 生理的ストレスに対する抵抗力：運動，空腹，口渇，不眠，疲労，時差など
              └ 精神的ストレスに対する抵抗力：不快，苦痛，恐怖，不満など
```

図15.1 体力の分類（池上[7]を一部改変）

15 運動処方

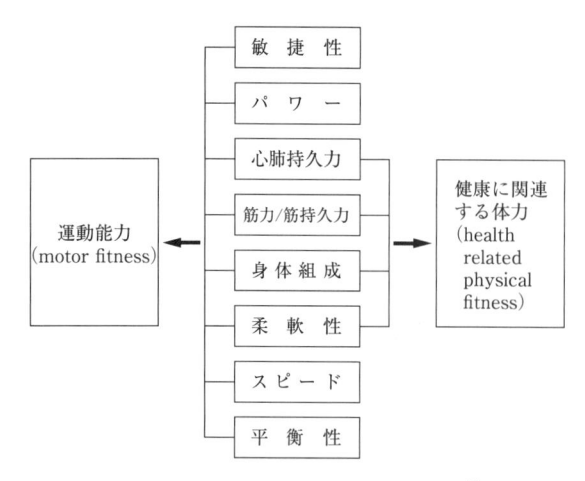

図15.2 運動能力と健康に関連する体力要素 [17]

表15.1 生活習慣病予防のために必要な最大酸素摂取量の世代別・性別の基準値と分布範囲 [12]

性別	20歳代	30歳代	40歳代	50歳代	60歳代
男性	40 33〜47	38 31〜45	37 30〜45	34 26〜45	33 25〜41
女性	33 27〜38	32 27〜36	31 26〜33	29 26〜32	28 26〜30

（単位：mL/kg/分）

された体力（health related physical fitness）の概念は，多くの研究者が体力要素と臨床検査値との関連性を検討してきたそれまでの研究成果を整理した画期的なものであり，図15.2 に示すように，体力要素の中で体格に関連する身体組成，筋力・筋持久力，心肺持久力（全身持久力），柔軟性の4要素を取り上げている．李ら [20] は4要素の総合評価を試み，その評価による体力年齢と臨床検査値や各種体力測定値から算出した田中ら [27] の提唱する活力年齢との間に0.91の高い相関関係がみられたことから，この評価法の有用性を指摘している．

ところで，運動欠乏症の大半を占めるものが心臓や血管などの疾患に関わるものであること，また最近の疫学的調査 [*2] や臨床的研究からも，健康関連体力の中で全身持久力が健康との関連性のきわめて高いことがわかっている．全身持久力の評価には最大酸素摂取量が用いられることが多く，体内のエネルギー消費能力を的確に把握できる点で適切である．進藤ら [25] は最大酸素摂取量と高血圧症罹患度との関係についても調べ，年齢，体脂肪率，血漿脂質の影響を取り除いても，最大酸素摂取量の低い者ほど高血圧症罹患度の高いことを報告している．また，本山ら [15] は安静時または運動負荷時に何らかの心電図異常（軽度異常＋異常）を示す者の出現率も，最大酸素摂取量の低い者ほど高いことを報告している．肥満度や血中脂質などについても同様の傾向であることから，進藤 [22] はこれら冠状動脈硬化危険因子の各種パラメータと最大酸素摂取量と

の回帰式を導き，異常値に対応する最大酸素摂取量を算出し，男性で 37 mL/kg/分以上，女性で 31 mL/kg/分以上の最大酸素摂取量であれば身体的健康は確保されると報告している．健康の程度を体力的に評価する場合，従来の測定平均値からの3〜5段階による評価は不適切であり，このような臨床検査などによる疾病や異常の有無や程度との関連からの評価の方が適切といえる．多くの研究成果をもとに「健康づくりのための運動基準2006」で示された「性・年代別の最大酸素摂取量の基準値」が表15.1 [12] である．

一方，健康関連体力の中の筋力についての科学的知見はまだ不十分ではあるが [29]，アメリカスポーツ医学会（ACSM）では以前から運動処方に取り上げており [2]，「運動指針2006」[30] でも筋力の必要性を取り上げている．さらに，ACSMが推奨する「運動処方の指針」では，2006年の第7版 [3] までは柔軟性も含めた健康関連体力全般に触れてきたが，最新2011年の第8版 [4] では，平衡性や敏捷性などの運動制御能力を高める運動にも触れ，とくに高齢者や体調不良者には推奨されるとしている．なお，身体組成（body composition）は肥満すなわち体脂肪率を意味しており，全身持久力と同様に健康との関連性がきわめて高いことがわかっている．

15.2 運動処方

運動処方とは個人の目的および能力に応じた運動プログラムを作成し，提供することである．

a. 運動処方に必要な条件

健康づくりを目的とした運動は安全であること，効果のあること，そして楽しむことができ継続できる運動であることが基本的条件としてあげられる．これま

[*2] 疫学的調査（epidemiological research）：疾病，事故，健康状態について，地域，職域などの多数集団を対象とし，その原因や発生条件を統計的に明らかにする調査研究法である（広辞苑より）．

で健康づくりの運動は奨励するものの,皆が楽しめることを主目的にしたレクリエーション的スポーツにとどまっていたことが多く,身体的効果を期待しながら達成されていないケースが多い.逆に効果があるとわかっていても三日坊主で終わるようなトレーニングでは意味がない.また,健康をつくるための運動は常に安全でなければならない.このような意味で前述の3条件はすべて満たされていることが前提となる.

b. 運動処方の原則

身体諸器官の機能を改善させ,向上させるために作成される運動処方箋には,以下の原則が盛り込まれていなければならない.

1) 過負荷の原則

日常生活で用いる負荷と同等レベルの負荷では諸器官の改善,向上は望めない.たとえば,呼吸循環系能力の向上では最大酸素摂取量の40％以上の負荷強度が,筋力の向上には最大筋力の1/3以上の負荷強度が最低必要であり,さらにその負荷持続時間(あるいは反復回数,セット数)や負荷頻度(回／週)などが加わって機能改善や向上が望める.これが過負荷の原則である.

2) 漸進性の原則

ふだん歩いている量が少ない人はまず散歩(できれば速歩)から,また毎日10分程度から始め,慣れてきた頃から徐々にトレーニング量を増やしていくことが必要である.トレーニングを積み重ねた結果,身体が適応現象を起こし,トレーニング効果が現れてくると,しばらくして同一の負荷量では効果が進まなくなる.すなわち,トレーニング初期と同じ速度で歩いても身体への負担は軽くなって(トレーニング効果)おり,相対強度が低くなった結果である.したがって,さらに健康水準を高めたい人は運動強度を上げたり,トレーニング量を増やして続けていく必要がある.これが漸進性の原則である.

3) 反復性,継続性の原則

一時的に行った運動,三日坊主ではトレーニング効果は期待できない.週に何日というように定期的に反復して行うことで効果が期待できる.これが反復性の原則である.また効果が現れ,体力が向上したからといって運動を止めてしまうとすぐに体力は低下してしまう.健康維持のための運動所要量は運動の継続性を意味しており,"昔取った杵柄"は長持ちしない.

4) 個別性の原則

運動の初心者とマラソン選手では体力差が大きく,一緒にジョギングしても運動中の身体への負担は全く異なり,同様のトレーニングを続けてもマラソン選手に身体的効果は得られない.同程度の体力でも体内の諸反応は個人によって異なる.運動処方箋は1人1人について作成されるべきものであって,これが個別性の原則である.

c. 運動処方の自由度

健常者は体力水準が広範囲にわたっているため,健

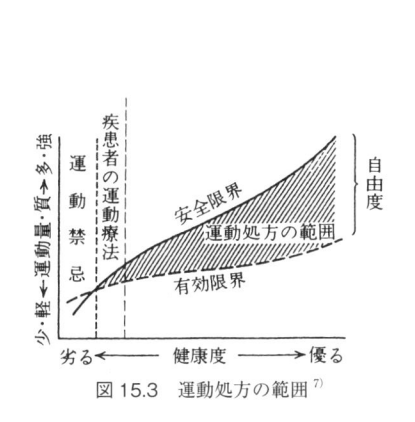

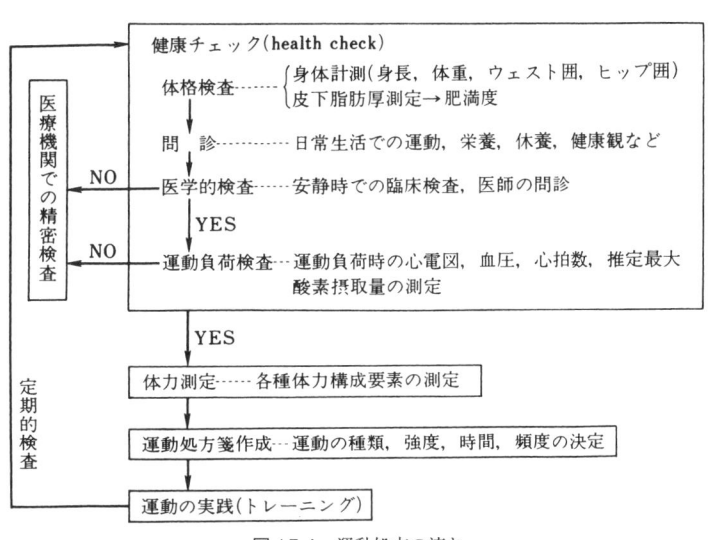

図15.3 運動処方の範囲[7]

図15.4 運動処方の流れ

表15.2 健康づくりのための身体活動基準[9]

血糖・血圧・脂質に関する状況		身体活動（生活活動・運動）		運動	
健診結果が基準範囲内	65歳以上	強度を問わず，身体活動を毎日40分（＝10METs・時／週）	今より少しでも増やす（例えば10分多く歩く）	—	運動習慣をもつようにする（30分以上・週2日以上）
	18〜64歳	3METs以上の強度の身体活動を毎日60分（＝23METs・時／週）		3METs以上の強度の運動を毎週60分（＝4METs・時／週）	
血糖・血圧・脂質のいずれかが保健指導レベルの者		医療機関にかかっておらず，「身体活動のリスクに関するスクリーニングシート」でリスクがないことを確認できれば，対象者が運動開始前・実施中に自ら体調確認ができるよう支援したうえで，保健指導の一環としての運動指導を積極的に行う．			
リスク重複者またはすぐ受診を要する者		生活習慣病患者が積極的に運動をする際には，安全面での配慮がより重要になるので，まずかかりつけの医師に相談する．			

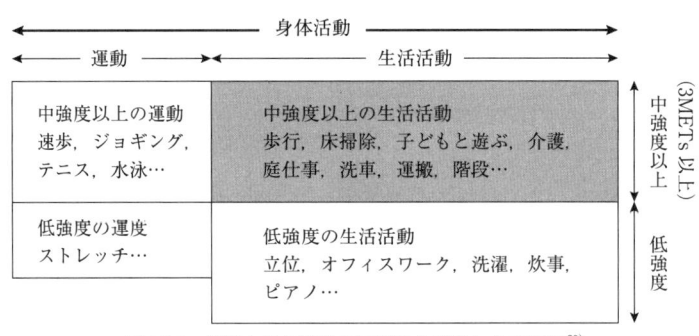

図15.5 運動と身体活動の区別およびそれらの強度[30]

康・体力水準に応じた運動処方が必要となる．とりわけ運動不足病予備群あるいは体力水準の低い人は，もっぱら健康づくりを目的とした運動がなされるべきで，その水準が高くなるほど運動処方の自由度，たとえば運動強度，持続時間，頻度，種目などは多様化し，期待される効果も大きい（図15.3）．

d．運動処方の流れ

日頃から運動を続けている人も，これから健康づくりのために運動を始める人も図15.4に示す運動処方の流れに沿って進めることが望ましい．これは，個人の健康状態や体力水準を事前に把握したうえで，科学的に裏づけされた最適な運動処方を安全に，効果的に進めるためのものである．

1）健康チェック

肥満は健康との関係が深く，今や生活習慣病の1つになっているほどである．肥満とは脂肪が過剰に蓄積された状態をいう．従来から肥満度の評価には，身長と体重から簡便に評価できる体格指数として，標準体重法〔（身長－100）×0.9の数値の10％を超えると軽度の肥満〕とBMI（body mass index＝体重（kg）÷身長^2（m^2）の数値が25を超えると肥満，ケトレー指数ともよばれ国際的にも通用する評価法で日本肥満学会も推奨）が用いられているが，1967年から併行して用いられているのが皮下脂肪厚法（長嶺式）である．肩甲骨下部と上腕背側部の皮下脂肪厚から体脂肪率を算出し評価する方法で，体脂肪率が男性20％，女性30％を超えると肥満と判定される．2005年からメタボリックシンドローム（内臓脂肪症候群）の概念が取り入れられてからは[5,11]，腹囲が男性85cm，女性90cmを超えるとその対象の第1条件になるとしているが，世界の中で日本だけ女性の基準が男性を上回っていたり[1]，身長差が考慮されていないなど問題点は多い．

医学的検査の目的は，現在の疾患の有無や健康状態

15.2 運動処方

```
┌──────────────────────────────────────────┐
│         1エクササイズに相当する活発な身体活動          │
│                                          │
│      運動            強度           生活活動      │
│                                          │
│  軽い筋力トレーニング  バレーボール:20分   3メッツ    歩行:20分  │
│    :20分                                  │
│                                          │
│   速歩:15分   ゴルフ:15分   4メッツ   自転車:15分  子供と遊ぶ:15分 │
│                                          │
│   軽いジョギング:10分 エアロビクス:10分  6メッツ   階段昇降:10分 │
│                                          │
│   ランニング:7~8分  水泳:7~8分   8メッツ   重い荷物を運ぶ:7~8分 │
└──────────────────────────────────────────┘
```

図15.6　3METs時に相当する身体活動

などについて確認することであり，もし運動が禁忌であれば医療機関での精密検査が必要となる．運動負荷検査の目的は，安静時検査では発見できない潜在的疾患を身体活動中に発見することである．検査には自転車エルゴメーターやトレッドミル，踏み台などを用い，低い強度の負荷から一定時間ごとに負荷強度を上げていく漸増負荷法が一般的である．現在では実施者の年齢，性別，体格，および運動中の生体反応から，3～4段階の負荷強度が自動的に設定された運動負荷テストプログラム内蔵の自転車エルゴメーターが多く開発され，これを用いてそれぞれの負荷ごとに血圧，心拍数，心電図，自覚症状，他覚症状などをチェックし，最大酸素摂取量をも推定していく方法が広く用いられている[24]．なお，この検査は安全性を十分に考慮し，医師の立会いのもとで最大下運動[*3]によって実施することが望ましい．もしテスト中に異常が認められた時にはすぐに検査を中止し，医師の指示のもと医療機関での精密検査を行う．また，βブロッカーなどの脈拍を抑える薬物を服用している場合は，負荷強度と生体反応との関係が不適切になるため運動負荷テストを実施すべきでない．

2）体力測定

体力測定は，体力の各要素について測定するもので，近年では健康チェックでの肥満度と全身持久力以外の健康関連体力である筋力・筋持久力（上体起こしなど）と柔軟性（長座位体前屈）を中心とした測定が多く行われているようであるが，それぞれ最大の能力を測定するので危険性を伴うものもあり，必要に応じて実施する程度でよい．

3）運動処方箋作成

各種検査，測定結果に基づき，個人ごとに運動処方箋を作成する．詳細については次項で説明する．

4）運動の実践（トレーニング）

運動処方箋に基づき運動を実践していく．総トレーニング量にもよるが，20～30回のトレーニング後には効果が現れてくるので，1か月を目安に定期的に体力水準をチェックし，必要に応じて運動強度を上げるとよい．さらに毎年運動処方の流れに沿って定期検査

[*3] 最大下運動（submaximal exercise）：最大運動に至らない強度での運動をいう．ここでいう最大運動とは最大酸素摂取量が出現する運動強度のことで，これ以下の強度での運動を最大下運動，これ以上の強度での運動を超最大運動（supramaximal exercise）という．

表15.3 生活活動のMETs表[32]

METs	3METs以上の生活活動の例
3.0	普通歩行（平地67 m/分，犬を連れて），電動アシスト付自転車に乗る，家財道具の片付け，子どもの世話（立位），台所の手伝い，大工仕事，梱包，ギター演奏（立位）
3.3	カーペット掃き，フロア掃き，掃除機，電気関係の仕事：配線工事，身体の動きを伴うスポーツ観戦
3.5	歩行（平地，75〜85 m/分，ほどほどの速さ，散歩など），楽に自転車に乗る（8.9 km/時），階段を降りる，軽い荷物運び，車の荷物の積み下ろし，荷づくり，モップがけ，床磨き，風呂掃除，庭の草むしり，子どもと遊ぶ（歩く/走る，中強度），車椅子を押す，釣り（全般），スクーター（原付）・オートバイの運転
4.0	自転車に乗る（≒16 km/時未満，通勤），階段を上る（ゆっくり），動物と遊ぶ（歩く/走る，中強度），高齢者や障害者の介護（身支度，風呂，ベッドの乗り降り），屋根の雪下ろし
4.3	やや速歩（平地，やや速めに＝93 m/分），苗木の植栽，農作業（家畜に餌を与える）
4.5	耕作，家の修繕
5.0	かなり速歩（平地，速く107 m/分），動物と遊ぶ（歩く/走る，活発に）
5.5	シャベルで土や泥をすくう
5.8	子どもと遊ぶ（歩く/走る，活発に），家具・家財道具の移動・運搬
6.0	スコップで雪かきをする
7.8	農作業（干し草をまとめる，納屋の掃除）
8.0	運搬（重い荷物）
8.3	荷物を上の階へ運ぶ
8.8	階段を上がる（速く）

METs	3METs未満の生活活動の例
1.8	立位（会話，電話，読書），皿洗い
2.0	ゆっくりした歩行（平地，非常に遅い＝53 m/分未満，散歩または家の中），料理や食材の準備（立位，座位），洗濯，子どもを抱えながら立つ，洗車・ワックスがけ
2.2	子どもと遊ぶ（座位，軽度）
2.3	ガーデニング（コンテナを使用する），動物の世話，ピアノの演奏
2.5	植物への水やり，子どもの世話，仕立て作業
2.8	ゆっくりした歩行（平地，遅い＝53 m/分），子ども・動物と遊ぶ（立位，軽度）

を実施することが望ましい．

e．運動処方箋

運動処方は，その自由度に示したように，体力水準の高い人ほどいろいろな目的に応じた運動処方を可能にし，運動欠乏症の有所見者や低体力者はもっぱら健康づくりを目的としたものになる．「健康づくりのための身体活動基準2013」[32]は生活習慣病の予防や改善（「健康づくりのための運動指針2006」[31]）のみならず，加齢に伴う生活機能低下（ロコモティブシンドロームや認知症など）のリスク低減が目的であり，そのために日常での身体活動を「安静状態より多くのエネルギー消費をするすべての動き」，運動を「身体活動のうち，体力の維持・向上を目的として計画的・意図的に実施するもの」，生活活動を「身体活動のうち，運動以外の日常生活での活動」と定義づけ，身体活動量の基準を具体的に提示している（表15.2）．なお，1989年発表の「運動所要量」はおもに冠状動脈疾患のリスクファクターと最大酸素摂取量との関係から基準値を作成し，有酸素運動による健康づくり（最大酸素摂取量の向上）に焦点を当てた点で評価できる．また，ACSMの推奨する「運動処方の指針」は日常生活での活動も提示しつつも運動を中心に，健康関連体力全般についての運動処方箋を提示している．

1）日常の身体活動

ACSMは，1995年以降改めて日常の身体活動の重要性を指摘し[18]，3〜6METsあるいは4〜7 kcal/分の中等度な強度の身体活動を毎日30分（約200 kcal）以上行うことを奨めている．

一方，わが国の「健康づくりのための身体活動基準

表 15.4 運動の METs 表[32]

METs	3METs 以上の運動の例
3.0	ボウリング,バレーボール,社交ダンス(ワルツ,サンバ,タンゴ),ピラティス,太極拳
3.5	自転車エルゴメーター(30〜50ワット),自体重を使った軽い筋力トレーニング(軽・中等度),体操(家で,軽・中等度),ゴルフ(手引きカートを使って),カヌー
3.8	全身を使ったテレビゲーム(スポーツ・ダンス)
4.0	卓球,パワーヨガ,ラジオ体操第1
4.3	やや速歩(平地,やや速めに=93m/分),ゴルフ(クラブを担いで運ぶ)
4.5	テニス(ダブルス)*,水中歩行(中等度),ラジオ体操第2
4.8	水泳(ゆっくりとした背泳)
5.0	かなり速歩(平地,速く=107m/分),野球,ソフトボール,サーフィン,バレエ(モダン,ジャズ)
5.3	水泳(ゆっくりとした平泳ぎ),スキー,アクアビクス
5.5	バドミントン
6.0	ゆっくりとしたジョギング,ウェイトトレーニング(高強度,パワーリフティング,ボディビル),バスケットボール,水泳(のんびり泳ぐ)
6.5	山を登る(0〜4.1kgの荷物を持って)
6.8	自転車エルゴメーター(90〜100ワット)
7.0	ジョギング,サッカー,スキー,スケート,ハンドボール*
7.3	エアロビクス,テニス(シングルス)*,山を登る(約4.5〜9.0kgの荷物を持って)
8.0	サイクリング(約20km/時)
8.3	ランニング(134m/分),水泳(クロール,ふつうの速さ,46m/分未満),ラグビー*
9.0	ランニング(139m/分)
9.8	ランニング(161m/分)
10.0	水泳(クロール,速い,69m/分)
10.3	武道・武術(柔道,柔術,空手,キックボクシング,テコンドー)
11.0	ランニング(188m/分),自転車エルゴメーター(161〜200ワット)

METs	3METs 未満の運動の例
2.3	ストレッチング,全身を使ったテレビゲーム(バランス運動,ヨガ)
2.5	ヨガ,ビリヤード
2.8	座って行うラジオ体操

*試合の場合

2013」[32]では「運動指針 2006」[31]で示した図 15.5 のように,身体活動を運動と生活活動に分け,METs ×時間 = [METs・時]を単位として,3 METs 以上の身体活動を毎日約 60 分(= 23 METs・時 / 週),うち 3 METs 以上の運動を毎週 60 分(= 4 METs・時 / 週)を推奨している(図 15.6,表 15.2,表 15.3,表 15.4).具体的には,1 日当たり普通歩行(3 METs 強度)で約 60 分(カロリーに換算すると,1METs・1 時間で約 1 kcal/kg/ 時となるので,体重 60 kg の人で × 3 METs = 約 180 kcal),8,000〜10,000 歩,週内に 1 回の運動を入れると速歩で約 60 分か軽いジョギングやバドミントンで約 40 分となる.

2)健康関連体力

体力要素ごとにその処方内容を表すと,以下のようになる.なお,運動処方箋の内容は運動の種類,強度,持続時間,頻度で構成される.

ⅰ)全身持久力(有酸素運動)

① 運動の種類(mode):有酸素運動いわゆるエアロビックエクササイズとは,呼吸によって常にたくさんの酸素を取り込みながら行う持続的運動で,たくさんの酸素を消費するためにも大筋群(とくに脚筋など)を使った全身運動が適している.このような持久的運動としてウォーキング,ジョギング,水泳,サイクリング,ダンスなどがあげられる.

② 運動の強度(intensity):2011 年 ACSM が提示した成人における運動処方の最新の指針[4]によると,健康・体力の改善に必要な最小の運動強度は,

表15.5 主観的運動強度（小野寺ら，1976）

	小野寺，宮下らによる日本語表示	ボルグの英語表示
20		
19	非常にきつい	very very hard
18		
17	かなりきつい	very hard
16		
15	きつい	hard
14		
13	ややきつい	somewhat hard
12		
11	楽である	fairly light
10		
9	かなり楽である	very light
8		
7	非常に楽である	very very light
6		

酸素摂取量予備能（$\dot{V}_{O_2}R = \dot{V}_{O_2max} - \dot{V}_{O_2}rest$）の40～60％（中等度）とし，ほとんどの成人にはこの中等度と高強度（$\dot{V}_{O_2}R$ の60％以上）の運動の組み合わせが理想としている．一方，進藤と田中は，とくに安全性を考慮して50％ $\dot{V}_{O_2max}$（$\dot{V}_{O_2}R$ の45％程度）の運動強度を推奨しており，この強度は若者から中高年者に至るまでのどの年齢層でも運動中は比較的余裕をもち，楽しくニコニコしながらできる運動強度であるとして，「ニコニコペース」と命名した．なお，運動強度の目安には以下の方法を活用するとよい．

- 心拍数の場合：運動中の強度の目安には心拍数が一般的である．ニコニコペースに相当する脈拍数は，110（60歳代以上）～130（20歳代）拍/分になる．また，[138－年齢/2]あるいは［最高心拍数（＝220－年齢）＋安静時心拍数］÷2で求めることもできる．運動中の心拍数の確認には，一定強度の運動を3～4分以上続けた直後，立ち止まり15秒間の脈拍数を数え，4倍して10拍を加える方法で簡単に測定できる．

- 主観的尺度の場合：ボルグが考案した運動のきつさを主観的に数値で評価するもので，表15.5に示すように6～20の範囲で設定された主観的尺度（rating of perceived exertion：PRE）を用いて行う．この数値を10倍すると心拍数になるようにつくられたもので，自分のニコニコペースに相当する脈拍数を10で除した値に相当する数値が目安で「楽である」から「ややきつい」範囲にな

る．なお，脈拍を低く抑える薬物を服用している人にはこの方法が適している．

- METsの場合：安静座位での酸素消費量3.5 mL/kg/分を1 METとして表現する方法で，各種動作や運動が何METsに相当するかを表したのが表15.3と表15.4である．たとえば，最大酸素摂取量が35 mL/kg/分の人は10METsが最大能力であるから，50％ $\dot{V}_{O_2max}$ に相当する5 METsの身体活動から選べばよい．

③ 運動の持続時間（duration）：有酸素運動として定常状態になるのは3分前後といわれているが，運動量をある程度確保するうえでも1回の運動の持続時間は10分以上，1日少なくとも20分以上（分割でも効果は同程度）は実施してほしい．ACSMでは1日30分以上，週150分以上を推奨，運動所要量では1日20分以上，週180分以上を目標としている．

④ 運動の頻度（frequency）：週休1日を除いて毎日実施することが望ましいが，週3日以上は必要である．ACSMによると週2日以内でも改善を認める場合もあるが，定期的に運動をしていない者には障害が起こりやすいため推奨できないとし，週3～5日を推奨している．運動所要量でも週3日以上，徐々に日数を増やしできれば毎日としている．

ii）筋力，筋持久力　加齢に伴い筋力は低下するが，とりわけ高齢者の筋萎縮は非常に速く，60歳以降10年ごとに約15％ずつ，80歳以降は10年ごとに約30％といわれる[26]．また，筋力低下は膝や腰，肩などの関節障害の原因の1つにもなっており，ACSM[2〜4]では指針の中にレジスタンス・トレーニングの名称で筋力・筋持久力づくりを入れている．とりわけ研究報告の多い腰痛症と膝関節障害では，その予防，改善のために前者には背筋力のみならず腹筋力の強化[33]が，後者には体重を支える大腿四頭筋の強化が必要といわれる[8]．

なお，筋力トレーニングは大きな血圧上昇を引き起こすので，血圧の高い者は実施すべきではない[13]．

① 運動の種類：マシーンやバーベル，ダンベルなどの器具の使用の有無に限らず，なるべく動きを伴い（動的）十分な範囲で動かすことのできる運動が奨められる．図15.7に示すように，身体使用部位を大きく8か所に分け，それぞれから種目

15.2 運動処方

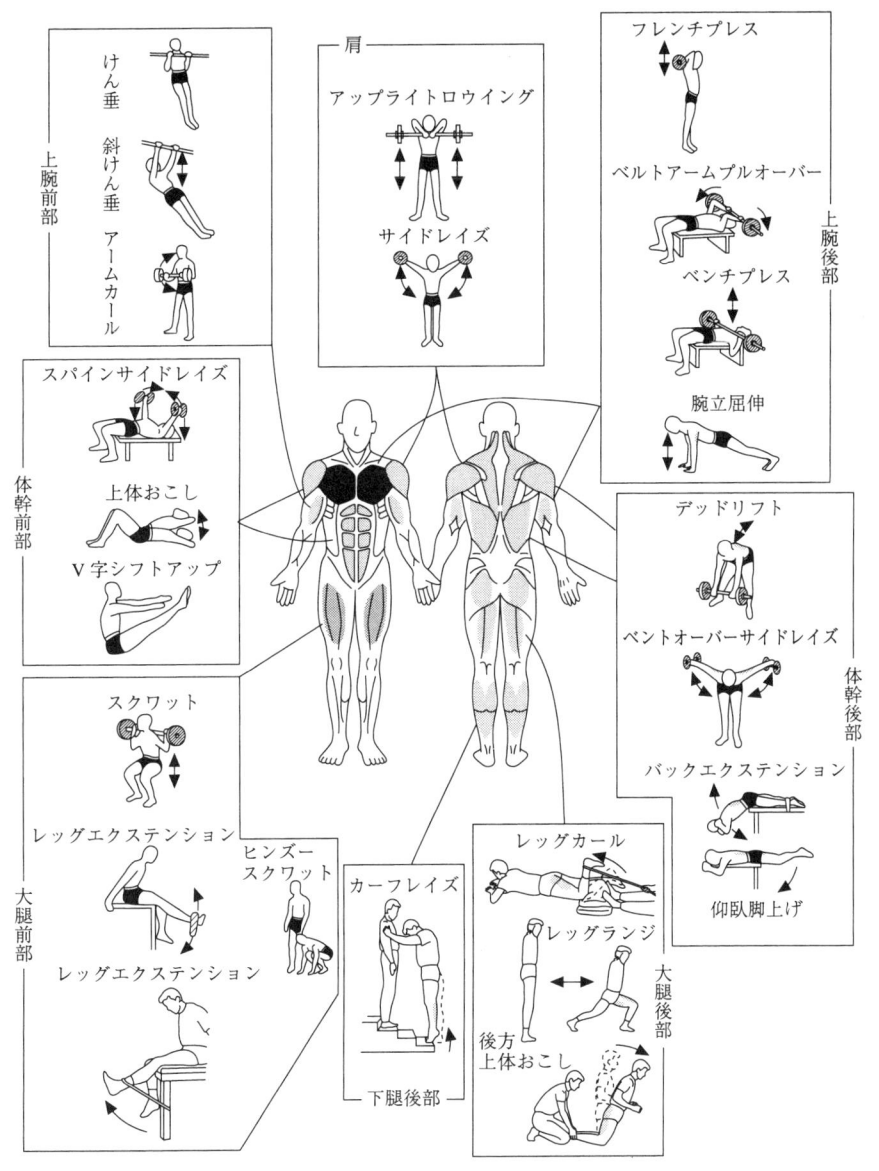

図15.7 筋力トレーニング手段

を選ぶとよい[28]．8か所の多くが身体の前部と後部に分かれており，拮抗する筋群のアンバランスが生じないよう配慮されている[3]．この中で，ヒンズースクワットや上体起こし，腕立て伏せなど，自分の体重を負荷（自重負荷）にした方法は日常生活で手軽に行える実践的なものであり，さらに負荷を加えたい時は，握りやすい，持ちやすい，背負いやすいなどを備えた重いバッグなどを活用するとよい．

② 運動の強度・回数とセット数・頻度：ACSM[3]では，成人の場合8～12回で疲労するような強度で，高齢者の場合10～15回で疲労するような強度で，8～10種目を各種目2～3セット実施する．それぞれの動作は，呼吸を止めずに，ゆっくりとしたリズムで可動範囲も広くして行う．セット間休息は2～3分（ATP-CP系の回復に必要な時間）とるとよい．同じ筋群について48時間以上空けてトレーニングするのがよいとされており，1週間に2～3回実施することが推奨されている．

iii）柔軟性（ストレッチ）　関節の可動性である

柔軟性は，筋の柔軟性，伸張性によるところが多く，柔軟性の向上には筋のストレッチ（伸展）が一般的に用いられている．ACSM[2]では，とくに中高年者に多い腰痛や肩こり対策として，腰背部や臀部，肩や首のストレッチを重点的にすべきであるとしている．

① 運動の種類：ゆっくりとしたリズムで日常行う体操も柔軟運動（動的ストレッチ）であるが，安全性や簡便性を踏まえると，静的ストレッチが推奨される．

② 運動の強度・時間・頻度：ストレッチの強度は，筋に心地よい張りを感じるまでゆっくり伸ばすことが大切で，痛みを感じるまで伸ばしてはいけない．そして，呼吸をしながら15〜30秒伸ばした状態を維持する．どの筋がストレッチされているかを意識することが大切である．この運動を大きな筋群を中心に全身にわたって実施し，1週間に2〜3回実施することが推奨されている．

f. 運動を行ううえでの安全対策

健康づくりのための運動を行ううえで安全性は前提条件となる．したがって，運動処方の流れに沿った手順を踏むことはきわめて肝要といえる．運動中にまれに起こる突然死は，健康チェックを怠った場合に多い．話題の活性酸素は，運動強度が強いと多く発生することが知られている．「健康づくりのための運動所要量」で奨励しているニコニコペースは軽強度であり，活性酸素の産生量も少なくてすむ．また，この強度は心臓や骨格筋，関節などに大きな負担をかけず安全性が高い．

そして運動を行う際，表15.6に示す内容を十分に配慮して実施することが大切である．

表15.6 運動を行ううえでの配慮事項

1. 服装は天候に合わせて身体の動きやすいものにする．暑さの中での厚着は体熱の放散を妨げ危険である．寒さの中では十分に着込んで行うこと．
2. 発汗の多い暑い日には，運動前後に水分を過不足なく摂取すること．
3. 運動前，運動中に体調が悪くなったら，ただちにやめること．
4. 準備運動と整理運動を忘れず行うこと．
5. 運動のはじめと終わりはゆっくり行うこと
6. 上り坂はゆっくりとピッチ走法で，下り坂はストライドをやや広めにするなど，常に無理のない自分に合ったペースで行うこと．

◆問 題

1. 運動欠乏症，運動不足病，生活習慣病について説明しなさい．
2. 健康関連体力について説明しなさい．
3. 運動処方に必要な条件をあげ，説明しなさい．
4. 一般中高年者の運動処方箋を作成しなさい．
5. 運動強度を知る目安になるものをあげ，説明しなさい．
6. エアロビックエクササイズについて説明しなさい．

◆参考文献

1) Alberti, K. G. M. M. et al.：Harmonizing the Metabolic Syndrome：a joint interim statement of the International Diabetes Federation Task Force on Epidemiology and Prevention；National Heart, Lung, and Blood Institute；American Heart Association；World Heart Federation；International Atherosclerosis Society；and International Association for the Study of Obesity. *Circulation*, **120**：1640-1645, 2009.
2) American College of Sports Medicine：The recommended quantity and quality of exercise for developing and maintaining cardiorespiratory and muscular fitness in healthy adults. *Med. Sci. Sports Excerc.*, **22**：265-272, 1990.
3) アメリカスポーツ医学会 編（日本体力医学会体力科学編集委員会 監訳）：運動処方の指針（原書第7版），pp. 134-173, 南江堂，2006.
4) アメリカスポーツ医学会 編（日本体力医学会体力科学編集委員会監 訳）：運動処方の指針（原書第8版），pp. 158-187, 南江堂，2011.
5) 青山友子，樋口 満：運動指針2006の体力基準値とメタボリックシンドローム．体育の科学，**61**：90-97, 2011.
6) Hedlley, O. F.：Analysis of 5116 deaths reported as due to acute coronary occlusion in Philadelphia. 1993-37. *U. S. Weekly Public Health Rep.*, **54**：972, 1939.
7) 池上晴夫：運動処方，pp. 3-7, 朝倉書店，1990.
8) 黄川昭雄，山本利春，佐々木敦之ほか：機能的筋力測定・評価法—体重支持指数（WBI）の有効性と評価の実際．日本整形外科スポーツ医学会誌，**10**：463-468, 1991.
9) 厚生労働省：健康づくりのための身体活動基準2013 概要，2013.
10) Kraus, H. and Raab, W.：運動不足病（広田公一，石川旦 訳）．ベースボール・マガジン社，1979.
11) メタボリックシンドローム診断基準検討委員会：メタボリックシンドロームの定義と診断基準．日本内科学雑誌，**94**：188-203, 2005.
12) 宮地元彦：生活習慣病予防のための体力．体育の科学，**56**：608-614, 2006.
13) 森山善彦：循環器系機構の調節．新エスカ21 運動生理学（橋本 勲 他編），p. 60, 同文書院，1987.
14) Morris, J. N., Heady, J. A., Raffle, P. A. B., et al.：Coronary hearts disease and physical activity of works. *Lancet*,

165：1053-1057, 1111-1120, 1953.
15) 本山　貢，入江　尚，輪田順一ほか：推定最大酸素摂取量と心電図異常との関連―女性についての検討．動脈硬化，**19**：683-689, 1991.
16) 中野滋文：厚生労働行政における運動施策の新たな展開．体育の科学，**56**：596-600, 2006.
17) Pate, R. R. and Blair, S. N.：Physical fitness programming for health promotion at the worksite. *Prev. med.*, **12**：632-643, 1983.
18) Pate, R. R., Pratt, M., et al.：Physical activity and public health. A recommendation from the Center for Disease Control and Prevention and the American College of Sports Medicine. *JAMA.*, **273**：402-407, 1995.
19) Rambaut, P. C. and Johnston, R. S.：Prolonged weight lessness and calcium los in man. *Acta. Astronautica.*, **6**：1113-1120, 1979.
20) 李　美淑，田中喜代次，中塘二三生ほか：健康評価指標としての健康関連体力の有用性．日本運動生理学雑誌，**3**：79-89, 1996.
21) Saltin, B., Blomqvist, G., Mitchell, J. H., et al.：Response to exercise after bed rest and after training. *Circulation*, **38**（Suppl 5）：VII 1-78, 1968.
22) 進藤宗洋：厚生省「健康づくりのための運動所要量」について―「身から錆を出さない出させない」暮らしの原理の提案．保健の科学，**32**：139-156, 1990.
23) 進藤宗洋，橋本　勲：健康のための運動所要量Q&A，新企画出版社，1989.
24) 進藤宗洋，小笠原正志，西内久人ほか：エルゴメータによる体力測定の実際―有酸素作業能力を中心として．別冊日経スポーツメディシン秋号，106-111, 1989.
25) 進藤宗洋，田中宏暁，田中　守ほか：高血圧症の罹患率に対する最大酸素摂取量水準値と加齢の相互関係について．循環器情報処理研究会雑誌，**4**：72-76, 1989.
26) 田中宏暁，本山　貢：加齢とトレーナビリティ．健康づくりハンドブック（進藤宗洋，田中宏暁，田中　守　編），pp.80-86, 朝倉書店，2010.
27) 田中喜代次，松浦義行，中塘二三生ほか：主成分分析による成人女性の活力年齢の推定．体育学研究，**35**：121-131, 1990.
28) 田中　守：運動処方．健康づくりハンドブック（進藤宗洋，田中宏暁，田中　守　編），p.193, 朝倉書店，2010.
29) 田辺　解，久野譜也：生活習慣病予防のための筋力トレーニング．体育の科学，**61**：118-123, 2011.
30) 運動所要量・運動指針の策定委員会：健康づくりのための運動基準2006～身体活動・運動・体力～報告書，2006.
31) 運動所要量・運動指針の策定委員会：健康づくりのための運動指針2006～生活習慣病予防のために～＜エクササイズガイド2006＞，2006.
32) 運動基準・運動指針の改定に関する検討会：健康づくりのための身体活動基準2013, 2013.
33) 山本利春：腹筋力評価法としての上体起こしテストの妥当性．トレーニングジャーナル，**7**：68-70, 1997.

16 運動と生活習慣病

われわれの祖先は獲物を獲得するために狩りなどの身体活動を行い，また果実を採集し田畑を耕すために身体を動かしていた．すなわち，食べることと運動することが連動した生活習慣を有していた．しかし，現代人はお金を出しさえすれば，身体を動かすことなくいつでも多くの食物を獲得できる．このことが，過剰栄養と運動不足をもたらして内臓脂肪型肥満を引き起こす温床となり，さらに肥満は糖尿病，脂質異常症，高血圧などの疾病の原因になっている．このような現代人特有の生活習慣が発症要因に深く関与している疾病は"生活習慣病"と総称される．最近では，日本人の死因第1位の「がん」も生活習慣病の1つとして認識されている．

本講では，代表的な生活習慣病である肥満，糖尿病，脂質異常症，高血圧，がんを取り上げて，運動がこれらを予防するとの知見を示すとともに，作用機序や有効な運動内容について概説する．

16.1 肥 満

a. 肥満の原因

肥満は，下半身太りといわれる「皮下脂肪型肥満」と，お腹がぽっこり出る「内臓脂肪型肥満」の2つのタイプに分かれる．とくに内臓脂肪型肥満は糖尿病，高血圧，脂質異常症をはじめとした生活習慣病を引き起こし，この状態はメタボリックシンドロームとよばれる（図16.1）．この状態が進行すると，虚血性心疾患に代表されるより重篤な疾患の発症につながる．エネルギー摂取量が消費量を上回ることが内臓脂肪型肥満の原因であるが，現代人にとってはエネルギー過剰摂取とともにエネルギー消費量減少が肥満の要因である．

ところで，1日の総エネルギー消費量の内訳は，基礎代謝量，食事誘発性熱産生，ならびに身体活動によるものである．総エネルギー消費量の約60％は基礎代謝量によって占められるので，基礎代謝が減少すれば肥満が惹起される．しかし，肥満者では基礎代謝がむしろ上昇しているケースも多くみられる．これは一般的に，肥満者では体脂肪量が多いだけでなく，基礎代謝量の決定因子である除脂肪量も多いからである．一方，身体活動のほとんどは運動（運動を目的として行うスポーツのような身体活動）ではなく，立位や歩行などの日常生活における「運動以外の身体活動（non-exercise activity thermogenesis：NEAT）」で占められており，このNEATが肥満者で少ないとの報告がある[14]．最近では内臓脂肪型肥満の主要因としてNEAT減少が注目されている．

b. 運動による肥満予防効果とその機序

運動（ここでは，運動を目的として行うスポーツのような身体活動のことをさす）によってエネルギー消

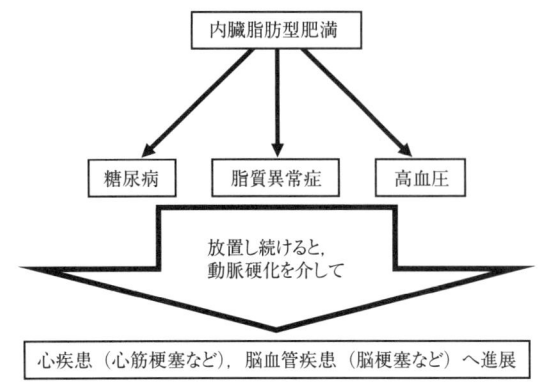

図16.1 メタボリックシンドローム

費量が増えてエネルギー出納が負に傾けば，内臓脂肪は減少する．運動によって消費されるエネルギーは，厚生労働省が策定した「健康づくりのための身体活動基準2013」で示されている下記の式からおおよその値を求めることができる．

消費エネルギー (kcal) =
　　1.05 × METs × 時間 (hr) × 体重 (kg)

METsとは，安静時酸素消費量を基準とした運動強度の単位で，運動ごとに設定されている．

また，運動を行うことで，運動中だけでなく運動終了後も半日程度の間，酸素消費量（エネルギー消費量）が亢進する．これは 運動後過剰酸素消費量（eccess post-exercise oxygen consumption：EPOC）とよばれる．現在，アメリカとカナダの食事摂取基準（2005）では，運動による消費エネルギーの15%をEPOCとして総エネルギー消費量に加算している．しかし，強い強度を長時間持続しない限りEPOCは無視できる程度の値との考えもあり，日本人の食事摂取基準（2010）ではEPOCをとくに加算していない．

c. どのような運動が肥満予防に有効か？

一般的に体脂肪減少のためには低強度の運動が推奨される．これは運動の実施しやすさに加え，運動中にできるだけ脂質を燃焼させることが重要との考えに基づく．しかし，エネルギー源として利用される各栄養素（蛋白質，糖質，脂質）は補完的に作用しており，運動中にどの栄養素をエネルギー源として利用したかは体脂肪減少に影響を及ぼさない．たとえば，高強度の運動中には糖を多く使い，脂肪の利用は少ない．しかし，この場合でも，運動後に摂取した糖から脂肪への変換量が減少するので，結果的に脂肪の蓄積量は減少する．運動によってどれだけ体脂肪が減少するかは総エネルギー消費量に依存するので，運動強度×運動時間の合計が多くなるように運動することが重要である．

Ohkawaraら[18]は，肥満者を対象として運動が内臓脂肪減少に及ぼす効果を検討した介入研究についてシステマティックレビューを行い，運動量（METs・時/週）が多くなるほど内臓脂肪減少率（%/週）も大きくなることを示している．さらに，約10 METs・時/週で実施された複数の研究において有意な内臓脂肪の減少が観察された．これを受けて，「健康づくりのための身体活動基準2013」は，内臓脂肪を減少させるためには少なくとも週に10 METs・時以上の運動が必要で

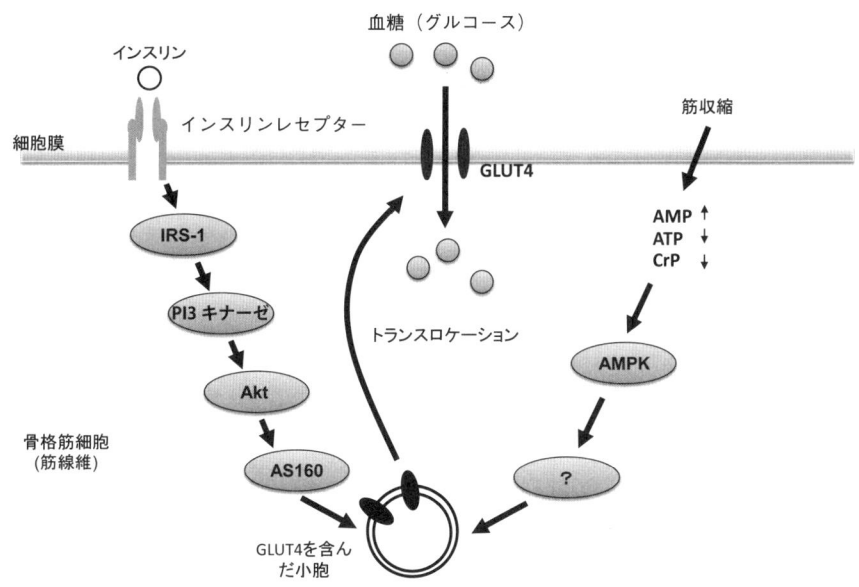

図16.2　インスリンや筋収縮によって骨格筋細胞が血糖を取り込む仕組み
インスリンは細胞膜上のレセプターに結合すると，PI3キナーゼ（PI3K）などのインスリン情報伝達酵素を活性化することで，細胞内に存在するGLUT4を細胞膜上にトランスロケーションさせる．これによって筋細胞の血糖取込みが亢進する．一方，筋収縮はインスリンとは異なる情報伝達経路を活性化することでGLUT4をトランスロケーションさせる．

あると述べている．

一方，同様なエネルギー消費量で運動するならば，中強度より高強度で運動する方が内臓脂肪減少に有利との可能性も報告されており[6]，内臓脂肪減少における運動強度の重要性については今後の研究の発展が待たれる．また，レジスタンス運動の内臓脂肪減少に対する有用性についてははっきりしていないが，レジスタンス運動によって除脂肪体重の維持・増加を図ることは効果的と予想できる．

16.2 糖尿病

a. 糖尿病の原因

食事摂取によって血糖値が上昇すると，膵臓からインスリンが分泌される．血糖の80％以上はインスリンの作用によって骨格筋に取り込まれて代謝される．したがって，骨格筋にインスリン抵抗性が生じると，血糖値の恒常性を保つために膵臓から大量のインスリンが分泌される．この状態が長期間持続すると膵臓に負担がかかり，インスリン分泌能が低下してⅡ型糖尿病が発症する．したがって，Ⅱ型糖尿病予防・改善のためには筋のインスリン抵抗性を防止することが重要である．

インスリンは骨格筋線維の細胞膜上に存在するレセプターに結合するとPI3キナーゼなどのインスリン情報伝達酵素を活性化する．そして，最終的にはグルコーストランスポーター4型（糖輸送担体，GLUT4）を筋細胞内部から細胞膜へトランスロケーション（移動）させることで血糖取込みを促進する（図16.2）．したがって，インスリン情報伝達やGLUT4トランスロケーション過程に不全が生じると，またGLUT4の蛋白質発現量が減少すると，細胞膜に移行できるGLUT4の数が減少する．これが筋におけるインスリン抵抗性の原因である．

脂肪細胞はアディポカインと総称されるホルモン・サイトカインなど種々の生理活性物質を分泌するが，内臓の脂肪細胞が肥大化するとインスリン感受性を高める善玉アディポカイン（アディポネクチンなど）の分泌量が減少する．また，インスリン感受性を低下させる悪玉アディポカイン（TNF-αなど）の分泌量は増加する．このため内臓脂肪型肥満では骨格筋にインスリン抵抗性が生じ，Ⅱ型糖尿病に移行しやすい．

b. 運動による糖尿病予防効果とその機序

運動を行うことで耐糖能力が上昇し，糖尿病の予防・改善効果がみられる（Rodnickら[20]，図16.3）．その仕組みとしては，長期間の運動トレーニングを行うことでインスリン抵抗性の原因となる内臓脂肪が減少し，それによって糖尿病を予防・改善できる可能性が考えられる（図16.4）．一方，運動による糖尿病予防・改善効果には，筋収縮自体による活動筋での糖取込み活発化も関係している（図16.4）．筋収縮効果は3種類あり，それらを次に説明する．

1）筋収縮によるインスリン非依存的な糖取込み上昇（図16.4 ①）

急性運動中，筋収縮由来にインスリンとは異なる情

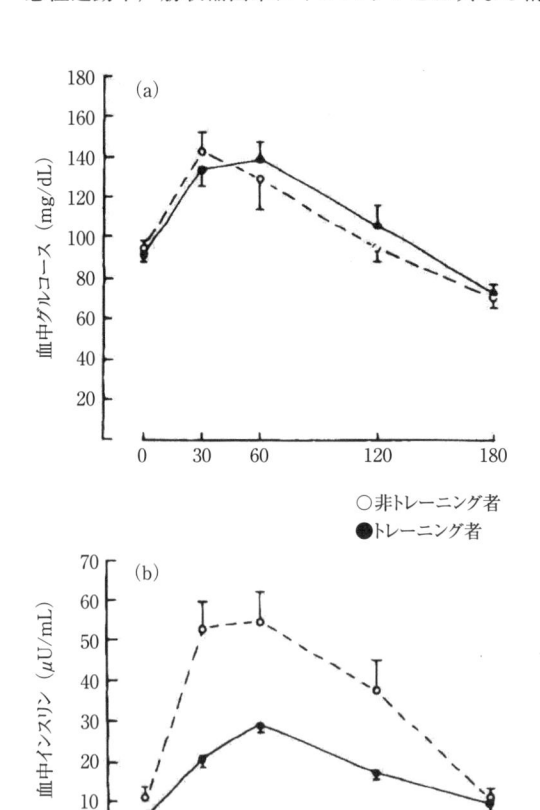

図16.3 運動トレーニングによる耐糖能の変化
1週間におよそ70 kmの走行トレーニングを行ったトレーニング者（●）と非トレーニング者（○）に対して，早朝空腹時に75 gのグルコースを飲ませる耐糖能試験を行った．両者ともに同様な血糖値の上昇がみられるが（a），トレーニング者では非トレーニング者に比べて血中インスリンの上昇が低く抑えられている（b）．これは，トレーニングを行うことによって少ないインスリンで血糖を代謝できるようになったことを示す．

16.2 糖尿病

```
                    運動
                  ↙     ↘
        エネルギー消費量増加    筋収縮
              ↓              ↓
        エネルギー出納が負に傾いて   活動筋における筋収縮効果
           内臓脂肪減少         ①インスリン非依存性糖取込み上昇
                              ②インスリン感受性上昇
                              ③GLUT4 蛋白質発現増加
                  ↘     ↙
            骨格筋におけるインスリン抵抗性の予防・改善
                        ↓
                 Ⅱ型糖尿病の予防・改善
```

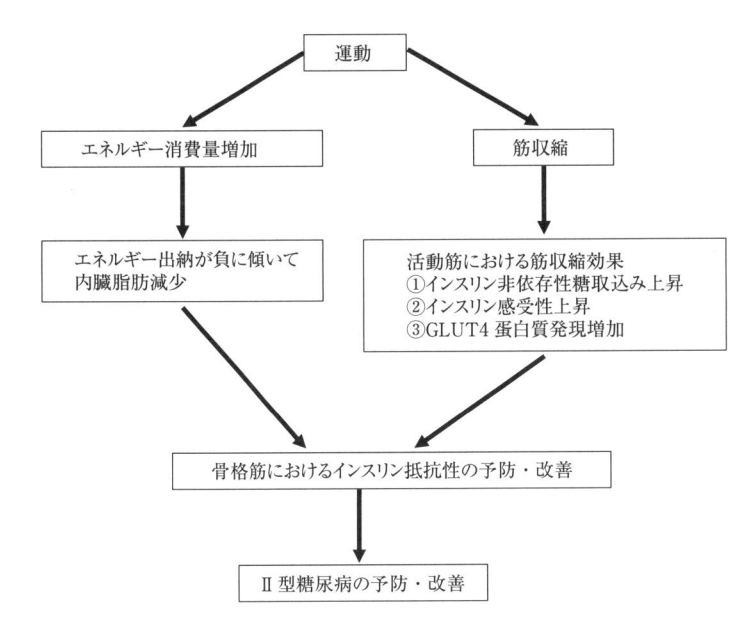

図 16.4 運動が糖尿病を予防する機序
運動によるエネルギー消費量の増加は内臓脂肪を減少させる．さらに，運動は筋収縮由来の AMPK などの活性化を引き起こし，活動筋の糖取込みを促進する（①インスリン非依存的な糖取込み上昇，②インスリン感受性上昇，③ GLUT4 蛋白質発現増加）．これらは骨格筋のインスリン抵抗性を防止し，さらには II 型糖尿病の予防・改善効果をもたらす．

報伝達経路が活性化されて GLUT4 のトランスロケーションが生じる（図 16.2）[3]．これによって活動筋は活発に血糖を取り込んでエネルギー源とする．筋収縮は ATP や CrP（クレアチンリン酸）の減少，あるいは AMP の増加といった細胞内エネルギー不足を引き起こすが，これによって活性化される AMP 依存性プロテインキナーゼ（AMPK）が筋収縮刺激に特有な細胞内情報伝達酵素として注目されている．筋収縮によってインスリン非依存的に GLUT4 をトランスロケーションさせて活動筋の血糖取込みを促進できれば，膵臓におけるインスリン分泌の負担を軽減できる．この作用は糖尿病の予防・改善につながる．

2）筋収縮によるインスリン感受性上昇（図 16.4 ②）

筋収縮によるインスリン非依存的な GLUT4 トランスロケーション作用は，急性運動終了から 2〜3 時間経過すると消失する．しかし，運動中に活動した筋では消費した筋グリコーゲンを回復させるために，その後も活発に血糖を取り込み続ける必要がある．そのため，運動終了後 2〜3 時間以上経過すると，活動筋では一定濃度のインスリン刺激に対してよりたくさんの GLUT4 が細胞膜へトランスロケーションできるようになる[3]．そして筋のインスリン感受性が上昇する．この現象も運動がインスリン抵抗性や糖尿病の予防・改善に有効な大きな理由である．急性運動後に生じるインスリン感受性上昇も筋収縮由来であり，AMPK 活性化などを介して生じる可能性がある[3]．

3）筋収縮による GLUT4 蛋白質発現増加（図 16.4 ③）

急性運動終了後数時間が経過すると，活動筋では GLUT4 遺伝子の転写反応が亢進して GLUT4mRNA が増加する．さらに，運動終了後十数時間が経過すると GLUT4 蛋白質発現量自体が増加する[3]．トレーニングを毎日繰り返して行うことにより，この効果が積算されるので，鍛えられた筋では GLUT4 蛋白質濃度が約 2 倍近くまで増加する（図 16.5）[7]．そして，筋細胞内に存在する GLUT4 の量が増えれば，インスリン刺激に反応してより多くの GLUT4 がトランスロケーションできるようになる．この効果も運動がインスリン抵抗性や糖尿病の予防・改善に有効な理由である．運動による GLUT4 増量効果も活動筋で特異的に生じるものであり（図 16.5）[7]，筋収縮由来の AMPK 活性化などを介して生じる可能性がある[3]．

c．どのような運動が糖尿病予防に有効か？

長期間の運動トレーニングを行うことで内臓脂肪型肥満を防止できれば，筋のインスリン抵抗性や糖尿病を予防・改善できる．したがって，疲労しにくい低〜中強度の有酸素性運動をなるべく長時間行うことで総エネルギー消費量を増やすのが，内臓脂肪型肥満だけでなく糖尿病予防・改善の面からも有効である．

一方，筋収縮を介した運動効果は必ずしもエネル

16 運動と生活習慣病

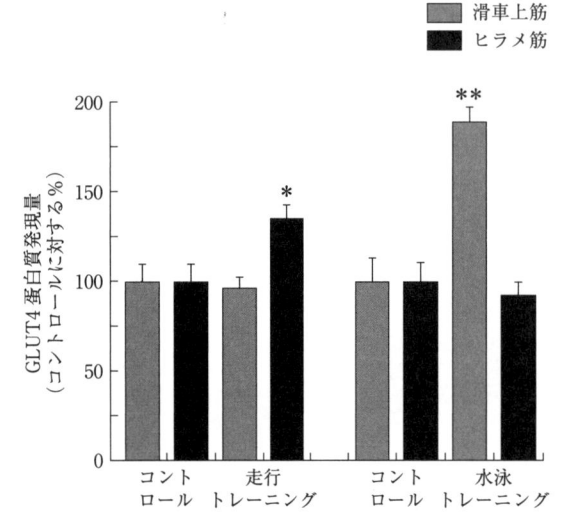

図16.5 運動トレーニングによるラット骨格筋GLUT4蛋白質発現量の変化[7]

ラットに3週間の走行トレーニングまたは水泳トレーニングを負荷した．下肢のヒラメ筋では走行トレーニングによってのみ，また上肢の滑車上筋では水泳トレーニングによってのみGLUT4蛋白質発現量が増加した．ラットは走行運動ではヒラメ筋をよく動員するが，滑車上筋をほとんど使用しない．一方，水泳運動では滑車上筋をよく動員するが，ヒラメ筋はほとんど使用しない．したがって，トレーニングによるGLUT4蛋白質発現増加は活動筋で特異的に生じると考えられる．

ギー消費量に依存しない．たとえば，推定140%$\dot{V}_{O_2max}$の高強度に相当する20秒間の水泳を8〜14セット繰り返す高強度インターバル運動（総運動時間はわずか5分以内）をラットに負荷したところ，先に述べた筋収縮による運動効果の3種類すべて（図16.4の①インスリン非依存的な糖取込み亢進，②インスリン感受性上昇，③GLUT4蛋白質発現増加）に効果がみられた[8,10,11,23]．また，その効果は推定50%$\dot{V}_{O_2max}$に相当する中強度水泳運動を3〜6時間持続させる場合と同様であった．つまり，高強度であればエネルギー消費量が少ない瞬発性運動によっても，十分な筋収縮効果が得られる．同様のことはヒト骨格筋についても確かめられている．多くの人々が愛好しているサッカー，野球，テニスなどの球技系スポーツは，強度が高く瞬発的な動きを含むことが多いが，これらのスポーツも糖尿病の予防・改善に有効といえる．運動習慣のない中高年者にとっては，高強度運動はリスクが高く推奨できない．しかし，若年者では高強度運動を安全に行えることが多く，中高年者でも運動に慣れてくれば高強度運動は可能なオプションとなりうる．

さらに，筋収縮を介した運動効果は活動筋特異的に生じることを考えると（図16.5）[7]，なるべく大筋群を用いた様式で運動を行うか（歩行，走行，水泳，自転車など），あるいは身体のさまざまな筋群を使用するような運動様式を工夫することが望ましい（複数筋群を用いるレジスタンス運動，複数種目の運動を取り入れたクロストレーニングなど）．

16.3 脂質異常症

a. 脂質異常症の原因

血液中に存在する脂質には，トリグリセリド（中性脂肪），コレステロール，遊離脂肪酸，リン脂質の4つがある．トリグリセリドやコレステロールは末梢組織に運ばれて，それぞれエネルギー源や細胞膜構成成分として用いられる．これらの血中脂質のうち，遊離脂肪酸以外はアポ蛋白質と結合してリポ蛋白質を形成しているが，リポ蛋白質は比重の小さいものから，カイロミクロン（CM），超低比重リポ蛋白（VLDL），低比重リポ蛋白（LDL），ならびに高比重リポ蛋白（HDL）に分けられる．このうちCMやVLDLはトリグリセリドを多く含み，LDLはコレステロールを含む割合が大きい．一方，HDLはトリグリセリドやコレステロールが少なく，アポ蛋白質の占める割合が大きい．LDLは肝臓で合成されたコレステロールを末梢組織に運ぶ役割を果たしているが，動脈壁へのLDLコレステロール蓄積は動脈硬化を引き起こす．一方，HDLは全身の組織に蓄積したコレステロールを肝臓に運ぶ働きをもつ．したがって，一般的にLDLコレステロールを悪玉，HDLコレステロールを善玉とよんでいる．血液中におけるLDLコレステロールやトリグリセリドの異常高値をさす「高脂血症」と，HDLコレステロールの異常低値を総称して脂質異常症とよぶ．

脂質異常症は遺伝要因によって引き起こされる原発性脂質異常症と，各種疾患や生活習慣などの要因によって引き起こされる2次性脂質異常症に分けられる．血液中のLDLコレステロールやトリグリセリドは内臓脂肪蓄積程度と正相関することから，2次性脂質異常症の原因として内臓脂肪型肥満が注目される．内臓脂肪型肥満によって骨格筋にインスリン抵抗性が引き起こされるので，脂肪合成を促進するインスリンの血中レベルが上昇する．これによって，肝臓でのトリグリセリドやコレステロールの合成が促進されて脂質

表16.1 一般人とトレーニング者の血中脂質・リポ蛋白質プロフィール[2]

		総コレステロール (mg/dL)	LDL-コレステロール (mg/dL)	HDL-コレステロール (mg/dL)	動脈硬化指数 (ユニット)	トリグリセリド (mg/dL)
一般人	やや太り気味	205 ± 23	133 ± 27	46 ± 8	3.04 ± 1.03	131 ± 37
	やせ気味	196 ± 33	119 ± 22	63 ± 13[*1]	1.95 ± 0.58[*1]	69 ± 22[*1]
ランナー	I（30 km/週）	203 ± 24	111 ± 18	76 ± 15[*2]	1.52 ± 0.37[*2]	79 ± 26[*1]
	II（60 km/週）	200 ± 25	110 ± 24	76 ± 13[*2]	1.51 ± 0.46[*2]	70 ± 17[*1]
	III（100 km/週）	206 ± 30	114 ± 27	77 ± 11[*3]	1.49 ± 0.36[*2]	75 ± 33[*1]

値は平均値±標準偏差．＊1：$p < 0.05$ 一般人（やや太り気味）との比較，＊2：$p < 0.05$，＊3：一般人（やせ気味）との比較．

異常症が惹起されると考えられる．

b. 運動による脂質異常症予防効果とその機序

運動習慣のある人では，運動習慣のない人に比べて血中のトリグリセリドやLDLコレステロールが低く，HDLコレステロールが高い（表16.1）[2]．すなわち，運動は脂質異常症を予防・改善し，血中脂質・リポ蛋白プロフィールを抗動脈硬化型にする．その機序の1つとして，運動は内臓脂肪型肥満やインスリン抵抗性を防止することによって，肝臓でのトリグリセリドやコレステロールの合成を抑制する可能性があげられる．

また，運動すると骨格筋の毛細血管内皮に存在するリポ蛋白リパーゼ（L lipoprotein lipase：LPL）の活性や蛋白質発現が上昇し，リポ蛋白質中のトリグリセリドを遊離脂肪酸に分解して筋のエネルギー源として利用する能力が高まる[1]．また，筋線維の細胞膜上で脂肪酸の取込みに働くCD36（脂肪酸輸送担体）や，ミトコンドリアへの脂肪酸取込みを制御するCPT1（carnitine palmitoyl-transferase 1），さらにはミトコンドリア内のTCA回路や電子伝達系における酸化系酵素の活性や蛋白質発現量も運動によって増加する[1]．これらの適応がもたらす骨格筋脂質利用能力上昇が，運動による脂質異常症の予防・改善効果につながる．ところで，脂質利用能力の適応は活動筋で局所的に生じるものであり，筋収縮由来である．最近，筋収縮によるAMPK活性化などを介して，転写因子であるPGC-1αやPPARδの蛋白質発現が増加して，これらが活動筋における適応反応を引き起こす可能性が示されている[1]．

c. どのような運動が脂質異常症予防に有効か？

脂質異常症への対策の基本的な考え方は肥満・糖尿病対策とほぼ同様である．運動に関しては，基本的にはエネルギー消費量を多くするように運動すること，すなわち，［運動強度×時間］の合計が多くなるように運動することが重要視されている．一方，動物実験では高強度・短時間運動によって骨格筋のPGC-1α蛋白質発現量やミトコンドリア酸化系酵素活性が上昇することが示されており[22]，エネルギー消費量が少なくても高強度で運動することの有効性も示唆できる．

16.4 高血圧

a. 高血圧の原因

わが国の高血圧者（収縮期血圧140 mmHg以上，拡張期血圧90 mmHg以上）の総数は約4,000万人といわれている[17]．国民の血圧水準は年々低下傾向にあるが，人口の高齢化に伴い高血圧者数は増加している．健康日本21の報告[9]によると，収縮期血圧10 mmHgの上昇は男性で約20％，女性で約15％の脳卒中罹患・死亡のリスクを高めると報告されている．また，高血圧は心疾患とも関係し，収縮期血圧10 mmHgの上昇は冠動脈疾患罹患・死亡のリスクを約15％高めることが報告されている．

高血圧には生活習慣や社会経済的要因などの多様な環境要因と遺伝的要因が大きく関わっている．食習慣では，食塩摂取量と血圧との間に有意な正の相関関係が認められているものの，わが国の平均食塩摂取量は10～11 g/日程度であり，目標摂取量の6 g/日[17]を超えているのが現状である．また，肥満も高血圧の重要な危険因子である．男性で15.3％，女性で22.2％の高血圧が肥満に起因していると報告されている[16]．さらに多量の飲酒習慣も血圧上昇の原因となり，男性の高血圧のうち35％が飲酒に起因している[16]．

b. 運動による高血圧予防効果とその機序

高血圧の治療には，生活習慣の修正が求められる．表16.2に高血圧治療ガイドライン2009[17]による生活習

表16.2 生活習慣の修正項目 [17]

1. 減塩	6 g/日未満
2. 食塩以外の栄養素	野菜・果物の積極的摂取* コレステロールや飽和脂肪酸の摂取を控える 魚（魚油）の積極的摂取
3. 減量	BMI {体重（kg）÷[身長（m）×身長（m）]} が25未満
4. 運動	心血管病のない高血圧患者が対象で，中等度の強度の有酸素運動を中心に定期的に（毎日30分以上を目標に）行う
5. 節酒	エタノールで男性は20～30 mL/日以下，女性は10～20 mL/以下
6. 禁煙	

生活習慣の複合的な修正はより効果的である．

* 重篤な腎障害を伴う患者では高カリウム血症をきたすリスクがあるので，野菜・果物の積極的摂取は推奨しない．糖分の多い果物の過剰な摂取は，とくに肥満者や糖尿病などのカロリー制限が必要な患者では勧められない．

慣の修正項目を示す．従来，高血圧患者に対して運動は禁忌とされていたが，現在では運動の降圧効果が広く認められている．米国スポーツ医学会では，有酸素性運動は高血圧患者に対して平均 -7.4/-5.8 mmHg の降圧効果があるとしている [19]．また，運動習慣のない人は活発な運動習慣のある人と比べて高血圧発症の危険度が高く，身体活動量の低下は独立して高血圧発症の危険因子となる．

運動療法による降圧の機序として，①アデノシンなどの利尿作用を引き起こす物質の増加による循環血漿量の減少，②交感神経活動の抑制，などがあげられる [15]．また，③大動脈伸展性の改善，④血管弛緩作用や血管内皮機能を改善する効果をもつ一酸化窒素（NO）の産生増加，⑤インスリン抵抗性や高インスリン血症の改善も運動による降圧機序として考えられている．

c. どのような運動が高血圧予防に有効か？

高血圧の治療方針を決定する際は，血圧レベルや臓器障害・心血管病の有無によってリスクの層別化（低リスク，中等リスク，高リスク）が行われる [17]．高リスク群ではただちに，低～中等リスク群では一定期間生活習慣の修正指導が行われた後，目標血圧に達しない場合に薬物療法が開始される．

高血圧治療ガイドライン2009の生活習慣の修正項目では，運動に関して「心血管病のない高血圧患者が対象で，中強度の有酸素運動を中心に定期的に（毎日30分以上を目標に）行う」ことが推奨されている．米国スポーツ医学会でもほぼ同様に，「毎日30分以上の中等度強度の身体活動」が推奨されている [19]．また有酸素運動のみならず，レジスタンストレーニングによる降圧効果も認められている．注意すべき点として，重症やコントロール不良の高血圧症患者には，減塩や薬物療法で降圧を確認してから運動療法を行うべきであり，心血管疾患の既往歴をもつ患者には，運動強度の監視が望まれる．

16.5 がん

a. がんの原因

2010年の人口動態統計 [12] によると，わが国のがんによる死亡者数は約35万人（男性約21万人，女性約14万人）と報告されている．がんによる死者数は1981年に死因の第1位となって以降，増加を続けている．米国では，がんによる死亡の1/3が食事および身体活動に関する生活習慣に起因すると報告されている [24]．また，1/3はタバコ製品への曝露によるものである．肥満度とがん罹患や死亡のリスクはU型の関係にあると考えられているが，日本人ではやせ（低BMI値）との関係が示唆されている [5]．欧米人と日本人のがん原因には違いがあるものの，生活習慣や環境の改善でがんの多くが予防できることは共通している．

近年，糖尿病やインスリン抵抗性とがんの関連が注目されており [4]，インスリン抵抗性やそれに続く高インスリン血症が腫瘍細胞の増殖を促進すると考えられている．また，女性ホルモン（とくにエストロゲン）への長期間曝露（早い初経，遅い閉経，出産経験がないことなどによる）も乳がんや子宮体がんのリスクを上げると報告されている [4]．これは，エストロゲンによるさまざまな遺伝子変異の蓄積と乳腺細胞や子宮内膜細胞の増殖が促進された結果と考えられている．

b. 運動によるがん予防効果とその機序

米国がん学会の作成した「がん予防のための食事と身体活動ガイドライン2012年版」[13]では、①健康的な体重の達成・維持、②活動的なライフスタイル、③植物を中心とした健康的な食事、④アルコール飲料の摂取抑制、の4項目が、がん予防のための主要な生活習慣として推奨されている。このガイドラインでは、これらの生活習慣の獲得を個人に任せるだけでなく、健康的な食品を手にしやすく身体活動を安全に楽しく実施できる身近な環境の整備も必要であると提言されている。

現状でおもに知られている身体活動とがんの関係についてまとめる。

① 閉経前および閉経後の女性に対して、身体活動は乳がんのリスクを約25％低下させることが報告されており、身体活動は乳がんのリスクを下げる独立した因子として知られている。

② 身体活動レベルが高いほど大腸がんのリスクが低下する。この機序に関しては、身体活動は肥満やインスリン抵抗性の改善を介して大腸がんを予防するとの仮説が有力である。

③ 身体活動が子宮体がんのリスクを低下させること、ならびに長時間の座位行動が子宮体がんのリスクになることが報告されている。この機序としては、身体活動は適正体重を維持して糖尿病や高血圧のリスクを低下させることで、間接的に子宮体がんのリスクを低下させる可能性が考えられる。

④ 身体活動は前立腺がんのリスクを低下させる可能性も報告されている。とくに進行性の前立腺がんに対しては、高強度の身体活動がリスクを低下させる可能性が示唆されている。

身体活動ががんを予防する分子メカニズムは、まだ完全には明らかになっていない。解毒作用をもつシトクロムP450システムの増強、抗酸化酵素の増加による酸化ストレス抑制、炎症性物質の減少、マクロファージやナチュラルキラー細胞の活性化など、さまざまなメカニズムが関与している可能性がある[21]。

c. どのような運動ががん予防に有効か？

身体活動ががんのリスクを下げるというエビデンスはあるものの、適切な強度や時間、頻度に関してはよくわかっていないのが現状である。「がん予防のための食事と身体活動ガイドライン2012年版」[13]では、成人において、最低でも週150分の中強度の身体活動（歩行など）または75分の高強度の身体活動（ジョギングやサッカーなど）が推奨されている。すでに週150分の運動習慣がある者でも週300分の運動を達成する努力をするよう推奨している。さらに、青少年期の身体活動は健康維持に貢献し、成人後の身体活動量を予測する重要な因子であることから、青少年期には、中強度～高強度の運動を毎日1時間以上実施し、週に3日は高強度の運動を行うことが推奨されている。また、座位行動が身体活動と独立して種々のがんのリスクと関係していることから、横になったりテレビを見たりといった行動の制限が推奨されている。

◆ 問　題

1. 糖尿病、脂質異常症、高血圧、ならびにがんの原因について説明しなさい。とくに内臓脂肪型肥満との関連に着目して説明しなさい。
2. 運動が内臓脂肪型肥満を予防・解消する仕組み、ならびにどのような内容の運動が有効であるかについて説明しなさい。
3. 運動が糖尿病を予防・改善する仕組み、ならびにどのような内容の運動が有効であるかについて説明しなさい。
4. 運動が脂質異常症を予防・改善する仕組み、ならびにどのような内容の運動が有効であるかについて説明しなさい。
5. 運動が高血圧を予防・改善する仕組み、ならびにどのような内容の運動が有効であるかについて説明しなさい。
6. 運動によるがん予防効果に関して、現在得られているエビデンスについて説明しなさい。

◆ 参考文献

1) Greene, N. P., Fluckey, J. D., Lambert, B. S., et al.: Regulators of blood lipids and lipoproteins? PPAR δ and AMPK, induced by exercise, are correlated with lipids and lipoproteins in overweight/obese men and women, Am. J. Physiol., 303: E1212-E1221, 2012.
2) Higuchi, M., Iwaoka, K. Fuchi, T., et al.: Relation of running distance to plasma HDL-cholesterol level in middle-aged male runners. Clin. Physiol., 9: 121-130, 1989.
3) Hollosszy, J. O.: A forty-year memorior of research on the regulation of glucose transport into muscle. Am. J. Physiol., 284: E453-E467, 2003
4) 細野覚代：運動によるがん予防のメカニズム。体育の科

5) Inoue, M., Sobue, T. and Tsugane, S.: Impact of body mass index on the risk of total cancer incidence and mortality among middle-aged Japanese: data from a JPHC study. *Cancer Causes Control*, **15**: 671-680, 2004.

6) Irving, B. A., Davis, C. K., Brock, D. W., et al.: Effect of exercise training intensity on abdominal visceral fat and body composition. *Med. Sci. Sports Exerc.*, **40**: 1863-1872, 2008.

7) 川中健太郎, 樋口 満, 大森 肇ほか：筋の活動量および種類による糖輸送体濃度の変化. 体力科学, **43**: 269-276, 1994.

8) Kawanaka, K., Tabata, I. and Higuchi, M.: Effects of high-intensity intermittent swimming on glucose transport in rat epitrochlearis muscle. *J. Appl. Physiol.*, **84**: 1852-1857, 1998.

9) 健康日本 21 企画検討会／健康日本 21 計画策定委員会：21 世紀における国民健康づくり運動について, 健康日本 21, 2000.

10) Koshinaka, K., Kawasaki, E., Hokari, F., et al.: Effect of acute high intensity intermittent swimming on post-exercise insulin responsiveness in epitrochlearis of fed rats. *Metabolism*, **58**: 246-253, 2009.

11) Koshinaka, K., Sano, A., Howlett, K. F., et al.: Effect of high intensity intermittent swimming on post-exercise insulin sensitivity in rat epitrochlearis muscle. *Metabolism*, **57**: 749-756, 2008.

12) 厚生労働省大臣官房統計情報部：人口動態統計年報, 2010.

13) Kushi, L. H., Doyle, C., McCullough, M., et al.: American Cancer Society 2010 Nutrition and Physical Activity Guidelines Advisory Committee: American Cancer Society Guidelines on nutrition and physical activity for cancer prevention: reducing the risk of cancer with healthy food choices and physical activity. *CA Cancer, J. Clin.*, **62**: 30-67, 2012.

14) Levine, J. A., Lanningham-Foster, L. M., McCrady, S. K., et al.: Interindivisual variation in posture allocation: possible role in human obesity. *Science*, **307**: 584-586, 2005.

15) 道下龍馬, 森村和浩, 田中宏暁：高血圧の運動療法. 臨床スポーツ医学, **29**: 1107-1113, 2012.

16) Nakamura, K., Okamura, T., Hayakawa, T., et al.: The proportion of individuals with obesity-induced hypertension among total hypertensives in a general Japanese population: NIPPON DATA80, 90 Research Group. *Eur. J. Epidemiol.*, **22**: 691-698, 2007.

17) 日本高血圧学会高血圧治療ガイドライン作成委員会編：高血圧治療ガイドライン 2009, 日本高血圧学会, 2009.

18) Ohkawara, K., Tanaka, S., Miyachi, M., et al.: A dose-response relation between aerobic exercise and visceral fat reduction: systematic review of clinical trials. *Int. J. Obes.*, **31**: 1786-1797, 2007.

19) Pescatello, L. S., Franklin, B. A., Fagard, R., et al.: American College of Sports Medicine position stand. Exercise and hypertension. *Med. Sci. Sports Exerc.*, **36**: 533-553, 2004.

20) Rodnick, K. J., Haskell, W. L., Swislocki, A. L. M., et al.: Improved insulin action in muscle, lever, and adipose tissue in physically trained human subjects. *Am. J. Physiol.*, **253**: E489-E495, 1987.

21) Rogers, C. J., Colbert, L. H., Greiner, J. W., et al.: Physical activity and cancer prevention: pathway and targets for intervention. *Sports Med.*, **38**: 271-296, 2008.

22) Terada, S., Kawanaka, K., Goto, M., et al.: Effects of high-intensity intermittent swimming on PGC-1 α protein expression in rat skeletal muscle. *Acta. Physiol. Scand.*, **184**: 59-65, 2005.

23) Terada, S., Yokozeki, T., Kawanaka, K., et al: Effects of high-intensity swimming training on GLUT-4 and glucose transport activity in rat skeletal muscle. *J. Appl. Physiol.*, **90**: 2019-2024, 2001.

24) World Cancer Research Fund/American Institute for Cancer Research: Food, Nutrition, Physical Activity, and the Prevention of Cancer. A Global Perspective., World Cancer Research Fund/American Institute for Cancer Research, 2007.

17

運動と発育発達

　ヒトは，受胎の瞬間から時間の経過とともに絶えず変化し続ける．この時間経過に応じた身体的諸要素における形態的・機能的変化の中で，胎児から成人に至るまでの加齢に伴う変化を発育発達とよんでいる．発育は形態，器官，細胞などの身体を構成する要素の大きさの増大，伸びを意味し，発達は身体機能の発生，分化，増大，伸びを意味する[11]．発育と発達は概念としては独立していると考えられるが，現象として両者は密接に関連して生じるのが一般的である．たとえば，幼児の身長と立ち幅跳び（跳力）における経年的変化をみると，身長の発育に伴い跳力も同じような発達がみられる[14]．身長の発育のみが跳力発達の直接原因ではないが，身長発育という現象が跳力発達という現象に密接に関連していることを示すものである．また，筋力は筋の生理的筋断面積に比例するものであり，筋線維の肥大（発育）は筋力発達の原因となっている．このように具体的な発育現象と発達現象をみると，発育と発達は相互に密接に関連し合って生起しているといえる．そのため，人間の発育と発達を検討するには，両者を同時に考慮しなければならない．

　体力という観点からみると，幼児から成人に至るこの時期は向上から充実の過程への移行期である．また，子どもは大人のミニチュアではなく，遺伝や成熟度の差に伴う個人差も大きい．さらに思春期前の子どもの体力特性は大人の体力特性とは大きく異なるとともに，トレーニングに対する反応も異なることを認識しておきたい．

　本講では，発育に伴う骨格筋や身体組成の変化，成長期における呼吸循環系の発達，および筋力・筋パワーの発達を中心に概説していく．

17.1 発育に伴う骨格筋の変化

a．骨格筋の形態的特性の変化

　成長期において，骨格筋は骨の伸びや体重の増加による受動的過負荷の増大に適応し，長さや太さ，重量を増加させる．一般にヒトを含む哺乳動物の骨格筋は，筋線維（筋細胞）数の増加が胎児期までに終わり，生後発育における筋線維数の増減はないとされている．発育に伴う骨格筋の太さの増加は，増殖（数が増えること）ではなく，1本1本の筋線維の肥大によるものと考えられる．そして筋線維の肥大は，筋線維の構成要素である筋原線維の太さの増大と筋原線維数の増加によって起こる．一方，筋の長さの増大については，筋節（サルコメア）数の増加が主要因であることが明らかにされている（第7講参照）．とくに筋から腱への移行部である筋線維末端で筋節数の増加が生じる．

　ヒト骨格筋の線維径は出生直後では約 10 μm，4～5歳で約 30 μm，成人で 60～70 μm となる（図 17.1）[3]．

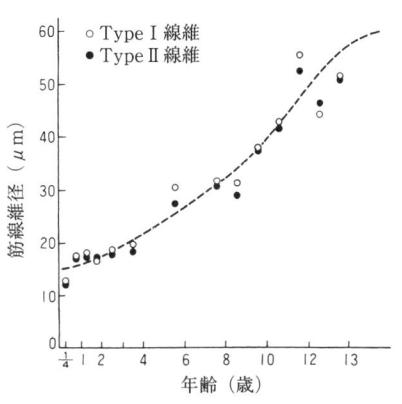

図 17.1　小児発達期の筋線維径（Brooke と Engel [3] を一部改変）

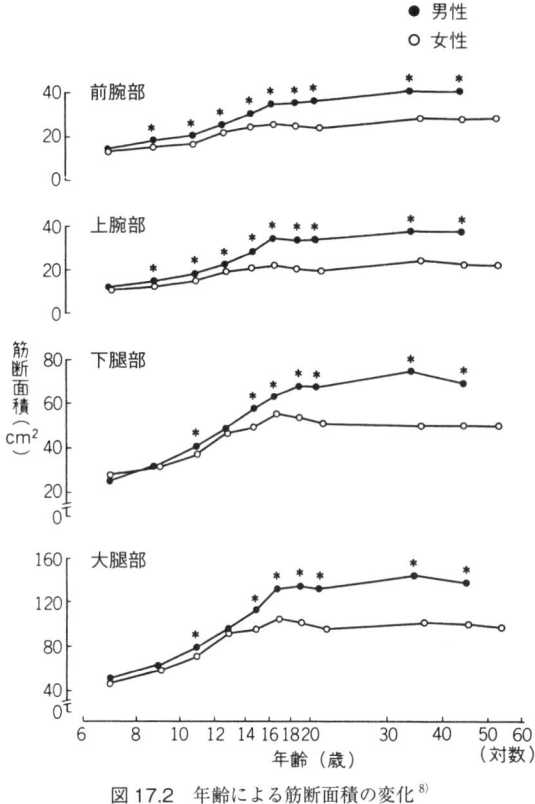

17 運動と発育発達

図 17.2 年齢による筋断面積の変化[8]
＊：同年代の男女間における有意差 ($p < 0.05$)

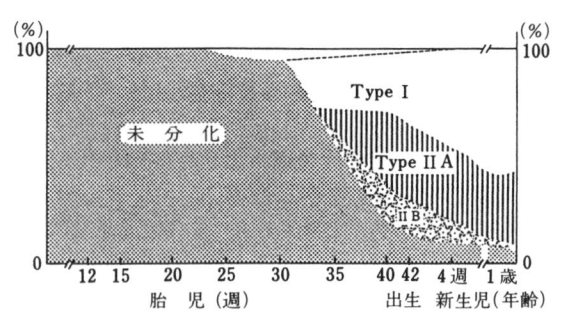

図 17.3 胎児および新生児におけるタイプ別にみた骨格筋線維の分布変化[4]

次に筋全体の発育についてみると，筋断面積は男女ともに 13 歳くらいまでは成長に伴い直線的に増加する傾向にあるが，女子では 13 〜 17 歳にかけて増加の停滞が認められる．一方，男子は同時期に急激な増加を示すことが報告されている（図 17.2）．これら男女の骨格筋における発育の差は，第 2 次性徴期を境として，男女の骨格筋の発育に差が認められることを示唆している．そしてこの差は，男子における男性ホルモン分泌の急速な増加に起因するものと考えられる．

b．骨格筋の機能的特性の変化

筋線維組成（遅筋線維・速筋線維が筋全体に占める割合）は，基本的に遺伝的要因により決定されている．

胎児期には，筋線維が複数の運動神経（ニューロン）によって支配されている（多重神経支配：1 本の筋線維に対して数個の運動神経が接続した状態）とともに，機能的にも代謝的にも未分化な状態にある．体内での発育が進むにつれ，胎児期の筋線維は多重神経支配から単一の運動神経からの支配へと変わり，段階的に遅

筋線維（Type I）と速筋線維（Type II）への分化がみられるようになる[6]（図 17.3）．そして，筋線維に組織化学的な分化がみられ，運動ニューロンと筋単位は固有の特性をもつようになる．さらに運動ニューロンと筋線維は，筋が必要とされる動きに対応できるよう，その特性を変化させていく．

17.2 成長期における身体組成の変化

出生から成人までの除脂肪量，体脂肪量，体脂肪率の推移を男女別にみると（図 17.4），除脂肪量は 12 歳頃まで性差は認められないが，男子では思春期における発育スパート（12 〜 15 歳）とともに除脂肪量増加が加速し，18 歳程度まで増加が続く．一方，女子では 15 歳頃に頭打ちとなり，思春期の終わりには大きな性差が認められる．体脂肪量は，6 歳頃まで性差は認められず男女とも一定の割合で増加するが，女子は初潮発来とともにエストロゲンの影響を受けて急増し，思春期の終了とともに増加が暫減する．一方，男子の体脂肪量も一定の割合で増加し続けるが，その増加は女子に比べ緩やかである．体脂肪率は生後の 1 年間（乳児期）に男女とも 25 ％程度まで急増し，その後 5 歳頃まで漸減していく．女子の体脂肪率は 6 歳頃に増加に転じ，男子よりも高値を示したまま思春期，成人期に至るまで増加を続ける．一方，男子の体脂肪率も 7 歳頃から増加し始め 11 歳頃にピークを示すが，発育スパートの時期における除脂肪量の急増に伴い，相対的に体脂肪率が減少し，発育スパート終了後は成人期まで漸増する．

上記のような身体組成の変化や発育スパートは遺伝的要因，内分泌因子，栄養面や身体活動量などにより影響を受ける[21]．

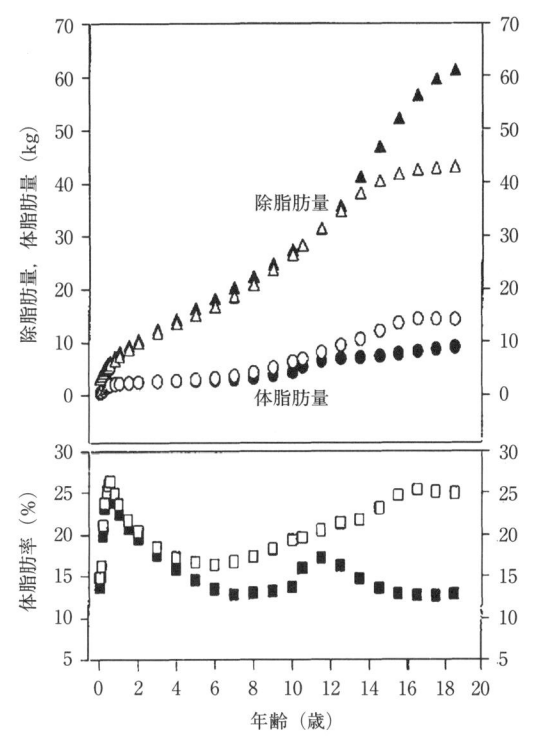

図17.4 出生から成人までの身体組成における変化[21]
▲, ●, ■：男性, △, ○, □：女性.

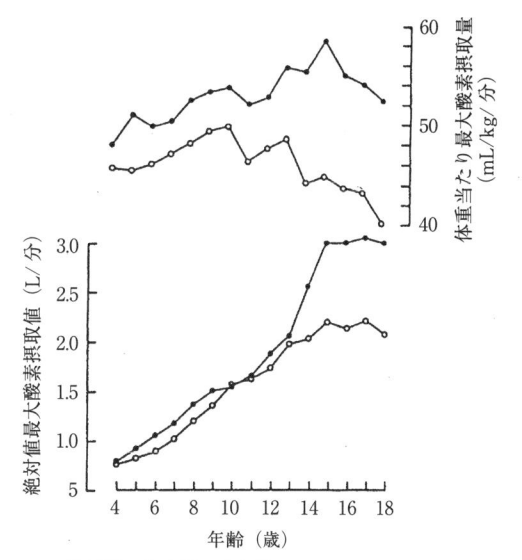

図17.5 幼児期, 児童期, 青年期にかけての最大酸素摂取量の変化[22]
●：男子, ○：女子.

17.3 呼吸循環系の発達特性

呼吸循環系の機能は, 体力の個人差に大きく影響を及ぼす要因の1つであるとともに, 長時間にわたる運動に対する限界を決定する重要な要因である. 呼吸循環系の能力を評価する際, 一般に広く用いられているのが最大酸素摂取量 ($\dot{V}_{O_2max}$) である. 図17.5は, 幼児期から児童期, 青年期にかけての $\dot{V}_{O_2max}$ の変化を示したものである. 絶対値は男女とも4～13歳頃までほぼ直線的に増加し, 単調な発達傾向を示す. 男子においては, 13～15歳にかけて急激な増加が認められ, これは第2次性徴に伴う発育スパートと一致している. 一方, 女子では, 13歳以降, 顕著な $\dot{V}_{O_2max}$ の増加は認められない.

次に, 体重当たりの $\dot{V}_{O_2max}$ の変化についてみると, 男子では10歳頃まで, 女子では9歳頃まで緩やかな増加傾向が認められる. 第2次性徴期を迎えると, 男女とも発達が停滞する傾向が認められる. 第2次性徴期以降, 男子では15歳まで体重当たりの $\dot{V}_{O_2max}$ は増加を示し, その後20歳頃までは顕著な変化はみられない. 一方, 女子では第2次性徴期以降, 体重当たりの $\dot{V}_{O_2max}$ は減少傾向を示し, 13歳頃からその発達量はマイナスとなる. 第2次性徴期以降, 女子においては女性ホルモンの働きが活発化し, 身体に占める脂肪量の著しい増加がその原因であると考えられる.

17.4 成長期における呼吸循環系能力の特徴

$\dot{V}_{O_2max}$ および無酸素性作業閾値 (AT) から成長期における有酸素的能力の特徴をみると, 体重当たりの $\dot{V}_{O_2max}$ においては, 4歳頃にはほぼ成人における標準値 (男子：約50 mL/kg/分, 女子：約40 mL/kg/分) のレベルにまで達している. このことから, 子どもの呼吸循環系の能力は成人とほぼ同程度であると考えられ, 幼児期からある程度の持久的運動が可能であることを示唆するものである. ATの出現レベルも (表17.1), 子どもは成人に対し顕著に高い％$\dot{V}_{O_2max}$ でみられる. また, 運動時の血中乳酸濃度のピーク値も顕著に低いレベルにある. 子どもの筋の特性について Ericksson ら[5]は, 解糖系酵素 (PFK) 活性が低いことを報告している. また, 思春期前の子どもでは, 無酸素パワーの発揮能力と $\dot{V}_{O_2max}$ の間に高い相関関係がみられる[1]. 図17.6は小学校高学年の男女児童における50 m走速度と1,200 m走速度の関係を示したものであるが, 5年生男女および6年生の男子では, 短距離走能力の高い

17 運動と発育発達

表 17.1 子どもおよび成人の無酸素性作業閾値,運動時の最高血中乳酸濃度の比較（泉と石河[7]；吉澤[22]より改変）

年齢（被験者数）	%$\dot{V}_{O_2max}$@AT （%）	血中乳酸濃度（mmoL/L）
9〜10歳　（13）	91.5 ± 7.1	5.89 ± 1.89
12〜13歳　（11）	86.6 ± 5.0	9.00 ± 2.10
13.3歳　　（11）	72.7 ± 5.4	10.00 ± 1.90
23.2歳　　（10）	63.3 ± 5.6	13.20 ± 2.10

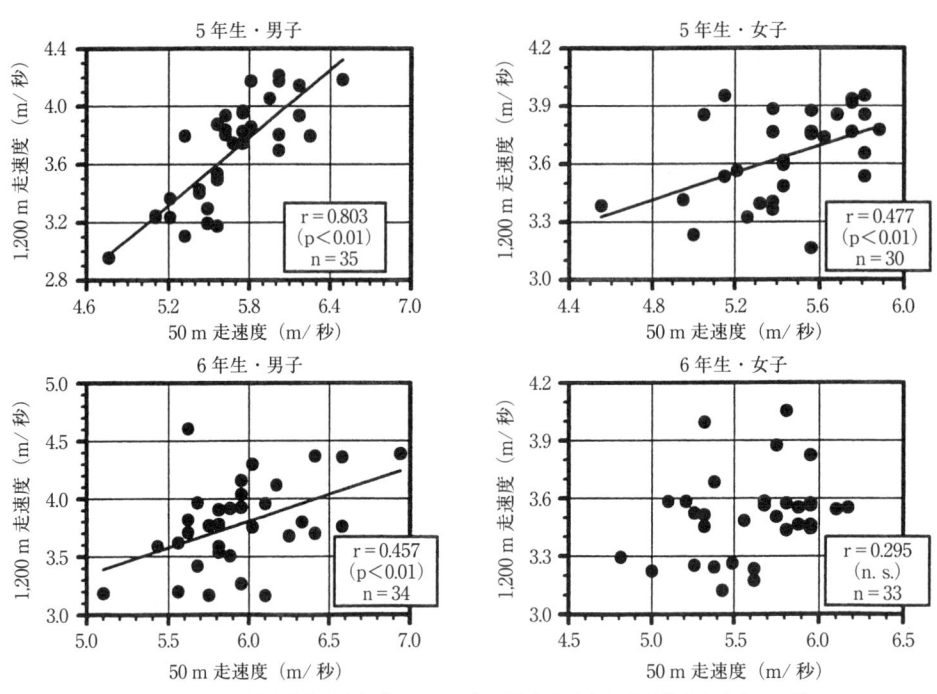

平均値 ± 標準偏差

図 17.6 小学校高学年男女児童における短距離疾走速度と長距離疾走速度の関係（志手ら[17]の基礎データから志手作成）

児童ほど長距離走能力も高いことがわかる．

17.5 成長期の身体活動水準と有酸素性能力の関係

　成長期の子どもにおける日常的な身体の活動レベルと有酸素的能力の関係をみてみると（図17.7），活発に活動を実施している時間と体重当たりの$\dot{V}_{O_2max}$との間に有意な相関関係がみられる．宮下ら[11]の9〜10歳の男子を対象とした報告では，60%$\dot{V}_{O_2max}$以上の運動強度での活動時間が長いほど有酸素的能力が増大する傾向にある．また，児童の有酸素性能力における季節的変化を縦断的に調査した志手ら[16]の報告では，冬季において有酸素性能力が低下することが示されてお

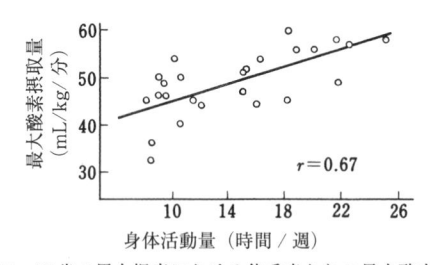

図 17.7 12歳の男女児童における体重当たりの最大酸素摂取量と身体活動時間の関係[15]

り，冬季における身体活動水準の減少が有酸素性能力低下の要因の1つであることが示唆されている．思春期前の子どもにおいては，専門的なトレーニングよりも日常生活における活動的な時間の確保が，有酸素性能力の増大に対し重要であると考えられる．

17.6 筋力・筋パワー発揮能力の発達

筋力は，筋の生理的断面積に比例するため，男女ともに筋断面積が増加する17歳くらいまで成長とともに増加する．性差については，13歳以降，顕著に現れる．この要因として，男子は第2次性徴期を迎え，骨格筋量の急激な増加があると考えられる．

パワー発揮の発達については，脚伸展のパワー発揮[12]，跳躍動作におけるパワー発揮[18]，短時間の全力ペダリングにおけるパワー発揮[20]などの報告がある．図17.8に中学から高校にかけての3年間における脚伸展パワーの縦断的測定結果を示した．女子においては緩やかな脚伸展パワーの増大を示したのに対し，男子においては中学・高校の各期で，各々顕著な増大を示している．

志手と新開谷[18]は，小学4～6年生の男女児童を対象にリバウンドドロップジャンプを用い，BSSC運動（ballistic stretch-shortening cycle movement）時のパワー発揮について検討している．図17.9には，小学校4～6年生の男女児童におけるリバウンドドロップジャンプ時の踏切時間，滞空時間およびドロップジャンプ指数を示した．踏切時間においては，男女ともに学年間の有意な差は認められず，性差も認められなかった．滞空時間についてみてみると，男子において学年進行に伴う増大傾向が認められ，女子では5年生から6年生にかけての増大が顕著であった．また，ドロップジャンプ指数の学年進行に伴う変化は滞空時間の変化と一致し，BSSC運動の遂行能力は5年生から6年生にかけて増大し，その増大は高い跳躍高の獲得能力に大きく依存していると考えられる．男女差についてみてみると，5年生以降，ドロップジャンプ指数において，男子は女子に対して有意に高い値を示した．これは，BSSC運動の遂行能力の男女差を示している．滞空時間においても同様の結果が得られたことから，高い跳躍高の獲得能力の男女差がBSSC運動の遂行能力の男女差に影響している．

自転車エルゴメーターを用いた短時間の全力ペダリングでは，脚における連続的な短縮性筋収縮の無酸素的パワーを測定できる．谷口ら[20]は，小学校4年生から高校3年生までの男女児童・生徒を対象に，無酸素的パワーの発達を検討した結果，男子では小学校4年生から中学校2年生まで著しく増大し，それ以降は緩やかな増大傾向が認められたのに対し，女子では小学校4年生から中学校1年生にかけて著しく増大するが，中学校2・3年生において低下または停滞し，その後，高校3年生まで緩やかに増大したことを報告している．また，中学校1・2年生を境に性差が明らかになり，この無酸素的パワー発揮における男女差は，第2次性徴期以降における骨格筋量の増大に伴う筋力の男女差が大きな要因であることが示唆される．

17.7 成熟度と無酸素パワー発揮能力の関係

思春期を迎えるとともに，成長ホルモンの分泌が盛んになり，骨格および筋組織の顕著な発育を生起する．また筋力や筋パワーは，発育に伴う骨格筋量の増加によって思春期に顕著な増大を示し，思春期スパート出現と深い関係がある．小学校高学年期から中学校期にかけて，男子では思春期を迎えるが，成熟度に顕著な個人差が生じる時期でもある．志手ら[19]は，この成熟度に着目し，全力ペダリングによる無酸素パワー発揮能力の違いを検討した．図17.10には，発育スパートが出現していない（NGS）群，発育スパートが出現している（AGS）群と発育ピークが出現している（PHV）群における無酸素パワーの絶対値および体重，除脂肪体重（LBM）当たりの相対値を示したものである．

無酸素パワーの絶対的な出力は，各群間に有意な差が認められ，各群間における体格の差が発揮能力に影響することが示唆される．また，相対的なパワー出力では，体重当たりの相対値においてPHV群がNGS群

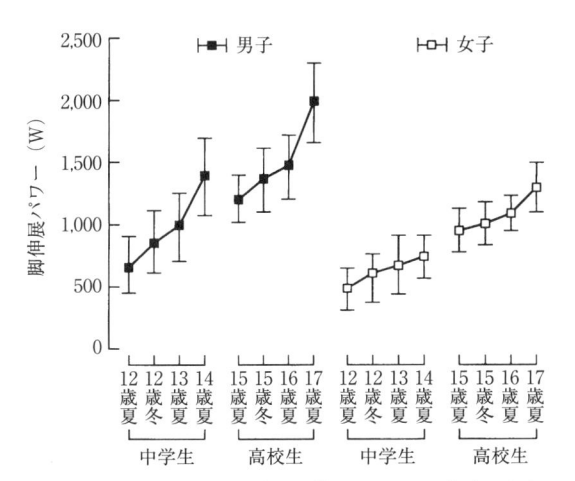

図17.8 中学生，高校生男女の脚伸展パワーの3年間にわたる縦断的変化[12]

17 運動と発育発達

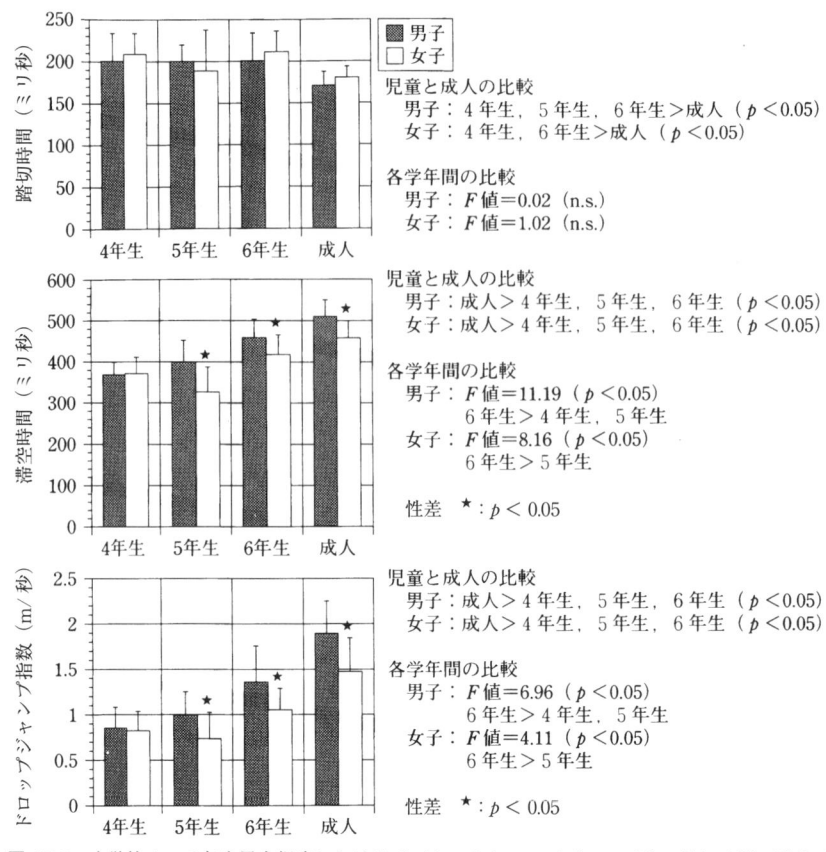

図17.9 小学校4～6年生男女児童におけるリバウンドドロップジャンプ時の踏切時間，滞空時間，ドロップジャンプ指数の変化[18]

に有意に高い値を示し，さらに，LBM当たりにおいてはPHV群がAGS・NGS群に対し有意に高い値を示した．LBM当たりの相対的なパワー出力における差は，PHV（peak height growth velocity）出現後に，骨格筋量当たりに発揮できるパワーが高くなることを示唆するものである．

17.8 成長期におけるトレーナビリティの変化

体重当たりの$\dot{V}_{O_2max}$は4歳頃には成人のレベルに達しており，幼児期の子どもは持久力に富んだ筋肉と有酸素的能力の高い呼吸循環機能を備えた優れた身体的資質に恵まれているものの，呼吸循環系能力に及ぼす持久性トレーニングの効果は発達段階によって異なっている．

思春期前の子どもでは，持久性トレーニングが呼吸循環系能力に及ぼす効果は低く，思春期あるいは思春期以降に持久性トレーニングの有効性が認められている．図17.11は，身長の増加量がピークとなる時期（PHV）を基準に発育およびトレーニングによる$\dot{V}_{O_2max}$の変化を示したものである．PHV前においては，トレーニングによる$\dot{V}_{O_2max}$の増加は顕著ではないが，PHV以降にトレーニングによる著しい$\dot{V}_{O_2max}$の増加が認められ，トレーニング効果が顕著になる．このことは，思春期前後におけるトレーナビリティの相違を示唆するものである．

筋力トレーニングの効果については，蛋白質同化ホルモンなどの分泌が活発になる思春期以降であるとされており，思春期前の子どもにおける効果に関しては，運動器官である骨や関節，筋が未成熟であるため，骨格筋量，筋力面での効果は得られないとされていた．しかし，近年の多くの研究から，思春期前の子どもにおいてもトレーニングによる筋力改善の有効性が明らかにされている[2]．

Ramsayら[13]は，9～11歳の少年についてサーキッ

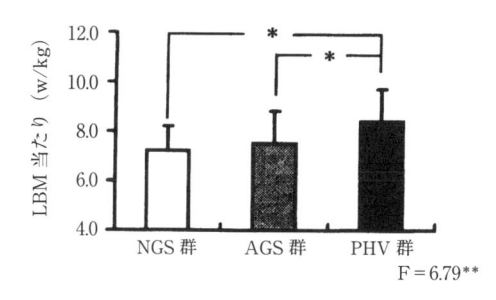

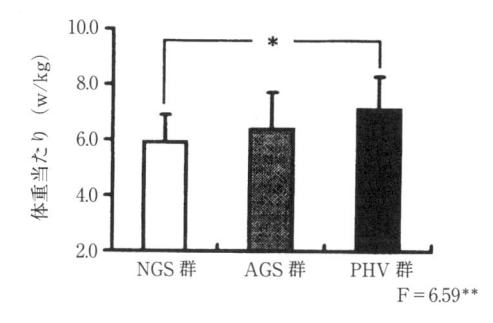

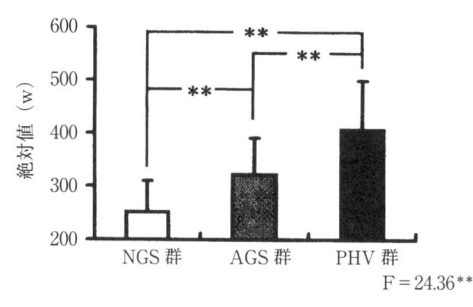

図 17.10　成熟度の違いによる無酸素パワー発揮能力の比較（絶対値・体重当たりおよび LBM 当たりの相対値）[19]
NGS 群：発育スパートが出現していない児童・生徒，AGS 群：発育スパートが出現している児童・生徒，PHV 群：発育ピークが出現している児童・生徒．

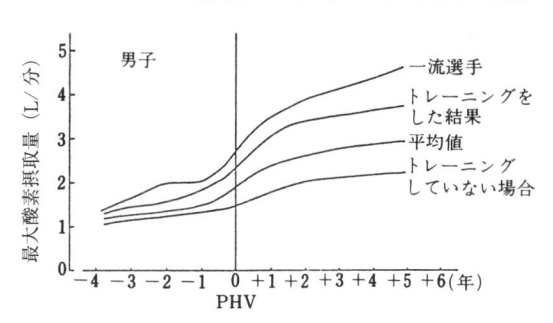

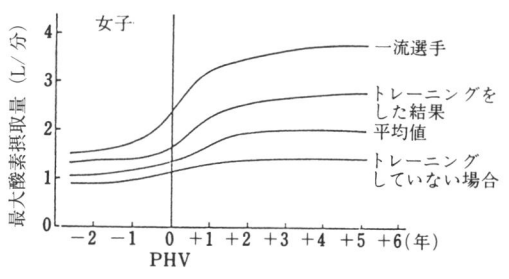

図 17.11　PHV および身体トレーニングの関係からみた最大酸素摂取量の発達曲線 [9]

ト形式のウェイトトレーニングを実施した結果，1RM や等速性最大筋力が 21〜37% の範囲で効果が現れたことを報告した．この要因として，運動に参加している運動単位の活性，筋収縮における興奮-収縮連関の改善など，筋力トレーニングによる神経系の改善が示唆されている．

◆ 問　題

1. 発育発達に伴う骨格筋の機能的特性の変化について説明しなさい．
2. 成長期における身体組成変化の特徴について説明しなさい．
3. 成長期における呼吸循環系能力の特徴について説明しなさい．
4. 成長期におけるパワー発揮の発達の性差について説明しなさい．
5. 思春期前後におけるトレーナビリティの違いについて説明しなさい．

◆ 参考文献

1) Bar-Or, O.: The Growth and development of children's physiologic and perceptional responses to exercise. Children and Sport (Ilmarinen, J. and Välimäki, I. ed.), pp.3-17, Springer-Verlag, Berlin, 1984.
2) Blimkie, C. J. R.: Resistance training during Preadolescence. *Sports Med.*, **15**: 389-407, 1993.
3) Brooke, M. H. and Engel, W. K.: The histographic analysis of human muscle biopsies with regard to fiber type. 4 Children's biopsies. *Neurology*, **19**: 591-605, 1969.
4) Colling-Saltin, A.-S.: Skeletal muscle development in the human foetus and during children. Children and Exercise IX (Berg, K. and Eriksson, B. O. eds.), pp.193-207, Academic Press. New York, 1980.
5) Ericksson, B. O., Gollnick, P. D. and Saltin, B.: Muscle metabolism and enzyme activities after training in boys 11-13 years old. *Acta Physiol. Scand.*, **87**: 485-497, 1973.
6) 石原昭彦，志手典之，勝田　茂，藤田紀盛：ラットの脊髄前角細胞と下肢骨格筋繊維の分化に関する組織化学的研究．体力科学，**34**：98-107，1985．
7) 泉　一郎，石河利寛：思春期少年の乳酸性閾値．体育学研究，**28**：309-314，1984．
8) Kanehisa, H., Ikegawa, S., Tsunoda, N. and Fukunaga,

T.: Cross-sectional areas of fat and muscle in limbs during growth and middle age. Int. J. Sports Med., 15: 420-425, 1994.
9) 小林寛道：縦断的測定からみた青少年の Aerobic Power. 日本人のエアロビック・パワー，pp.14-102，杏林書院，1982.
10) 松浦義行：身体的発育発達論序説．pp.9-16，不昧堂出版，2005.
11) 宮下充正，跡見順子，岩岡研典：心拍数からみた 9 ～ 10 歳男子の日常生活身体活動水準と $\dot{V}_{O_2max}$，LT との関係．体育科学，11：31-39，1983.
12) 西薗秀嗣：スポーツ選手と指導者のための体力・運動能力測定法，鹿屋体育大学スポーツトレーニング教育研究センター編，pp.22-26，大修館書店，2005.
13) Ramsay, J. A., Blimkie, C. J. R., Smith, C., et al.: Strength training effects in prepubescent boys. Med. Sci. Sports Exerc., 22: 605-614, 1990.
14) 酒井俊郎，藤井勝紀，亀丸武臣：Wavelet 補間法による幼児の体格と運動能力の発育・発達における経年的変化に関する検討，子どもと発育発達 1：192-196，2003.
15) Schmücker, B., Rigauer, B., Hinrichs, W. and Trawinski, J.: Motor abilities and habitual physical activity in children. Children and Sport (Ilmarinen, J. and Välimäki, I. ed.), pp.46-52, Springer-Verlag, Berlin, 1984.
16) 志手典之，新開谷春子，新開谷央：小学校児童における有酸素的能力および無酸素的能力の季節変動について．北海道体育学研究，25：1-6，1990.
17) 志手典之，佐々木謙一，島田 聡，新開谷央：小学校高学年児童の短距離走能力と長距離走能力の関係について．北海道教育大学紀要，45：168-175，1995.
18) 志手典之，新開谷央：小学校児童におけるリバウンドドロップジャンプを用いた跳躍動作のパワー発揮の発達に関する研究．スポーツ教育学研究，16：39-46，1996.
19) 志手典之，阿部聖見，新開谷央，檜山 聡，新谷公康，池田靖秋：思春期の男子における成熟度の違いが無酸素パワー発揮能力に及ぼす影響．北海道体育学研究，38：1-7，2003.
20) 谷口裕美子，寺本祐治，麻場一徳，油野利博，高松 薫：7 秒間のペダリング運動からみた児童・生徒の無気的パワーの発達．スポーツ教育学研究，15：99-107，1995.
21) Veldhuis, J. D., Roemmich, J. N., Richmond, E. J., et al.: Endocrine control of body composition in infancy, childhood, and puberty. Endocr. Rev., 26: 114-146, 2005.
22) 吉澤茂弘：育ちざかりの体力とスポーツ．Jpn. J. Sports Sci., 8: 492-499, 1989.

18 運動とサクセスフルエイジング

　ヒトの身体の形態および機能は成人に至るまで発達するが，20～30歳代にピークを迎えた後は，いやおうなく低下の一途をたどる．この成人以降の年齢変化を一般に加齢とよび，加齢に伴う形態的・機能的変化を老化と称する．とくに，高齢期における身体機能の低下には，加齢とともに身体活動量の減少の影響も加わり，それまで以上の機能低下をもたらすことになる．しかし，運動トレーニングにより加齢に伴う身体機能低下を抑制，遅延させることが可能であり，このトレーナビリティは高齢期においても相当程度維持されている．本講では，加齢に伴う運動系の形態，機能の変化とその変化に対するトレーニングの効果について，サクセスフルエイジングの視点から概説する．

18.1　加齢に伴う呼吸循環系機能の変化

　呼吸機能の主要な指標である最大換気量は加齢に伴って直線的に減少する．この原因としては，形態的要因と機能的要因の2つが考えられる．形態的要因としては，加齢に伴う肺胞の表面積の減少（20歳代：70～80 m^2，80歳代：60～70 m^2），および気管支の管壁のコンプライアンス（いわゆる柔軟性）の低下があげられる．機能的要因としては，呼吸運動の効率の低下が考えられ，呼吸筋機能の著しい低下，そして胸郭を構成する肋軟骨の柔軟性の低下が関係している．
　呼吸循環系機能を評価する際の有酸素性能力の指標として幅広く用いられているのが最大酸素摂取量（$\dot{V}_{O_2max}$）である．先行研究では，$\dot{V}_{O_2max}$とⅡ型糖尿病や心疾患および総死亡率との関連性を示した横断研究および前向き観察研究が報告されている．これらの研究は，概ね$\dot{V}_{O_2max}$が低いことが生活習慣病の発症率や総死亡率を高めることを示している．一般的に男女とも，$\dot{V}_{O_2max}$は20歳までに最大値を示した後，20歳から75歳までの間，10年間に5～15％の割合で低下する（図18.1，18.2）[1,21]．さらに，高いレベルのトレーニングを継続していた競技者がトレーニングを中止すると，これ以上の割合で低下することも示されている．酸素摂取量は最大心拍出量と動静脈血酸素較差の積で表される．最大心拍出量は加齢によって減少し，この減少には最高心拍数（HR$_{max}$）と1回拍出量（SV）の低下が関係するが，とくにHR$_{max}$の低下の影響が大きい．HR$_{max}$は20歳代に180～200拍/分でピークを迎え，その後加齢とともに10年間に4～7拍/分の割合で減少する．一方，SVの変化は研究によって異なった結果が得られているが，最大SVおよび$\dot{V}_{O_2max}$発現時のSVは加齢に伴い減少する傾向がみられる．さらに，定期的に高強度のトレーニングを継続している競

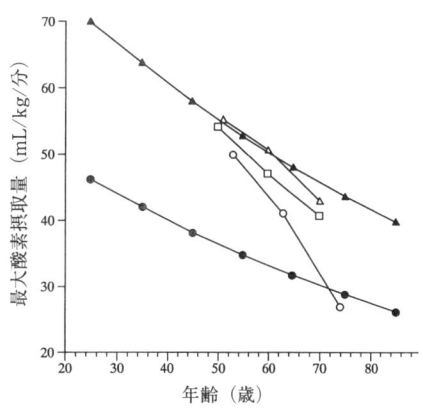

図18.1　10および20年間，高強度（△），中強度（□），または低強度（○）のトレーニングを継続してきた高齢持久力競技者の最大酸素摂取量[21]
競技者（▲）と非鍛錬者（●）の曲線はHeathら（1981）のデータから作成した．

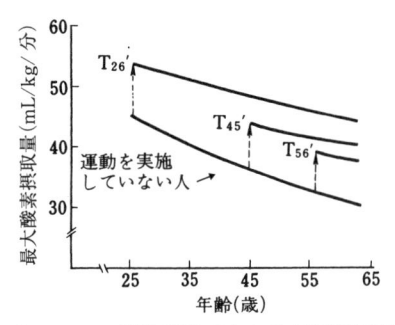

図 18.2 トレーニング開始時期（T）と最大酸素摂取量の関係[1]

技者でみられる $\dot{V}_{O_2max}$ の低下には，60歳くらいまでは HRmax の低下のみが関係し，それ以降の減少には心筋収縮機能の低下による SV の低下が関係してくると考えられる[21]．

$\dot{V}_{O_2max}$ を決定するもう1つの要素である動静脈血酸素較差には，血管からの筋における酸素取り込み能力と酸素利用能力が反映される．高齢者では，若年者に比べ酸化系酵素活性や毛細血管密度（18.3節参照）が低い．これは，より低い動静脈血酸素較差を導き出すとともに，加齢による骨格筋量の低下も $\dot{V}_{O_2max}$ の低下に関係すると考えられる[5]．

18.2 有酸素性能力の低下に対するトレーニングの効果

有酸素的能力のトレーナビリティは，高齢になっても維持されることがいくつかの報告において実証されている．平均年齢64歳の高齢者に対して，80% HR$_{max}$ の強度で9〜12か月の持久性トレーニングを行わせた研究では，約23%の $\dot{V}_{O_2max}$ 上昇が観察された．これはおもに最大心拍出量の増加が原因とされている[3]．さらに，この $\dot{V}_{O_2max}$ の増加は後述する末梢系の適応とも関係している．

長期間の継続的な運動トレーニングの効果の視点からみると，日常的に運動を実施している人においても，運動習慣がない人と同様に加齢に伴う $\dot{V}_{O_2max}$ の低下が認められる．先行研究では，加齢に伴う $\dot{V}_{O_2max}$ の低下率は両者で差がないとする報告もあれば，運動を行っている人の方が低下率を抑制できるとの報告もあり，一致した見解は得られていない．しかしながら運動を実施している人の $\dot{V}_{O_2max}$ が，同年代の運動習慣がない人と比較して高値を示すことは明らかである．ま

た $\dot{V}_{O_2max}$ をより高いレベルに維持するためには運動の強度も重要な要素であり，ある程度以上の高い強度の運動を行う必要がある（図18.1)[21]．トレーニングの開始時期が $\dot{V}_{O_2max}$ に及ぼす影響を検討した報告では，開始時期が早い方が $\dot{V}_{O_2max}$ の低下が小さいことも示されている（図18.2)[1]．

18.3 加齢による筋の量的・質的変化

加齢による骨格筋量の減少および筋力の低下は生活機能の低下をもたらし，転倒・骨折のリスクを高める．これら身体機能の低下は，最終的には要介護の1つの要因となり，日本人高齢者における介護を必要とする原因の約3割を占めている．加齢による身体機能低下のおもな要因としては，筋力の低下があげられる．筋力は20〜30歳代でピークを迎えた後，加齢とともに徐々に低下し始め，80歳代までにピーク時の約55〜65%にまで低下することが知られている．この筋力低下の主要な原因の1つは骨格筋量の減少，いわゆる筋萎縮である（図18.3)．このような加齢に伴う骨格筋量の低下を，ギリシャ語で筋肉を意味する"サルコ（Sarco）"と不足することを表す"ペニア（penia）"を合わせて「サルコペニア（sarcopenia, 筋減弱症）」とよぶ．サルコペニアは身体機能の低下を引き起こす要因であり，機能障害，QOL低下，および死亡リスクの増加を伴うことから，サルコペニアの予防は高齢者の介護予防，ひいては健康寿命の延長の視点から重要なポイントとなると考えられる．さらに，肥満は生活習慣病の危険因子としてよく知られており，高齢者における運動機能やQOL低下とも関連する．近年では，

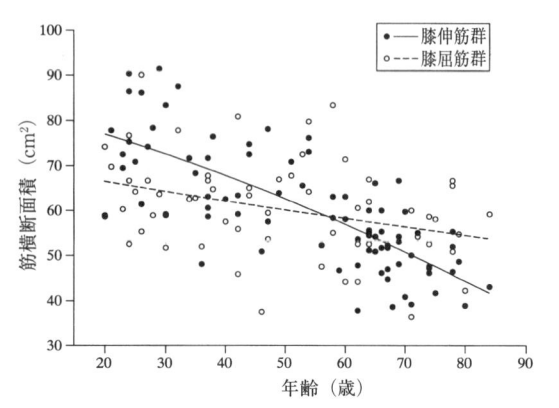

図18.3 加齢伴う膝伸展筋群および屈曲群の筋横断面積の変化（久野，1998）

18.3 加齢による筋の量的・質的変化

先述したサルコペニアと肥満を併せもつ「サルコペニア肥満」が注目されており，サルコペニアや肥満，それぞれ単独と比較してより生活習慣病や運動器疾患のリスクを高めることが判明した．

図 18.4 は，典型的な事例として同じ 60 歳代の健康な高齢女性とサルコペニア肥満と判定された女性の大腿部の磁気共鳴映像法（magnetic resonance imaging：MRI）画像を示した．特別な疾患を有さない自立した元気な高齢者であるが，筋横断面積の画像から健常者（a）と比較してサルコペニア肥満（b）では明らかに筋肉が萎縮し，その量が少なくなっていることに加え，皮下脂肪と筋内脂肪が増えていることが確認できる．

現在，サルコペニア・サルコペニア肥満に関する標準化された基準値が定められていないため，実態の把握において不明な点が多いが，筆者らの研究グループでは，生体電気インピーダンスを用いて体重当たりの骨格筋量（％）を評価し，20〜39 歳の成人における骨格筋量（％）平均値の 2SD 未満をサルコペニアと判定した（男性 27.3％未満，女性 22.0％未満）．また，肥満については日本肥満学会の肥満基準値である BMI 25 以上とした．図 18.5 に示したように，サルコペニア，サルコペニア肥満は 60 歳代から増え始め，70 歳代以降から著しく増加することが明らかとなった．さらに，70 歳代以降ではサルコペニアとサルコペニア肥満を合わせて約半数を占めることから，後期高齢者におけるサルコペニア，サルコペニア肥満対策が重要であると考えられる[14]．

後期高齢者の身体機能の低下は，日常生活における

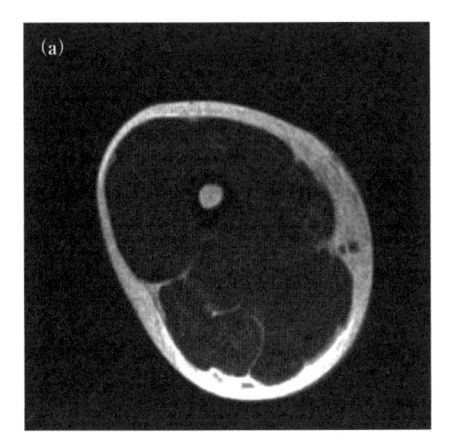

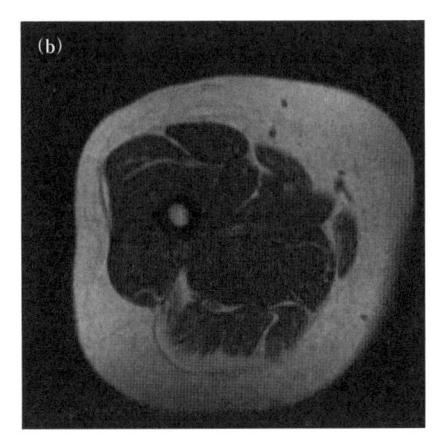

図 18.4 サルコペニア肥満の事例（a：健常者，b：サルコペニア肥満）（筑波大学久野研究室）

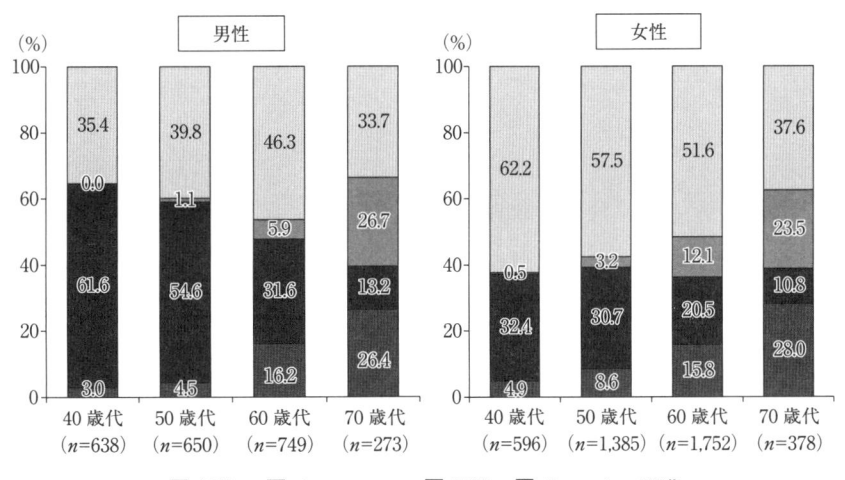

図 18.5 性・年代別にみたサルコペニア肥満の割合[14]

QOLのみならず，要介護リスクおよび死亡率とも関連する．また，このような身体能力の低下は，神経系の調節能力の低下，筋力低下などがおもな原因であることが報告されている．筆者らは，40～79歳の中・高齢者6,421名を対象にサルコペニア肥満と文部科学省の新体力テスト「10 m障害物歩行」で評価した歩行機能低下，および高血圧との関連性を調べた．その結果，サルコペニア肥満群は，標準と比較して低体力が生じるリスクが男性で2.03倍，女性で3.23倍高く，この値はサルコペニアおよび肥満のそれぞれの単独より高い結果であった（図18.6）．さらに，サルコペニア肥満は，標準，サルコペニアおよび肥満と比較して高血圧の発症リスクが男性1.7倍，女性2.3倍高いことが認められた（図18.7）．このように，サルコペニア肥満は生活習慣病および生活機能の両方に深く関わるため，サルコペニア肥満の予防・改善が健康寿命の延長に不可欠であることが示唆される．

一般的には，これらの筋力および骨格筋量の低下の割合は50歳ぐらいまでは小さく，50歳を超えるとその割合が大きくなる．また，筋萎縮の程度は筋により異なり，大腿部の筋を比較した場合，膝屈筋群よりも膝伸展筋群の方が加齢による萎縮率が大きい（図18.3）．組織レベルでみると，外側広筋，上腕二頭筋，上腕三頭筋，大腿直筋，前脛骨筋など多くの筋で，筋線維萎縮はⅠ型（遅筋）線維よりⅡ型（速筋）線維の方が顕著である（図18.8）[17]．また，サルコペニアのもう1つの

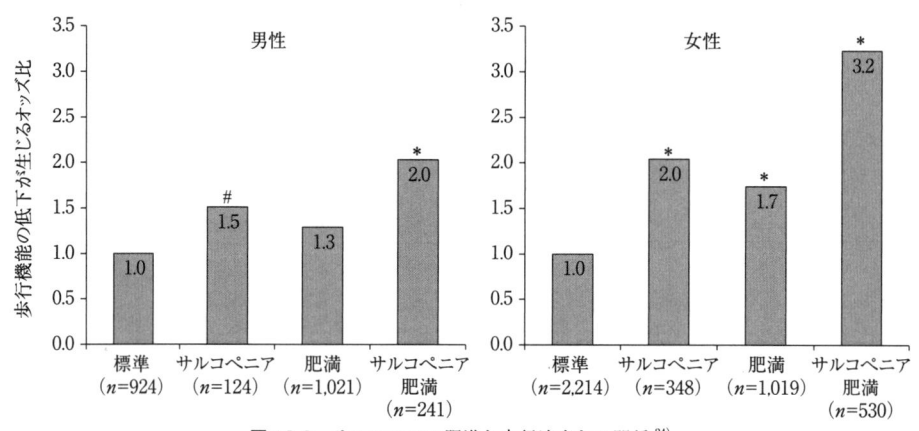

図18.6 サルコペニア肥満と歩行速度との関係 [24]
ロジスティック回帰分析，$^*p < 0.05$，$^\#p = 0.08$ vs. 標準（年齢，身体活動量を調整）

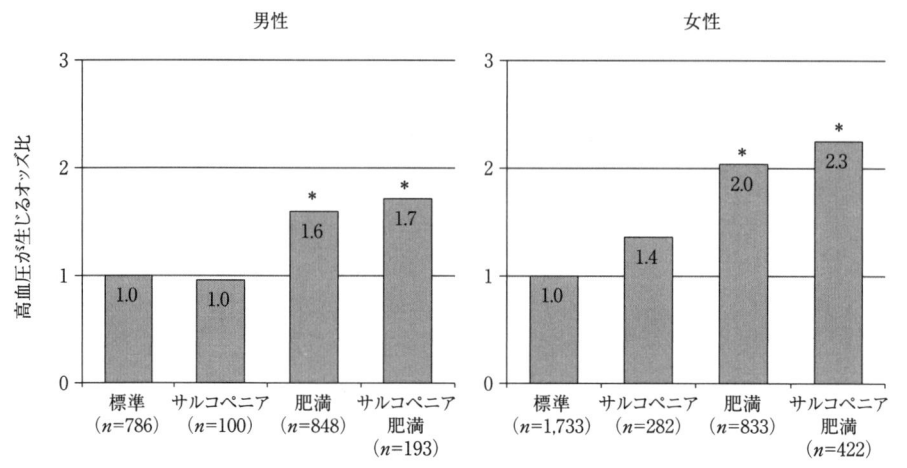

図18.7 サルコペニア肥満と高血圧との関係
ロジスティック回帰分析，$^*p < 0.05$（年齢，身体活動量を調整）．高血圧は，収縮期血圧が140 mmHg以上または拡張期血圧が90 mmHg以上．

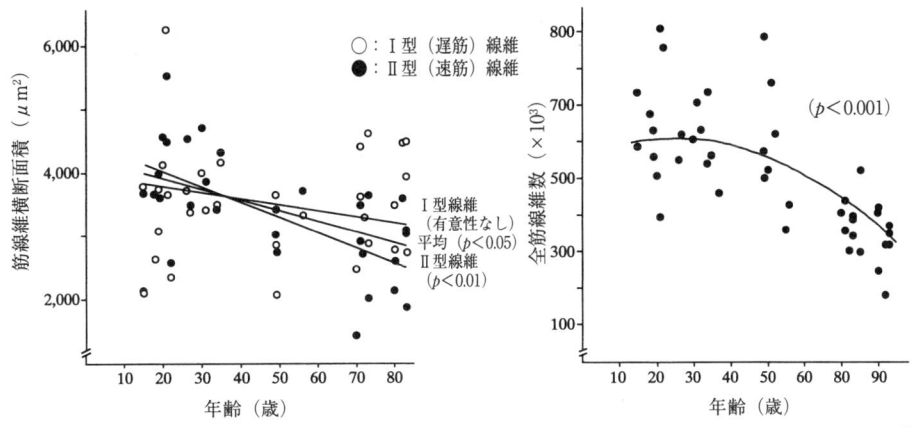

図 18.8　年齢と外側広筋の I 型線維および II 型線維の平均横断面積（左），全筋線維数（右）との間の関係[17]

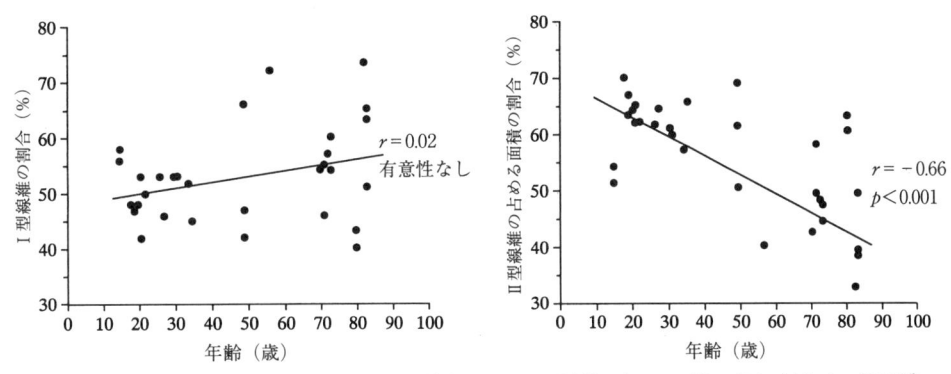

図 18.9　年齢と外側広筋の I 型線維の割合（左）および II 型線維の占める面積の割合（右）との関係[16]

特徴として，上肢よりは下肢の方が約 1.5〜2 倍程度，骨格筋量の減少率が高いことが明らかになっている．

しかし，横隔膜，肋間筋などでは遅筋線維の萎縮が優位であり，さらに三角筋，腓腹筋では老化に伴い（代償性の肥大効果によって）新たに太い遅筋線維が認められる[25]．また，高齢者の筋では，同じタイプグルーピングも多く観察される．筋線維数は 25 歳以降から減少し始め，その減少率は高齢者になるほど大きくなる（図 18.8）[17]．以上のような速筋線維のより大きな萎縮と筋線維数の減少により，筋における速筋線維の占める面積の割合が減少することになる（図 18.9）[16]．これは，ミオシン重鎖（MHC）組成を調べた研究でも観察され，高齢者の筋の方が若年者よりも slow タイプのミオシン重鎖の割合が多いことが示されている[15]．このような速筋線維の選択的な減少はサルコペニアの特徴的な現象であり，遅筋線維はサルコペニアの影響を受けにくいと考えられる．速筋線維の選択的な減少をもたらす要因としては，支配運動ニューロンの変性による 2 次的な筋線維数の減少，運動ニューロンと筋線維をつなぐ運動終板の変性，遺伝的因子などが考えられている．さらに，速筋線維から遅筋線維へのタイプ移行の可能性もあり，これには速筋線維支配から遅筋線維支配への運動ニューロンの特性の変化，速筋線維の代謝特性の変化などが関係している．

老化に伴うこれらの筋組成の変化に伴い，機能面での変化も引き起こされる．ヒトの筋の単一筋線維の特性を調べた研究では，老化により筋線維の ATPase 活性が低下するとともに，最大短縮速度および筋線維横断面積当たりの張力（specific tension）[15]も低下することが報告されている．さらに，筋の酸化的能力および酸素利用能力に関係する酸化系酵素活性や毛細血管密度は，若年者と比較して 60 歳代の高齢者では 20〜40％低値を示している[8]．一方，解糖系酵素活性などは若年者と高齢者でほとんど差はみられない．

老化による運動ニューロンの変化に関しては，上述したように運動終板の変性に加え，とくに老化後期では運動ニューロン自身の数も減少し，筋線維数の減少と運動ニューロン減少との間には対応関係のあることが示されている[9]．これに伴い運動単位の数も変化し，ヒトにおいて60歳くらいまでは運動単位の数は比較的一定の値を維持しているが，60歳を過ぎると急激に減少し始める（図18.10）[2]．この際に減少する運動単位は速筋線維を支配する運動単位であり，速筋線維の選択的な萎縮，減少と一致している．

18.4 筋の変化に対するトレーニングの効果

老化による筋力および筋横断面積の低下を抑制するためには，筋力トレーニングが有用である．たとえば，平均年齢68歳の高齢者に2日/週の頻度で12週間の上腕の高強度筋力トレーニングを行った場合，最大筋力が23～48％増加するとともに，筋横断面積も14％増加することが示されている（図18.11）[22]．さらに，筋線維タイプごとの変化でも，Type II線維（＋37％）がType I線維（＋24％）よりも大きな肥大率を示した．このような研究をはじめとして，高齢者も若年者と同様なトレーナビリティを有していることが実証されている．高齢者における筋力増加のメカニズムに関して，以前は筋肥大よりも神経系の改善が大きな役割を果たすと考えられていた[18]．しかしながら近年では，適度な強度の筋力トレーニングの実施によって，神経系の改善とともに大きな筋肥大がもたらされ，それが筋力増加に大きく貢献することが明らかとなっている[6]．

一方，持久性トレーニングに関しては，1980年代前半までは用いられる運動強度が低かったため，高齢者の筋の酸化的能力を改善することができないとされていた．しかしながらその後の研究により，十分に高い強度で，十分な期間トレーニングを行えば，筋の酸化系酵素活性を有意に増加させ（図18.12）[3]，さらに若年者で観察されるようなType IIB線維の減少とType

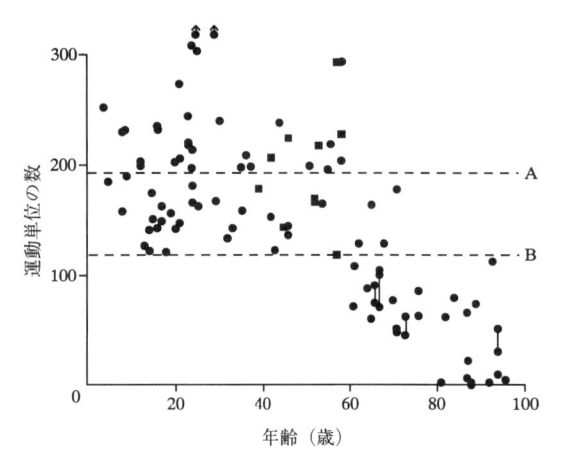

図18.10　3～94歳までの94名の被験者における短指伸展の運動単位の数[2]
図中のプロットどうしを結んだ縦線は同一被験者の左右の下肢を示している．■：10人の片側下体麻痺患者の健側脚の値．Aは3～58歳の健常一般人の平均の運動単位数を示し，Bは同じ被験者の最低値を示している．

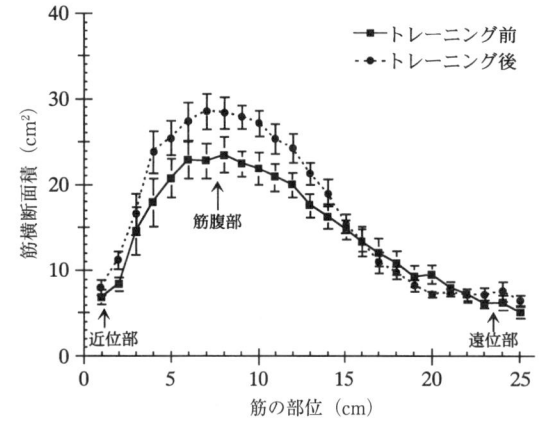

図18.11　5名の高齢者における12週間の高強度筋力トレーニング前後におけるMRIを用いて撮影された連続横断像から計算された肘屈筋（上腕三頭筋＋上腕筋）の横断面積（Romanら[22]を改変）
曲線の下部が筋容積を示す．

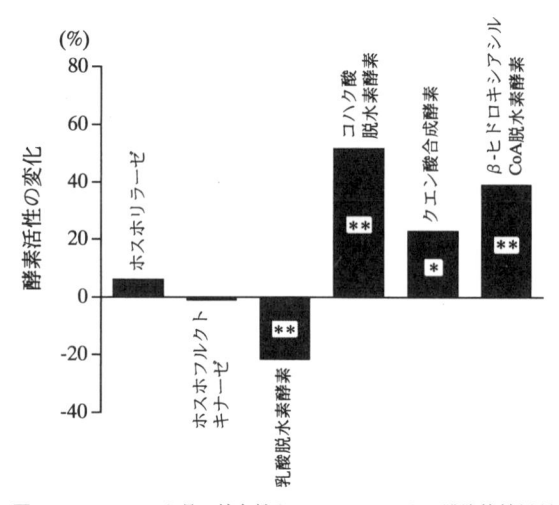

図18.12　9～12か月の持久性トレーニングによる腓腹筋外側頭の酵素活性の変化率（Coggan ら[3]より作成）
＊：$p < 0.05$，＊＊：$p < 0.001$

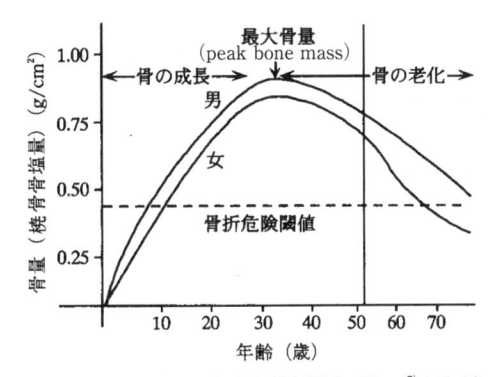

図 18.13 骨の成長,加齢と骨粗鬆症(藤田[7]を改変)
男性の方が女性よりやや骨量が多い.女性では 50 歳前後の閉経を境に骨の減少が加速する.

ⅡA 線維の増加,毛細血管密度の増加,そして筋線維の肥大を高齢者の筋でも引き起こすことが可能であることが示されている.

より長期間の運動トレーニングが筋特性に及ぼす影響に関しても,明らかなトレーニング効果を生み出すためには,トレーニング強度が重要であると考えられる.実際に,国内あるいは世界のトップの競技成績をおさめている 80 歳以上の超高齢エリートアスリート,そして 10 年以上トレーニングを継続している高齢者における身体および体力特性の詳細について次項で説明する[11〜13,20].

18.5 加齢による骨の変化と運動の効果

骨量は成長に伴い増加し,30 歳前後で最大骨量になり,その後,加齢とともに 0.3〜0.5%/年の割合で減少する(図 18.13)[7].さらに女性の場合,50 歳前後の閉経期の頃からより大きな割合で骨量の低下が引き起こされる.骨量が骨折危険閾値以下になり,非常に脆くなった状態が社会的問題の 1 つとなっているのが骨粗鬆症であり,その結果,骨折や脊椎変形の危険性が高まることが知られている.そのため,骨粗鬆症の予防の視点からも,最大骨量を増加させること,あるいは加齢による骨量低下をいかに抑制するかが重要なポイントとなる.近年,骨量に対する運動の効果に関して数多くの研究が行われているが,その結果に関しては一致した見解が得られていない.しかしながら,運動習慣を有する女性と運動習慣をもたない女性の骨塩密度を比較した横断研究では,前者の方が後者よりも,高い骨密度を有することが示されている[23].さらに動物を用いた実験では,適度な強度の運動を負荷することにより,骨重量および骨密度が増加することも報告されている[10].これらの結果は,加齢による骨量の低下に対する抑制策としての運動の有用性を示唆しており,運動によって生じる骨への力学的負荷が骨量の増加あるいは維持に貢献する可能性を示唆している.一方,過度に高い強度の運動では骨密度へのマイナス効果を示す場合もあり,負荷する運動強度は適切なものにする必要があると考えられる.

18.6 高齢者とスポーツ

サクセスフルエージング実現のための有力な手段の 1 つとして,スポーツ活動への参加が考えられる.

生涯を通じて楽しく同じ年代の人々とスポーツで競う.これがシニアスポーツであり,マスターズ・ベテラン大会などとよばれ,多くの人たちに愛され年々隆盛を極めている.日本体育協会に加盟している 58 の競技団体のうち,正式にシニアの大会を実施している競技団体は 40 を超え,今や実施していない競技団体の方が少数派である.これらのシニア大会の多くは,最年少の参加資格を 30〜35 歳として,5 歳刻みの年齢区分で行われているが,陸上競技や水泳では 100 歳以上の部まである.

ここでは,このような競技会で世界新記録をつくるなど,優秀な成績を収めているシニアアスリートのうち,とりわけ超高齢(70〜90 歳代)のエリートアスリートの身体能力について述べる.

a. 骨格筋量・筋力

MRI による大腿部筋横断面積は,シニアアスリート群と非運動群との間にほとんど差はないが,筋力(等速性筋力)ではアスリート群の方が非運動群よりも 20 歳以上若い.とりわけ角速度での差が大きく,スポーツによる速い動きに必要な速筋線維の使用が影響していると考えられる[12].

b. 体力

図 18.14 は 70 歳代前半から 80 歳代後半にかけての,女性シニアアスリートの体力測定結果である.静的な体力評価である柔軟性(長座体前屈)や上肢筋力(握力)などの低下率は小さく,アスリートと非運動群との間に差は認められないが,動的な動きを要求さ

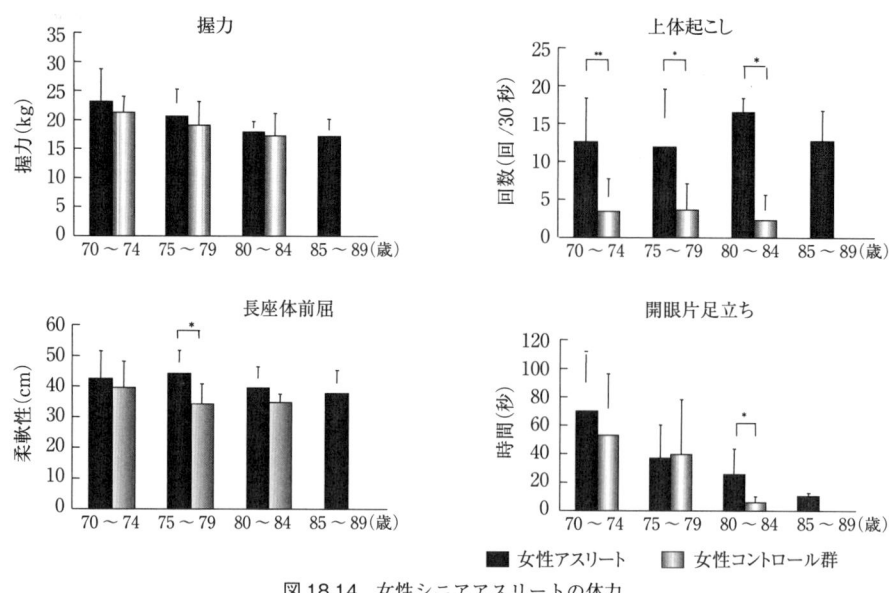

図 18.14 女性シニアアスリートの体力

表 18.1 超高齢アスリート 10 年後の体力の変化

	平均年齢 運動種目	80.4 歳 (73〜86 歳)	90.4 歳 (83〜96 歳)	変化率 (%)
静的な体力評価	長座体前屈 (cm)	42.2	40.0	-5.2
	握　力 (kg)	23.6	20.2	-14.4
動的な体力評価	反復横跳び (回/20 秒)	30.7	21.0	-31.6
	垂直跳び (cm)	29.1	19.1	-34.4
	立ち幅跳び (cm)	143.4	84.8	-40.9
バランス能	開眼片足立ち (秒)	42.6	22.6	-47.0

＊：国内・世界的に活躍中の男性 2 名・女性 7 名，計 9 名．

れる筋持久力（上体起こし）では，2 群間に有意な差が認められる．とりわけアスリート群は年齢に関係なく，30 秒間に行える回数が 15 回前後で，30〜40 歳代と同じレベルにある．バランス能を示す開眼片足立ちは，スポーツ実施の有無に関係なく加齢に伴う低下が大きい[13, 19]．

c. 骨　密　度

図 18.15 は男性シニアアスリートの腰椎の骨密度，図 18.16 は女性シニアアスリートの骨密度を示す．男女とも同年齢の者と年齢補正をした骨密度では，ほとんど全員が大きく上回っているが，若年者と比較すると男女間で様相が異なる．男性はほとんどの者が若年者（30 歳前後）の peak bone mass の値を上回っているが，女性は全員がこれを下回り，年齢が進むほどに減少幅が大きくなる．これは女性の閉経に伴うホルモンバランスが大きく影響しているためである．

d. 超高齢アスリートの 10 年後の体力の変化

平均年齢 80 歳のアスリートが 10 年後 90 歳になった時，体力はどのように変化するのか（表 18.1）．静的な体力評価（長座体前屈・握力）などに比べて，動的な体力評価（反復横跳び・垂直跳び・立ち幅跳び）の低下率が大きい．とりわけ，バランス能（開眼片足立ち）の低下率が顕著である．エイジングに伴う体力の低下はアスリートといえども例外ではない．体力は一般的に 30 歳→70 歳は年率 -1% で低下して行くが，70 歳代→80 歳代は -2%，80 歳代→90 歳代は -3% と年々低下率が倍加していく（勝田未発表）．

e. 超高齢者のからだづくり

身体能力と寿命の関係に関する最近の報告[4]による

年齢補正をした骨密度
(SD)

若年者と比較した骨密度
(SD)

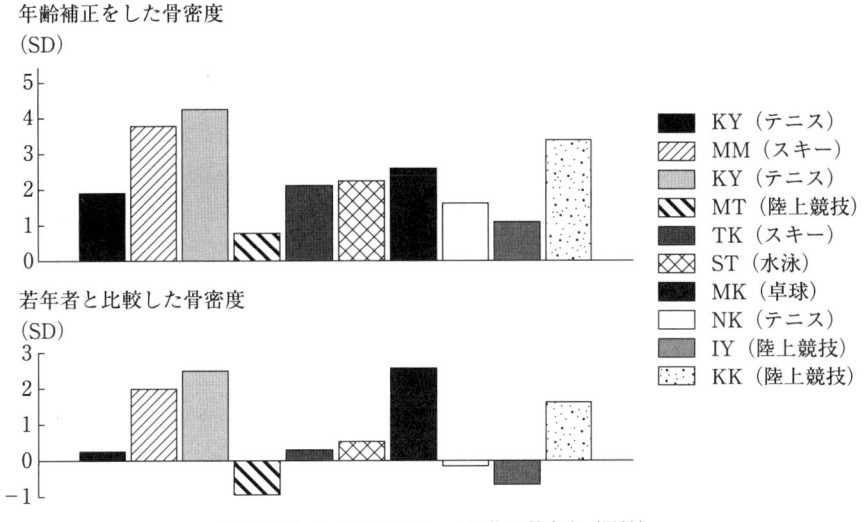

- KY（テニス）
- MM（スキー）
- KY（テニス）
- MT（陸上競技）
- TK（スキー）
- ST（水泳）
- MK（卓球）
- NK（テニス）
- IY（陸上競技）
- KK（陸上競技）

図 18.15 シニアアスリート腰椎の骨密度（男性）

年齢補正をした骨密度
(SD)

若年者と比較した骨密度
(SD)

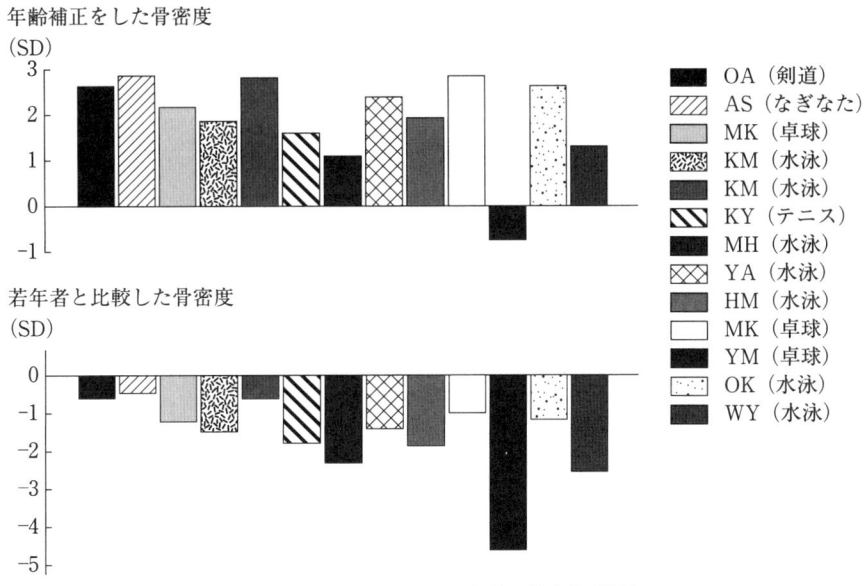

- OA（剣道）
- AS（なぎなた）
- MK（卓球）
- KM（水泳）
- KM（水泳）
- KY（テニス）
- MH（水泳）
- YA（水泳）
- HM（水泳）
- MK（卓球）
- YM（卓球）
- OK（水泳）
- WY（水泳）

図 18.16 シニアアスリート腰椎の骨密度（女性）

と，70歳以上の高齢者では歩行のスピード，椅子から立ち上がるスピード，片足立ちの時間と寿命との間に深い関係があることがわかり，これらの能力の低い人はその後の寿命に影響を及ぼすという．

アスリートに限らず，高齢になってからのからだづくりは，認知症や寝たきりにもならず，健康寿命を延ばすうえでもきわめて重要である．具体的には，次の3つが有効と考えられる．

① 筋力（脚筋力・腹筋力）を高める：スクワット・上体起こしを行う．

② バランス能を高める：開眼片足立ちの訓練・つま先立ち（両足）の訓練を行う．

③ 歩く能力を高める：歩幅・歩数を増やす．

シニアアスリートの中には，60歳過ぎまで泳げずにいたが，市報だよりで泳げない人向けの教室があることを知り，これに応募して泳ぎ方を教わり，数年後にはその年齢区分で世界チャンピオンになった人もいる．これはまさに「Never too late（いくつから始めても遅すぎることはない）」の典型であろう．しかし，誰でも一流のアスリートになれるわけではないし，また

その必要もない．ただ人生の終章まで溌剌と楽しく過ごせれば，これに越したことはない．スポーツはこのような生き方に貢献できるし，シニアアスリートの生き方は，多くの高齢者にとっても生きるためのヒントを示しているように思える．

◆ 問　題
1. 加齢に伴う身体の諸機能の変化について説明しなさい．
2. 高齢者の筋における筋力トレーニングおよび持久性トレーニングの効果について説明しなさい．
3. 老化による骨格筋萎縮とそれに伴う変化について説明しなさい．
4. 中・高齢者における筋力および有酸素性能力のトレーナビリティについて説明しなさい．
5. シニアアスリートの体力の特長について述べなさい．
6. シニアアスリートの骨密度と性差について述べなさい．
7. 健康寿命を延ばすためのからだづくりについて述べなさい．

◆ 参考文献
1) Aoyagi, Y. and Katsuta, S.: Relationship between the starting age of training and physical fitness in old age. Can. J. Sport Sci., 15: 65-71, 1990.
2) Campbell, M. J., McComas, A. J. and Petito, F.: Physiological changes in ageing muscles. J. Neurol. Neurosurg. Psychiatry, 36: 174-82, 1973.
3) Coggan, A. R., Spina, R. J., King, D. S., et al.: Skeletal muscle adaptations to endurance training in 60- to 70-yr-old men and women. J. Appl. Physiol., 72: 1780-1786, 1992.
4) Cooper, R.: Objectively measured physical capability levels and mortality: systematic review and meta-analysis. B. M. J., 9: 341-352, 2010.
5) Fleg, J. L. and Lakatta, E. G.: Role of muscle loss in the age-associated reduction in $\dot{V}_{O_2max}$. J. Appl. Physiol., 65: 1147-1151, 1988.
6) Frontera, W. R., Meredith, C. N., O'Reilly, K. P., et al.: Strength conditioning in older men: skeletal muscle hypertrophy and improved function. J. Appl. Physiol., 64: 1038-1044, 1988.
7) 藤田拓男：骨の成長と老化．The Bone, 1: 43-47, 1987.
8) Holloszy, J. O. and Kohrt, W. M.: Exercise. In: Handbook of Physiology, Aging (Masoro, E. J. ed.), pp. 633-666, Oxford University Press, New York, 1995.
9) Ishihara, A. and Araki, H.: Effects of age on the number and histochemical properties of muscle fibers and motoneurons in the rat extensor digitorum longus muscle. Mech. Ageing Dev., 45: 213-221, 1988.
10) 勝田　茂，七五三木聡，池田　腎ほか：運動強度の違いがラットの骨成長に及ぼす影響．体育学研究, 36: 39-51, 1991.
11) 勝田　茂：高齢者の筋トレーナビリティ．体力科学, 48: 9-13, 1999.
12) 勝田　茂，馬場紫乃：高齢者の体力と競技スポーツ．臨床スポーツ医学, 18: 1133-1139, 2001.
13) 勝田　茂：スポーツを通じて人生100年の健康づくり．体育の科学, 57: 443-450, 2007.
14) Kim, J., Tanabe, K., Yokoyama, N., et al.: Sarcopenic-obesity is associated with physical fitness independently physical activity. Med. Sci. Sports Exerc., 44: 920-920, 2012.
15) Larsson, L., Li, X. and Frontera, W. R.: Effects of aging on shortening velocity and myosin isoform composition in single human skeletal muscle cells. Am. J. Physiol., 272: C638-649, 1997.
16) Lexell, J. and Downham, D.: What is the effect of ageing on type 2 muscle fibres? J. Neurol. Sci., 107: 250-251, 1992.
17) Lexell, J., Taylor, C. C. and Sjöström, M.: What is the cause of the ageing atrophy? Total number, size and proportion of different fiber types studied in whole vastus lateralis muscle from 15-to 83-year-old men. J. Neurol. Sci., 84: 275-294, 1988.
18) 文部科学省：平成22年度体力・運動能力調査報告書，pp. 55-170, 2011.
19) Moritani, T. and deVries, H. A.: Potential for gross muscle hypertrophy in older men. J. Gerontol., 35: 672-682, 1980.
20) Nakano, H., Masuda, K., Sasaki, S., et al.: Oxidative enzyme activity and soma size in motoneurons innervating the rat slow-twitch and fast-twitch muscles after chronic activity. Brain Res. Bull., 43: 149-154, 1997.
21) Pollock, M. L., Mengelkoch, L. J., Graves, J. E., et al.: Twenty-year follow-up of aerobic power and body composition of older track athletes. J. Appl. Physiol., 82: 1508-1516, 1997.
22) Roman, W. J., Fleckenstein, J., Stray-Gundersen, J., et al.: Adaptations in the elbow flexors of elderly males after heavy-resistance training. J. Appl. Physiol., 74: 750-754, 1993.
23) 七五三木聡，柳田昌彦，岡野浩哉ほか：運動が閉経後の女性の骨量に及ぼす影響．体力研究, 80: 60-70, 1992.
24) 田辺　解，久野譜也：サルコペニア肥満と運動．体育の科学, 63: 359-365, 2013.
25) 東儀英夫，清水輝夫，井上聖啓ほか：筋の年齢変化に関する組織科学的定量的研究，-1-筋線維直径のヒストグラム．臨床神経, 15: 791-797, 1975.

19
トップアスリートの特性

トップアスリートの高い運動パフォーマンスは，長期間にわたり積み重ねられた高強度トレーニングの結果であるとともに，生まれもった優れた能力を反映した結果であるといえる．それでは，トップアスリートは具体的にどのような特性を有しているのであろうか．もちろん，トップアスリートになるためには，心・技・体すべてにおいて優れた能力を有していなければならない．本講では，その中でトップアスリートが有している形態・体力特性に関して，競技種目の比較を行うことにより，それぞれの種目の特性を概観する．さらに後半では，より具体的な種目例として，対照的な体力要素を必要とすると考えられる陸上競技短距離と長距離選手の特性を示す．

19.1 競技種目の特性

本講前半では，国立スポーツ科学センターで測定された国内トップアスリートの形態，基礎的体力測定結果[7]の抜粋を参照しながら，主要な生理学的指標に関する各競技種目の特徴を概説する．ここでは男性アスリートのみのデータを示す．

a. 形態および身体組成

身長に関して，一般成人の平均身長が約171 cmであるのに対し[10]，高身長が競技パフォーマンスに絶対的に有利となるバスケットボール〔平均190.7 cm（以下，すべて平均値を示す）〕，バレーボール（189.1 cm），ハンドボール（184.2 cm）といった種目では高値を示す．一方，体重制種目の柔道（166.1 cm），レスリング（165.1 cm），ウェイトリフティング（160.1 cm）の軽量級や体操競技（165.5 cm）の選手は低値を示す．

身体組成に関して，体脂肪率は，一般成人男性の平均は15～20％前後である一方，全競技種目の平均は12.2％であり，多くの種目では一般人よりも低値を示す．競技種目の比較では，相対的に運動量の低い種目〔射撃（24.5％），ゴルフ（17.4％），アーチェリー（16.8％）〕や，柔道（21.0％），レスリング（17.0％），ウェイトリフティング（17.3％）の重量級種目などが17％以上の値を示す．それに対して，高い体脂肪率が競技に不利になると考えられる陸上競技〔短距離（6.8％）から長距離（8.2％），跳躍（5.7％）〕，山岳（8.6％），体重制種目の軽量級種目〔柔道（7.0％），レスリング（8.1％），ウェイトリフティング（7.1％）〕ではとくに低値を示す．

最近では，磁気共鳴映像法（magnetic resonance imaging：MRI）を用いて，運動の源である骨格筋自体の大きさの評価も可能となっている．MRIは磁気と電磁波を利用して非侵襲的に生体を画像化できる方法であり，縦，横，斜め，自由方向での画像を撮像することができる．アスリートと一般人の大腿中央部および体幹部（ヤコビー線）のMRI画像例を図19.1に示す．上記身体組成と一致して，アスリートは一般人よりも皮下脂肪が少ないことが一見してわかる．

骨格筋量の絶対値は，基本的に体格，身長・体重の大きさに比例している．大腿中央部の全筋横断面積に関して競技種目別にみると，とくにウェイトリフティングや柔道の重量級，陸上競技投てきの選手が高値を示す（図19.2）．一方，陸上競技長距離・マラソン，体重制種目の軽量級などの選手は低値を示す．

大腿部における筋の前後のバランスを示す面積比は，次のように求められる．

$$面積比 = \frac{前面筋群（大腿四頭筋）}{後面筋群（内転筋 + ハムストリング）}$$

19 トップアスリートの特性

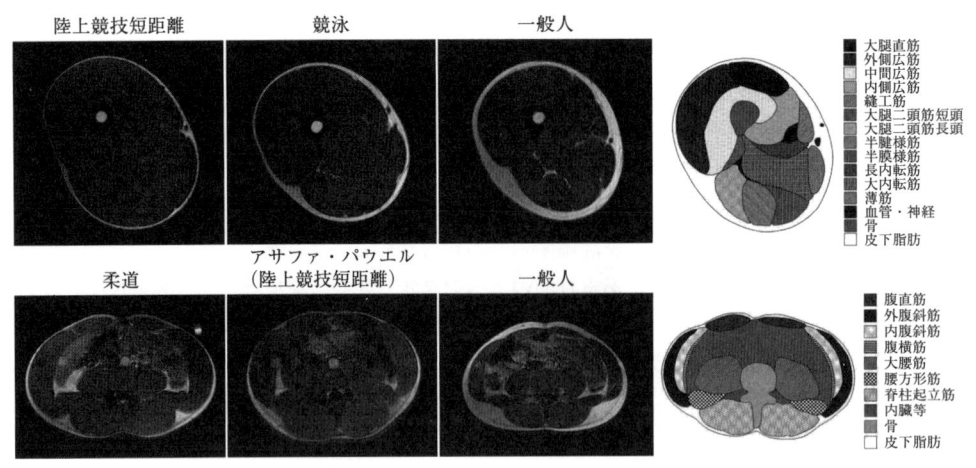

図19.1 大腿中央部（上）と体幹部（下）のMRI画像と模式図

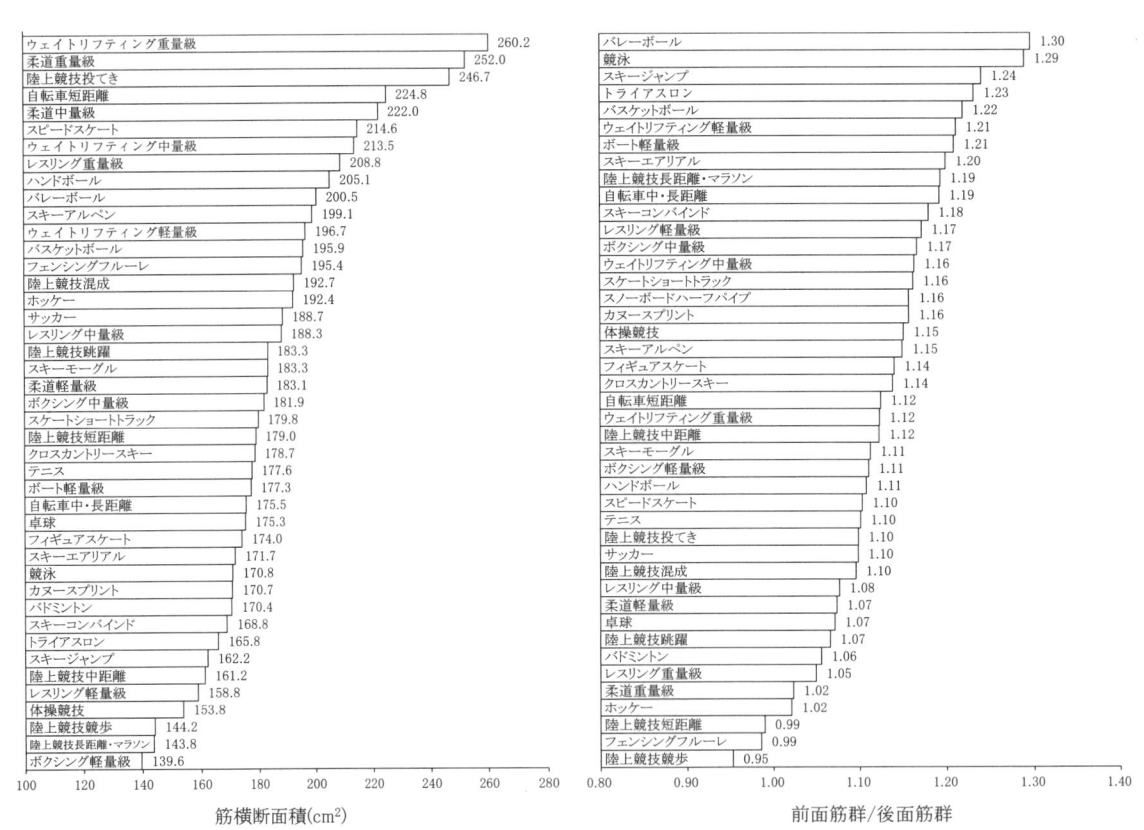

図19.2 競技種目ごとの大腿中央部の全筋横断面積（左）と前面筋群／後面筋群の面積比（右）
前面筋群：大腿四頭筋，後面筋群：内転筋＋ハムストリング．

　この値は，一般人では1.2前後であり，多くの種目では一般人よりも低値を示す（図19.2）．この比にも種目特性があり，バレーボールや競泳，スキージャンプといった，相対的に膝伸展運動をより多く動員させる運動形態を多用する種目では一般人よりも高値を示す．逆に，陸上競技短距離やホッケー，レスリングや柔道の重量級では，とくに低い値が認められる．陸上競技短距離選手では，ハムストリングや内転筋の面積が大きいほどスプリントタイムが速いことが実証されており[6,13]，これらの筋がとくに発達することにより，前

面筋群／後面筋群比が低くなっていると考えられる．さらに，バドミントンやフェンシングでも低値が示されているが，これはこれらの種目で特徴的な，片側の脚をすばやく前方に踏み出し（いわゆるランジ），すばやくもどす動作の繰り返しが，相対的により大きな後面筋の発達をもたらした結果であると考えられる．また，陸上競技長距離・マラソンは 1.19 と比較的高値を示す一方，競歩は 0.95 と最小値を示している．この違いは，同じ持久系種目でも"走行"と"歩行"で動作様式が大きく異なり，競歩の方が後面筋群をより多く動員させて運動を行っていることに起因していると考えられる．体幹部の筋は，図 19.1 のように，腹直筋，外部腹筋群（腹斜筋＋腹横筋），大腰筋，腰方形筋，脊柱起立筋で構成されている．体幹の回旋や側屈に大きく関与する外側腹筋群（腹斜筋＋腹横筋）は[4]，柔道やレスリングなどの格闘技系種目，陸上競技投てき選手でとくに発達している（図 19.3）．一方，股関節を屈曲させる役割を果たす大腰筋は，絶対値では体格の大きな陸上競技投てき，格闘技系重量級の種目，その他，陸上競技短距離種目や自転車短距離種目で高値が認められる（図 19.3）．これまで，大腰筋横断面積が大きいほど陸上短距離スプリント能力が高いこと[8]，大腰筋面積と最大自転車短距離スプリントにおける最大回転速度の間に有意な相関関係があること[5]などが実証されており，股関節屈曲のすばやい動作をより必要とする種目の選手ほど大腰筋が発達している．図 19.1 に，当時陸上競技 100 m 走の世界記録を有していたアサファ・パウエル（ジャマイカ）の体幹部 MRI 画像を示した．彼の大腰筋は，絶対値（78.0 cm^2），体幹全体の横断面積に対する相対値（16.7 %）ともに，いずれの種目の日本人選手よりも大きな値を示していた．また，体幹の伸展や側屈，回旋に寄与する脊柱起立筋は，階級にかかわらずウェイトリフティング（重量級 87.4 cm^2，中量級 77.6 cm^2，軽量級 70.9 cm^2）でとくに高値を示し，ウェイトリフティング動作において，脊柱起立筋が重要な役割を果たしていることが示唆される．さらに，陸上競技投てき（74.7 cm^2）や自転車短距離（68.1 cm^2），柔道やレスリングなどの重量級種目（それぞれ，83.6 cm^2，67.8 cm^2）でも高値を示す．

外側腹筋群（cm^2）

柔道重量級	97.7
柔道中量級	95.1
レスリング重量級	91.5
柔道軽量級	89.7
陸上競技投てき	89.7
ウェイトリフティング重量級	83.0
レスリング中量級	77.5
カヌースプリント	77.1
ボクシング中量級	77.1
バスケットボール	75.3
陸上競技混成	74.1
テニス	71.7
サッカー	70.1
バレーボール	70.1
レスリング軽量級	68.5
陸上競技ハードル	67.3
ウェイトリフティング中量級	67.2
陸上競技短距離	66.3
競泳	64.9
陸上競技跳躍	63.6
バドミントン	63.5
フェンシングフルーレ	63.5
スピードスケート	63.2
卓球	63.1
自転車短距離	63.0
スキーアルペン	62.9
体操競技	62.6
クロスカントリースキー	61.4
スノーボードハーフパイプ	59.2
スキーモーグル	59.1
ボート軽量級	58.5
スケートショートトラック	56.6
ウェイトリフティング軽量級	56.3
トライアスロン	56.2
ボクシング軽量級	55.8
フィギュアスケート	55.4
スキーコンバインド	55.3
陸上競技競歩	55.0
スキーエアリアル	54.7
陸上競技中距離	54.7
スキージャンプ	51.1
自転車中・長距離	51.0
陸上競技長距離・マラソン	50.0

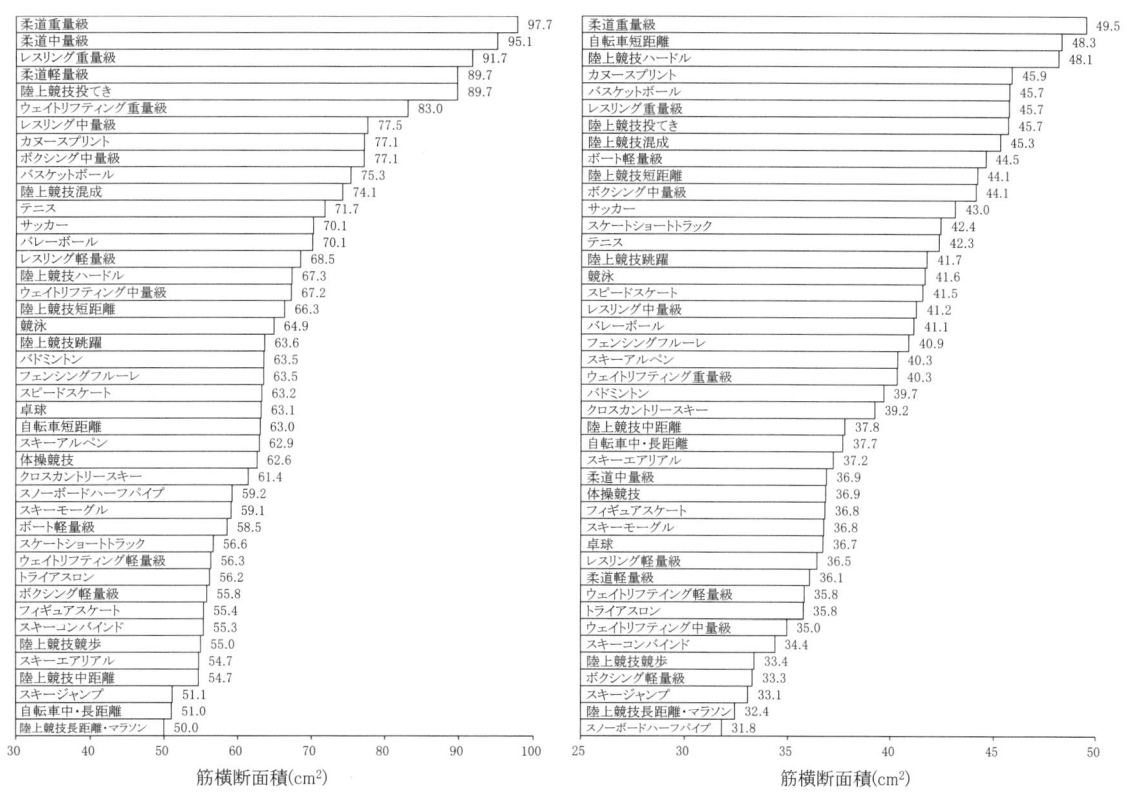

大腰筋（cm^2）

柔道重量級	49.5
自転車短距離	48.3
陸上競技ハードル	48.1
カヌースプリント	45.9
バスケットボール	45.7
レスリング重量級	45.7
陸上競技投てき	45.7
陸上競技混成	45.3
ボート軽量級	44.5
陸上競技短距離	44.1
ボクシング中量級	44.1
サッカー	43.0
スケートショートトラック	42.4
テニス	42.3
陸上競技跳躍	41.7
競泳	41.6
スピードスケート	41.5
レスリング中量級	41.2
バレーボール	41.1
フェンシングフルーレ	40.9
スキーアルペン	40.3
ウェイトリフティング重量級	40.3
バドミントン	39.7
クロスカントリースキー	39.2
陸上競技中距離	37.8
自転車中・長距離	37.7
スキーエアリアル	37.2
柔道中量級	36.9
体操競技	36.9
フィギュアスケート	36.8
スキーモーグル	36.8
卓球	36.8
レスリング軽量級	36.5
柔道軽量級	36.1
ウェイトリフティング軽量級	35.8
トライアスロン	35.8
ウェイトリフティング中量級	35.0
スキーコンバインド	34.4
陸上競技競歩	33.4
ボクシング軽量級	33.3
スキージャンプ	33.1
陸上競技長距離・マラソン	32.4
スノーボードハーフパイプ	31.8

図 19.3　競技種目ごとの体幹部（ヤコビー線）における外側腹筋群（左）と大腰筋（右）の横断面積

19 トップアスリートの特性

b. 筋力・筋パワー

高い競技パフォーマンスを発揮するためには，より強く，より速い運動を生み出すことのできる筋力・筋パワーを有する必要がある．筋力・筋パワーも，体格や骨格筋量に比例して大きくなる．等速性最大膝伸展筋力（60 deg/s）の絶対値は，体格の大きなラグビー（フォワード 327 N・m，バックス 286 N・m），ウェイトリフティング重量級（296 N・m）などの選手が非常に大きな値を示す．一方，陸上競技長距離・マラソン（164.8 N・m），競歩（169.4 N・m），アーチェリー（185.5 N・m）などでは低値を示し，種目により大きなばらつきがある．体格の違いを補正するために，体重当たりの最大膝伸展筋力を算出したのが図 19.4 である．瞬発的に大きな力発揮が必要となるスキーモーグル・アルペン・ジャンプ，陸上競技跳躍・短距離といった種目で高値が認められる一方，陸上競技長距離・マラソン・競歩，スノーボードハーフパイプといった種目で低い傾向がある．体重当たりの最大膝屈曲筋力に関しても，伸展筋力同様に陸上競技短距離・跳躍，スキーモーグル・アルペンといった種目で高く，ボート軽量級，スノーボードハーフパイプ，陸上競技長距離・マラソンなどで低値を示す．

c. 無酸素性パワー

最大無酸素性パワーは，自転車エルゴメーターを用いた 10 秒間の全力ペダリングを，2 分間の休憩を挟み 3 セット行わせて測定する，連続運動における非乳酸性能力の最大値である．無酸素性パワーの絶対値は，ウェイトリフティング重量級（1,534 W），自転車短距離（1,522 W），ラグビーフォワード（1,474 W）の選手がとくに大きな値を示す．体格を補正した，体重当たりの最大無酸素パワーを競技種目ごとに示したのが図 19.5 である．筋力・筋パワーと同様に，短時間に大きな力を発揮する必要がある陸上競技や自転車の短距離種目，スキーモーグルなどで高値が認められる．

d. 有酸素性能力

図 19.6 は，有酸素性能力の指標として最も頻繁に利用される，体重当たりの最大酸素摂取量（$\dot{V}_{O_2max}$）を競技種目別に示したものである．一般成人男性の

種目	膝伸展筋力(N·m/kg)
スキーモーグル	3.84
スキーアルペン	3.74
フィギュアスケート	3.73
フェンシングフルーレ	3.70
スキージャンプ	3.67
陸上競技跳躍	3.64
クロスカントリースキー	3.60
陸上競技短距離	3.54
陸上競技短混成	3.49
スキーエアリアル	3.47
サッカー	3.41
バドミントン	3.37
陸上競技ハードル	3.30
ハンドボール	3.27
ウェイトリフティング中量級	3.25
陸上競技中距離	3.23
ウェイトリフティング軽量級	3.19
ボート軽量級	3.14
バレーボール	3.13
自転車中・長距離	3.11
自転車短距離	3.10
トライアスロン	3.04
バスケットボール	3.04
体操競技	3.04
ウェイトリフティング重量級	3.03
テニス	3.03
スノーボードハーフパイプ	3.02
陸上競技長距離・マラソン	2.96
陸上競技競歩	2.84

種目	膝屈曲筋力(N·m/kg)
陸上競技短距離	2.11
陸上競技跳躍	2.09
スキーアルペン	2.08
スキーモーグル	2.04
スピードスケート	2.04
クロスカントリースキー	2.01
サッカー	1.96
陸上競技混成	1.93
フェンシングフルーレ	1.93
陸上競技ハードル	1.91
スキージャンプ	1.88
ハンドボール	1.84
スキーエアリアル	1.80
自転車短距離	1.77
バレーボール	1.77
陸上競技中距離	1.75
バドミントン	1.74
バスケットボール	1.73
体操競技	1.71
ウェイトリフティング軽量級	1.67
テニス	1.66
陸上競技競歩	1.62
ウェイトリフティング中量級	1.58
自転車中・長距離	1.55
トライアスロン	1.53
陸上競技長距離・マラソン	1.52
ウェイトリフティング重量級	1.51
スノーボードハーフパイプ	1.51
ボート軽量級	1.51

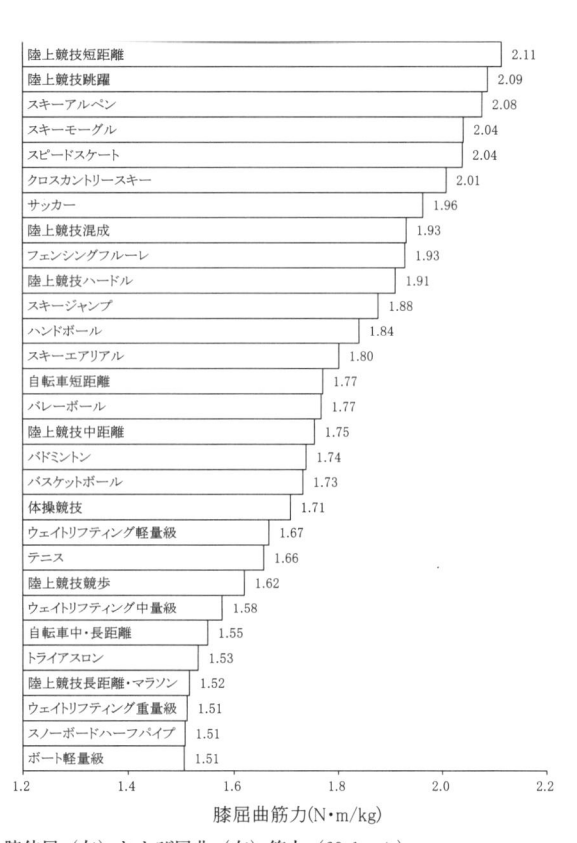

図 19.4 競技種目ごとの体重当たりの等速性最大膝伸展（左）および屈曲（右）筋力（60 deg/s）

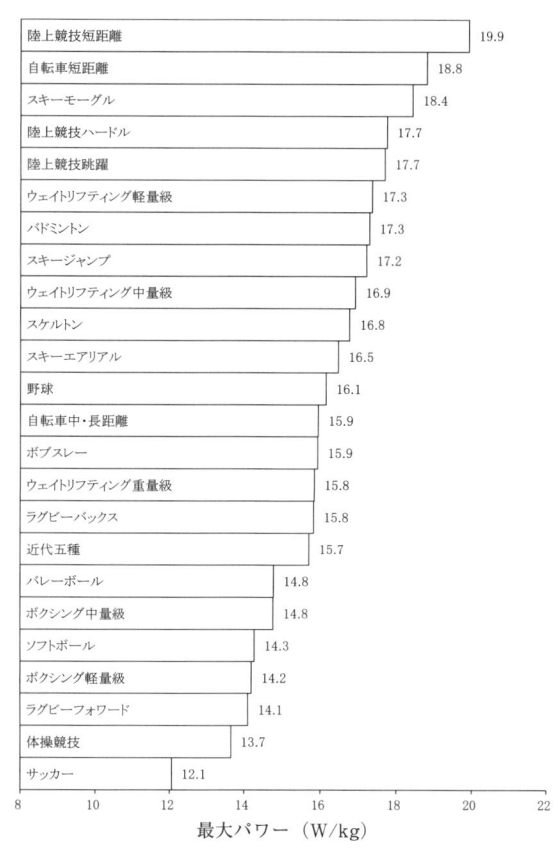

図19.5 競技種目ごとの体重当たりの最大無酸素性パワー

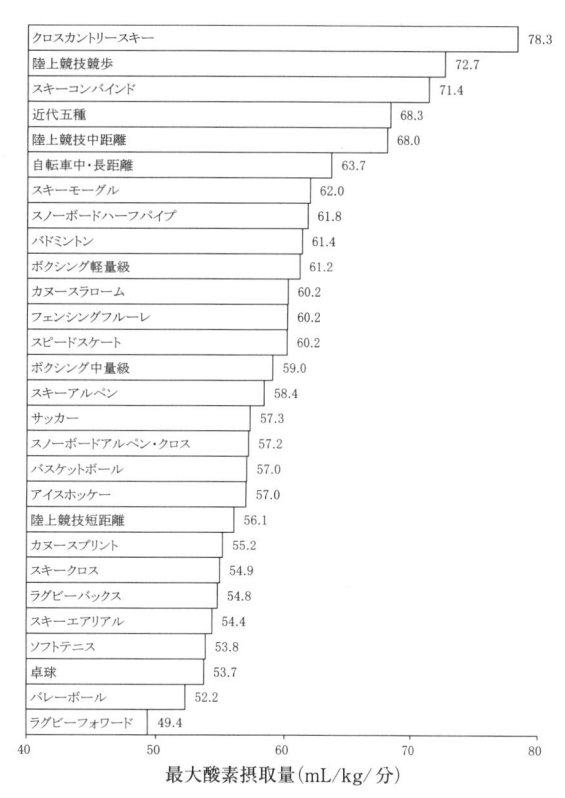

図19.6 競技種目ごとの体重当たりの最大酸素摂取量

$\dot{V}_{O_2max}$は45 mL/kg/分前後である[10]．ほとんどの種目で一般人よりも高値が認められる．競技種目により差があるものの，長時間にわたるトレーニングをより高いレベルで実施するためには，より高い有酸素性能力を有する必要があることは想像に難くないであろう．種目間の比較では，有酸素性エネルギー供給系の依存度が高く，有酸素性能力が高い運動パフォーマンス発揮に直結するクロスカントリースキー，陸上競技の競歩といった種目でとくに高値を示し，最も高い選手は90 mL/kg/分と，一般人の2倍近い値を有する．一方，比較的短時間のパワー発揮を反復するようなバレーボールや卓球といった種目では相対的に低値を示す．短時間の高強度運動ではアデノシン三リン酸（ATP）-クレアチンリン酸（PCr）系のエネルギー供給系の動員によりPCrが大きく低下するが，その回復には有酸素的エネルギー供給系を通して生成されたATPがエネルギー源として利用される[11]．したがって，球技や格闘技系種目などの高強度運動を反復する運動においても，次の運動までにPCrをより速く回復させるためには，より高い有酸素性能力が必要となる．

19.2 遺伝の影響

運動パフォーマンスは，遺伝的・先天的要因と環境的・後天的要因の両方によって決定される．表現型として現れた運動パフォーマンスの分散のうち，遺伝分散に起因する部分の割合を示す統計量が遺伝率であり，遺伝要因の貢献度の指標として用いられる[9]．これまで，体格や骨密度，筋線維タイプ，筋力・筋パワー，$\dot{V}_{O_2max}$，心筋容積などが比較的高い遺伝率を示すことが報告されている[9]．最近では，αアクチニン3（ACTN3），アンギオテンシン変換酵素（ACE），ミトコンドリア遺伝子などの遺伝子多型と運動パフォーマンスとの関係に関して多くの研究が行われている．ヒト遺伝子の塩基配列に生じた塩基置換が1％以上の頻度で生じるものを遺伝子多型という．アクチンどうしを結合させる構造蛋白質であり，速筋線維に特異的に発現するACTN3の多型に関して，オーストラリアのトップアスリートを対象として調査した研究では，ス

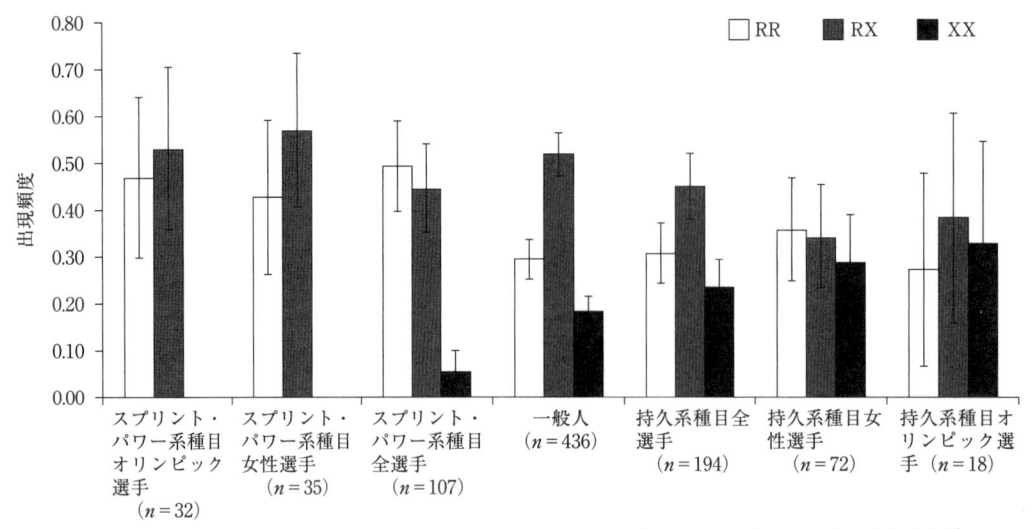

図 19.7 オーストラリアにおける一般人とエリートアスリートにおける ACTN3 遺伝子多型の出現頻度 [14]
一般人と比較して，スプリント/パワー系種目選手では XX 型が少なく，逆に，持久系種目の選手では XX 型が多くなる傾向がある

プリント・パワー系種目と持久系種目で発現頻度に違いがあり（図 19.7）[14]，RR 型や RX 型がスプリント・パワー系種目の高いパフォーマンスと関係する可能性が示されている．一方，ACE の多型に関しては，運動パフォーマンスと関係する・しないとの報告があり，一致した見解が得られていない．

これまで，核ゲノム，ミトコンドリアゲノム合わせて 90 以上の多型が運動能力に関連する表現型に影響する候補遺伝子として報告されている [2]．さらに最近では，複数の遺伝子多型を組み合わせた評価や，全ゲノム上を網羅的に解析する全ゲノム関連解析も増えてきている．アスリートの競技成績の遺伝率は 66% であると報告されているが [1]，世界トップアスリートになればさらに遺伝の影響が大きくなるかもしれない．しかしながら，遺伝子多型の研究結果も頻度との関係をみているだけであり，特定遺伝子型の発現が，優れた運動パフォーマンスを発揮するための十分条件となりうるものではない．これらの研究に関しては，今後の発展が期待される．

19.3 特定種目の特性例

ここまでは，さまざまな生理学的指標における競技種目の違いを述べたが，ここからは具体的な種目特性例として，短時間・高強度運動の典型である陸上競技短距離走と，高いパワーを長時間持続する運動の典型である陸上競技長距離走，それぞれの種目におけるトップアスリートで必要とされる能力・特性を示す．

a. 陸上競技短距離走
1) 短距離走のエネルギー

短距離走はその運動様式の特徴から「単一動作の循環運動」といえる．したがって，この運動時のエネルギー代謝は，基本的に運動強度（速度）と継続時間によって決まることになる．

短距離走時のエネルギー代謝の様相は，図 19.8 に示される最大努力での運動中に使われる 3 つのエネルギー供給系のイメージ図を見ると考えやすい．すなわち，10 秒程度で運動が遂行される 100 m 走では ATP-PCr 系のエネルギー供給量が多く，200 m 走になると，運動時間が 20 秒余りになるため乳酸系の割合が大きくなる．そして 400 m 走では，乳酸系の必要量がさらに多くなっていく．ここで重要なのは，エネルギーの使われ方を 3 つの系の順番ではなく，運動継続時間における総量でとらえることである．つまり，短距離走であっても有酸素系をベースにして，そのうえに無酸素系（ATP-PCr 系と乳酸系）が積み重なってエネルギー産生をまかなっているという考え方である．これに関して八田 [3] は，短距離走時のエネルギー産生の割合を酸素利用，PCr 利用，乳酸産生と分けると，大まかに推定して，100 m 走ではそれぞれ 20%，40%，40%，200 m 走ではそれぞれ 33%，33%，33%，400 m 走で

19.3 特定種目の特性例

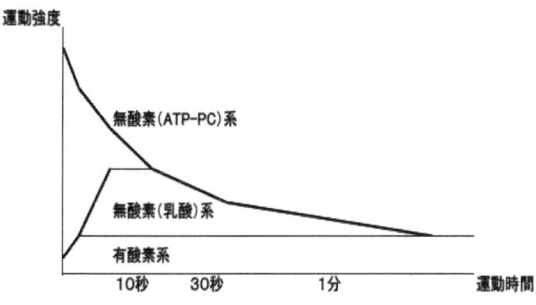

図19.8 最大努力での運動中に使われる3つのエネルギー系のイメージ

はそれぞれ50％，25％，25％程度になると述べ，短距離走であっても有酸素系によるエネルギー供給が重要だとしている．

2) 短距離走のトレーニング

短距離走では，運動時のエネルギー産生が直接的にパフォーマンスに影響を及ぼすので，トレーニングの手段や方法については，必要とするエネルギー産生量と代謝効率から検討することが重要である．100m走では，10秒程度で大きなエネルギー産生量が要求されるため，ATP-PCr系のエネルギー産生を向上させることが中心となる．そのためには主働筋の骨格筋量を増加させ，エネルギー源としてのATPやPCrをより多く貯えておくことが重要となる．したがって，100m走の場合は多少の燃費の悪さは目をつむり，量的拡大をめざすことがおもな課題となるであろう．

一方，400m走では，40〜50秒（女子選手の場合は50〜60秒）の運動時間，そして移動距離が長くなるため，エネルギー産生量の拡大よりも代謝効率の改善の方が重要な課題となる．これには乳酸系によるエネルギー産生が大きく影響する．すなわち，筋疲労の一因とされる乳酸の産生を極力抑えたエネルギー代謝，そして乳酸が蓄積されてもエネルギー産生量が低下しない代謝能力が重要となる．さらに，有酸素系によるエネルギー供給のあり方も1つの鍵となる．

このように，エネルギー能力が直接的に影響する短距離走においては，3つのエネルギー系における産生量の拡大と代謝効率の改善の両面からトレーニングを考えていく必要がある．とくに，代謝効率の改善は技術の向上との関連が深いので，技術のトレーニングと体力（エネルギー能力）のトレーニングとを密接に関連づけながらパフォーマンス向上をめざしていくことが重要である．

3) 短距離走と筋線維組成

短距離選手の生理学的特徴の1つとして，主働筋の筋線維組成がそのパフォーマンスを左右する重要な因子となることがあげられる．すなわち，とくに脚筋に速筋線維の割合が多いことが重要である．しかしながら，筋線維組成（速筋線維と遅筋線維の数の比率）は基本的には遺伝的に決まっており，これをトレーニングによって変えることはほぼ不可能である．したがって，短距離選手のトレーニングにおいては，それぞれの筋線維の特性（表19.1）を考慮して，速筋線維の選択的肥大，速筋線維の解糖能力改善と酸化能力および疲労耐性の向上，そして遅筋線維の解糖能力向上といった課題をもって取り組むことが重要となる．

さらに速筋線維の特性を活かすために，筋腱複合体による弾性力の大きい脚のパワー発揮を実現すべく，筋肉だけではなく，とくに膝部や足部の腱の強化も必要である．

b. 陸上競技長距離走

1) 身体的特性

マラソンの皇帝として有名なハイレ・ゲブレセラシエ（エチオピア）は164cmと小柄である．また世界記録保持者のパトリック・マカウ（ケニア）は173cm，58kgであり，日本選手の平均値に近い．世界のトップランナーをみても，どちらかといえば小柄な選手が多い．

表19.2に，日本陸上競技連盟のホームページの選手名鑑に記載してある，現在の日本を代表する長距離選手の身体的特性を示した．男女ともに大柄なランナー

表19.1 筋線維の分類と特性 [12]

特性	筋線維		
	ST Type I	FTa Type IIa	FTb Type IIb
収縮速度	遅い ≪	速い =	速い
酸化能力	高い ＞	中間 ＞	低い
解糖能力	低い ≪	高い =	高い
疲労耐性	高い ＞	中間 ＞	低い

≫は大きな差異があることを，＞は差異があることを，＝はほとんど差異がないことを示す．

表19.2 日本を代表する陸上競技長距離選手の身体的特性

	人数	身長 (cm)	体重 (kg)	BMI
男性	36	172.0 ± 7.04	55.2 ± 4.76	18.6 ± 0.74
女性	35	159.4 ± 5.75	44.1 ± 4.73	17.3 ± 1.03

は少ない．この表でわかるように，長距離選手は体重が軽い．長距離走は，決められた長い距離において，どれだけ速く身体を運べるかを競う競技である．同じエンジンの性能なら，車体の重いダンプカーよりも，車体を極限まで軽くしたスポーツタイプの車の方が断然速い．とくに体脂肪は，走る局面では錘にしかならない．したがって体脂肪率が低いほど，長距離走では有利となる．またケニアやエチオピアの優秀な選手たちの下肢の長さや細さに関しても，長距離走にとって効率的な体型だと考えられる．

2） 生理的特性

ⅰ） 心肺機能 長距離選手として最も重要な資質は，体重当たりの酸素摂取量の最大値が高いこと，そして，その値に近い値で走り続けることができる能力である．一般人は，酸素摂取量と肺活量は相関しており，長距離選手の肺活量は多いものと勘違いしやすい．しかし，肺活量は胸郭の大きさ，すなわち体格によって大きく規定されているので，比較的小柄で痩身なランナーの肺活量は高くない．

身体に酸素を取り込み，二酸化炭素として排出する過程はそれほど複雑ではない．口や鼻から入った酸素は，肺胞で毛細血管内の赤血球中のヘモグロビンと結合して心臓に送られる．心臓のポンプ作用で全身の組織に酸素が供給され，とくにランニング中に主働している筋で取り込まれて二酸化炭素が排出される．二酸化炭素と結合した血液は静脈を通り，心臓にもどり，肺胞に運ばれ，呼吸によって外界に放出される．そのすべての道筋の総合能力が高いのが，長距離トップ選手ということになる．

安静時，長距離選手と一般人の酸素消費量（摂取量と同じ）は約 4 mL/kg/分で，ほぼ同一の値を示す．しかしその時，長距離選手の心拍数は 35〜50 拍/分であり，一般人より 10〜20 拍も少なくなっている．このことから心臓のポンプとしての機能が優れていることがわかる．まとめると，心臓の拍出能力の高さ，肺胞における酸素を取り込む能力，そして走運動の主働筋における酸化能力の高さの 3 点が，長距離選手の能力として重要なものとなる．

ⅱ） 血液性状 これまで筆者が測定してきた長距離選手のヘマトクリットとヘモグロビン値は，高い値ではなかった．むしろ正常値の中でも低い値に近かった．このことは，長距離選手における見かけ上の貧血状態であると説明されてきた．長距離選手は，走トレーニングに対する適応で，血液量とりわけ血漿量が増加するために，ヘモグロビンなどの値が低い値になるとされていた．確かに，長距離選手の肺胞や筋における毛細血管の発達は大きいが，安静時の血液量が一般人と比較して多くなる必要性は全くない．実際に，安静時の酸素摂取量には一般人と長距離選手の間に差はない．したがって，長距離選手におけるヘマトクリットなどの低値は，毎日のトレーニングにおいて赤血球の破壊が亢進し，それを補うべく赤血球の新生も起こっているのだが，破壊に見合うほどの造血する状況になっていないと考えるべきである．そのことを，直接的ではないが支持する現象として，血液ドーピングの問題がある．エリスロポエチンにしろ，βポエチンにしろ，不正に投与すれば赤血球のさらなる新生が起きてヘモグロビン値が上がる．血液の粘性は多少増すものの，長距離競技のパフォーマンスは大きく上がる．ヘモグロビンなどの増加によるその程度の粘性の増加はパフォーマンスに悪影響を与えない．したがって，粘性を減らすことが長距離選手のよい適応だと考えるのは誤っているのだろう．

ケニアやエチオピアの優秀なマラソン選手のヘモグロビン値は高く，しかも赤血球のサイズが小さいという興味深い考えが示された．高地出身の優れたマラソン選手の赤血球が小さくなることによって，血液の流れがスムースに保たれ，高いパフォーマンスの原因となっているというのである．ヒトの赤血球の大きさは遺伝子レベルで変化がない限り一定である．少なくともトレーニングでは赤血球の大きさは変化しないと考えられる．しかしながら，何世代にもわたって高地に居住している民族においてこのような適応が起こった可能性もないわけではない．この分野のさらなる研究が待たれる．

3） 長距離選手のバイオメカニクス的特性

着地の仕方に関して，従来から，踵から着地する滑らかな走法が，衝撃が少なくてよいと考えられてきた．しかしながら近年，つま先部分から接地することにより，スピードを落とさず，下肢の筋への衝撃も少なくなること，その方が地面の動きに逆らわず，踵で着地するよりも衝撃が少ないフォームになることが示された．確かに，有名なマラソン選手であった中山竹通選手も明らかなつま先着地であった．

脚への衝撃に関しては，足の裏が接地した時点で身体の重心の位置がどこにあるのかも大きな問題とな

る．身体の重心よりかなり前の位置で足の裏が着地すれば，つま先でも踵でもいわゆるブレーキとなり，脚への衝撃は大きくなる．しかし接地した位置の真上近くに重心があれば，後方へ働く力は小さくなり，衝撃も小さくなる．その意味でピッチが速い走法の場合，着地した時点と身体重心の位置が近くなりやすいために下肢にかかる衝撃は小さくなると考えられる．もちろん上下動が少ないこともエネルギーロスを少なくするための重要なポイントとなる．

◆ 問　題
1. 競泳選手とバドミントン選手における大腿部筋横断面積の前面筋群／後面筋群比の違いに関して，各運動動作と関係づけて述べなさい．
2. 体幹部・大腰筋筋横断面積の競技種目特性と運動パフォーマンスとの関係について述べなさい．
3. ウェイトリフティング選手の形態・体力特性を述べなさい．
4. 有酸素性能力（最大酸素摂取量）の競技種目特性を，運動形態と関係づけて述べなさい．
5. 反復する高強度運動や陸上競技短距離種目においても，有酸素性能力が重要となる理由を述べなさい．
6. エネルギー供給の視点から，陸上競技短距離選手で必要となるトレーニングの考え方を述べなさい．
7. 陸上競技長距離のトップアスリートとして必要とされる心肺機能を述べなさい．

◆ 参考文献
1) De Moor, M. H., Spector, T. D., Cherkas, L. F., et al：Genome-wide linkage scan for athlete status in 700 British female DZ twin pairs. *Twin Res. Hum. Genet.*, **10**：812-820, 2007.
2) 福　典之：運動能力に関連する遺伝子多型研究の現状と課題．体力の科学，**61**：945-951，2011．
3) 八田秀雄：乳酸と運動生理・生化学―エネルギー代謝の仕組み―．p. 114，市村出版，2009．
4) 池田祐介，立　正伸，髙橋英幸ほか：一流競技者における体幹の等速性回旋筋力と筋横断面積の種目差および性差．トレーニング科学，**20**：261-272，2008．
5) 池田祐介，高嶋　渉，本間俊行ほか：男女一流自転車競技選手における筋の形態的特徴と自転車エルゴメータのパワー発揮能力との関係．体育学研究，**58**：539-555，2013．
6) 狩野　豊，髙橋英幸，森丘保典，秋間　広，宮下　憲，久野譜也，勝田　茂：スプリンターにおける内転筋群の形態的特性とスプリント能力の関係．体育学研究，**41**：352-359，1997．
7) 国立スポーツ科学センター編：形態・体力測定データ集2010．日本スポーツ振興センター，2012．
8) 久野譜也，金　俊東，衣笠竜太：体幹深部筋である大腰筋と疾走能力との関係．体育の科学，**51**：428-432，2001．
9) 村上晴香：運動能力（筋力・筋パワーおよび持久的能力）と遺伝率．体力の科学，**61**：441-445，2011．
10) 首都大学東京体力標準値研究会編：新・日本人の体力標準値Ⅱ．不昧堂，2007．
11) Takahashi, H., Inaki, M., Fujimoto, K., et al：Control of the rate of phosphocreatine resynthesis after exercise in trained and untrained human quadriceps muscles. *Eur. J. Appl. Physiol.*, **71**：396-404, 1995.
12) 和田正信，松永　智：入門運動生理学第3版（勝田茂編著），p. 13，杏林書院，2014．
13) 渡邉信晃，榎本靖士，髙橋英幸ほか：スプリント走時の下肢関節トルクと筋横断面積との関係．陸上競技研究，**52**：2-11，2003．
14) Yang, N., MacArthur, D. G., Gulbin, J. P., et al：ACTN3 genotype is associated with human elite athletic performance. *Am. J. Hum. Genet.*, **73**：627-631, 2003.

20 トレーニングとコンディショニング

　スポーツパフォーマンスとは，多数の要因が複雑に絡み合い形成される複合体であり，各要因が有機的に影響し合いながら表出される複雑系の出来事である．国際的には，この複雑難解な事象を向上させるための思考および行為の総称をトレーニングと定義している[5,18]．また，トレーニングとはある現象を深く掘り下げて1つの正解をみつけ出す探求作業ではなく，錯綜する多数の要因を1つのシステムとして形成させていく創造作業でもある．本書は運動生理学における数多くの最新知見を提供している．優れたコーチはこれらの知を必要に応じて取捨選択するとともに創造的に融合し，自らのトレーニング実践へと利用する．本講では，このトレーニング実践における創造性を導くサイクル（図20.1）とトレーニング学の理論体系（表20.1）について解説する[24,25]．

20.1　トレーニング

a．トレーニングサイクル

1）スポーツパフォーマンス構造論

　トレーニングサイクルを円滑に循環させるためには，まずはめざすスポーツパフォーマンスの全体像を理解することが必要になる．すなわち，パフォーマンスを創造するための設計図を理解することであり，これを手がかりにしながらトレーニングサイクルを循環させる．パフォーマンス構造を設計する際には，さまざまな観点から構成要因を抽出し，諸要因の構造的な関係に配慮する．コーチの思い描くモデルの良否がトレーニングの成果を左右することになり，誤りや不備がある場合，あるいは稚拙な場合にはパフォーマンスの向上は期待できない．

2）トレーニング目標論

　スポーツパフォーマンスの構造モデルが設計できたならば，次は到達点となるトレーニング目標を設定する．トレーニング目標を設定する際には，①実現可能性，②時間資源，③個別性と専門性，④選手の発達段階に配慮する．また，現状を観察し正しく評価診断するとともに，目標と現状の間にあるギャップについて検討する．ギャップが生じた種々の原因を分析究明し，それを解決すべき課題として位置づけ，優先順位を決定して配列する．なお，選手のモチベーションは上記①〜④に強く影響されることから，個人の特徴に見合う目標と課題を段階的に設定することが，トレーニングを成功に導く鍵となる．

3）トレーニング手段論および方法論

　目標を設定し各課題を明確化できたら，次のステップとして課題解決法であるトレーニング手段を選定する．適切なトレーニング手段が選定できない場合には，新しい手段を創造し対処することが重要になる．1つの課題を解決するためには，1つの手段だけでなく，数種類の手段を組み合わせて対応する．そのために，コーチは各種のトレーニング手段における運動特性や負荷特性，数種類のトレーニング手段の組合せ法や導入手順について十分把握しておくべきである．

　トレーニング手段には正の効果と負の効果，いわゆる医薬品にたとえると作用と副作用が存在する．身体に与えられた過負荷に対して適応現象が生じるためには，いったん疲労状態が発生し身体機能が低下する経緯をたどる．その後，トレーニング効果は時間的な遅れを伴って出現する．遅延効果の出現時間（日数）は，トレーニング手段の種類，負荷の強度と継続時間（日数）に応じてかなり異なる．トレーニング効果は，最終的には目的とするパフォーマンスの向上へと転移さ

20.1 トレーニング

```
トレーニングアセスメント論        スポーツパフォーマンス論           トレーニング目標論
┌─────────────────┐        ┌─────────────────┐        ┌─────────────────┐
│   測定・評価・診断    │        │ スポーツパフォーマンスの │        │   目標と課題の設定    │
│ ┌─────────────┐ │        │   構造モデルの設計    │        │ ┌─────────────┐ │
│ │ 目標試合とテスト試合 │ │        │ ┌─────────────┐ │        │ │ トレーニング目標の設定 │ │
│ ├─────────────┤ │        │ │  構成要因の抽出   │ │        │ ├─────────────┤ │
│ │ トレーニング日誌   │ │  ──→   │ ├─────────────┤ │  ──→   │ │現状分析・目標との比較分析│ │
│ ├─────────────┤ │        │ │ 階層構造性関係の設計 │ │        │ ├─────────────┤ │
│ │  フィールドテスト  │ │        │ ├─────────────┤ │        │ │  問題形成と原因分析  │ │
│ ├─────────────┤ │        │ │   モデル化     │ │        │ ├─────────────┤ │
│ │ラボテスト・医科学テスト│ │        │ └─────────────┘ │        │ │ トレーニング課題の設定 │ │
│ └─────────────┘ │        └─────────────────┘        │ └─────────────┘ │
└─────────────────┘                                    └─────────────────┘
          ↑                                                       ↓
     試合行動論                                              トレーニング手段論
  ┌─────────────┐                                        ┌─────────────┐
  │  試合への戦略   │                                        │ 課題解決法としての手段│
  │ ┌─────────┐ │                                        │ ┌─────────┐ │
  │ │ 試合行動戦略  │ │                                        │ │トレーニング手段の選択│ │
  │ ├─────────┤ │                                        │ ├─────────┤ │
  │ │試合当日の行動戦略│ │                                        │ │トレーニング手段の創造│ │
  │ ├─────────┤ │                                        │ ├─────────┤ │
  │ │試合へのアプローチ戦略│                                      │ │トレーニング手段の設計│ │
  │ └─────────┘ │                                        │ └─────────┘ │
  └─────────────┘                                        └─────────────┘
          ↑                                                       ↓
   トレーニング実践論    トレーニング計画論                        トレーニング方法論
  ┌─────────────┐  ┌─────────────────┐             ┌─────────────────┐
  │  一般コーチング理論 │  │  トレーニング計画の構築  │             │   各種手段の方法化    │
  │ ┌─────────┐ │  │ ┌─────────────┐ │             │ ┌─────────────┐ │
  │ │  指導行動   │ │  │ │ 時間資源と期分け理論 │ │             │ │ 各種手段の組み合わせ方│ │
  │ ├─────────┤ │←─│ ├─────────────┤ │ ←─────────  │ ├─────────────┤ │
  │ │  育成行動   │ │  │ │ ペリオダイゼーション │ │             │ │ 各種手段の導入手順  │ │
  │ ├─────────┤ │  │ ├─────────────┤ │             │ ├─────────────┤ │
  │ │ マネジメント行動 │ │  │ │ 効果の特異性と転移効果│ │             │ │  各種手段の関連性  │ │
  │ └─────────┘ │  │ ├─────────────┤ │             │ └─────────────┘ │
  └─────────────┘  │ │  リスクマネジメント  │ │             └─────────────────┘
                    │ └─────────────┘ │
                    └─────────────────┘
```

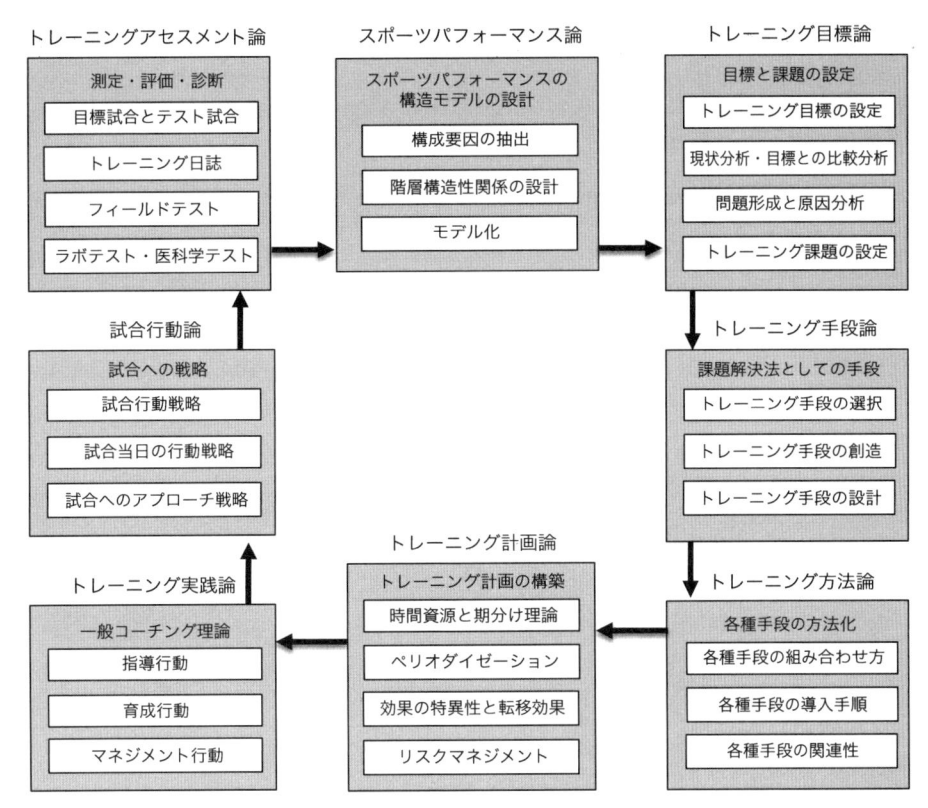

図 20.1　トレーニング実践における創造性を導くサイクル

表 20.1　トレーニング学の理論体系

スポーツパフォーマンス構造論	目的とするスポーツパフォーマンス構造モデルの設計 構成要素の抽出と有機的な構造体の創造
トレーニング目標論	目標の設定，現状分析，問題形成，原因分析， 課題の選択，優先順位の決定
トレーニング手段論 および トレーニング方法論	・戦術トレーニング論 ・技術トレーニング論 ・体力トレーニング論 ─── 筋力トレーニング論 　　　　　　　　　　　　　　持久力・スタミナトレーニング論 　　　　　　　　　　　　　　柔軟性トレーニング論 ・メンタルトレーニング論　　　調整力トレーニング論　など 　　　　　　　　　　　　　　（コーディネーション）
トレーニング計画論	発達から引退までの計画論 超長期計画・オリンピックサイクル計画論 長期計画・マクロサイクル計画論 中期計画・メゾサイクル計画論 短期計画・ミクロサイクル計画論 1日計画・デイリーメニュー論
トレーニング実践論	コーチング論，指導行動，育成行動，マネジメント行動， アスリート論
試合行動論	試合行動戦略，試合当日の行動戦略，試合へのアプローチ戦略
トレーニングアセスメント論	目標試合，テスト試合，フィールドテスト，ラボテスト， 医科学テスト，評価，診断

せなければ意味をなさない．スクワットエクササイズを実施して下肢の最大筋力が高まり，これが各種のジャンプやスプリントのパフォーマンスを向上させ，最終的に高いレベルの試合ができたという事例の場合には，スクワットトレーニングの効果がパフォーマンスへと転移したことを示している．これとは逆に，筋力は著しく高まったがパフォーマンスに変化はなく，試合での成果も得られなかったという事例もあり，乖離した体力トレーニングが実施されている場合も少なくない．

4） トレーニング計画論

トレーニング目標と課題を設定し，トレーニング手段と方法が準備できたならば，いよいよトレーニング計画を立案する段階に至る（図20.2）．トレーニング計画には，時間の長短に応じて，①競技人生全体の計画（初期発達から引退までのスパン），②4年間単位の計画（オリンピックサイクル），③1年間単位の計画（マクロサイクル），④1か月単位の計画（メゾサイクル），⑤1週間単位の計画（ミクロサイクル），⑥1日の計画（デイリーメニュー）が存在する．それぞれの計画を立案する際には，トレーニングにおける期分け理論（ピリオダイゼーション理論）や超過回復理論を導入し，試合配置とともに波状性や周期性に配慮しながらトップフォームを形成していく[3,4]．

5） トレーニングアセスメント論

トレーニングサイクルを適切に循環させるためには，それぞれの過程の進行状況を評価診断するトレーニングアセスメントが必要である[5]．アセスメントに利用するテストは，基礎的な医科学テストから実践の場でのフィールドテストまで広範囲に渡る．各種テストによる定量的データや定性的データを評価診断し，それをもとにしながら適時修正しフィードバックを繰り返し，成功するまで継続していく．

6） 試合行動論

トレーニング実践における成功とは，最重要試合における成績にほかならない．長期計画の中にある最重要試合（たとえばオリンピック）ともなると，選手やコーチは最高の緊張レベルになり，危機的状態と類似した心理状態に陥る．試合という特殊状況下の中で最高の成果を獲得するためには，試合における1日の行動戦略を立案し対応する．最もよい戦略的アプローチを確立し，最重要試合を模倣したリハーサル試合などを推進することが有益となる．

b．トレーニングサイクルと運動生理学

運動生理学は，図20.1に示したトレーニングサイクルのすべてのステップにおいて欠くことのできない情報を提供している．ここでは，トレーニング手段論および方法論の中にある筋力トレーニングのジャンルに焦点を絞り，運動生理学的な知見の重要性について示したい（表20.1）．筋力トレーニングを効果的に推進していくためには，めざすスポーツ運動が有する筋力発揮特性，あるいはトレーニング手段としての種々のエクササイズが有する筋力発揮特性を理解することが必要であり，次に示す理論的な視点が不可欠となる．

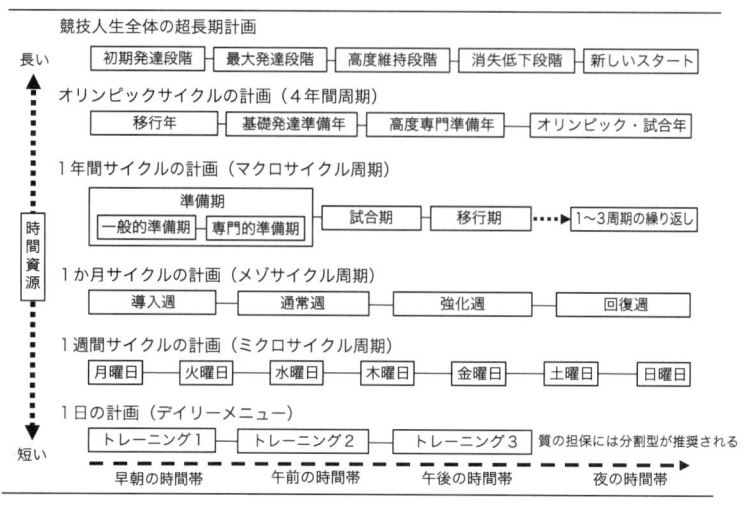

図20.2 時間資源に伴うトレーニング計画の種類

1）力-速度関係

砲丸投げとやり投げを比較すると，7.24 kgの重い砲丸の加速には大きな筋力を要するが，筋収縮速度は小さくスピードは低い．一方，0.80 kgの軽いやりの加速については，筋力を発揮した瞬間から即座に加速し始めて高速度に至ることから，筋収縮速度は大きくスピードも高くなり"のれんに腕押し"の状態が発生する．これらを理解するためにはHillの法則[12]が役立つ．力-速度関係の法則によると，収縮速度が小さい条件では大きな筋力が発揮できるが，収縮速度が高い条件では大きな筋力は発揮できないというトレード・オフの関係が存在する．この法則に照らし合わせると，外的負荷となる物体が重い場合と軽い場合とでは筋力発揮特性はかなり異なる．野球のバット，ゴルフのクラブ，テニスのラケット，バドミントンのラケット，卓球のラケットなどは，いずれもスイング速度を高めてボールを打つ打具である．それぞれの打具の重量には大きな相違があることから，力-速度関係のどの領域の筋力が必要とされるのか，またそのためにはどんなトレーニング手段を用いるべきかについては，異なる答えを用意しなければ対応できない．したがって，筋力トレーニングを効果的に推進するためには，力-速度関係を理解し，これを実践へと応用することが有益になる．大きな筋力が発揮できない高速度条件による筋力のことは，スピード筋力として位置づけられる[5,18]．連続循環運動による筋力発揮により速度を獲得するスプリント運動では，加速局面初期の速度は低く大きな筋力発揮が可能であるが，加速が進行して高速度の条件になるとスピード筋力へと移行される．一方，スピードスケートやスキー競技などの氷上や雪上への摩擦抵抗に対して筋力を発揮する冬季スポーツ運動，ボート競技やカヌー競技，競泳などの流体への抵抗に対して筋力を発揮するスポーツ運動には，ゆっくりした速度の中で大きな筋力が発揮されるという特性が存在する．

2）運動遂行時間

走幅跳や走高跳，あるいは球技スポーツにおける各種ジャンプやフットワークでは，0.1～0.2秒のきわめて短時間に，非常に大きな地面反力に抗して爆発的に筋力が発揮される．また，高速度の助走からの踏切では，身体には高速度の起こし回転運動が発生する．そのために，踏切時間や接地時間を長くすること，あるいは運動範囲を大きくすることによって有効力積を獲得し，跳躍高や跳躍距離を高めることが不可能になる．そのために，時間的な制約条件の中で，できるだけ大きな筋力を発揮することが要求される．きわめて短時間に爆発的に筋力を発揮する運動は，力のフィードバックが可能となる時間的な余裕のある運動とは，神経制御機構や力発揮に関する制御機構が大きく異なる．前述の運動は，きわめて短時間の遂行になることから，感覚神経による大脳へのフィードバックは働かず，最初の運動プログラムが途中修正を受けないフィードフォワード型の神経制御機構が働く[7,16]．また，運動単位の動員パターンについても，速筋型の運動単位が選択的に動員されている可能性[6,17,19,20]や，神経刺激の発射頻度が高頻度[7]であることなどの特異性がある．したがって，筋力トレーニングを効果的に推進するためには，0.1～0.2秒ときわめて短時間に爆発的に遂行される運動であるかどうかを評価し，トレーニング実践へと応用することが有益になる．

3）力の立ち上がり速度

図20.3は3名の典型的選手によるアイソメトリックな脚伸展力に関する力-時間曲線の模式図を示したものである．A選手は力の立ち上がりが遅く力の最大値も小さいタイプ，B選手は力の立ち上がりはすばやいが力の最大値はC選手よりも小さいタイプ，C選手は力の最大値は高いが力の立ち上がりはB選手よりも遅いタイプである．図中の点線は，100ミリ秒と200ミリ秒の時間をそれぞれ示している．スプリントの接地時間が100ミリ秒以内，各種ジャンプの踏切時間が200ミリ秒以内であることに留意すると，最大筋力の高いC選手よりも筋力の立ち上がり速度に優れるB選手の方が，スプリントやジャンプパフォーマンスには有利な筋力発揮特性を有することが理解できる．したがって，筋力トレーニングを効果的に推進するために

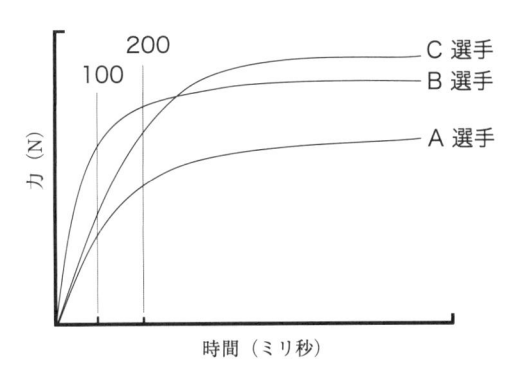

図20.3 3名の選手におけるアイソメトリックな脚伸展力に関する力-時間曲線

は，発揮できる筋力の上限を評価診断するための最大筋力だけではなく，力の立ち上がり速度も重要になる．この力の立ち上がり速度という条件で発揮する筋力のことは，スタート筋力として位置づけられる[5,18]．

4) 筋の収縮様式

筋の収縮様式には，筋が短縮しながら張力を発揮するコンセントリック収縮，筋が一定の長さを保ちながら張力を発揮するアイソメトリック収縮，筋が伸張されながら張力を発揮するエキセントリック収縮の3種がある．コンセントリック収縮よりはアイソメトリック収縮，アイソメトリック収縮よりはエキセントリック収縮によって大きな筋力が発揮できる．一方，スポーツ運動における筋の収縮様式は，1種類の収縮様式が単独で生じることは少なく，複合的に組み合わされた形態で出現する．一般的なスポーツ運動中の主働筋は，重力や身体各部位の慣性負荷，外的負荷に抗しながらエキセントリック収縮によって伸張されるとともに，即座に切り返されてコンセントリック収縮によって短縮される．この種の筋収縮様式は，伸張-短縮サイクル運動（stretch-shortening cycle movement：SSC運動）とよばれており，スポーツ運動のほとんどにはこのSSC運動の形態が内在している．スピードスケートやボート競技，自転車競技は，運動範囲が大きく比較的ゆっくりとしたSSC運動である．アルペンスキーの滑降や大回転競技などは，伸張局面によるエキセントリック収縮が強調的となるSSC運動である．一方，走り幅跳びや走り高跳び，あるいは球技スポーツにおける各種のジャンプやフットワークは，きわめて短時間に高強度で遂行される高負荷型のSSC運動である．この短時間・高負荷型SSC運動は，他の運動とはかなり異なる特性を有している．筋は伸張後に短縮すると，大きな張力を運動初期から発揮できるとともに，高い筋力や速度の発揮を可能にする．おもなメカニズムとしては，筋が引き伸ばされることによって生じる生化学的な余剰効果，伸張中に蓄えられた弾性エネルギーの再利用効果，伸張反射などの効果が指摘されている[14,15]．したがって，筋力トレーニングを効果的に推進するためには，筋の収縮様式を考慮する必要があり，短時間・高負荷型のSSC運動という条件で発揮される筋力のことは，弾性筋力として位置づけられている[5,18]．

5) 筋力の類型化

表20.2に上述した筋力発揮に関する条件をもとにして分類された筋力タイプとそのトレーニング法について示した．最大筋力とは発揮できる筋力の上限を示すものであり，筋の横断面積などの構造要因（量的要因）と神経系の要因（質的要因）によって決定される．スピード筋力とは，力-速度関係の中の高速度条件下で発揮できる筋力を示しており，神経系の要因，主働筋の力発揮と拮抗筋の弛緩（力の抜き）による筋肉間協調機能によって決定される．スタート筋力とは，すばやい力発揮と立ち上げに関する筋力を示すものであり，神経系の要因によって決定される．弾性筋力とは，短時間・高負荷型のSSC運動によって発揮する筋力を示すものであり，神経系の要因，筋が引き伸ばされたことにより生じる生化学的な余剰効果や弾性エネルギー，伸張反射などによって決定される．これらのことから，筋力トレーニングを効果的に実践するためには，目指すスポーツのパフォーマンス構造，すなわち設計図を手がかりにして，上述した4種類の筋力タイプのどれをどの程度まで向上させるかを明確にし，そのためのトレーニング手段および方法を適切に選択・創造し，実践へと導入することが必要になる．

c. トレーニングサイクルと問題解決型思考

昨今の科学技術の進歩と発展は著しく，運動生理学

表20.2 筋力トレーニング手段・方法の分類と対応する筋力タイプ

トレーニング手段・方法	目的とした筋力タイプ	決定要因
最大筋力法	最大筋力／スタート筋力	神経系の要因＞構造要因（筋肥大）
最大反復法	最大筋力・副次的に筋持久力	構造要因（筋肥大）＞神経系の要因
動的筋力法	スピード筋力（ハイギアー型筋力）	神経系の要因／主働筋と拮抗筋，筋の収縮と弛緩の協調
負荷軽減法（アシステッド法）	スピード筋力（スピードの上限）	神経系の要因／スピードが出せる動作の習得
プライオメトリック法	弾性筋力／スタート筋力	神経系の要因・SSC運動の機序

の分野でも例外なく数多くの最新知見が生み出されている．スポーツ実践の場で優れた成績を獲得し続けるためには，この情報の海から意味のある知を取捨選択し，それらをトレーニング実践において利用できるように加工し，意味創出させて創造知を形成することが必要になる．優れたコーチは，日々継続されるトレーニング実践の中で，自らの経験知と科学知をもとにして複雑難解なスポーツ現象を1つ1つ紐解きながら解決し進歩発展を遂げている．本講で説明したトレーニングサイクルは，この経験知と科学知を融合して実践へと応用し，高度な問題解決を展開し続けるための思考および行動スキルを理論化したものである．

20.2 コンディショニング

運動・スポーツは，あらゆる点でその特性が大きく異なる．さらに，それを遂行する目的や課題も個々によって異なる．したがって，その特性・特徴を十分に理解し，最大限の効果すなわちパフォーマンスを引き出すためのトレーニング計画を立案し，実行することが求められる．そして，計画されたトレーニングを円滑に遂行し目的を達成するためには，最高のコンディションで臨めるよう心身の状態を最適化することが必要条件となる．体力，技術，メンタル，栄養，環境その他，対象となる運動・スポーツのパフォーマンスに関わるすべての要因を考慮し，目的を達成するために最適な状況に調整することを"コンディショニング"ということができる．しかし，実際には"コンディショニング"の定義は広狭さまざまで，扱われる内容は，広く解せば第1〜19講までに扱われた内容をすべて含む．

パフォーマンスを高めるために行われるトレーニングも，体力，技術，心理など総合的に行われることを考えると一側面から示すことはできないが，この節では心理以外の体力・技術要素を高めることを目的としたトレーニングを実施するにあたってのコンディショニングに焦点を当てる．

a. ウォーミングアップ

ほとんどの場合，主たる運動・トレーニングの前にウォーミングアップを実施する．そして，その後にクーリングダウンを行う．この2つは最も身近に理解できるコンディショニング方法である．

ウォーミングアップは，主たる運動・スポーツの前に行われ，身体的あるいは精神的準備を行うことを目的としており，コンディショニングには欠かせない課題の1つといえる．筋温・体温を上昇させる効果があり[1]，力の立ち上がり速度と反応時間の向上[2]，筋力・パワーの向上[4]といったパフォーマンスの向上をもたらす．

b. ストレッチ

ストレッチは，ウォーミングアップ，あるいはクーリングダウンで用いられる代表的なコンディショニング方法である．ストレッチは，スタティック（静的）ストレッチ，ダイナミック（動的）ストレッチ，バリスティックストレッチ，PNFストレッチなどに分類される．その行い方によって得られる効果が異なり，パフォーマンスへの影響にも違いがみられることが知られている．したがって，ウォーミングアップでストレッチを行う際にはその後の運動の目的が達成されるようなストレッチを，クーリングダウンでは次回のトレーニングに向けて可能な限り早く身体を最適な状態へと回復させることができるストレッチを選択しなければならない．そこで，実際にウォーミングアップで用いられることの多いスタティックストレッチとダイナミックストレッチの特徴と，パフォーマンスとの関係について述べる．

スタティックストレッチは静的ストレッチで，反動をつけずにゆっくりと限界の関節可動域まで筋を引き伸ばし，その状態を20〜30秒程度保持する方法である．簡易かつ安全に柔軟性を改善することができるため，ストレッチによる傷害発生の危険性が低くさまざまな場面で用いられており，柔軟性を高める（関節可動域）という点では効果的である．しかし，パフォーマンスとの関係性から評価すると，必ずしも効果的とはいえない場合もある．たとえば，Kokkonenら[13]が下肢のスタティックストレッチ後に下肢筋力が低下したと報告して以降，多くの研究でスタティックストレッチ後の筋力は低下することが明らかにされている．下肢だけでなく上肢筋力も同様で[8]，さらに，持久的な能力の低下も報告されている[22]．スタティックストレッチによるパフォーマンスの低下は，筋や腱の弾性低下により筋の収縮の低下や腱から骨への力の伝達効率が下がること，あるいは筋の長さ-力関係，または速度-力関係に変化を来たし，最大の力発揮ができる至適な

筋長ないし収縮速度が変化し，筋出力が減少することが一因と考えられる．しかし，運動・スポーツの現場で行われているスタティックストレッチにおける筋の伸張時間20～30秒に比べて，研究で用いられる伸張時間はそれよりも長いものが多いことも理解しておかなければならない．したがって，長時間のスタティックストレッチによって引き起こされるであろう力学的な変化と，それに伴うパフォーマンスの低下に関する報告からすると，その後のパフォーマンスを高める必要のあるウォーミングアップでスタティックストレッチを用いる場合には，伸張時間は数秒～30秒以内が望ましいといえる．

一方，ダイナミックストレッチは動的ストレッチで，拮抗筋を動的な収縮によって弛緩させる相反性神経支配を利用し，主働筋をストレッチする方法である．長時間の伸張によってパフォーマンスの低下がみられたスタティックストレッチとは異なり，筋力や筋パワー[23]，走能力の向上[9]などが認められている．主たる運動における動作に類似した方法を用いることによって動作の円滑化を図ることも可能である．したがって，高い筋力・パワー発揮を求められる運動・スポーツのウォーミングアップとして適した方法であるといえる．

c．クーリングダウン

クーリングダウンの目的は，可能な限り早期の疲労回復を図り，もとの状態あるいはそれ以上の状態にコンディションを調整することである．

有酸素運動により産生された乳酸を再利用し除去することによって，血流バランスの正常化を図る．その強度と方法について，Belcastroら[3]は，自転車エルゴメーターを用いて測定を行った結果，最大酸素摂取量の30～35％が最も乳酸除去率が高かったと報告している（図20.4）．また，血中乳酸除去速度については，安静にしているより軽いジョギングなどの運動を行った方が速いことが明らかとなっている（図20.5）[10]．

筋の柔軟性，関節可動域の改善を図ることも重要な課題である．運動・スポーツ後の筋は短縮し硬化した状態で柔軟性に乏しい．ウォーミングアップとは反対に，先に示したスタティックストレッチを30秒以上の長時間の伸張を伴って行うことで改善が期待される．

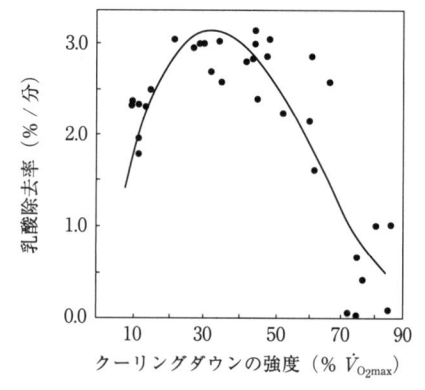

図20.4 クーリングダウンの強度と乳酸除去率との関係[3]

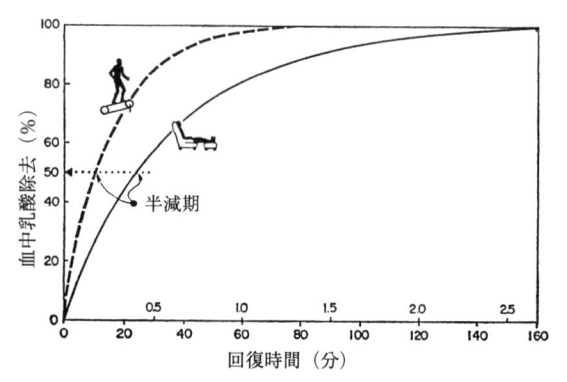

図20.5 運動後の回復時間と血中乳酸除去の割合[10]

20.3 コンディショニングとパフォーマンスとの関係

コンディショニングには，前項で示したような1回のトレーニングにおける調整に加えて，長期にわたって心身の状態を最高の状態に調整することも含まれる．そしてコンディショニングの成否は，目的とする課題の成果，たとえば試合の成績などから判断される．たとえば，ランキングよりも高い成績を収めれば高いパフォーマンスを発揮しておりコンディショニングに成功したといえるだろうし，その逆の場合は失敗ととらえることができる．とくに競技スポーツの世界では，長期的なコンディショニングの成否が勝敗を分ける重要な要因となる．実際に，国際レベルの大会に出場した選手にコンディショニングがうまくいったかどうかを5段階で自己評価させたところ，金メダルを獲得した選手の方が2位以下の選手に比べて総合的なコンディショニングの自己評価が高いことが明らかに

20.3 コンディショニングとパフォーマンスとの関係

されている（図20.6）[21]．

目的に向かう過程でのコンディション評価のデータを蓄積することで，成功・失敗の原因を突き止めることも可能になり，めざすべき方向に対して現在どの位置にあり，今後どうすべきかを知る基準とすることもできる．したがって，日頃からコンディショニングの重要性を理解し，継続的にコンディションを評価することが，パフォーマンスの向上とその先にある目的の達成につながる．

テーパリングは，主要な試合などで最高のパフォーマンスを発揮するためのコンディショニングの方法である．試合前には高強度を維持しながらトレーニング量を少なくすることで，疲労回復を図る超回復の期間を設け，高いレベルに心身を引き上げ調子のピークを合わせる（図20.7）．これをピーキングという．早すぎるピークや遅すぎるピークが来ることがないよう，テーパリングを開始するタイミング，期間，運動強度，回数などを注意深く決定し，状態を評価することが必要である．

これらの評価の指標やタイミングは，運動・スポーツの特性によって大きく異なる．さらに同じ運動・スポーツを同じ目的で行っていたとしても，対象者によって最適なコンディション評価の基準・方法も違うため，多様なコンディション評価の指標を知っておく必要がある．コンディショニングとは，体力，技術，メンタル，栄養，環境その他，対象となる運動・スポーツのパフォーマンスに関わるすべての要因を調整することであり，これらを評価し得る項目でなければならない．

心拍数を例にあげると，運動によって増加するが，これは自律神経系の働きによるものである．低強度運動では副交感神経の抑制，高強度運動では交感神経の亢進によって，強度が上がるにつれてある一定レベルまで直線的に増加する．通常は，運動を終了し安静状態になると副交感神経の働きにより心拍数は減少し，もとの状態にもどる．しかし，高強度の運動によって交

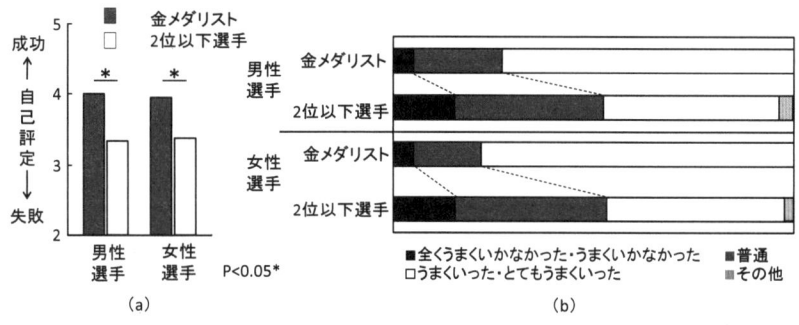

図20.6 成績別総合的コンディショニング評価点平均（a）と評価点割合（b）（菅生[21]を改変）

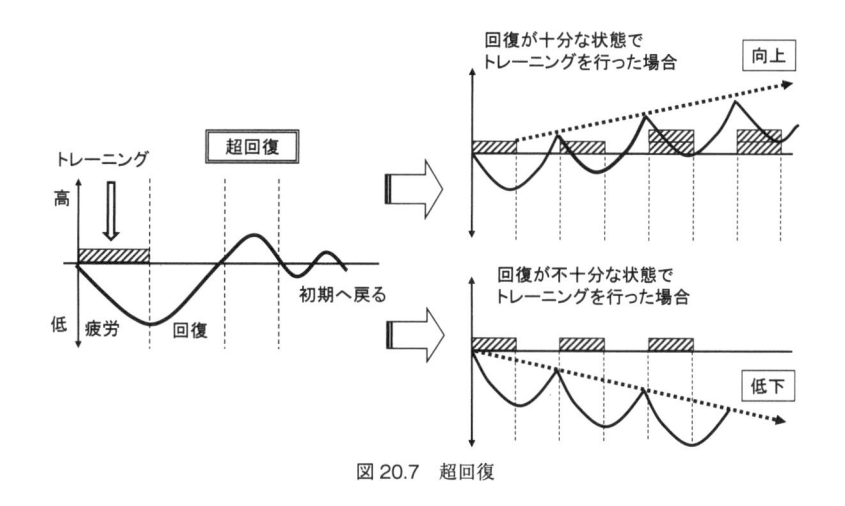

図20.7 超回復

感神経が亢進され続け，安静にしても心拍数が通常よりも高い値を維持することがある．これは，オーバートレーニングの徴候の指標としても用いられ，継続して心拍数を評価することでコンディションの変化をいち早くとらえ対応することが可能となる．

また，筋力・筋パワー，全身持久力，筋持久力，柔軟性（関節・筋）といった体力要素あるいはそれに影響する形態を継続的に評価することによって，適切にコンディショニングが進んでいるかを判断することもできる．そのため，多くの競技スポーツで定期的にコントロールテストと形態測定が行われている．必要とされる体力要素の占める割合は運動やスポーツによって異なるため，目的に沿ったトレーニングを実施し，トレーニング内容を適切に評価する項目を選定しなければならない．つまり，陸上競技短距離競技者は筋力や筋パワー，スピードなどを重視し，一方，長距離競技者では全身持久力を中心に評価項目に取り入れる必要がある．さらに同じ持久力を必要とするスポーツでも，陸上競技長距離選手とサッカー選手に求められる持久力が同じとは限らない．そのため評価方法の選定や目標値の設定を間違えると，必要なコンディションの状況を把握できず，結果としてパフォーマンスの最適化が妨げられる可能性がある．

◆ 問　題
1. トレーニングサイクルについて説明しなさい．
2. 筋力発揮特性を理解するための理論的な視点について説明しなさい．
3. ウォーミングアップとクーリングダウンについて説明しなさい．
4. スタティックストレッチとダイナミックストレッチについて説明しなさい．
5. テーパリングについて説明しなさい．

◆ 参考文献
1) Asmussen, E. and Boje, O.：Body temperature and capacity for work. *Acta Physiol. Scand.*, **10**, 1-22, 1945.
2) Asmussen, E., Bonde-peterson, F. and Jorgensn, K.：Mechano-elastic properties of human muscles at different temperatures. *Acta Physiol. Scand.*, **96**, 86-93, 1976.
3) Belcastro, A. N. and Boren, A.：Lactic acid removal rates during controlled exercise. *J. Appl. Physiol.*, **39**：932-936, 1975.
4) Bergh, U. and Ekblom, B.：Influence of muscle temperature on maximal strength. and power output in human muscle. *Acta Physiol. Scand.*, **107**：332-337, 1979.
5) ブラディミール・ザチオルスキー，ウィリアム・クレーマー：筋力トレーニングの理論と実践（高松　薫 監訳，図子浩二 訳）．大修館書店，2009.
6) Capaday, C. and Stein, R. B.：Difference in the amplitude of human soleus H-reflex during walking and running. *J. Physiol.*, **392**：513-522, 1987.
7) Desmedt, J. E. and Godaux, E.：Ballistic contraction in man：Characteristics recruitment pattern of single motor units of tibialis anterior muscles. *J. Physiol.*, **264**：673-693, 1977.
8) Evetovich T. K., Nauman, N. J., Conley, D. S., et al.：Effect of static stretching of the biceps brachii on torque, electromyography, and mechanomyography during concentric isokinetic muscle actions. *J. Strength Cond. Res.*, **17**：484-488, 2003.
9) Fletcher, I. M. and Jones, B.：The effect of different warm-up stretch protocols on 20 meter sprint performance in trained rugby union players. *J. Strength Cond. Res.*, **18**：885-888, 2004.
10) Fox, E. L.：筋と血液からの乳酸除去．スポーツ生理学（朝比奈一男監訳，渡部和彦 訳），pp. 77-83, 大修館書店，1982.
11) Hallett, M., Shahani B. T. T. and Young R. R.：EMG analysis of steleotyped voluntary movement in man. *J. Neurosurg. Psychiatry*, **38**：1154-1162, 1975.
12) Hill, A. V.：The Maximum work and mechanical efficiency of human muscle and their most economical speed. *J. Physiol.*, **56**：19-41, 1922.
13) Kokkonen, J., Nelson A. G. and Cornwell, A.：Acute muscle stretching inhibits maximal strength performance. *Res. Q. Exerc. Sport*, **69**：411-415, 1998.
14) Komi, P. V.：Training of muscle strength and power;interaction of neuromotoric, hypertrophic, and mechanical factors. *Int. J. Sports Med.*, **7**（Suppl.1）：10-15, 1986.
15) Komi, P. V.：Neuromuscular factors related to physical performance. *Med. Sci. Sports*, **26**：48-66,1987.
16) Marsden, G. D.：Servoaction in human themb. *J. Physiol.*, **257**：1-44, 1976.
17) Moritani, T., Oddsson, L. and Thorstensson, A.：Differeces in modulation of the gastrocnemius and soleus H-refrexes during hopping in man. *Acta Physiol. Scand.*, **138**：575-576, 1990.
18) 村木征人：スポーツ・トレーニング理論．ブックハウス・エイチディ，1994.
19) Smith, J. L.：EMG of slow and fast ankle extensor of cat during posture,locomotion and jumping. *J. Neurophysiol.*, **13**：612-620, 1977.
20) Smith, J. L.：Rapid ankle extension during paw shakes：selective recruitment of fast ankle extensors. *J. Neurophysiol.*, **40**：503-513, 1980.
21) 菅生貴之：オリンピックに向けたコンディショニング．

我が国トップ選手のコンディショニングの実態と課題. *Olympian*, **13**：27-29, 2004.
22) Wilson, J. M., Hornbuckle, L. M., Kim, J. S., et al.：Effects of static stretching on energy cost and running endurance performance. *J. Strength Cond. Res.*, **24**：2274-2279, 2010.
23) Yamaguchi, T., Ishii, K., Yamanaka, M., et al.：Acute effects of dynamic stretching exercise on power output during concentric dynamic constant external resistance leg extension. *J. Strength Cond. Res.*, **21**：1238-1244, 2007.
24) 図子浩二：トレーニングマネジメント・スキルアップ革命―スポーツトレーニングの計画がわかる①～⑦―問題解決型思考によるトレーニング計画の勧め．コーチングクリニック，14（1）-(7) 連載, 1999.
25) 図子浩二：スポーツ練習による動きが変容する要因―体力要因と技術要因に関する相互関係―．バイオメカニクス研究, **7**：303-312, 2003.

索　引

あ

アイリシン　42
アクチン　1
アセチル CoA　26, 27, 46
アセチルコリン　69
アディポカイン　136
アデノシン　140
アデノシン一リン酸　26
アデノシン二リン酸　24
アデノシン三リン酸　24
アデノシン三リン酸-クレアチンリン酸　165
アドレナリン　27, 44, 64
アミノ酸　47
アミノ酸プール　47
アミロイドβ蛋白　82
アラニン　47
アルコキシラジカル　88
アルツハイマー病　82
アルドステロン　37
αアクチニン3　165
α運動ニューロン　18
アンギオテンシン変換酵素　165
アンギオポエチン　71
安静状態　86
アンドロゲンレセプター　41
アンモニア　31, 32

い

閾値　17
1回換気量　58
1回拍出量　67
一酸化窒素　140
一般的基礎筋力トレーニング　12
遺伝　165
遺伝子　168
遺伝子多型　165
遺伝率　165

イノシン酸　31
インスリン　39, 44
インスリン感受性　45, 137
インスリン抵抗性　45, 136, 140, 141
インスリン様成長因子1　38
インスリンレセプター　45
インターロイキン　42
インターロイキン6　42

う

ウィスコンシン・カード分類課題　75
うつ病　81
うつ病患者　81
運動関連電位　76
運動記憶　78
運動器系の肥大　41
運動強度　90
運動後過剰酸素消費量　135
運動時間　90
運動時のストレス反応　40
運動処方　122
運動性筋肥大　42
運動単位　4, 18
運動適応　40
運動の種類　91
運動負荷テスト　127
運動不足病　123
運動不足病予備群　126
運動誘発性筋損傷　42
運動療法　140

え

エアロビックエクササイズ　129
栄養所要量　122
疫学的調査　124
エストロゲン　97, 100, 140
エネルギー供給システム　25

エネルギー産生量　167
エネルギー代謝　25, 166
エピソードバッファー　74
エリスロポエチン　105
エンドセリン-1　69

お

黄体形成ホルモン　36
横紋筋　1
音韻ループ　74
温度受容器　109

か

開眼片足立ち　158
外側腹筋群　163
解糖系　26, 30
解糖系酵素活性　145
解糖能力　167
海馬　42, 78
　　──の血管新生　82
海馬歯状回　79, 80
海馬体積　81, 82
解剖学的死腔　58
解剖学的断面積　9
海綿骨　98
カイロミクロン　138
核ゲノム　166
学習・記憶　78
過酸化脂質　88
過酸化水素　84
下垂体-副腎皮質軸　40
ガス交換　58
カスパーゼ　55
カタラーゼ　89
褐色脂肪細胞　43
活性酸素種　55, 84
活動電位　18
カテコールアミン　36, 39, 40
過負荷　125

索　引

カルシウムイオン　28, 31, 33
カルノシン　32
　——による緩衝作用　33
カルパイン系　55
カロテノイド類　92
がん　140
換気性閾値　60
還元　84
還元型補酵素　27
還元ヘモグロビン　76
緩衝　31
緩衝作用　31
緩衝能力　32
γ運動ニューロン　21

き

危険因子　122
キサンチンオキシダーゼ　86
キスペプチン　38
機能的交感神経遮断　69
機能的磁気共鳴画像法　75
胸腺の萎縮　41
虚血-再灌流　86
筋萎縮　51, 130
筋衛星細胞　7
筋エネルギー代謝　30
筋芽細胞　51
筋管　52
筋緩衝能力　31
筋血流量　67, 68
筋原線維　52
筋腱複合体　167
筋持久力　130
筋小胞体　31
近赤外線分光イメージング法　76
筋節　53
筋線維　1, 52
　——の肥大　143
筋線維組成　4, 167
筋損傷　87
筋断面積　144
筋肥大　41, 51, 70
筋分化制御因子　51
筋ポンプ　68, 69
筋力　130, 147
筋力トレーニング　81, 148

く

空間学習　77
空間認知　77
グリコーゲン　25, 44, 114
グリコーゲン・ローディング　118
グリコーゲン分解　29
グリセミックインデックス　118
グルカゴン　44
グルココルチコイド　37, 41, 44, 98
グルコース　25, 44, 114
グルコース-アラニン回路　48
グルタチオン　56, 90
グルタチオンペルオキシダーゼ　89
グルタミン酸　80
クレアチンキナーゼ　25
クレアチンキナーゼ活性　91
クレアチンリン酸　25, 32

け

継続性　125
血液ドーピング　168
血液脳関門　80
血液量　168
血管新生　70, 82
血管抵抗　64
血管内皮細胞　69
月経周期異常　97
血中乳酸濃度　145
ケト原性アミノ酸　47
ケトン体生成　47
嫌悪刺激　77
健康関連体力　124
健康づくりのための身体活動基準
　2013　135
健康日本21　139
健常者　122

こ

高インスリン血症　140
高エネルギーリン酸結合　24
交感神経　64, 68, 69, 140
交感神経系　68
高強度インターバル運動　138
高強度インターバルトレーニング
　31
高強度運動　138

高血圧　139
抗酸化酵素活性　92
抗酸化能力　85
抗酸化ビタミン類　92
高脂血症　138
甲状腺刺激ホルモン　37
甲状腺刺激ホルモン分泌ホルモン
　37
甲状腺ホルモン　36
高地順化　106
好中球　87
行動性体温調節　109
高比重リポ蛋白　138
興奮収縮連関　2
呼吸筋　62
呼吸鎖複合体　86
呼吸数　58
呼吸性アルカローシス　104, 106
呼吸調節機構　59
骨格筋　1
骨芽細胞　96
骨吸収　96
骨形成　96
骨細胞　96
骨粗鬆症　100
骨密度　101, 158
ゴー・ノーゴー課題　75
コハク酸-ユビキノン酸化還元酵素
　86
個別性　125
コリン仮説　82
コリン作動性ニューロン　82
コルチゾール　37, 39, 44, 81

さ

サイズの原理　19
最大下運動　127
最大筋力法　12
最大骨量　100
最大酸素摂取量　60, 145, 164
最大努力換気量　60
最大反復法　12
最大膝屈曲筋力　164
最大膝伸展筋力　164
最大分時換気量　60
最大無酸素性パワー　164
サイトカイン　35, 41, 70

索　引

細胞外マトリックス分解酵素　71
サイロキシン　36
サーカディアンリズム　36
作業記憶　74, 77
サプリメント　92
サルコペニア　51, 56
酸化　84, 85
酸化還元反応　84
酸化系　26
酸化ストレス　85
酸化能力　167
酸化ヘモグロビン　76
三重項酸素　84
漸進性　125
三尖弁　62
酸素　84
酸素解離曲線　72, 104
酸素拡散　72
酸素摂取量　60
酸素濃度　103
酸素分圧　103
酸素飽和度　104

し

紫外線　86
磁気共鳴映像法　100, 161
子宮体がん　140, 141
持久的トレーニング　28, 30, 70, 91, 92
視空間スケッチパッド　74
軸索　17
シグナル伝達　28
シグナル伝達系　87
自己分泌　41
視索上核　40
脂質　27
脂質異常症　138
脂質酸化　29
脂質ペルオキシド　88
自重負荷　131
思春期スパート　147
視床下部　36
視床下部-下垂体-副腎皮質軸　35, 38, 39
視床下部-交感神経-副腎髄質軸　38
視床下部-自律神経-副腎髄質軸　35, 39

事象関連電位　76, 78
実行機能　75, 77, 78
疾病　85
室傍核　40
シトクロム P450　141
シナプス可塑性　79, 80
シニアアスリート　157
脂肪酸　25, 115
重炭酸イオン　32
　　——による緩衝作用　33
集中　75
柔軟性　131
主観的尺度　130
樹状突起　17
小循環　62
蒸発　108
食細胞　87
除脂肪量　144
暑熱順化　112
暑熱適応　112
自律神経-副腎髄質軸　40
自律性体温調節反応　109
真核細胞　28
神経筋接合部　19
神経血管カップリング　76
神経新生　79, 80, 82
神経性　35, 38
　　——の因子　10
神経性効果　21
神経性調節　59
神経内分泌　35
心周期　64
身体活動　128
身体活動水準　146
身体活動評価尺度　101
身体組成　161
伸長-短縮サイクル　14
心的外傷　81
心拍出量　65, 67
心拍数　67
心房性ナトリウム利尿ペプチド　40

す

水素イオン　27, 31
随伴性陰性変動　76
ステロイドホルモン　36
ストループ課題　75

ストループ干渉　75
ストループ効果　75
ストレイン　97, 99
ストレス　38
ストレス関連ホルモン　35
ストレス反応　40
ストレッサー　38
スーパーオキシド　84
スーパーオキシドディスムターゼ　89
スプリントトレーニング　30, 91
スポーツ心臓　66
ずり応力　69

せ

生活習慣病　123
静止膜電位　17
生体防御　85
成長因子　51
成長ホルモン　36, 100
性ホルモン　38, 41
生理学的断面積　9
脊髄　16
脊柱起立筋　163
赤血球　70, 168
セルロプラスミン　90
全筋横断面積　161
全身運動　129
全身持久力　77, 78, 129
選択的肥大　53, 167
専門的筋力トレーニング　12
前立腺がん　141

そ

相反神経支配　21
僧帽弁　62
速筋線維　2, 167

た

体液性　35
体液性調節　59
大気圧　103, 104
大筋群　129
体脂肪率　144, 161
体脂肪量　144
代謝効率　167
体循環　62

183

索引

大循環　62
大腿部筋横断面積　157
大腸がん　141
大脳皮質　16
大腰筋　163
対流　108
体力　77
短鎖脂肪酸　115
短縮性筋収縮　147
蛋白質　47, 54, 55, 115

ち

遅筋線維　2, 167
中央実行系　74
中鎖脂肪酸　115
中枢指令　35
中和温域　109
長期増強　79
長鎖脂肪酸　115
超低比重リポ蛋白　138
チロシンキナーゼB　42

て

低強度運動　40
低血糖ストレス　40
定常状態　130
低比重リポ蛋白　138
適応現象　125
テストステロン　41
デヒドロアスコルビン酸　90
電子スピン共鳴法　90
電子伝達系　46, 86
伝導　108

と

糖原性アミノ酸　47
動静脈酸素較差　72
糖新生　47
等速性筋力　157
等速性最大筋力　149
動的筋力法　12
糖尿病　136, 140
洞房結節　62
動脈血O_2含量　60
動脈血O_2飽和度　61
糖輸送担体　44
突然死　132

トランスフェリン　90
トリカルボン酸回路　46
トリグリセリド　46
トリヨードサイロニン　36
トレーナビリティ　148

な

内臓脂肪　135
内臓脂肪型肥満　134
内皮細胞増殖因子　71
内皮前駆細胞　72
内分泌　35
ナチュラルキラー細胞　141

に

Ⅱ型糖尿病　136, 137
二酸化炭素　27
二酸化炭素濃度　103
二重エネルギーX線吸収測定法
　100
20ｍシャトルランテスト　77
ニードルバイオプシー法　4
乳がん　140, 141
乳酸　26, 31
乳酸閾値　39
乳酸系　166, 167
乳酸脱水素酵素　26
尿酸　90
認知・学習機能　42
認知機能　74
認知症　82
認知的制御　75

ね

ネプリライシン　82

の

脳血流　76
脳波　76
脳由来神経栄養因子　42
ノルアドレナリン　44, 81

は

肺活量　168
肺換気　58
肺循環　62
ハイドロキシアパタイト　96

肺胞-動脈O_2分圧較差　61
廃用性萎縮　54
破骨細胞　96
8方向放射状迷路　77
発がん　85
バランス能　158
半月弁　62
汎適応症候群　38, 41
反復性　125

ひ

非酵素蛋白系　90
皮質骨　98
非重炭酸イオン系による緩衝作用
　33
肥大型心筋症　65
ビタミンC　90, 92
ビタミンE　90, 92
必須アミノ酸　47
ヒドロキシラジカル　84
ヒドロペルオキシラジカル　88
非必須アミノ酸　47
尾部懸垂　98
ヒポキサンチン　86
ビリルビン　90
ピルビン酸　26
ピルビン酸脱水素酵素　27
疲労耐性　167

ふ

フェントン反応　90
不快感情　81
不均化反応　86
副交感神経　64
副甲状腺ホルモン　97
複合体Ⅰ　86
複合体Ⅱ　86
複合体Ⅲ　86
副腎の肥大　41
副腎皮質刺激ホルモン　36
不対電子　84
不適応　41
不動化　98
不飽和脂肪酸　115
フランク・スターリングの法則
　64, 65
フリーラジカル　84

プロテアソーム　55
プロラクチン　39
分岐鎖アミノ酸　47, 115
分岐鎖αケト酸脱水素酵素　48
分時換気量　58
分時肺胞換気量　58

へ

平滑筋細胞　69
平均動脈血圧　64
閉経後骨粗鬆症　100
βエンドルフィン　39
β酸化　27, 47
ベッドレスト　98
ペプチドホルモン　35
ヘマトクリット　168
ヘモグロビン　72, 168
ヘモグロビン値　168
ペルオキシソーム増殖因子活性化レセプターγ転写共役因子　33
ペルオキシラジカル　88
ヘルスプロモーション　122

ほ

ポアズイユの法則　68
放射　108
放射線　86
傍分泌　35
傍分泌物質　41
飽和脂肪酸　115
ホスホフルクトキナーゼ　27
ホスホリラーゼ　27
ポリフェノール類　92
ボルグ　130
ホルモン　35
ホルモン応答　38

ま

マイオカイン　42
マクロファージ　88, 91, 141
末梢血管抵抗　68
マトリックス　27, 33

マロンジアルデヒド　90

み

ミエロペルオキシダーゼ　87
ミオグロビン　72
ミオシン　1
ミオシン軽鎖　3
ミオシン重鎖　3
ミクロソーム　88
水迷路課題　77
ミトコンドリア　3, 26, 27, 29, 30, 33, 46, 72, 86
ミトコンドリア DNA　33
ミトコンドリアゲノム　166
ミトコンドリア生合成　33
ミトコンドリア容量　28
ミネラルコルチコイド　37

む

無機リン酸　32
無効発汗　108
無酸素性作業閾値　77, 145
無酸素的過程　25

め

迷走神経　64
メカノスタット理論　99
メカノセンサー　97
メタボリックシンドローム　126, 134
免疫システム　41

も

毛細血管　29, 69, 70
モデリング　96
モノアミン仮説　81
モノデヒドロアスコルビン酸還元酵素　90

ゆ

有効発汗　108
有酸素運動　77, 81, 82, 128

有酸素性能力　164
有酸素的解糖　26
有酸素的過程　25, 26
有酸素的能力　146
遊離型ホルモン　36
遊離脂肪酸　27, 46
ユビキノール-シトクロム C 酸化還元酵素　86

よ

陽電子　76
陽電子放射断層法　76

ら

ラクトフェリン　90
卵胞ホルモン　97

り

力学的ストレス　97
リソソーム系　55
リボ蛋白質　46
リモデリング　96
リン酸化　28
リン酸化タウ蛋白　82

れ

レジスタンス運動　41, 97, 99
レジスタンス・トレーニング　130
レセプター　35
レプチン　38

ろ

老化　85
老人斑　82

わ

ワーキングメモリー　74

欧文索引

数字

5'-AMP-activated protein kinase　42, 45
8-OHGua　91

A

A-aD_{O_2}　61
ACC2　47
ACSM　128
ACTH　36, 39
adenosine diphosphate　24
adenosine monophospate　26
adenosine triphosphate　24
ADP　24, 31
ADP/ATP ratio　33
adrenocorticotropic hormone　36
Akt　53
AMP　26, 31
AMP-activated protein kinase　28
AMP/ATP　33
AMP：ATP 比　27, 28
AMPA 型グルタミン酸レセプター　79
AMPK　28, 42, 45, 137, 139
ANP　40
ApoE4　82
apolipoprotein E4　82
AR　41
arginine vasopressin　37
AT　77, 145
ATP　24, 31
ATP-PCr　165
ATP-PCr 系　30, 166, 167
ATP 供給　39
AVP　39
AVP 神経　40
AVP 濃度　40

B

BBB　80, 81
BCAA　47
BCAA aminotransferase　48
BCAA アミノ基転移酵素　48
BCAT　48

BCKD　48
BCKD 複合体　48
BDNF　42, 80
BDNF-TrkB 経路　80
BDNF 遺伝子多型　80, 82
Beck 式抑うつ評価尺度　81
BMD　101
BOLD 信号　76
branched-chain a-keto acid dehydrogenase　48
BSSC 運動　147
buffering capacity　31

C

CaMK　33
CaMK Ⅱ　80
cAMP response element binding protein　80
Cannon（W. B.）　38
C_{aO_2}　60
cardiovascular drift　111
carnitine palmitoyltransferase-I　47
CAT　89
CD36　139
cIGF-1　42
CK 活性　91
CM　138
CNV　76
CO_2 分圧　59
corticotropin-releasing hormone　36
CPT1　139
CPT-I　47
CREB　80
CRH　37, 40

D

DNA 酸化的損傷　91
DXA　100

E

electron transport chain　46
EPO　105, 106
ERP　76, 78

ESR　90
ETC　46
executive function　75

F

FABPpm　46
$FADH_2$　27
FAT/CD36　46
FATP1-6　46
fatty acid translocase/CD36　46
fatty acid transport proteins 1-6　46
FFA　27, 46
fMRI　75, 76
free fatty acid　46
FSH　38

G

GAS　38
general adaptive syndrome　38
GH　36, 37, 41
glucose transporter　44
GLUT　44
GLUT4　44, 136, 137, 138
glycolysis　26
Go/No-Go 課題　76
GRH　37
growth hormone　36
growth hormone releasing hormone　37
GSH-Px　89, 90, 91, 92, 93

H

H^+　31
$H_2CO_3^-$　32
——による緩衝作用　33
H_2O_2　93
HDL　138
health related physical fitness　124

I

IGF-1　38, 41, 80
IL-6　42
IMP　31
inosine monophosphate　31

insulin-like growth factor-1　38
interleukin-6　42

K

kisspeptin　38

L

LDL　138
LH　36
lipoprotein　46
Living-High, Training-High　107
Living-High, Training-Low　107
Living-Low, Training-High　107
LOO˙　88
LPL　139
LT　39
LTD　79
LTP　79
luteinizing hormone　36

M

mammalian target of rapamysin　53
MAPK/ERK　80
metaboreflex　62
METs　130
mIGF-1　42
Morris 水迷路課題　78
MRCP　76
MRI　100, 161
mTOR　53
myokine　42

N

N140　76
NADH　27
NADH-ユビキノン酸化還元酵素　86
NADPH-P-450-シトクロム P-450 系　88
NADPH オキシダーゼ　87
NEAT　134

Never too late　159
NIRS　76
NMDA 型グルタミン酸レセプター　79

O

$O_2^{\cdot-}$　86, 87
O_2 分圧　59
OT　39
oxytocin　39

P

P3 電位　76
P300 電位　76, 78
PCr　25
peak height growth velocity　148
peroxisome proliferator-activated receptor γ coactivator-1α　33
PET　76
PFK　27
PFK 活性　31, 145
PGC-1α　33, 93
phosphatidylinositole 3 kinase　53
phosphofructokinase　27
phosphorylase　27
PHV　148
Pi　31
PI3-K　53
PI3K-Akt 経路　80
PI3 キナーゼ　136
PRL　39
prolactin　39
protein kinase B　53
PTH　97
PVN　40

Q

QRS 群　63

R

reactive oxygen species　84
ROS　84

S

Sa_{O_2}　61
Selye（H.）　38
SOD　89, 91, 92, 93
SOD 活性　90
somatotropin release inhibiting factor　37
SON　40
SRIF　37
SSC　14
SSRI　81
state 4　86
stretch-shortening cycle　14

T

T3　36
T4　36
TCA 回路　27, 46
TG　46
thyroid stimulating hormone　37
thyroxine　36
TMT 課題　77
tricarboxylic acid cycle　27
triglyceride　46
triiodothyronine　36
TrkB　42
TSH　37
Type IIA 線維　28
Type I 線維　28
tyrosine kinase B　42

V

Val66Met　80, 82
VEGF　80, 81
VLDL　138
$\dot{V}_{O_2}$　60
$\dot{V}_{O_2 max}$　60, 145, 164

W

WHO　122

編集者略歴

勝田　茂（かつた・しげる）

1936 年　千葉県に生まれる
1959 年　東京教育大学体育学部健康学科卒業
2000 年　筑波大学体育科学系教授退官
2006 年　東亜大学大学院総合学術研究科教授退職
現　在　筑波大学名誉教授，東亜大学大学院客員教授，医学博士
著　書　登山生理学（逍遥書院）
　　　　最新スポーツ医学（共著，文光堂）
　　　　入門運動生理学　第4版（編著，杏林書院）
　　　　運動と筋の科学（編著，朝倉書店）

征矢英昭（そや・ひであき）

1959 年　群馬県に生まれる
1984 年　筑波大学大学院体育研究科修士課程修了
1989 年　群馬大学大学院医学研究科博士課程修了
現　在　筑波大学体育系教授，医学博士
　　　　大学院人間総合科学研究科体育科学専攻長
著　書　新版　これでなっとく使えるスポーツサイエンス（共著，講談社）
　　　　スポーツ・運動生理学概説（共著，明和出版）
　　　　最新運動生理学（共著，新興交易）
　　　　運動とホルモン（共著，NAP 社）
　　　　中長距離の科学的トレーニング（共訳，大修館書店）
　　　　リピンコットシリーズ　イラストレイテッド生理学（共訳，丸善出版）

運動生理学 20 講　第 3 版　　　　　　定価はカバーに表示

1993年 4 月 10 日　初　版第 1 刷
1999年 4 月 10 日　第 2 版第 1 刷
2015年 4 月 10 日　第 3 版第 1 刷
2022年 2 月 10 日　　　　第 10 刷

編集者　勝　田　　　茂
　　　　征　矢　英　昭
発行者　朝　倉　誠　造
発行所　株式会社　朝倉書店
　　　　東京都新宿区新小川町 6-29
　　　　郵便番号　162-8707
　　　　電　話　03（3260）0141
　　　　FAX　03（3260）0180
　　　　http://www.asakura.co.jp

〈検印省略〉

© 2015〈無断複写・転載を禁ず〉　　　　　Printed in Korea

ISBN 978-4-254-69046-0　C 3075

JCOPY　〈出版者著作権管理機構　委託出版物〉

本書の無断複写は著作権法上での例外を除き禁じられています．複写される場合は，
そのつど事前に，出版者著作権管理機構（電話 03-5244-5088, FAX 03-5244-5089,
e-mail: info@jcopy.or.jp）の許諾を得てください．

日本トレーニング科学会編 シリーズ[トレーニングの科学]1 **レジスタンス・トレーニング** 69015-6 C3075　A5判 296頁 本体5200円	〔内容〕レジスタンストレーニングの実際と課題・基礎／競技スポーツにおけるレジスタンストレーニングの実際と課題(20種目)／一般人におけるレジスタンストレーニングの実際と課題／レジスタンストレーニングにおけるけがと障害／他
日本トレーニング科学会編 シリーズ[トレーニングの科学]3 **コンディショニングの科学** 69017-0 C3075　A5判 232頁 本体4400円	〔内容〕基礎編(コンディショニングとは／コンディショニングマネージメント／ピーキング／グリコーゲンローディング／減量／オーバートレーニング／スポーツPNF／アスレチックトレーナー／女性)／種目編(マラソンほか15競技種目)
日本トレーニング科学会編 シリーズ[トレーニングの科学]5 競技力向上の **スポーツ栄養学** 69019-4 C3075　A5判 208頁 本体3800円	〔内容〕トレーニングと食事のタイミング／スポーツ種目別にみた栄養素の配分／スポーツ飲料の基礎／ジュニア期のスポーツと食事の配慮／高所トレーニングにおける食事／種目別・期分け別献立例／付録：栄養補助食品・飲料リスト／他
日本トレーニング科学会編 シリーズ[トレーニングの科学]6 **スプリントトレーニング** ―速く走る・泳ぐ・滑るを科学する― 69020-0 C3375　A5判 196頁 本体3400円	スプリントトレーニングに関する知識を体系的にまとめて解説。〔内容〕スプリントトレーニングのマネジメント／歴史／スプリントの仕組みと特性／スプリントトレーニングの方法と評価／計画と実際／スプリントトレーニングでのケガと予防
前国立スポーツ科学センター 浅見俊雄著 現代の体育・スポーツ科学 **スポーツトレーニング** 69517-5 C3375　A5判 180頁 本体3700円	〈勝つためのトレーニング〉への好指針。〔内容〕動く身体の構造と機能／体力トレーニング／技術と戦術のトレーニング／意志のトレーニング／発育・発達とトレーニング／トレーニング計画の立て方・進め方／スポーツ指導者の役割／他
鹿屋体大 福永哲夫・中京大 湯浅景元著 現代の体育・スポーツ科学 **コーチングの科学** 69518-2 C3375　A5判 224頁 本体3800円	目的に合わせたコーチング法を，実例により科学的具体的に解説。〔内容〕スポーツ成績を生み出す要因／スポーツ記録の向上をめざして／競技力に及ぼす諸要因／オリンピック選手にみる体力の競技種目特性／コーチングへの科学的接近／他
前早大 永田 晟著 現代の体育・スポーツ科学 **スポーツ・ダイナミクス** 69519-9 C3375　A5判 216頁 本体3300円	複雑な各種スポーツのメカニクスとその背景となる科学的な知識について多数の図を用いて解説。〔内容〕スポーツのメカニクス／体育科教育のバイオ・ダイナミクス／スポーツ力学と運動方程式／関節のダイナミクス／スポーツ医学と事故
大阪大 金子公宥著 現代の体育・スポーツ科学 **パワーアップの科学** ―人体エンジンのパワーと効率― 69521-2 C3375　A5判 232頁 本体3800円	多数の図(200)を駆使してエネルギー論的アプローチにより，ヒトの身体活動とその能力を明快に解説。〔内容〕パワーとは何か／人体エンジンのパワー／筋肉の特性と出力パワー／パワーの発育発達とトレーニング／人体エンジンの効率／他
前筑波大 松浦義行編著 現代の体育・スポーツ科学 **数 理 体 力 学** 69524-3 C3375　A5判 216頁 本体3600円	〔内容〕体力の測定・評価の数理／体力発達の数理的解析／数理体力学の諸問題(スポーツ科学への数学的接近の必要性，数学的アプローチの長所と限界，帰納的数理と演繹的数理による接近)／スポーツ現象理解のための数学モデルの構築と実際
前筑波大 池上晴夫編 現代の体育・スポーツ科学 **身 体 機 能 の 調 節 性** ―運動に対する応答を中心に― 69526-7 C3375　A5判 288頁 本体4800円	運動を切口にして生理機能の調節性を解説。〔内容〕エネルギーの需要と供給／呼吸系の応答／循環系の応答／重力と運動／高地と運動／運動と骨格筋／運動と発汗調節／運動と体液の調節／四肢の運動調節／姿勢の調節／運動と内分泌系／他
前鹿屋体大 芝山秀太郎・東亜大 江橋 博編 現代の体育・スポーツ科学 **フィットネススポーツの科学** 69527-4 C3375　A5判 192頁 本体3500円	健康づくりに役立つフィットネススポーツを実際的に解説。〔内容〕健康づくりとフィットネススポーツ／運動処方とフィットネススポーツ／長期間のフィットネススポーツとその効果／ウエイトコントロール／フィットネススポーツ処方の実際他
大妻女大 大澤清二著 現代の体育・スポーツ科学 **スポーツと寿命** 69529-8 C3375　A5判 240頁 本体4800円	〔内容〕寿命と運動／体力と寿命／体格と寿命／ライフスタイルと寿命／スポーツ習慣と寿命／日本人スポーツマンの寿命／スポーツ種目と寿命／スポーツマンの死因／スポーツによる障害と事故死の確率／女性とスポーツ／他

トレーニング科学研究会編

トレーニング科学ハンドブック
（新装版）

69042-2 C3075　　　B5判 560頁 本体22000円

競技力向上と健康増進の二つの視点から，トレーニング科学にかかわる基本的な事項と最新の情報のすべてがわかりやすいかたちで一冊の中に盛込まれている。〔内容〕素質とトレーニングの可能性／トレーニングの原則と実際／トレーニングマネージメント／トレーニングの種類と方法／トレーニングの評価法／トレーニングとスポーツ医学／トレーニングによる生体適応／トレーニングに及ぼす生物学的因子／トレーニングへの科学的アプローチ／トレーニングと疾患／用語解説／他

鹿屋体大 福永哲夫編

筋 の 科 学 事 典
―構造・機能・運動―

69039-2 C3575　　　B5判 528頁 本体18000円

人間の身体運動をつかさどる最も基本的な組織としての「ヒト骨格筋」。その解剖学的構造と機能的特性について最新の科学的資料に基づき総合的に解説。「運動する筋の科学」について基礎から応用までを網羅した。〔内容〕身体運動を生み出す筋の構造と機能／骨格筋の解剖と生理／骨格筋の機能を決定する形態学的要因／筋の代謝と筋線維組成／筋を活動させる神経機序／筋収縮の効率／筋と環境／筋のトレーニング／筋とスポーツ／人体筋の計測／筋とコンディショニング

M.ケント編著　鹿屋体大 福永哲夫監訳
オックスフォード辞典シリーズ

オックスフォード スポーツ医科学辞典

69033-0 C3575　　　A5判 592頁 本体14000円

定評あるOxford University Press社の"The Oxford Dictionary of Sports Science and Medicine(2nd Edition)"(1998年)の完訳版。解剖学，バイオメカニクス，運動生理学，栄養学，トレーニング科学，スポーツ心理学・社会学，スポーツ医学，測定・評価などスポーツ科学全般にわたる約7500項目を50音順配列で簡明に解説（図版165）。関連諸科学の学際的協力を得て，その領域に広がりをみせつつあるスポーツ科学に携わる人々にとって待望の用語辞典

前福岡大 進藤宗洋・福岡大 田中宏暁・福岡大 田中 守編

健康づくりトレーニングハンドブック

69037-8 C3075　　　A5判 512頁 本体9500円

健康づくりの現場の指導者が自信をもって指導できるようその基礎知識と指導法を具体的・実際的に解説。〔内容〕運動処方作成の為の基礎知識（運動の為のエネルギーの発生・運搬・利用／運動を取巻く諸要因／健康関連体力の評価法と到達目標と運動処方）／健康づくり運動の実践指導法（健康づくり指導法／対象に応じた健康づくり指導法）／疾患の治療と予防に役立つ運動（内科の疾患者に対する運動処方の流れ／各疾患に対する運動処方）／健康づくりの支援システム／資料集／他

前京大 早石 修監修　前医歯大 井上昌次郎編著

快 眠 の 科 学

30067-3 C3047　　　B5判 152頁 本体6800円

ライフスタイルの変化等により，現代人の日常生活において睡眠の妨げとなる障害がますます増えつつある。本書では，各種の臨床実験を通して，いかにして快適な睡眠を確保するかについて豊富なカラー図版を用いてわかりやすく解説する

東京医大 井上雄一・広島大 林 光緒編

眠 気 の 科 学
―そのメカニズムと対応―

30103-8 C3047　　　A5判 244頁 本体3600円

これまで大きな問題にもかかわらず啓発が不十分だった日中の眠気や断眠（睡眠不足）について，最新の科学データを収載し，社会的影響だけでなく脳科学や医学的側面からそのメカニズムと対処法に言及する。関係者必読の初の学術専門書

黒島晨汎・浦野哲盟・柏柳 誠・河合康明・
窪田隆裕・篠原一之・高井 章・丸中良典他著

人 体 生 理 学

33502-6 C3047　　　B5判 232頁 本体3800円

主として看護師，保健師，作業療法士，理学療法士，介護士などの医療関連職を目指す人々，医科大学の学生以外で一般的な生理学の知識を学ぼうとする人々を対象として，生理学の基礎的理解を確実にできるように，わかりやすくまとめたもの

前京大 久保田競著

ランニングと脳 （新装版）
―走る大脳生理学者―

69043-9 C3075　　　A5判 168頁 本体1900円

ランニングが肉体だけでなく神経系によい影響を与える楽しいものであることを著者の体験を通して語る。〔内容〕顔／ランニングと心臓血管系／やせる／筋運動の種類とフィジカルフィットネス／渇き／陶酔状態／ランニングと性格／弊害／他

前筑波大 池上晴夫著 現代栄養科学シリーズ18	**運動生理学** 61618-7 C3377　A5判 180頁 本体3200円	〔内容〕健康と運動（健康と体力，運動不足，運動の効果）／運動適応のメカニズム（エネルギー発生，有酸素能力と無酸素閾値，運動と呼吸・循環・筋・神経系・栄養，他）／健康のための運動処方（医学・体力検査，高齢者・発育期・妊婦，他）
元慈恵医大 小野三嗣・川崎医療福祉大 小野寺昇・ 国際武道大 成澤三雄著	**新運動の生理科学** 69030-9 C3075　A5判 168頁 本体2900円	解剖生理学的知見は必要最小限にとどめ，運動が生体機能に及ぼす影響に重点をおいて28のテーマを設け，進展を続けるこの領域の最先端の成果を取込みながら，現代の運動生理学全貌について多くの図表を用いて明解簡潔に解説
前筑波大 勝田 茂監訳 東大 石川 旦訳	**身体活動・体力と健康** —活動的生活スタイルの推進— 69045-3 C3075　B5判 292頁 本体6500円	運動不足は心身の機能を低下させ，身体に様々な問題を発生しやすくするが，適度な運動は疾病を防ぎ，心身を良好な状態にする効果がある。本書は健康維持に対する運動の効果について，健康科学，生理学，予防医学などの視点から解説した。
京大 森谷敏夫・元日女体大 根本 勇編	**スポーツ生理学** 69027-9 C3075　A5判 296頁 本体5500円	身体運動・スポーツ発現および適応のメカニズムに関するスポーツ生理の基礎と各種スポーツトレーニング法とその応用例について，最新の研究成果をもとに簡潔・平易に解説されている。競技力向上に取組むコーチ，指導者，学生必備の書
前北里大 宮原英夫・豊橋創造大 後藤勝正・ 豊橋創造大 田畑 稔監訳	**加齢と運動の生理学** —健康なエイジングのために— 69044-6 C3075　B5判 224頁 本体4800円	加齢のプロセスや高齢者の生活の質に焦点をあてた運動生理学のテキスト。健康な加齢，長寿をもたらし罹病率を減らす規則的な運動習慣の効果を解説。生体システムとその加齢による変化，加齢と栄養，トレーニングに対する生体の適応，など
筑波大 阿江通良・筑波大 藤井範久著	**スポーツバイオメカニクス20講** 69040-8 C3075　A5判 184頁 本体3200円	スポーツの指導，特に技術の指導やトレーニングを効果的に行うためには，身体運動を力学的に観察し分析することが不可欠である。本書はスポーツバイオメカニクスの基礎を多数の図(130)を用いて簡潔明快に解説したベストの入門書
東大 深代千之・中京大 桜井伸二・東大 平野裕一・ 筑波大 阿江通良編著	**スポーツバイオメカニクス** 69038-5 C3075　B5判 164頁 本体3500円	スポーツの中に見られる身体運動のメカニズムをバイオメカニクスの観点から整理し，バイオメカニクスの研究方法について具体的に解説。〔内容〕発達と加齢・臨床におけるバイオメカニクス／力学の基礎／計測とデータ処理／解析／評価／他
京大 伏木 亨編	**運動と栄養と食品** 69041-5 C3075　A5判 176頁 本体3000円	好評の『スポーツと栄養と食品』の姉妹書。〔内容〕運動とアミノ酸・タンパク質／運動と筋肉への糖吸収機構／疲労感発生メカニズム／筋肉増強のメカニズム／エネルギー代謝と食品／運動とミネラル／運動時のエネルギー代謝／運動と食品
中京大 湯浅景元・順天大 青木純一郎・ 鹿屋体大 福永哲夫編	**体力づくりのための スポーツ科学** 69036-1 C3075　A5判 212頁 本体2900円	健康なライフスタイルのための生活習慣・体力づくりをテーマに，生涯体育の観点からまとめられた学生向けテキスト。〔内容〕大学生と体力／体力づくりのためのトレーニング／生活習慣と食事／女子学生の体力づくり／生涯にわたる体力づくり
神戸大 武井義明著	**健康・スポーツ科学** 69034-7 C3075　A5判 136頁 本体2800円	「ヒト（生体）」に関して運動生理学と"複雑系"の側面から理解することで「人」を知ることをめざし，大学・短大向けに平易に解説。〔内容〕健康・スポーツ科学とは何か／運動生理学によるヒトの理解／生体協同現象学によるヒトの理解
東京成徳大 海保博之監修 早大 竹中晃二編 朝倉実践心理学講座9	**運動と健康の心理学** 52689-9 C3311　A5判 216頁 本体3400円	健康のための運動の開始と持続のために，どのようなことが有効かの取組みと研究を紹介。〔内容〕理論（動機づけ，ヘルスコミュニケーション，個別コンサルテーションなど）／実践事例（子ども，女性，職場，高齢者，地域社会）
東京成徳大 海保博之監修 前早大 小杉正太郎編 朝倉心理学講座19	**ストレスと健康の心理学** 52679-0 C3311　A5判 224頁 本体3600円	心理学的ストレス研究の最新成果を基に，健康の促進要因と阻害要因とを考察。〔内容〕I健康維持の鍵概念（コーピングなど）／II健康増進の方法（臨床的働きかけを中心に）／III健康維持鍵概念の応用／ストレスと健康の測定と評価

上記価格（税別）は2022年 1月現在